中国金融四十人论坛
CHINA FINANCE 40 FORUM

致力于夯实中国金融学术基础，探究金融领域前沿课题，引领金融理念突破与创新，推动中国金融改革与发展。

聚焦需求侧

经济新格局下的消费、投资与出口

鲁政委 等 ◎ 著

人民日报出版社

北京

图书在版编目（CIP）数据

聚焦需求侧：经济新格局下的消费、投资与出口 / 鲁政委等著. — 北京：人民日报出版社，2021.10
ISBN 978-7-5115-7101-4

Ⅰ.①聚… Ⅱ.①鲁… Ⅲ.①中国经济—经济发展—研究 Ⅳ.①F124

中国版本图书馆CIP数据核字（2021）第152480号

书　　　名：	聚焦需求侧：经济新格局下的消费、投资与出口
	JUJIAO XUQIUCE：JINGJI XINGEJU XIA DE XIAOFEI、TOUZI YU CHUKOU
著　　　者：	鲁政委　等
出 版 人：	刘华新
责任编辑：	蒋菊平　李　安
封面设计：	主语设计
版式设计：	九章文化
出版发行：	人民日报出版社
社　　　址：	北京金台西路2号
邮政编码：	100733
发行热线：	（010）65369527　65369512　65369509
邮购热线：	（010）65369530　65363527
编辑热线：	（010）65369528
网　　　址：	www.peopledailypress.com
经　　　销：	新华书店
印　　　刷：	北京中科印刷有限公司
开　　　本：	710mm×1000mm　1/16
字　　　数：	370千字
印　　　张：	25
版次印次：	2021年10月第1版　2021年10月第1次印刷
书　　　号：	ISBN 978-7-5115-7101-4
定　　　价：	58.00元

"中国金融四十人论坛书系"专注于宏观经济和金融领域,着力金融政策研究,力图引领金融理念突破与创新,打造高端、权威、兼具学术品质与政策价值的智库书系品牌。

中国金融四十人论坛是中国极具影响力的非官方、非营利性金融专业智库平台,专注于经济金融领域的政策研究与交流。论坛正式成员由40位40岁上下的金融精锐组成。论坛致力于以前瞻视野和探索精神,夯实中国金融学术基础,研究金融领域前沿课题,推动中国金融业改革与发展。

自2009年以来,"中国金融四十人论坛书系"及旗下"新金融书系""浦山书系"已出版150余本专著。凭借深入、严谨、前沿的研究成果,该书系在金融业内积累了良好口碑,并形成了广泛的影响力。

前　言

　　供给与需求是经济循环中两大永恒的基础性力量。在我国经济增速的换挡期，"供给侧改革"与"需求侧管理"先后进入政策视野。"需求侧管理，重在解决总量性问题，注重短期调控，主要是通过调节税收、财政支出、货币信贷等来刺激或抑制需求，进而推动经济增长。供给侧管理，重在解决结构性问题，注重激发经济增长动力，主要通过优化要素配置和调整生产结构来提高供给体系质量和效率，进而推动经济增长。纵观世界经济发展史，经济政策是以供给侧为重点还是需求侧为重点，要依据一国经济形势做出抉择。放弃需求侧谈供给侧或放弃供给侧谈需求侧都是片面的，二者不是非此即彼、一去一存的替代关系，而是要相互配合、协调推进。"（参见习近平总书记在《谈治国理政（第二卷）》，第252-253页）.

　　"供给侧改革"，在2015年提出后，各方已论述颇丰。然而，对于在2020年末才提出的"需求侧管理"，各方对其认识则仍需在新格局下继续深化。基于此，我们推出了本书。

　　本书内容共分四个部分。

　　第一部分，廓清认识。为何我国政策部门在提出"供给侧改革"后，又提出了"需求侧管理"？作为一个与"供给侧改革"相对应的概念，为何不提"需求侧改革"而是使用了"需求侧管理"的提法？对"需求侧管理"所涵盖的内容到底应该如何理解？

　　对于第一个问题，党的十九大关于新时代我国社会主要矛盾已转化为人民日益增长的美好生活需要和不平衡不充分的发展之间的矛盾这一论断，本身已同时涵盖了需求和供给两个方面。对于我国当前来说，一方面，新一轮科技革命和产业变革深入发展，必须通过"供给侧改革"来赢得发展先机和主动；另一方面，当今世界正经历百年未有之大变局，全球经济陷入低迷，全球化遭遇逆风，疫情给全球人员物资流动造成了更多困难，我国外需面临着更多不确定性，当此时节，我国内需巨大、潜力充足，有必要通过"需求侧管理"来把握好战略机遇期。

对于第二个问题，在需求侧问题首次出现在2020年12月11日的中央政治局会议上时，当时使用的是"需求侧改革"[①]；在大约一周之后的2020年12月16-18日举行的中央经济工作会议上，"需求侧改革"为"需求侧管理"一词所取代[②]。的确，在通常的表述中，人们常常将"供给"与"需求"相提并论，如果后面再缀以相同的"改革"两个字，就很容易让人们将"供给侧改革"与"需求侧改革"等量齐观，从而模糊了"供给侧结构性改革"这条主线。

对于第三个问题，需求包括内需和外需，在需求侧管理，毫无疑问内需是战略基点，但最容易被人们忽视甚至与其对立起来的是外需。在构建新发展格局中，我们要以内需作为引力场，来吸引全球要素，来营造良好外部环境，建设贸易强国。同时，"构建新发展格局是发展问题，但本质上是改革问题。"（刘鹤，2000）因此，对于我国需求侧的问题，不能只是从标准的经济学教科书出发，理解为宏观经济政策的简单收放"管理"，而是包含着全方位的"改革"内涵。

第二部分，聚焦我国经济三大需求中的"压舱石"消费。消费需求是我国经济中最为稳定的部分。我国拥有全球规模最大、最具成长性的中等收入群体，国内市场规模与美国并驾齐驱。尽管如此，无论是从居民消费占GDP的比例来看，还是从居民的消费倾向来看，总体仍然偏低。与此同时，2020年的新冠肺炎疫情很大程度上对居民消费心理和收入分配格局产生了结构性影响，导致了我国居民原本不高的消费倾向进一步下滑。因此，我国未来的居民消费仍有巨大提升空间。

---

① 关于本次政治局会议的新闻通稿全文，具体请参见《中共中央政治局召开会议 习近平主持》，新华网（2020年12月11日），http://www.xinhuanet.com/2020-12/11/c_1126850644.htm。

② 关于本次中央经济工作会议的新闻通稿全文，具体请参见《中央经济工作会议在北京举行》，人民网（2020年12月19日），http://cpc.people.com.cn/big5/n1/2020/1219/c64094-31971981.html。

那么，未来中国居民消费的增长点会在哪里？发展经济学认为，不同经济体会经历相似的经济发展阶段。发达经济体曾经经历的"过去"或许会是我们将要走向的"未来"。因此，我们尝试从发达经济体的历史经验中去发现消费未来可能的增长点，寻找投资的新赛道。

更为重要的是，我们还会探讨提高居民消费意愿、增强居民消费能力的方式。第一，根据边际消费倾向递减的原理，低收入群体的边际消费倾向高于高收入群体。因此，通过创造更多就业、完善收入再分配机制来提高中低收入群体的购买力是挖掘居民消费潜力的关键。第二，为了让居民消费没有后顾之忧，我们还需要进一步健全社会保障机制。尤其是在人口日益老龄化的背景下，需要大力夯实居民的养老保障，使老百姓老有所依、老有所养。第三，与以美国为代表的发达经济体相比，我国居民收入主要依靠工资性收入，财产性收入的占比偏低。事实上，在过去二十年经济高速增长的黄金时代中，我国居民的财富也得到不断的积累。因此，丰富居民投资理财的渠道，增加居民财产性收入也是提高消费能力的重要渠道。

第三部分，在新发展格局下重新认识投资的重要地位。过去三十年，是我国城镇化从起步到快速发展的时期。得益于固定资产投资的支持，我国经济收获了三十多年的高速增长黄金时期。在进入高质量发展阶段后，投资的地位依然重要。一方面，固定资本形成是经济增长的重要源泉。我国的劳动力基数庞大，且城镇化率依然低于发达经济体，意味着劳动力还将继续从农村向城市转移。这既要求我们保持一定的经济增速，充分吸纳劳动力，又带来了新型城镇化领域的投资机遇。另一方面，我国正处于新旧动能转换的关键时期，5G、数字经济、生物医药等新基建和新领域的投资方兴未艾。全球也正在酝酿新一轮技术革命与产业变革。历史经验表明，每一轮技术革命中领航的经济体能够在未来数十年的全球经济格局中扮演举足轻重的角色。因此，不以GDP论英雄，不代表固定资产投资不再重要。恰恰相反，只有更多高效、前沿的投资才能够带领我国跨越中等收入陷阱，实现经济高质量的新飞跃。

不过，我们需要转变过去通过信用扩张拉动投资增长的模式，避免实体经济的债务负担进一步加重。进入高质量发展阶段后，投资需要变得更为"有效"：

对增强经济新动能有效、对满足人民美好生活需求有效。在培育经济新动能方面，以新型基础设施建设、高新技术产业投资为代表的领域将扛起新时代投资的大旗。在满足人民美好生活需求方面，满足居民基本居住需求的租赁房、城市更新和老旧小区改造，造就绿水青山的低碳投资等，都将迎来重要的发展窗口期。

第四部分，讨论三大需求中波动最大的外需。在我国过去三十多年的高度经济增长中，外需的作用居功至伟，甚至有人将这段时期我国的发展概括为"国际大循环"。的确，在20世纪下半期至21世纪初的全球化浪潮中，我国承接了来自发达经济体的产业转移，成为举世瞩目的"世界工厂"。然而，成为"世界工厂"意味着我国经济不得不随着全球经济的波动而波动，发达经济体宏观政策正面与负面的外溢也会传导至我国。因此，在过去，根据外需波动而开展逆周期调控一直都是我国宏观政策的重要内容。

2008年全球金融危机之后，全球经济陷入了低增长的泥淖，贸易保护主义抬头，全球化进程遭遇逆风。我国日益上升的劳动力成本、土地成本也使部分成本敏感型的产业开始向东南亚等生产成本更为低廉的"新工厂"转移。此外，2020年突如其来的新冠疫情，也使许多经济体开始反思产业链全球布局的风险问题。未来部分经济体的政策制定者可能考虑将产业链向内收缩或者在全球范围内进行多元化安排，以保障重要商品向本国供给的稳定性。上述变化将再一次考验我国的应变能力和改革决心。

在此背景下，我们需要从两方面着手展开对外需的管理。一方面，从制度层面上看，我们将致力于从商品和要素流动型开放向更高层次的制度型开放迈进，在规则和标准制定等方面与国际积极接轨，便利经贸往来，主动参与全球经贸规则重构的过程之中；另一方面，我们也需要未雨绸缪，补齐产业链中的短板，巩固供应链中的薄弱环节，解决关键技术领域"卡脖子"的问题，实现产业链供应链的稳定与安全。

当今世界正经历百年未有之大变局，新一轮科技革命方兴未艾，国内外经济新现象、新变化层出不穷。作为经济研究工作者，我们既感慨于挑战频仍，又幸于生逢其时。对于"需求侧管理"，其内涵丰富，本书篇幅有限，难以面面俱到，只希望能够激发更为深入的探讨，未尽之处，请读者见谅。

目录

第一章 总 论

第一节 "需求侧改革"还是"需求侧管理" 003

第二节 "供给侧结构性改革"是主线 004

第三节 "新格局"中的"需求侧管理" 007

第二章 扩大消费需求

第一节 中国居民消费：现状与挑战 013

第二节 消费"白马"们的未来：从美国看中国 026

第三节 大城市群与区域收入差距 035

第四节 畅通中小微企业融资与稳定就业 040

第五节 优化收入分配的税制改革方向 067

第六节 从投资到保障：我国财政支出结构的演变趋势 085

第七节 探秘居民财产性收入 101

第八节 多层次养老金体系及其投资：国际经验与我国前景 114

第九节 推动养老理财发展，夯实养老财富储备 148

第十节 居民财富出海 155

第三章　增强投资后劲

第一节　日韩产业结构演变对我国的启示 167

第二节　"顶天立地"新基建：分类定量测算 196

第三节　工业用地更新政策体系纵览 216

第四节　老旧小区改造的蛋糕有多大？ 232

第五节　政策性租赁房：可选择性作为的新领域 245

第六节　"十四五"二十万亿元交通投资的大棋局 276

第七节　"碳中和"目标下绿色投资前景广阔 307

第四章　推进高水平对外开放

第一节　构建内外需新型互促关系 331

第二节　加快制度型开放步伐 334

第三节　稳定产业链：来自中美贸易摩擦的经验 357

参考文献 379

后　　记 385

第一章 总 论

继 2015 年 11 月中央财经领导小组会议提出"供给侧结构性改革"后，2020 年 12 月中央经济工作会议首次提出了"需求侧管理"一词。何谓"需求侧管理"？"需求侧管理"与"供给侧结构性改革"之间又有什么样的关联？本章将从新发展格局的视角出发，探讨"需求侧管理"的内涵。

第一节 "需求侧改革"还是"需求侧管理"

"需求侧改革"一词首次出现在 2020 年 12 月 11 日召开的中央政治局会议上。"会议要求，要扭住供给侧结构性改革，同时注重需求侧改革，打通堵点，补齐短板，贯通生产、分配、流通、消费各环节，形成需求牵引供给、供给创造需求的更高水平动态平衡，提升国民经济体系整体效能。"[①]

大约一周之后，在 2020 年 12 月 16—18 日举行的中央经济工作会议上，"需求侧改革"为"需求侧管理"一词所取代，"会议要求，构建新发展格局明年要迈好第一步，见到新气象。加快构建以国内大循环为主体、国内国际双循环相互促进的新发展格局，要紧紧扭住供给侧结构性改革这条主线，注重需求侧管理，打通堵点，补齐短板，贯通生产、分配、流通、消费各环节，形成需求牵引供给、供给创造需求的更高水平动态平衡，提升国民经济体系整

---

① 关于本次政治局会议的新闻通稿全文，具体请参见《中共中央政治局召开会议 习近平主持》，新华网（2020 年 12 月 11 日），http://www.xinhuanet.com/2020-12/11/c_1126850644.htm。

体效能"。①

对比上述两段表述,除"需求侧改革"与"需求侧管理"这一关键词的变化之外,其上下文还有两处值得关注:第一处是关键词之后的表述完全一样,即"打通堵点,补齐短板,贯通生产、分配、流通、消费各环节,形成需求牵引供给、供给创造需求的更高水平动态平衡,提升国民经济体系整体效能";第二处是关键词之前的表述发生了变化,"需求侧改革"之前的表述为"要扭住供给侧结构性改革",而"需求侧管理"之前的表述则已调整为"要紧紧扭住供给侧结构性改革这条主线"。此处的异同,其实已经给出了"需求侧改革"调整为"需求侧管理"的原因:两个用法本质上没有差异,因为紧随其后的部署没有任何调整,但之前的措辞调整,是为了明确突出"供给侧结构性改革这条主线"。的确,在通常的表述中,人们常常将"供给"与"需求"相提并论,如果都缀以相同的"改革"两个字,就很容易让人们将"供给侧改革"与"需求侧改革"等量齐观,从而模糊了"供给侧结构性改革"这条主线。

第二节 "供给侧结构性改革"是主线

对于经济中供给和需求的关系,习近平总书记在《谈治国理政(第二卷)》(第252—253页)中作了非常透彻的阐述。

"供给和需求是市场经济内在关系的两个基本方面,是既对立又统一的辩证关系,二者你离不开我、我离不开你,相互依存、互为条件。没有需求,供给就无从实现,新的需求可以催生新的供给;没有供给,需求就无法满足,新的供给可以创造新的需求。

---

① 关于本次中央经济工作会议的新闻通稿全文,具体请参见《中央经济工作会议在北京举行》,人民网(2020年12月19日),http://cpc.people.com.cn/big5/n1/2020/1219/c64094-31971981.html。

"供给侧和需求侧是管理和调控宏观经济的两个基本手段。需求侧管理，重在解决总量性问题，注重短期调控，主要是通过调节税收、财政支出、货币信贷等来刺激或抑制需求，进而推动经济增长。供给侧管理，重在解决结构性问题，注重激发经济增长动力，主要通过优化要素配置和调整生产结构来提高供给体系质量和效率，进而推动经济增长。

"纵观世界经济发展史，经济政策是以供给侧为重点还是需求侧为重点，要依据一国经济形势做出抉择。放弃需求侧谈供给侧或放弃供给侧谈需求侧都是片面的，二者不是非此即彼、一去一存的替代关系，而是要相互配合、协调推进。"

具体到我国当前和今后一个时期，习近平总书记在《谈治国理政（第二卷）》（第253页）明确指出，"我国经济发展面临的问题，供给侧和需求侧都有，但矛盾的主要方面在供给侧"。

首先，新时代主要矛盾的解决，要靠供给侧改革。党的十九大报告指出："中国特色社会主义进入新时代，我国社会主要矛盾已经转化为人民日益增长的美好生活需要和不平衡不充分的发展之间的矛盾。""人民日益增长的美好生活需要"其实就是"需求侧"中的消费需求，而"不平衡不充分"则更多反映了"供给侧"的问题，这个"社会主要矛盾"的研判，清晰显示在供需两者之间，供给侧是相对的短板。习近平总书记在《谈治国理政（第二卷）》（第253页）指出："我国一些行业和产业产能严重过剩，同时大量关键装备、核心技术、高端产品还依赖进口，国内庞大的市场还没有掌握在我们自己手中。……我国一些有大量购买力支撑的消费需求在国内得不到有效供给，消费者将大把钞票花费在出境购物、'海淘'购物上……""事实证明，我国不是需求不足，或没有需求，而是需求变了，供给的产品却没有变，质量、服务跟不上。有效供给能力不足带来大量'需求外溢'，消费能力严重外流。解决这些结构性问题，必须推进供给侧改革。"

其次，找准中国在世界供给市场上的定位，也需从供给侧发力。习近平总书记在《谈治国理政（第二卷）》（第254页）指出："从国际上看，当前世界经济结构正在发生深刻调整。国际金融危机打破了欧美发达经济体借贷消费，东亚地区提供高储蓄、廉价劳动力和产品，俄罗斯、中东、拉美等提供能源资源的全球经济大循环，国际市场有效需求急剧萎缩，经济增长远低于潜在产出水平。主要国家人口老龄化水平不断提高，劳动人口增长率持续下降，社会成本和生产成本上升较快，传统产业和增长动力不断衰减，新兴产业体量和增长动能尚未积聚。在这个大背景下，我们需要从供给侧发力，找准在世界供给市场上的定位。"从这个意义上说，只要我们能够实现产业结构升级和技术提升，提高我国供给体系的适应性和灵活性，即便国际有效需求扩张缓慢，我国也能闯出一条拓展外需的路子。在这一点上，2020年可以说是一次无意中的"自然实验"。突如其来的新冠肺炎疫情席卷全球，各主要经济体一度停摆，全球传统需求急剧萎缩，医疗物资、远程学习办公等需求突增，得益于产业体系及时灵活的调整能力，在除我国外的全球主要经济体均为负增长的情况下，我国全年出口却实现了4.0%的正增长，[①]不仅超过了我国经济2.3%的增速，也超过了全球主要经济体增速。

最后，一国经济发展的根本动力要靠供给侧推动。习近平总书记在《谈治国理政（第二卷）》（第255页）指出："从国际经验看，一个国家发展从根本上要靠供给侧推动。一次次科技和产业革命，带来一次次生产力提升，创造着难以想象的供给能力。"我国目前仍有一些关键核心技术受制于人，不少领域还存在"卡脖子"问题，科技发展面临外部打压和遏制，亟待加快自主创新步伐，所有这些都需要依靠供给侧结构性改革实现突破。

必须指出的是，强调"供给"，并不意味着忽视"需求"。习近平总书记在《谈治国理政（第二卷）》（第252页）指出："供给侧结构性改革，重点是解放和发展社会生产力，用改革的办法推进结构调整，减少无效和低端供给，扩大有效和中高端供给，增强供给结构对需求变化的适应性和灵活性，提高全要素生产率。……我们讲的供给侧结构性改革，既强调供给又关注需求……

---

① 相关数据请参见《2020年国民经济稳定恢复 主要目标完成好于预期》，国家统计局（2021年1月18日），http://www.stats.gov.cn/tjsj/zxfb/202101/t20210118_1812423.html。

既着眼当下又立足长远。"①一句话,就是要"推动供给创造和引领需求,实现供需良性互动"。

第三节 "新格局"中的"需求侧管理"

2020年12月16—18日召开的中央经济工作会议要求:"加快构建以国内大循环为主体、国内国际双循环相互促进的新发展格局,要紧紧扭住供给侧结构性改革这条主线,注重需求侧管理,打通堵点,补齐短板,贯通生产、分配、流通、消费各环节,形成需求牵引供给、供给创造需求的更高水平动态平衡,提升国民经济体系整体效能。要更加注重以深化改革开放增强发展内生动力,在一些关键点上发力见效,起到牵一发而动全身的效果。"

这段表述至少有两点含义非常清楚:第一点含义是需要从形成"新格局"的高度来理解"需求侧管理";第二点含义是"需求侧管理"蕴含着大量的"改革"内涵。

"新格局"中的"需求侧管理"

2020年4月10日,习近平总书记在中央财经委员会第七次会议上的讲话以《国家中长期经济社会发展战略若干重大问题》为题发表在11月1日出版的《求是》杂志第21期上,其中对我国过去经济高速发展时期所形成的"国际大循环"、在百年未有之大变局和百年不遇的疫情面前进行了深刻反思:"改革开放特别是加入世贸组织后,我国加入国际大循环,形成了市场和资源(如矿产资源)'两头在外'、形成'世界工厂'的发展模式,对我国抓住经

---

① 参见刘鹤《加快构建以国内大循环为主体、国内国际双循环相互促进的新发展格局》,选自《党的十九届五中全会〈建议〉学习辅导百问》,党建读物出版社、学习出版社,2020年11月第1版。

济全球化机遇、快速提升经济实力、改善人民生活发挥了重要作用。近几年，经济全球化遭遇逆风，这次疫情可能加剧逆全球化趋势，各国内顾倾向明显上升，我国发展面临的外部环境可能出现重大变化。"在此基础上，习近平总书记指出了未来的发展方向："实施扩大内需战略，是当前应对疫情冲击的需要，是保持我国经济长期持续健康发展的需要，也是满足人民日益增长的美好生活的需要。"一句话，"构建完整的内需体系，关系我国长远发展和长治久安"。为此，"我们要牢牢把握扩大内需这一战略基点，使生产、分配、流通、消费各环节更多依托国内市场实现良性循环，明确供给侧结构性改革的战略方向，促进总供给和总需求在更高水平上实现动态平衡"。

这段话清晰折射出"需求侧管理"在2020年这个时点被中央突出强调的原因。首先是全球化逆风。在这方面，刘鹤（2013）在《两次全球大危机的比较研究》（第39页）中已作出清晰判断："要充分认识过去20年全球市场不断扩张的时期已经结束，国际市场收缩在相当长时间将成为常态，必须转变战略基点、坚持扩大内需，为经济平稳较快发展提供新的持久动力。"美国特朗普政府期间的政策，已证实了这种判断的前瞻性和准确性。其次是疫情全球化流行。疫情是新情况，疫情造成各国"封国封城"、过去全球分工的产业链遭遇冲击甚至中断，"这次疫情可能加剧逆全球化趋势"。如果说全球化逆风是一种趋势，还有一段时间可准备的话，那么，疫情则是"暴风雪"式的一夜封城，必须当机立断采取行动，"构建完整的内需体系"。此时，一个有效的"需求侧管理"将是"供给侧结构性改革"最终能够取得成功的基础。因此，"在坚持以供给侧结构性改革为主线的过程中，要高度重视需求侧管理，坚持扩大内需这个战略基点，始终把实施扩大内需战略同深化供给侧结构性改革有机结合起来"（刘鹤，2020）。

"需求侧管理"中的内需与外需

虽然"需求侧管理"是在疫情加剧全球化逆风的背景下提出来的，但"扩大内需和扩大开放并不矛盾"（习近平，2020），"国际市场是国内市场的延伸，国内大循环为国内国际双循环提供坚实基础"（刘鹤，2020）。有了这个基础，就更"有利于形成参与国际竞争和合作新优势"。从这个意义上说，对于"需求侧管理"，内需是"战略基点"，但外需同样不可或缺。一方面，我们"不可能什么都自己做，放弃国际分工与合作"。另一方面，通过强化开放合作，更加紧密地同世界经济联系互动，可以提升我国国内大循环的效率和水平（刘鹤，2020）。因此，"推动更高水平的对外开放，更深度融入全球经济"，以开放促改革，对于"需求侧管理"同样至关重要。

"需求侧管理"同样蕴含着大量的"改革"内涵。正如刘鹤（2020）所指出的："构建新发展格局是发展问题，但本质上是改革问题。"因此，对于我国需求侧的问题，不能只是从标准的经济学教科书出发，理解为宏观经济政策的简单收放"管理"，而是包含着全方位的"改革"内涵。这可能正是在2020年12月11日中央政治局会议上一开始使用的是"需求侧改革"的初衷。的确，从这次中央经济工作会议新闻通稿中的具体部署内容来看，在内需方面，完善社保，优化收入分配，完善职业技术教育体系，提高教育、医疗、养老、育幼等公共服务支出效率，规范租赁房市场发展，激发社会投资活力等，都需要通过诸多体制机制方面的"改革"才可能实现。在外需方面，市场准入、国有企业、政府补贴、劳工标准、知识产权保护、数字贸易等，也只有通过"实行高水平对外开放，推动改革和开放相互促进"，"以对外开放的主动赢得经济发展的主动、赢得国际竞争的主动"［习近平《谈治国理政（第二卷）》，第99页］。

在经济学中，"需求"通常是指"三大需求"，即消费需求、投资需求、海外需求。因此，全书随后三章就按照这三大需求逐一展开。

第二章　扩大消费需求

消费占据了我国总需求的半壁江山，是拉动经济的"三驾马车"之首。然而，我国居民消费的总体水平偏低，消费潜力有待进一步挖掘。本章将介绍我国居民消费的现状及其所面临的挑战，从收入来源、收入分配、消费结构等多个角度出发，探讨如何释放消费潜力，充分发挥超大规模市场优势。

第一节　中国居民消费：现状与挑战

2020年7月的政治局会议要求"加快形成以国内大循环为主体、国内国际双循环相互促进的新发展格局"。挖掘我国国内消费潜力，不仅能够增强外部环境动荡背景下本国经济发展的韧性，而且还能够吸引全球的资本和人才进入中国市场，促进我国技术创新和产业升级。如图2-1数据显示，2019年，我国社会消费品零售额接近6.0万亿美元，逼近美国的6.2万亿美元，我国已成为全球最大的零售消费市场之一。在新冠肺炎疫情困扰全球经济、"逆全球化"思潮抬头的背景下，充分发挥我国的超大规模市场优势将成为破局前行的关键。而居民消费是国内消费的重要组成部分。本节将分析我国居民消费水平的总体情况，并探讨掣肘消费增长的因素。

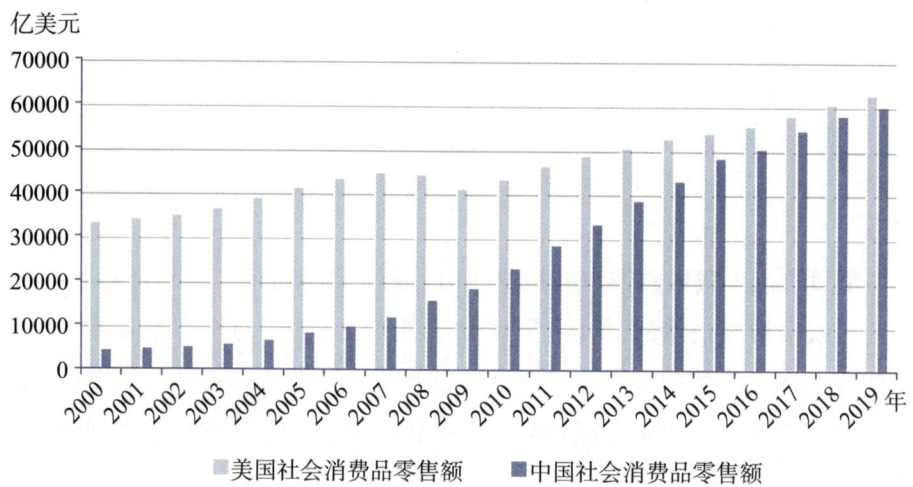

图2-1 中美消费市场规模

资料来源：WIND，兴业研究。

一、消费水平总体偏低

2019年，中国居民人均GDP达到10276美元，首次突破了1万美元大关。而美国、日本和韩国人均GDP突破1万美元的时间分别是1978年、1981年和1994年。

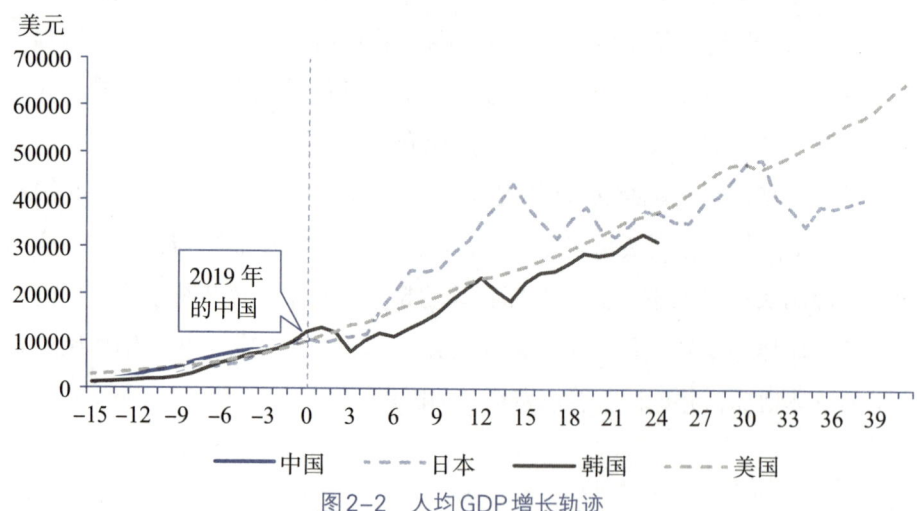

图2-2 人均GDP增长轨迹

注：图中横轴的0代表各个经济体人均GDP首次突破1万美元的年份，t（t＞0）代表人均GDP突破1万美元后t年，t（t＜0）代表人均GDP突破1万美元前t年。下同。

资料来源：WIND，兴业研究。

从居民消费占GDP的比例来看，如果我们考察美国、日本和韩国人均GDP突破1万美元时的消费情况可以发现，中国居民消费总体偏低。当人均GDP突破1万美元时，美国居民消费占GDP的比例达到60.5%。日本和韩国的这一比例低于美国，但也分别达到53.9%和51.8%的水平。而中国居民消费占GDP的比例仅为38.8%，较日本和韩国处于同一发展阶段时分别低15.1和13.0个百分点。

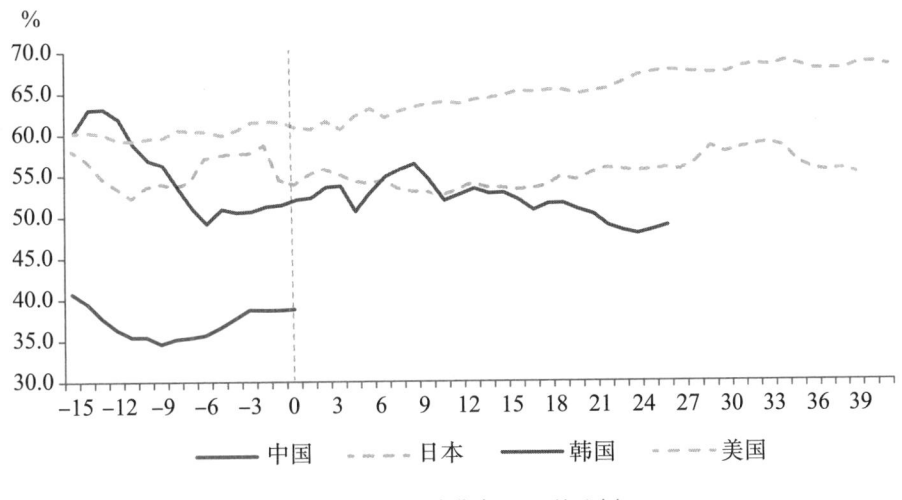

图2-3 居民消费占GDP的比例

资料来源：WIND，兴业研究。

据图2-4，从居民平均消费倾向（这里定义为消费支出与可支配收入之比）来看，当人均GDP突破1万美元时，美国居民的平均消费倾向为87.0%，日本居民的平均消费倾向为79.2%。而中国居民的平均消费倾向仅为70.1%，较美国和日本处于同一发展阶段时分别低16.9和9.1个百分点。这意味着，在同等收入水平之下，中国居民愿意用于消费的钱更少。

长期来看，我国的居民消费市场还有巨大的增长空间。

据图2-5，从居民消费的名义增速来看，在人均GDP突破1万美元之前的10年，中国居民消费的名义增速与日本较为接近，大部分时间处于10%以上。在人均GDP突破1万美元之后10年间，日本、美国的居民消费名义增速主要在5%至10%之间波动，韩国消费的名义增速更高，一度超过15%。

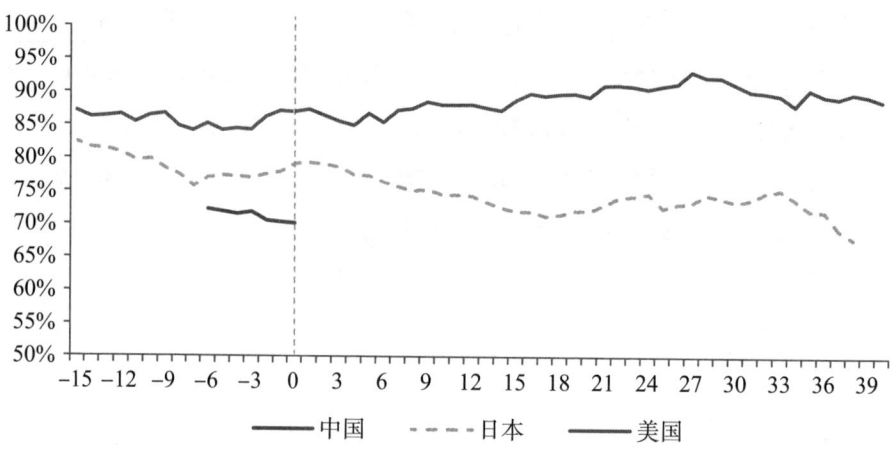

图2-4 居民消费支出与可支配收入之比

资料来源：WIND，兴业研究。

据图2-6，从居民消费的实际增速来看，在人均GDP突破1万美元之前的10年，中国居民消费的实际增速总体高于美国、日本和韩国。在人均GDP突破1万美元之后10年间，美国、日本和韩国的居民消费实际增速的均值在3%到5%之间。

综合以上，考虑到中国居民消费水平总体偏低，未来中国居民消费有望继续以较快的速度增长。

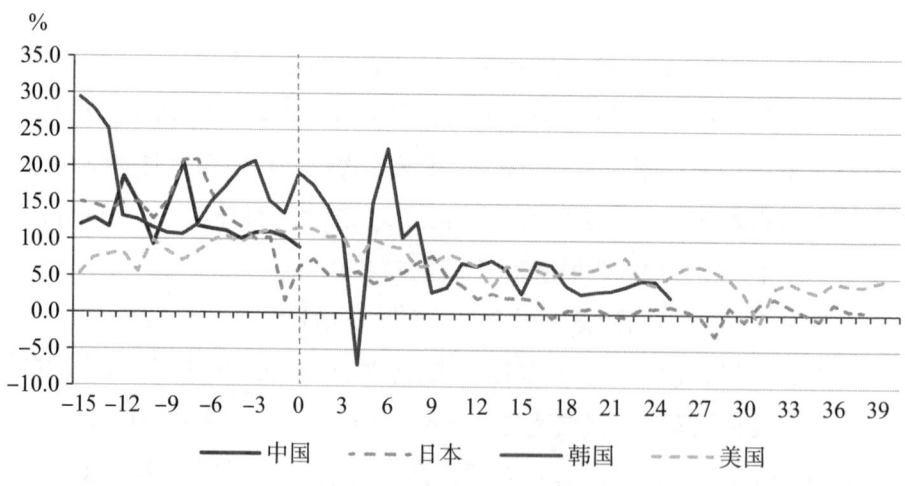

图2-5 居民消费名义增速对比

资料来源：WIND，兴业研究。

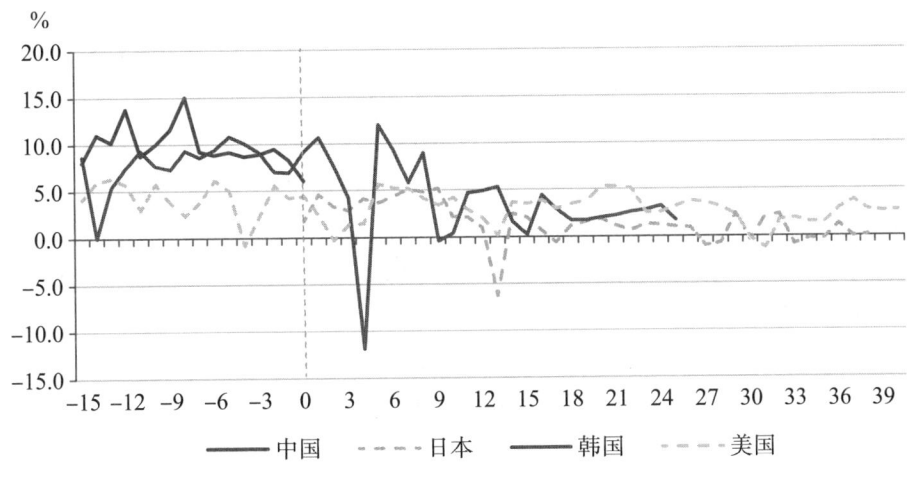

图2-6 居民消费实际增速对比

注：由于缺少中国居民消费实际增速的数据，这里中国居民消费实际增速用居民消费名义增速和CPI增速的差值来估算。

资料来源：WIND，兴业研究。

二、制约消费增长的深层因素

要推动居民消费增长，就需要了解制约居民消费增长的因素，进而寻求突破。那么，为何中国居民的消费总体偏低？我们推断可能有以下原因。

第一，中国的城镇化率与经济发展水平不匹配。图2-7显示，当美国、日本和韩国人均GDP突破1万美元时，其城镇化率均达到了70%以上。而中国2019年的城镇化率仅60.6%，户籍人口的城镇化率更低，约44.4%。

研究表明，城镇化率的提升有利于促进居民消费。一方面，城镇化率的提升有利于居民收入的提高。如果我们用三次产业与其就业人数之比衡量其单位劳动力产出，可以发现第一产业的单位劳动力产出显著低于第二产业与第三产业。因此，如果农村人口向城镇迁移，转而从事第二、第三产业，其收入可能提高，进而对消费产生促进作用。数据显示，2019年，我国城镇居民人均可支配收入为4.2万元，显著高于农村居民的1.6万元。周微（2014）指出，城镇化对居民消费存在正向的"收入效应"。

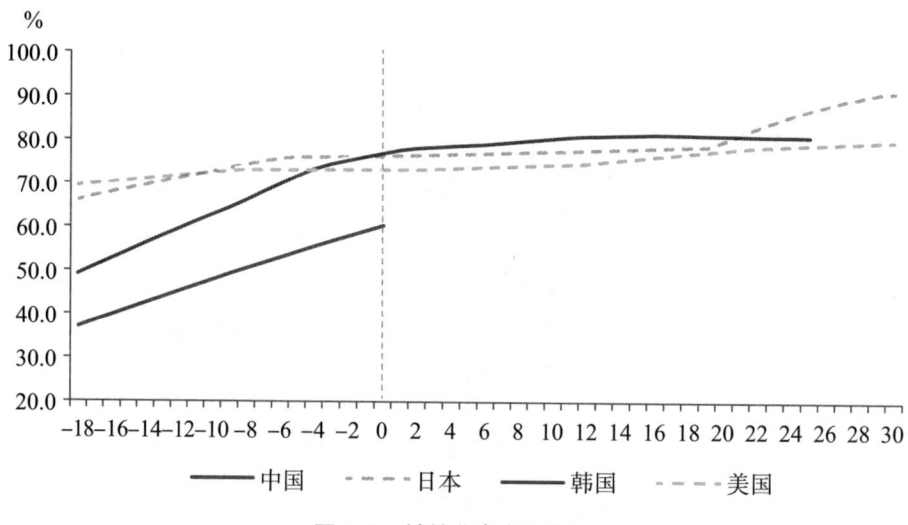

图2-7 城镇化率变化轨迹

资料来源：WIND，兴业研究。

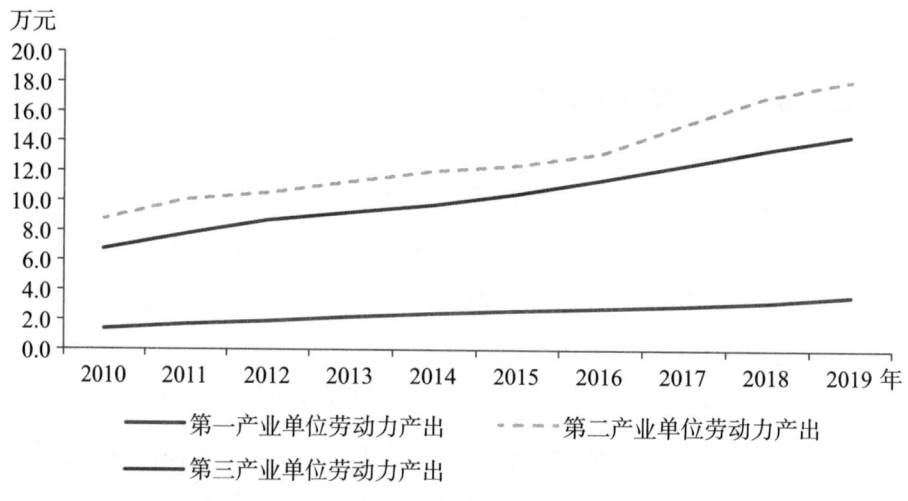

图2-8 三次产业单位劳动力产出的差异

注：图中单位劳动力产出等于名义GDP与就业人数之比。
资料来源：WIND，兴业研究。

另一方面，提高户籍人口城镇化率，有利于降低流动人口储蓄率，提高其消费意愿。安凡所（2014）指出，2011年，流动人口平均储蓄率高达46.7%，而同期农村居民和城镇居民的平均储蓄率仅为25.2%和30.5%。这是由于流动人口的收入不确定性较高,且流动人口可能最终返回农村生活,为未来生活积累储蓄的意愿强烈。如果农业转移人口能够获得务工地的户籍,则能够享受当地的社会保障,降低其支出不确定性,从而提高消费意愿。

此外,考虑到农村居民可能以自主种植、物物交换等形式获取食品,到市场中购买农产品的需求较少,农村居民的部分消费需求将无法体现在消费数据和GDP数据统计之中,而城镇化能够改变这一点。

第二,偏高的居民部门杠杆率可能抑制了中国居民的消费能力。当美国、日本和韩国的人均GDP突破1万美元时,三者的居民部门杠杆率十分接近,都在48%左右,而中国的居民部门杠杆率已经达到55.2%。可见,中国的居民部门杠杆率可能超出其经济发展阶段的正常水平。偏高的债务负担可能降低了居民,尤其是城镇居民可自由支配的收入,导致消费能力下降。

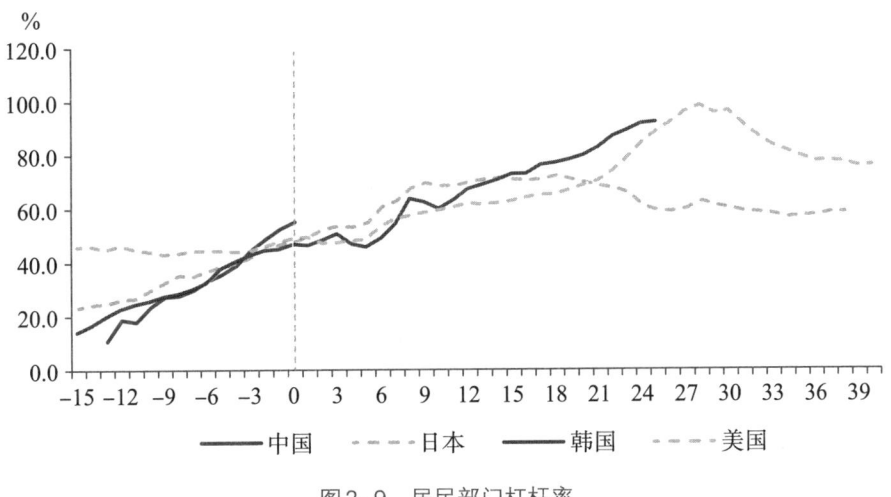

图2-9 居民部门杠杆率

资料来源:WIND,BIS,兴业研究。

第三,社会保障体系有待进一步强化和完善。根据世界银行的统计,2017年,中国政府医疗支出占GDP的比例大约是2.9%。同期美国和日本的这一比例分别为8.6%和9.2%。韩国的政府医疗支出占GDP的比例为4.4%,虽然低于美国和日本,但也高于中国。社会保障体系的不完善增加了居民预防性储蓄的需求,影响了消费的增长。

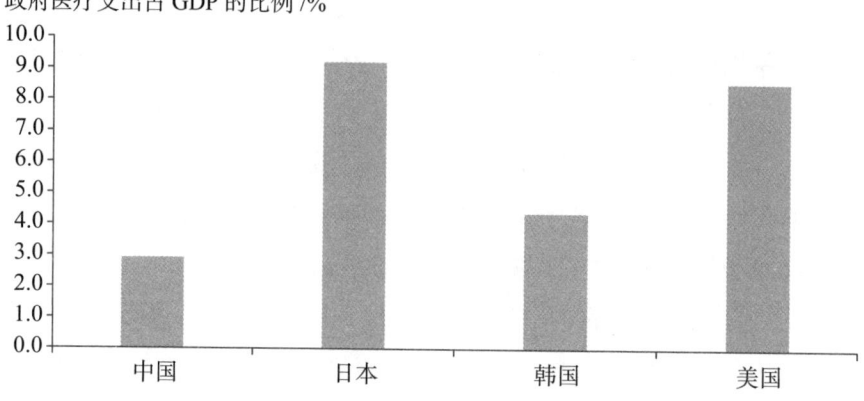

图 2-10　政府医疗支出占 GDP 的比例（2017 年）

资料来源：World Bank，兴业研究。

三、疫后经济的额外挑战

2020 年新冠疫情的发生给居民消费增长带来了额外的挑战。虽然国内疫情已经得到有效控制，且城镇调查失业率也已经回落至 2019 年疫情发生前的平均水平，但消费增长依然低迷。为什么疫后消费迟迟难以恢复？

分析显示，外出劳动力减少、就业结构变化、居民储蓄行为改变这三大结构性变化，很可能降低一段时期内的居民消费潜在增速。这种消费无法马上复原的状态，可以称之为消费的疫后"回滞"。

从外出劳动力的角度来看，疫情降低了劳动力外出就业的意愿，使更多劳动力就近就业，进而带来其收入总量与消费水平的下降。我国有大量的异地就业人口。2019 年，我国的流动人口总量为 2.4 亿，人户分离人口更高达 2.8 亿。然而，疫情发生后，更多劳动力选择了就近就业。一方面，2020 年四个季度外出农民工人数同比降幅均在 2.0% 以上。虽然 2020 年下半年外出农民工收入同比正增长，但并未吸引更多的农民工外出就业。另一方面，2020 年 5 月至 11 月（1 月至 4 月数据缺失），东部移动电话用户数同比持续负增长，中部地区移动电话用户数持续正增长，而在此期间的 7 个月内，西部地区的移动电话用户数有 5 个月是正增长的。这也表明，作为重要劳动力输出地的中西部地区的常住人口可能在上升，而作为劳动力输入地的东部地区的常住人口可能有所减少。

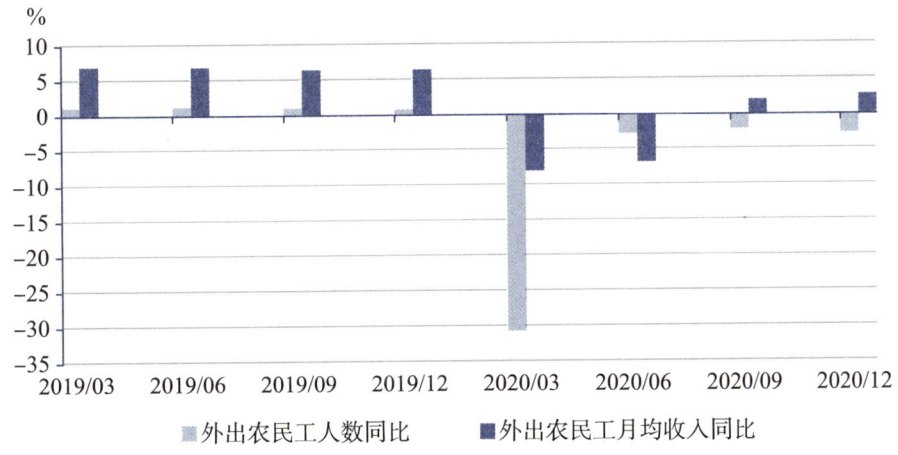

图2-11 外出农民工人数与收入

资料来源：WIND，兴业研究。

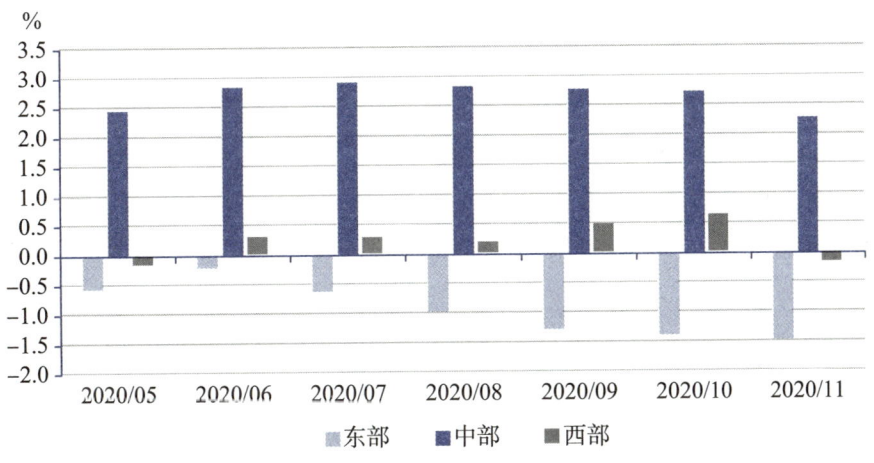

图2-12 移动电话用户数同比

资料来源：WIND，兴业研究。

劳动力外出的减少引起了三方面的变化。第一，考虑到劳动力输出地的收入和消费水平通常低于劳动力输入地，就近就业可能导致劳动力的收入和消费水平均出现下降。2019年，浙江和广东的城镇单位就业人员年平均工资均在9.5万元以上，但是湖南和四川的城镇单位就业人员年平均工资都在8.5万元以下。此外，就近就业还减少了劳动力租房和外出就餐等方面的支出。

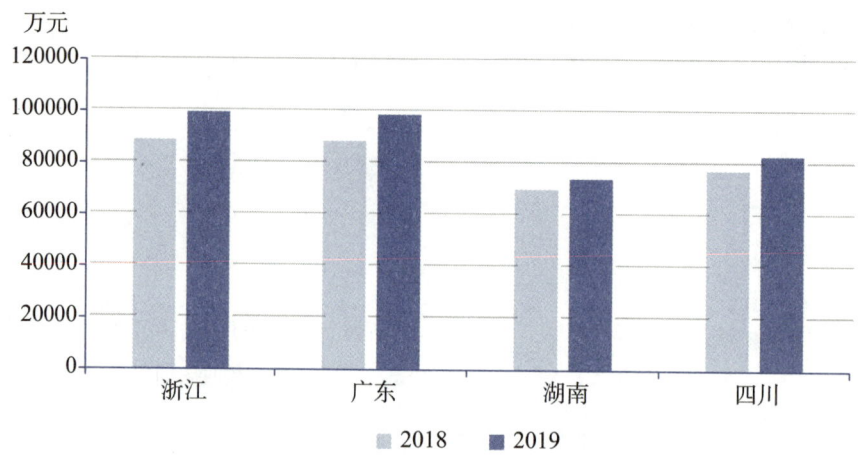

图2-13　城镇单位就业人员平均工资

资料来源：WIND，兴业研究。

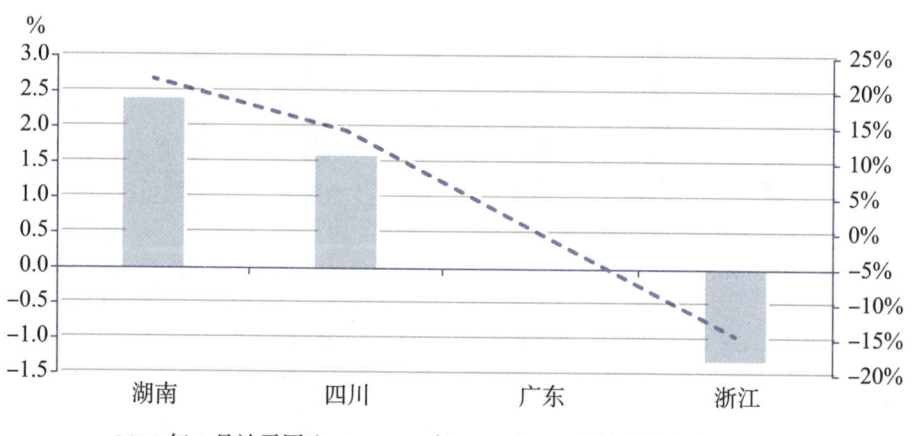

图2-14　不同省份社零同比

注：社零即社会消费品零售额。
资料来源：WIND，兴业研究。

第二，流动人口的减少导致劳动力输出地的消费总量恢复更快，而劳动力输入地的消费总量恢复更慢。由于省级月度社会消费品零售数据不完整，这里仅选取广东和浙江为劳动力输入地的代表，湖南和四川为劳动力输出地的代表。数据显示，2020年9月，广东和浙江的社会消费品零售总额（简称"社零"）当月同比分别为0.0%和-1.3%，而同期湖南和四川的社零同比均实现了正增长，分别为2.4%和1.6%。

第三，劳动力输入地常住人口中外来劳动力的比例下降，导致消费数据出现结构性的变化。限额以上消费增速已经恢复到疫情暴发前的水平，但限额以下消费迟迟难以恢复。2020年第四季度限额以上消费品零售增速平均为7.3%，但限额以下消费品零售的同比增速平均为0.5%。

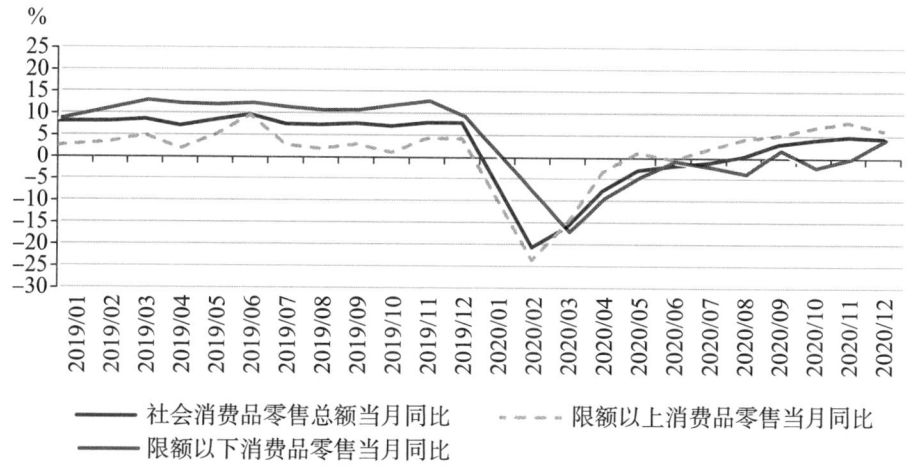

图2-15 消费增速的分化

注：限额以上标准为批发业年营业收入2000万及以上，零售业年营业收入500万及以上。
资料来源：WIND，兴业研究。

从就业结构的角度来看，疫情使制造业和服务业的就业情况出现分化，因此，虽然2020年第四季度GDP增速已经超过了疫情发生前的水平，服务业从业人员的收入和消费增速依然受到抑制。第三产业是吸收就业的主力。2019年第三产业就业人员占比为47.4%，显著高于第二产业的27.5%。然而，疫情对服务业的影响远高于制造业。2020年3月以来制造业从业人员采购经理人指数PMI显著高于服务业从业人员PMI。以上海为例，2019年第四季度上海第三产业岗位需求比重达到93.8%，但2020年第三季度这一比重仅为83.1%。

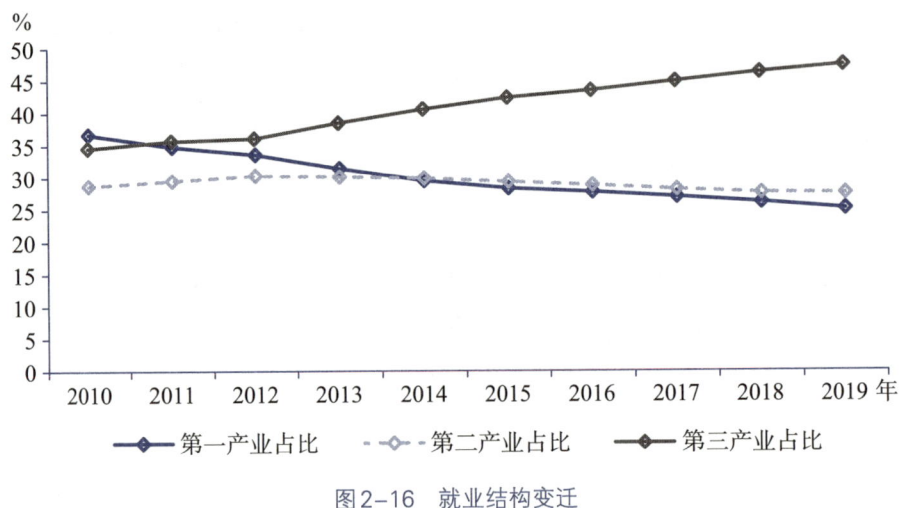

图2-16 就业结构变迁

资料来源：WIND，兴业研究。

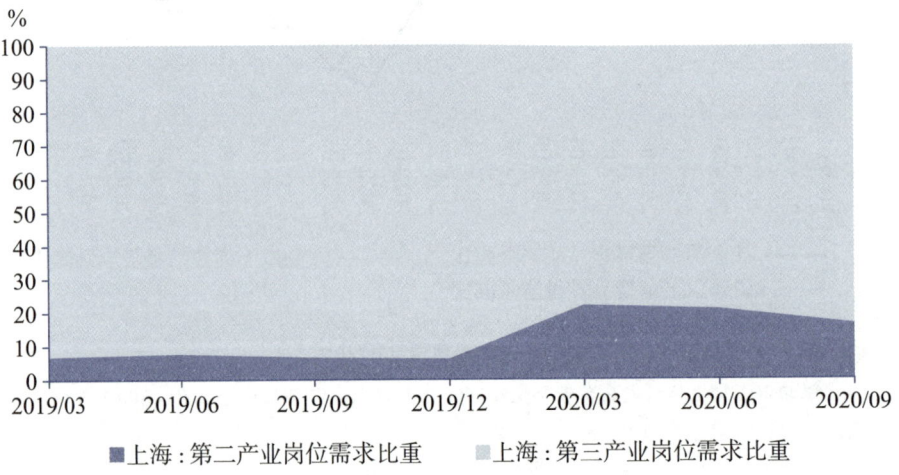

图2-17 上海岗位需求变化

资料来源：WIND，兴业研究。

虽然第二产业的就业形势较好，部分制造业企业甚至出现了"用工荒"，但第二产业吸纳就业的能力有限，难以完全对冲服务业就业放缓的影响。这可能抑制了服务业工资的增长。数据显示，主要由服务业劳动力成本构成的家庭服务价格和衣着加工价格同比均处于2008年以来的低位。

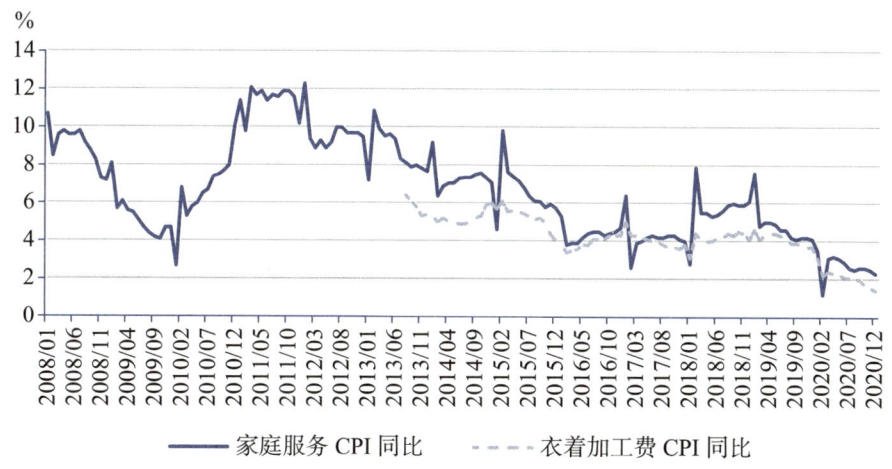

图2-18 全国居民收入与消费

注：CPI为消费者价格指数。
资料来源：WIND，兴业研究。

因此，虽然2020年第四季度GDP同比增速超过了疫情发生前的水平，但同期全国居民人均可支配收入中位数同比仅增长5.8%，较2019年第四季度低3.0个百分点。

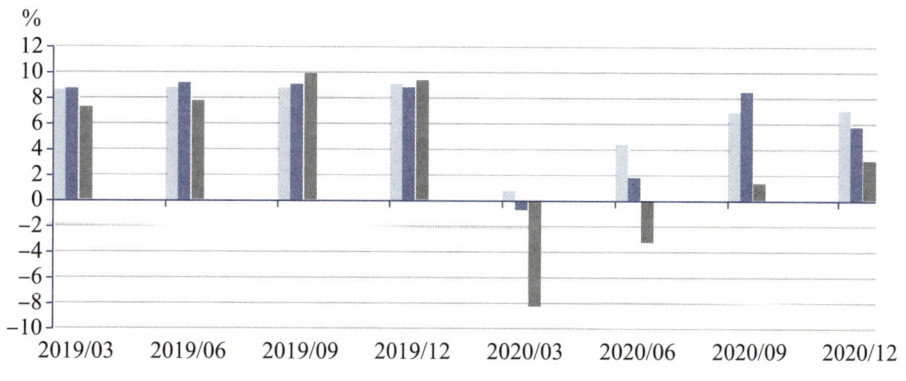

图2-19 全国居民收入与消费

资料来源：WIND，兴业研究。

从储蓄行为的角度来看，疫情的冲击可能提高居民的储蓄意愿。已有对过去疫情冲击经验的研究发现，疫情可能通过两个渠道影响居民的储蓄行为：第一，疫情的冲击使居民意识到预防性储蓄的重要性，进而开始积累预防性储蓄；第二，居民可能通过储蓄来弥补疫情期间财富的损失。央行对城镇储户的调查结果也印证了这一点。疫情发生后城镇储户中选择更多储蓄的比例从45%左右提高到了50%以上。直到2020年第四季度，选择更多储蓄的比例依然高达51.4%。

展望未来，我们需要通过提高户籍人口城镇化率，引导居民杠杆合理增长和完善社会保障制度来激发居民消费的增长潜能，使居民消费市场焕发新的生机。与此同时，疫后经济环境的新变化要求我们稳定服务业就业，进一步减少劳动力跨区域流动的阻碍，抚平疫情对就业与消费的创伤。

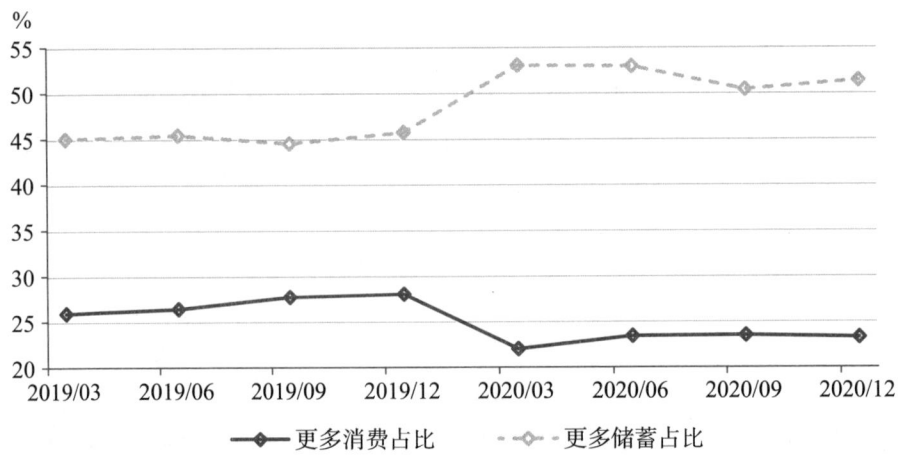

图2-20　疫后城镇储户储蓄意愿较高

资料来源：WIND，兴业研究。

第二节　消费"白马"们的未来：从美国看中国

中国居民消费的增长点在哪里？消费升级有无规律可循？我们或许可以

从先行者美国身上得到启示。

从大类消费看，美国居民非耐用品消费占比先降后稳，耐用品消费占比在连年缓慢下降后趋稳，服务消费占比则先升后稳。目前来看，虽然近几年美国居民收入仍在增长，但消费结构却变动不大，似乎达到了一个稳定状态，非耐用品、耐用品和服务消费大致是2∶1∶7的比例。

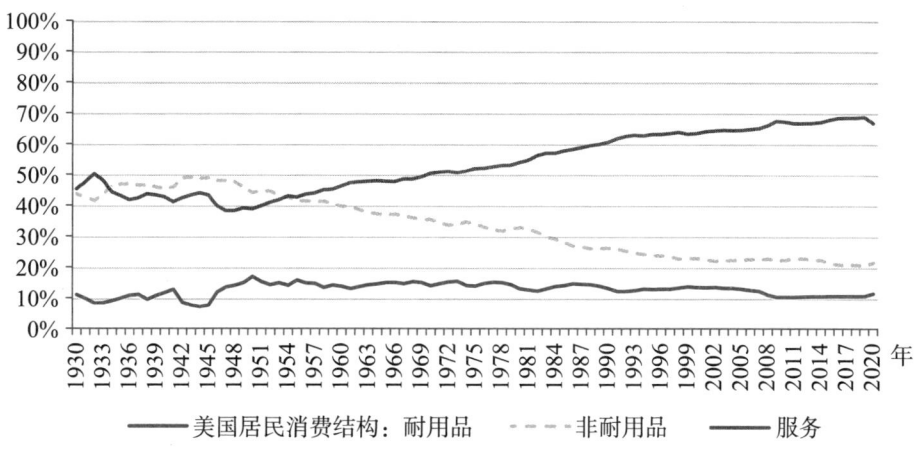

图2-21　美国居民消费

资料来源：WIND，兴业研究。

下面将分别考察非耐用品、耐用品和服务这三大类消费的内部结构变动。

一、美国非耐用品消费结构的演变

从总量看，美国居民在非耐用品方面的消费占比长期下降，从1964年的37.1%下降至1992年的25.0%，年均下降0.4个百分点，此后逐渐趋于稳定，到2017年占比仍有21.1%，年均仅下降不到0.2个百分点。

结构方面，表2-1列出了美国居民的非耐用品各细分品类的消费占整体居民消费的比重随着时间演变的情况。

表2-1 美国居民非耐用品消费占整体居民消费的比重（%）

	1964年	1975年	1983年	1995年	2005年	2017年
食品消费	13.5	11.9	9.0	6.7	5.7	5.3
其中：谷物和烘焙食品	2.1	2.0	1.5	1.2	1.1	1.1
肉禽	4.0	3.6	2.5	1.6	1.3	1.1
鱼和海鲜	0.3	0.2	0.2	0.2	0.1	0.1
鲜奶	1.4	0.9	0.5	0.3	0.2	0.2
奶制品	0.8	0.8	0.6	0.4	0.4	0.3
蛋类	0.3	0.2	0.1	0.1	0.1	0.1
新鲜水果	0.6	0.4	0.3	0.3	0.3	0.3
新鲜蔬菜	0.9	0.5	0.5	0.4	0.4	0.4
果蔬制品	0.8	0.8	0.7	0.3	0.2	0.2
糖类	0.9	1.1	0.8	0.5	0.4	0.4
软饮料	1.4	1.3	1.5	1.0	0.8	0.7
其中：茶和咖啡等	0.2	0.2	0.2	0.1	0.1	0.1
矿泉水、果汁和软饮	1.2	1.1	1.2	0.9	0.7	0.6
酒精饮料	1.9	1.9	1.6	1.1	1.1	1.1
其中：烈酒	0.7	0.7	0.3	0.2	0.2	0.2
红酒	0.2	0.2	0.3	0.2	0.3	0.3
啤酒	1.0	0.9	1.0	0.7	0.5	0.5
农业自产自销食品	0.2	0.1	0.0	0.0	0.0	0.0
服饰鞋帽	7.6	6.5	5.5	4.6	3.5	3.0
汽油等能源产品	4.3	4.6	4.7	2.7	3.2	2.3
医药	1.1	1.0	1.2	1.7	2.8	3.8
娱乐用品	1.2	1.3	1.3	1.4	1.3	1.3
其中：游戏玩具	0.5	0.5	0.5	0.6	0.5	0.5
宠物用品	0.2	0.4	0.4	0.4	0.4	0.5
花草绿植	0.3	0.3	0.3	0.4	0.3	0.3
电影摄影	0.1	0.2	0.1	0.1	0.0	0.0
家庭用品	1.9	1.6	1.6	1.4	1.2	1.0

续表

	1964年	1975年	1983年	1995年	2005年	2017年
其中：清洁用品	0.8	0.7	0.6	0.5	0.4	0.3
纸制品	0.4	0.4	0.5	0.4	0.3	0.3
亚麻制品	0.6	0.4	0.4	0.4	0.3	0.3
个人护理用品	1.1	1.1	1.0	1.0	1.0	1.0
烟类	1.8	1.5	1.2	1.0	0.9	0.8
报纸杂志	1.0	1.0	1.0	0.9	0.7	0.8

资料来源：CEIC，兴业研究。

第一，奶类消费占比逐步下降。美国居民的鲜奶消费占全部消费的比重由1964年的1.4%逐步下降到2005年的0.2%，随后趋稳。加工乳制品的消费也有类似走势。这意味着美国奶类消费的增速长期低于整体消费增速。

第二，在整个食品大类消费占比持续下降的情况下，蛋类、鲜果和鲜蔬的消费占比却长期保持稳定。美国蛋类消费占比从1964年的0.3%下降到1983年的0.1%，其后30多年一直保持在这一水平。鲜果消费和鲜蔬消费占比也分别从1983年和1995年开始保持稳定。

第三，软饮料消费占比先稳后降。美国居民对咖啡、茶、矿泉水和果汁等软饮料的消费占比在1964年至1983年间基本保持稳定，此后则持续下滑。对中国来说，这可能意味着未来10到20年，在上海等相对发达地区，该行业的增长或将开始落后于整体消费。

第四，各种酒精饮料的消费走势分化。整个酒类消费占比在1964年至1975年间保持平稳，但此后就持续下降，直到2005年后又趋于稳定。分类别看，其中烈性酒的消费走势与酒类整体走势大致相同，而啤酒消费占比则迟到1983年后才开始下滑；不过红酒消费的走势与以上两种酒截然不同，其占比在1964—1983年间持续上升，其后出现小幅下滑，但在1995年后又触底反弹，并持续上升。中国的白酒应属于烈性酒，由此来看，白酒行业未来十年或许与中国整体消费同步扩张。

第五，药品消费占比在短暂小幅回落后，迎来持续上升。美国药品消费占比从1964年的1.1%小幅回落到1975年的1.0%，随后就持续上升，到2017年已升至3.8%。

第六，娱乐用品（Recreational Items）消费占比上升后趋稳。其从1964年的1.2%上升至1983年的1.3%，此后至今基本维持在该水平。细分来看，美国玩具消费占比基本长期稳定在0.5%；宠物用品占比则从1964年的0.2%上升至1975年的0.4%，此后至2005年一直维持在该水平，直到2017年又小幅上升至0.5%；花草绿植占比从1964年至2017年基本都维持在0.3%。

第七，个人护理产品占比保持平稳。美国个人护理产品消费占比从1964年的1.1%小幅回落到1983年的1.0%，随后至今一直维持在该水平。

二、美国耐用品消费结构的演变

从总量看，美国居民耐用品消费占比总体呈缓降态势，从1964年的14.5%下降到1983年的12.9%。随后到2005年一直稳定在13%左右，从2006年开始下降至2009年的10.4%，随后回升并稳定于目前的11%。

表2-2列出了美国居民耐用品消费结构的历史演变，我们发现以下三个特征。

表2-2 美国居民耐用品消费占整体居民消费的比重（%）

	1964年	1975年	1983年	1995年	2005年	2017年
汽车及零部件	6.3	5.1	5.4	5.1	4.7	3.7
其中：新车	4.4	2.8	2.9	1.6	1.1	0.5
二手车	0.8	0.7	0.7	1.0	0.7	0.4
家具和家用设备	4.7	4.1	3.5	2.9	3.1	2.5
其中：家具	2.8	2.3	1.9	1.7	1.8	1.5
家用设备	1.2	1.0	0.7	0.5	0.5	0.4
娱乐设备	2.1	2.9	2.6	3.1	3.5	3.0

续表

	1964年	1975年	1983年	1995年	2005年	2017年
其中：音像设备	1.0	1.2	1.1	1.1	1.2	0.8
信息处理设备	0.0	0.0	0.1	0.5	0.8	0.9
摩托车	0.0	0.2	0.1	0.1	0.1	0.1
其他	1.3	1.6	1.5	1.6	1.6	1.7
其中：珠宝	0.5	0.7	0.7	0.7	0.6	0.6
手表	0.1	0.1	0.1	0.1	0.1	0.1
医疗设备	0.1	0.1	0.1	0.1	0.2	0.3
电话传真	0.0	0.0	0.1	0.1	0.1	0.1

资料来源：CEIC，兴业研究。

第一，汽车消费占比逐步下降。美国汽车消费占整体消费的比重从1964年的6.3%下降至1983年的5.4%，和2017年3.7%。其中新车消费占比下滑较二手车更快。实际上二手车消费占比在1964年至2005年间均基本稳定，只是在2005年以后才开始下降。2017年新车和二手车消费占比分别为0.5%和0.4%，不分伯仲。对中国而言，这可能意味着二手车市场的增速或会高于新车。

第二，家电（不含音像设备）消费占比先降后稳，其从1964年的1.2%下降至1983年的0.7%，随后下降至0.5%并持稳。音像设备消费占比在大部分时间保持平稳，只是在2005年以后有所下降。由此来看，未来中国的黑电行业增速或快于白电。

第三，珠宝首饰消费和手表消费占比均始终保持稳定。保健医疗设备消费占比在1964年至1995年间保持平稳，随后则逐步上升。

三、美国服务消费结构的演变

美国居民服务消费占比在过去半个多世纪持续提升，从1964年的48.4%到1983年的57.4%，再到2017年的67.9%。美国服务消费在结构上有以下特征。

表2-3 美国居民服务消费占整体居民消费的比重（%）

	1964年	1975年	1983年	1995年	2005年	2017年
居住及水电燃气	17.5	17.1	18.4	18.3	18.0	18.2
其中：房屋租赁	4.1	3.8	3.7	3.7	3.1	4.1
自有住房	9.7	9.6	10.3	11.2	11.9	11.5
家用水电燃气	3.0	3.3	4.1	3.2	2.9	2.4
医疗服务	5.9	8.6	11.1	14.4	15.0	16.9
其中：门诊服务	3.3	3.7	4.5	6.8	7.1	7.6
住院及疗养院服务	2.6	4.9	6.6	7.7	7.9	9.2
交通服务	2.8	3.1	3.0	3.6	3.3	3.0
其中：汽车保养与维修	1.6	1.8	1.7	1.9	1.8	1.5
汽车租赁	0.0	0.0	0.0	0.1	0.1	0.1
航空	0.3	0.6	0.7	0.6	0.5	0.5
娱乐	2.1	2.3	2.6	3.6	3.7	3.9
其中：电影	0.3	0.2	0.1	0.1	0.1	0.1
现场表演	0.1	0.1	0.1	0.1	0.2	0.3
观赏性体育运动	0.1	0.1	0.1	0.1	0.2	0.2
电视广播	0.0	0.1	0.3	0.5	0.6	0.6
摄影	0.1	0.1	0.1	0.1	0.1	0.1
彩票	0.0	0.1	0.1	0.3	0.2	0.2
宠物服务	0.1	0.1	0.1	0.2	0.2	0.3
旅行团	0.0	0.0	0.0	0.1	0.1	0.1
餐饮住宿	6.1	6.7	6.7	6.3	6.0	6.6
其中：餐饮	5.7	6.0	6.1	5.6	5.2	5.6
住宿	0.3	0.4	0.5	0.6	0.7	0.8
金融保险	4.3	5.2	6.4	7.4	7.8	7.9
其中：金融服务	2.0	2.9	3.8	4.3	4.7	5.1
保险	2.4	2.3	2.6	3.1	3.1	2.8
其他	8.2	7.8	7.4	7.8	8.6	8.8

续表

	1964年	1975年	1983年	1995年	2005年	2017年
其中：手机				0.2	0.8	0.9
邮政快递	0.2	0.2	0.2	0.2	0.1	0.1
互联网服务				0.0	0.3	0.9
教育	1.1	1.4	1.4	1.7	1.9	2.2
法律	0.7	0.8	0.8	1.0	1.0	0.8
美发与个人护理	0.8	0.5	0.4	0.4	0.5	0.6
洗衣	0.5	0.2	0.1	0.2	0.1	0.1

资料来源：CEIC，兴业研究。

第一，居住和水电燃气消费支出占比稳中有升，主要驱动力是自有住房而非房屋租赁。细分来看，家用水电燃气等消费占比以1983年为界，1983年之前上升，之后则下降；房屋租赁消费占比在2005年之前持续下降，之后出现反弹，而自有住房消费占比在2005年之前持续上升，之后稍有回落。

第二，医疗服务消费支出占比快速上升。不论是门诊消费，还是住院消费，均呈现长期快速上升的态势。上文已提及美国的药品消费占比也出现了持续上升。对中国来说，未来的医药医疗消费或是具有最大增长潜力的消费领域之一。

第三，汽车售后服务市场有一定增长空间。美国的汽车保养维修消费占比从1964年的1.6%小幅上升至1983年的1.7%和1995年的1.9%，随后逐步回落到2017年的1.5%。上文提及美国的汽车购置消费占比是逐渐下降的，在这种情况下，汽车保养维修消费仍在较长时间内以高于整体居民消费的增速增长。

第四，汽车租赁市场增长提速的时间较晚。美国汽车租赁消费占比在1983年以前基本为零，此后市场规模才逐渐加速扩张，到1995年消费占比提升到0.1%，随后增速又回落到与整体消费同步的水平。对中国来说，这可能意味着中国整体上还不具备汽车租赁快速发展的条件，只有在上海等较发达地区条件才相对比较成熟。

第五，航空消费占比在经历快速增长后缓慢回落。美国居民的航空消费占比从1964年的0.3%提高至1983年的0.7%，随后逐步回落至2017年的0.5%。

第六，电影消费占比不升反降。美国的电影消费占比自1964年以来的0.3%逐渐下降到1983年的0.1%，随后趋稳。

第七，体育消费占比先稳后升。美国的体育消费从1964年至1995年一直稳定在0.1%左右，此后才开始上升，到2005年升至0.2%并稳定至今。对中国而言，这可能意味着未来10到20年，体育消费或只会与居民整体消费同步增长，加速扩张尚需时日。

第八，付费电视消费占比稳步上升。美国居民的电视消费占比从1964年的近0%上升到1983年的0.3%和2005年的0.6%，随后趋稳。

第九，宠物服务消费稳中有升。美国的宠物服务消费占比从1964年至1983年间一直稳定在0.1%左右，此后开始上升到1995年的0.2%和2017年的0.3%，其开始加速增长的时间要晚于上文所述的宠物用品行业。

第十，餐饮消费占比先升后降，住宿消费占比持续提升。美国餐饮消费占比从1964年的5.7%上升至1983年的6.1%，随后稳中趋降。这或许意味着中国的餐饮市场更大的增长潜力或在上海等发达地区以外的二、三线区域。美国住宿消费占比从1964年的0.3%稳步上升至2017年的0.8%，说明与餐饮业相比，住宿业具有持续快速扩张的更大潜力。

第十一，金融服务消费增长前景较保险业更为广阔。美国金融服务消费占比从1964年的2.0%持续上升至2017年的5.1%。相比之下，保险消费占比从1964年的2.4%小幅上升至1995年的3.1%，此后稳中趋降。

第十二，教育消费占比持续上升，法律服务消费先升后稳。美国教育消费占比从1964年的1.1%一路上升至2017年的2.2%，说明随着收入水平的提高，人们在子女教育方面的投入会加速增长。美国法律服务消费占比从1964年的0.7%上升至1983年的0.8%和1995年的1.0%，随后开始企稳回落，这或许意味着中国的居民法律服务市场仍有增长的空间。

第三节　大城市群与区域收入差距

根据边际消费倾向递减的原理，中低收入群体比高收入群体有更高的边际消费倾向。因此，减少发展的不均衡、缩小收入差距是释放我国内需潜力的重要渠道。党的十九大报告指出，"我国社会主要矛盾已经转化为人民日益增长的美好生活需要和不平衡不充分的发展之间的矛盾"。地区不平衡应是发展不平衡的表现之一。实际上除了在2004年提出"东北振兴"战略，我国还分别在1999年提出"西部大开发"战略，在2004年提出"中部崛起"战略。从人均GDP来看，与各大战略提出时相比，中部、西部和东北地区与上海的发展差距均在进一步拉大，其中中部地区与上海的发展差距相对而言较小。如何看待这一结果，未来区域差距会进一步拉大还是缩小？他山之石，可以攻玉，本节将通过考察国际区域经济发展经验寻找答案。

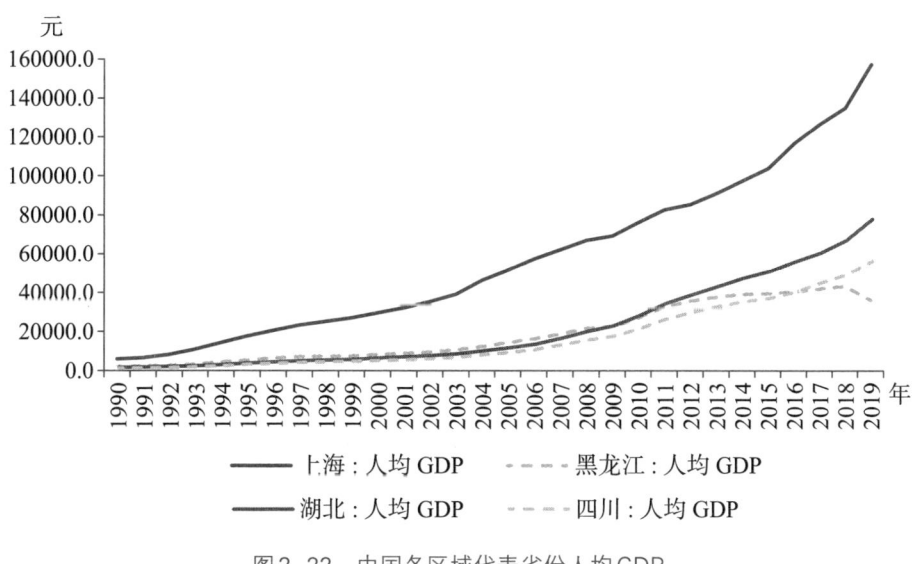

图2-22　中国各区域代表省份人均GDP

资料来源：WIND，兴业研究。

一、区域经济发展的常态是走向平衡还是不平衡？

传统的新古典经济学认为，区域经济不平衡是短期现象，长期来看终会走向平衡。在生产要素自由流动和经济开放为前提的假设下，索洛等著名经济学家认为，随着区域经济的增长，各个国家间的差距或一国之内不同区域的差距都会缩小。这实际上是经济学的均衡思想在区域经济发展上的体现。

但经济发展的事实却并非如此。从世界范围看，自第二次世界大战以来，北美和欧洲发达经济体的经济持续增长，其与亚非拉大部分发展中经济体的差距越拉越大，并没有收敛的势头。

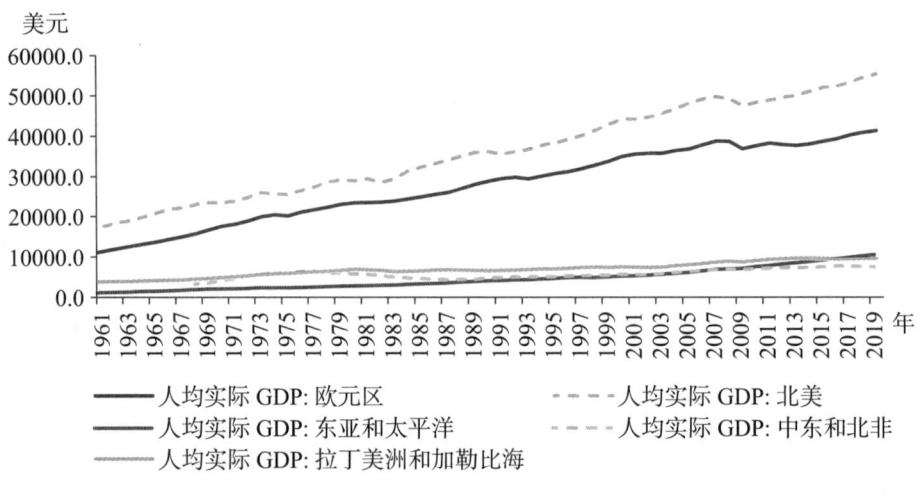

图2-23 世界各区域人均GDP

资料来源：WIND，兴业研究。

从特定经济体内部看也是如此。若以经济密度即单位土地面积上的经济产出来衡量，美国的经济活动主要集中在波士顿—纽约—华盛顿沿线、以芝加哥为核心的五大湖区域、以洛杉矶—旧金山—波特兰—西雅图为代表的西海岸、休斯敦—达拉斯区域以及迈阿密等少数国土，其他广袤地区的经济密度则极低。日本也有类似现象，东京—名古屋—大阪一线的经济密度明显高于其他地区。

不过，地区间经济密度的巨大差异并不必然意味着地区间人均收入的差距也会如此悬殊，因为人口会向工作机会多、工作待遇好的高经济密度地区流动，经济密度低的地区往往人口密度也低。人口密度就是单位土地面积上的人口数。以经济密度排名美国倒数第二的西部山区州——蒙大拿州为例，其人口密度远低于纽约州。

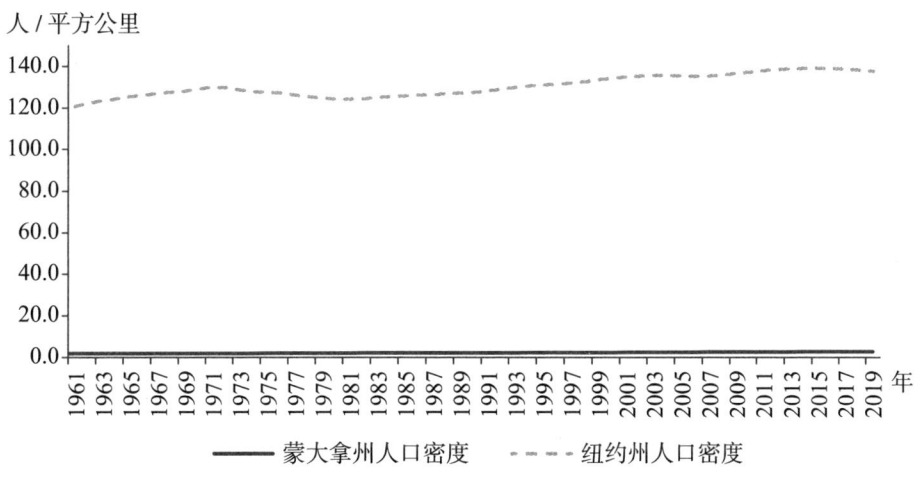

图2-24　纽约州和蒙大拿州人口密度

资料来源：WIND，兴业研究。

确实，由于人口密度的差异部分抵消了经济密度上的差距，蒙大拿州和纽约州人均GDP的差距要小于二者经济密度的差距。值得注意的是，虽然美国人口可以自由迁徙，但这并没有完全抹平各地区间的发展差距。

综上可知，从国际经济发展的实践看，地区间发展的平衡是相对的，是人们的美好期望，不平衡却是绝对的。正如美国发展经济学家赫希曼在1958年发表的《经济发展战略》中所指出的，经济进步并不同时出现在每一处，增长极的出现必然意味着增长在区域间的不平等是经济增长不可避免的伴生物，是经济发展的前提条件。

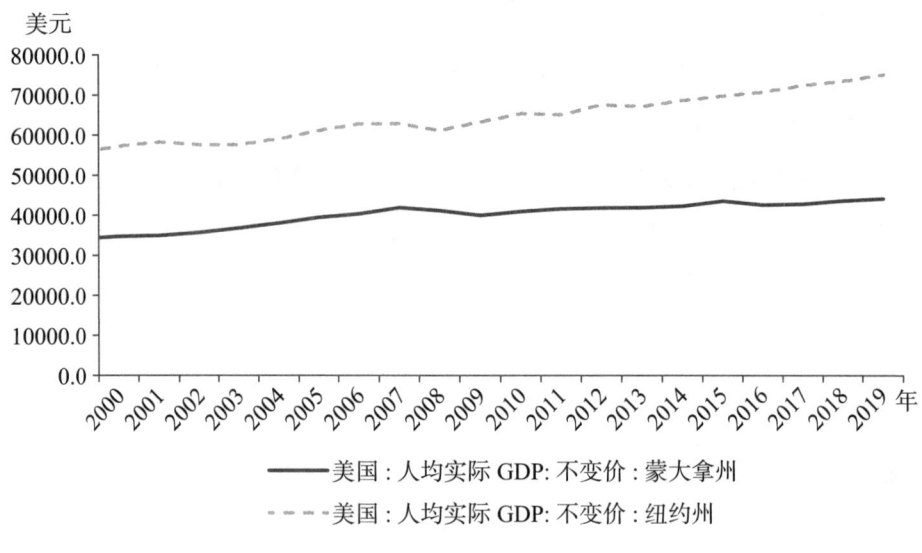

图2-25　纽约州和蒙大拿州人均GDP

资料来源：WIND，兴业研究。

二、对中国区域发展的启示

1. 区域协调发展不等于平均发展

党的十九大报告指出，"以城市群为主体构建大中小城市和小城镇协调发展的城镇格局"。促进城市群进一步发展是否会进一步加大区域发展差距，从而与区域协调发展背道而驰？我们认为并非如此。

第一，经济活动的集聚与区域协调发展是相辅相成、辨证统一的。正如上文所述，各区域经济的绝对平均发展是不符合经济规律的，经济总是先在具有发展优势的某些少数区域率先形成增长极。关键在于如何使先富地区带动落后地区发展，如果能形成这种良性局面就是做到了区域协调发展。比如，纽约州人均GDP一直遥遥领先蒙大拿州，但是二者之间的差距保持长期稳定，并未扩大，实现了先进地区和相对落后地区的共同发展。

反过来看，如果在区域经济发展上奉行撒胡椒面式的绝对平均主义，则会损害经济效率，危及整体经济增长，在这种情况下落后地区也不可能获得好的发展。比如，苏联政府曾致力于把圣彼得堡等老工业区占全国经济的比重从65%压缩至32%，而将产能转移至落后的苏联东部地区。结果虽然东部地区产出占全国的比重从1925年的4%上升到苏联解体时的28%，但是这种经济活动在空间分布上的无效率却一定程度上加速了苏联的崩溃。

第二，与世界先进城市群相比，中国城市群仍有发展空间。根据世界银行的研究，随着经济的发展，越来越多人将生活在城市群中。比如美国有约70%的人口生活在城市群，而目前在中国这一比例只有约40%。

从具体的城市群来看也是如此。中国最大的三个城市群——长三角、珠三角和京津冀各自的人口占全国的比重、GDP占全国的比重等指标，均不及发达经济体的城市群，比如，美国东北部大西洋沿岸的波士顿—纽约—华盛顿城市群和日本太平洋沿岸的东京—名古屋—大阪城市群。

表2-4 世界城市群对比

城市群	面积（占比）	GDP占比	人口占比	人口密度	人均GDP
美国波士顿—纽约—华盛顿城市群	13.8万平方千米（1.5%）	20%	20%	471人/平方千米	62000美元
北美五大湖城市群	24.4万平方千米			204人/平方千米	67000美元
日本太平洋沿岸城市群	3.5万平方千米（3.5%）	50%	30%	2000人/平方千米	48000美元
中国长三角城市群	21.2万平方千米（2.2%）	19%	11%	708人/平方千米	15000美元
中国珠三角城市群	5.6万平方千米（0.6%）	14%	5%	1207人/平方千米	20000美元
中国京津冀城市群	21.8万平方千米（2.3%）	10%	8%	505人/平方千米	10000美元

资料来源：兴业研究。

2.努力降低各种生产要素自由流动的成本

前文指出，新古典经济学认为，如果生产要素可以自由流动，则区域经济差距将会缩小。

第一，改革户籍、社保等制度，降低人口迁徙成本。美国可能是世界上人口流动性最强的经济体，每年大约有3500万人更换居所，超过总人口的10%。这可能是美国各州人均产出相对比较均衡的重要原因。以西部内陆山区州——怀俄明州为例，该州面积25.4万平方千米，比中国广西壮族自治区略大，居全美第九，其经济以采矿、旅游和农业为主（著名的黄石公园就在该州），经济密度位列全美倒数第三，仅略高于阿拉斯加和蒙大拿。怀俄明是全美人口最少的州，仅有50万人，但2019年其人均实际GDP却高达6.8万美元，与经济发达的纽约州的7.5万美元相比差距很小。

第二，完善城市群内部基础设施网络，降低城市融合发展成本。对于一个多中心的城市群而言，一开始在各中心城市之间存在大量空白发展地带，随着城市的发展和扩张，这些空白地带会被逐渐填充。铁路、公路等基础设施网络的密集建设则极大地促进了这一进程。美国东北部波士顿—纽约—华盛顿城市群过去半个多世纪的发展实践生动诠释了城市群内部基础设施从无到有、从松到密的全过程。在我国，随着京津冀协调发展战略的提出，在中央决定建设雄安新区作为京津冀城市群的第三极以后，连接北京和雄安的多个基础设施建设项目就被提上了议事日程，这必将有力地推动京津冀城市群的发展。

第四节 畅通中小微企业融资与稳定就业

近年来，随着国内外经济形势的变化，国内中小企业融资难、融资贵的问题再一次引起人们的关注。无论是在我国境内还是在国际上，中小微企业承载了大量人群的就业。但是，由于企业体量较小、行业集中度较高等一系列因素，中小微企业的整体抗风险能力较弱，极容易在经济金融环境发生较大波动时出现风险，甚至被迫退出，进而造成企业主和员工的失业。因此，无论是在经济正常运行或者波动的时期，各国政府都会高度关注中小微企业的生存情况，采用多种支持政策畅通中小微企业的融资渠道，以便帮助中小微企业健康成长、维持就业形势的整体稳定。在国际上，中小微企业融资难、融资贵问题也是困扰各国的重要问题，因此国际上也积累了大量畅通中小微企业融资渠道的经验。

一、中小微企业融资与稳定就业、提升需求的关系

中小企业（Small and Medium enterprises，SME）在各个经济体中都占有不可或缺的地位。根据估计，中小企业在低收入国家中对GDP的贡献超过了70%，对就业的贡献达到了60%以上；在中等收入国家，中小企业对GDP的贡献约为70%，对就业的贡献则超过95%。中国人民银行行长易纲2018年6月在陆家嘴论坛上指出："小微企业在经济发展过程中发挥着非常重要的作用。从国际上看，美国、德国、日本中小企业对经济增长的贡献率为50%左右，对就业的贡献率为60%—70%。从我国实践看……中小企业贡献了全国80%的就业，70%左右的专利发明权，60%以上的GDP和50%的税收。"

根据进一步的研究发现，无论是对于发达经济体还是发展中经济体，相较于大型企业，中小微企业创造就业岗位的能力都显著优于大型企业。

经合组织（OECD）在1998年曾发布报告《小微企业、就业创造和增长：基本情况、障碍和最佳实践》（*Small Business, Job Creation and Growth：Facts, Obstacles and Best Practices*）[①]，其中指出："中小微企业（SMEs）在OECD国家经济中起到了举足轻重的作用，总体而言，OECD国家中，中小微企业的数量占到了所有企业数量的95%，并且创造了60%—70%的就业岗位。尽管

---

① 具体参见 *Small Business, Job Creation and Growth：Facts, Obstacles and Best Practices*，http：//www.oecd.org/industry/smes/2090740.pdf.

在制造业中，中小微企业创造的就业岗位比例较少，但是OECD国家制造业中小微企业还是创造了40%~80%的就业岗位。"根据OECD的最新调查，[1]在G7经济体中，近年来雇员人数在249人以下的中小微企业仍如过去一样继续创造着大量的就业岗位。以企业规模效应最为明显的制造业为例，2014年，G7国家中，仅有美国和德国两个国家雇员人数在249人以下的中小微企业提供的岗位数量少于50%，意大利、日本、英国、法国和加拿大制造业中，中小微企业提供的岗位数量分别为73%、66%、57%、53%和53%。

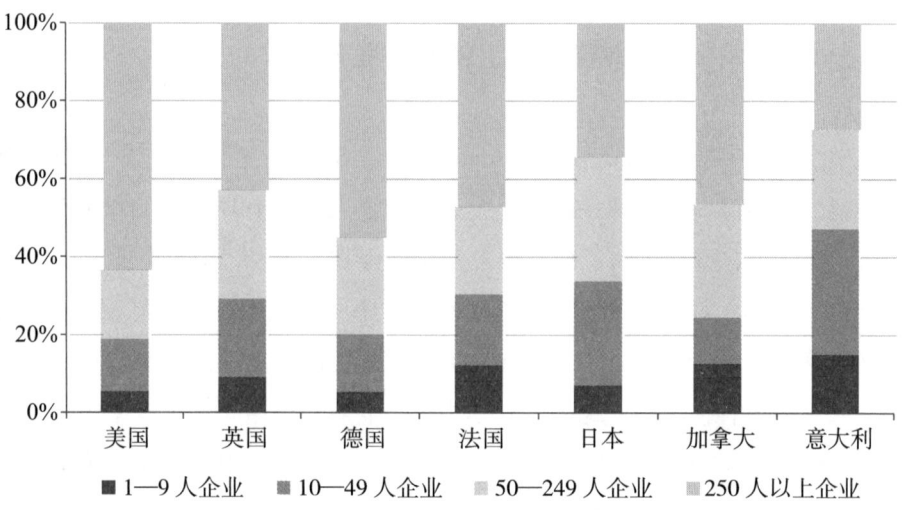

图2-26　G7国家不同规模企业创造的就业岗位数量（2014年，以制造业为例）
资料来源：OECD，兴业研究。

对于发展中经济体而言，中小微企业在创造就业岗位方面的作用更为显著。2011年，世界银行曾发布工作论文《小企业与新兴企业：对于就业、岗位创造和经济增长的贡献》(*Small vs. young firms across the world*: *Contribution to Employment*, *Job Creation and Growth*)[2]，在研究过程中世界银行抽样调查

---

[1] 具体参见OECD数据库，https：//stats.oecd.org/Index.aspx?QueryId=81352#。
[2] 具体参见 *Small vs. Young Firms across the World*：*Contribution to employment*, *Job Creation*, *and Growth*, http：//documents1.worldbank.org/curated/en/478851468161354807/pdf/WPS5631.pdf。

了104个经济体的49370个企业，对于其中85个总工作岗位增加的经济体来说，雇员数5—19的小微企业创造了45.3%的就业岗位，雇员数20—99的中小企业创造了30.3%的就业岗位，雇员数在100人以上的大中型企业仅创造了16.9%的就业岗位。国际金融集团（IFC）也曾发布报告《私营部门对创造就业岗位、消除贫困的贡献评估》(Assessing Private Sector Contributions to Job Creation and Poverty Reduction)[①]，其中明确指出，相较于发达经济体，发展中经济体中小微企业所创造的就业岗位比例更高。由此可见，发展中经济体中小微企业对就业的作用更为显著。

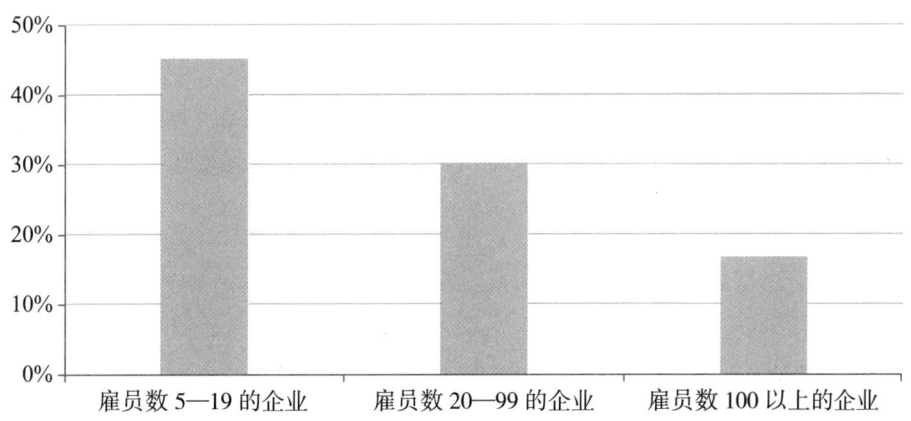

图2-27　世界银行统计的发展中经济体不同规模企业创造就业量

注：数据包括世界银行调查统计的85个发展中经济体的情况。
资料来源：WB，兴业研究。

就业情况与居民收入有着密切的联系，而居民收入的多寡会进一步影响到居民的支出端，进而对社会总需求产生不可忽视的影响。

芝加哥大学的Peter Ganong和Pascal Noel曾参照JP Morgan和美国失业保险等相关数据库的数据进行研究，并撰写了《失业如何影响消费者支出》

---

① 具体参见 IFC, Jobs Stucy : Assessing Private Sector Contributions to Job Creation and Poverty Reduction, https://www.ifc.org/wps/wcm/connect/a93ef4fe-8102-4fc2-8527-5aff9af7f74f/IFC_FULL+JOB+STUDY+REPORT_JAN2013_FINAL.pdf?MOD=AJPERES&CVID=jMRYe5J。

(*How Does Unemployment Affect Consumer Spending*？)[①]一文，其中的研究结论指出，"由于家庭往往没有充分地（对失业）做好自我保障（Self-Insurance），因此居民的收入（降低）会快速地影响支出。根据研究，由于家庭对于流动性的需求加大，失业会造成收入短期的大幅下降。在失业开始时，家庭非耐用品支出会下降大约6%。对于领取失业保险的人员，即使在其再就业之后，消费支出仍然会维持低位，这或许是为了重建其财务缓冲（Financial Buffer）；对于失业保险领取殆尽的人员，其消费支出还会进一步下滑12%"。

在我国，居民消费情况也与收入息息相关。从历史数据来看，居民消费与收入中位数相关性较强。自2014年有数据以来，居民消费增速与居民收入中位数增速的走势总体一致。特别是在2020年受到疫情冲击的影响下，人均可支配收入中位数同比增速下滑，与人均消费支出同比负增长趋势相同。从限额以下商品的消费情况来看，限额以下商品零售的同比增速与城镇新增就业的同比增速也密切相关。

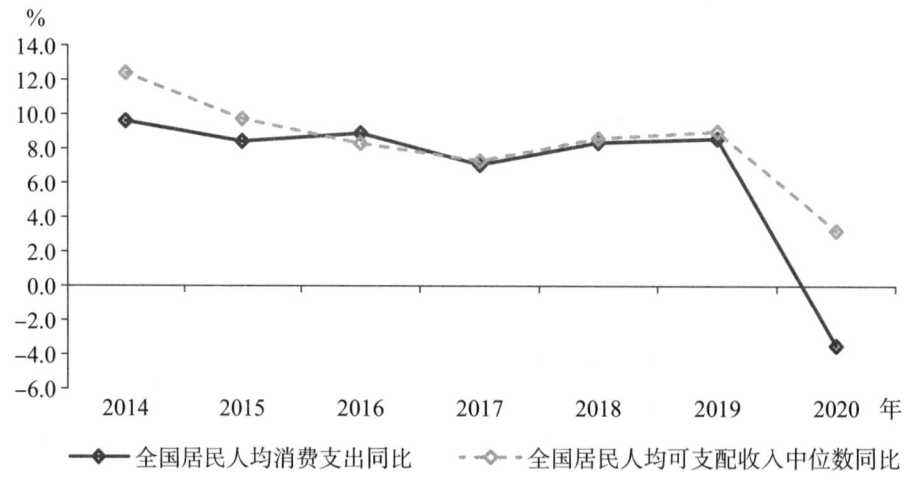

图2-28 收入中位数增速影响消费

资料来源：WIND，兴业研究。

---

① 具体参见 *How Does Unemployment Affect Consumer Spending*？，https：//economics.yale.edu/sites/default/files/jmp_0.pdf。

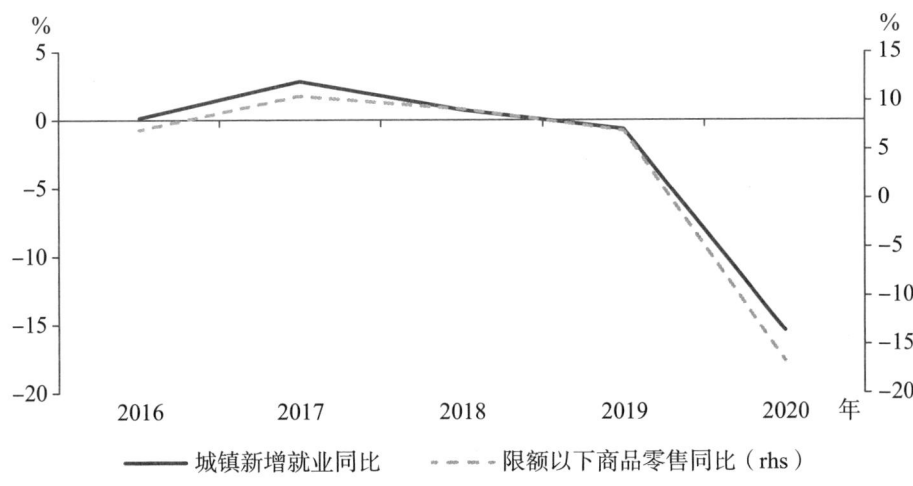

图2-29 就业与限额以下消费

资料来源：WIND，兴业研究。

近年来，我国高度重视居民就业、支持中小企业发展，一方面是为了确保社会稳定，另一方面也是为了提振居民收入水平、提高居民财富积累，进而促进居民消费、增加总体需求，形成国民经济发展的正反馈循环。2018年7月，中央经济工作会议提出了"六稳"的要求，其中就将"稳就业"排在了首位。2020年4月，中央政治局召开会议，明确了"六保"的要求，其中在将"保居民就业"放在首位的同时，提出了"保市场主体"的要求。

从境内外的经验来看，中小微企业融资难、融资贵问题是目前困扰中小微企业发展的最大问题。IFC在2013年发布的《私营部门对创造就业岗位、消除贫困的贡献评估》报告中展示了经过调研多个发展中经济体后得出的中小微企业发展瓶颈原因。其中排名前四的原因依次为"获取融资"（Access to Finance）、"获取电力"（Access to electricity）、"合规性问题"（Informality）、"税率"（Tax Rate）。由此可见，中小微企业的融资问题已经成了阻碍中小微企业健康发展的首要原因，进而中小微企业的融资问题也成了增加居民就业岗位、提升居民收入以及扩大居民消费支出和需求的重要途径。

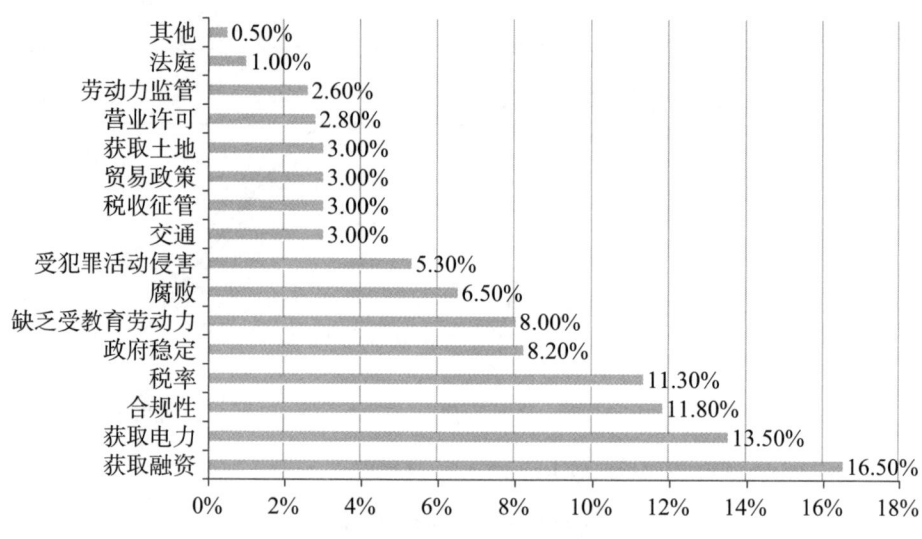

图 2-30　困扰中小微企业发展的主要因素

资料来源：IFC，兴业研究。

二、中小企业融资缺口的国际难题

（一）中小企业融资缺口问题的普遍性

虽然中小企业在各经济体中都具有不可或缺的重要作用，但是由于多方面因素，中小企业融资缺口（Financing Gap）在各个经济体中也普遍存在。为了系统研究这一问题的原因及解决方法，OECD 于 2006 年出版了《中小企业融资缺口报告（第一部）：理论和实证》（*The SME Financing Gap：Volume I Theory and Evidence*，以下简称《报告》）。对于中小企业融资缺口的规模，由于多方面因素，各方面估计数字差别较大，但是总体来看缺口规模都较大。根据 Peer 等学者在《超过两万亿：对发展中经济体中小微企业信贷缺口的评估》（*Two Trillion and counting：Assessing the credit gap for micro, small, and medium-size enterprises in the developing world*）[1]估算，全球 4.2 亿至 5.1 亿家中小企业总共

---

[1] 具体参见 Two Trillion and counting：Assessing the credit gap for micro, small and medium-size enterprises in the developing world, http：//documents1.worldbank.org/curated/en/386141468331458415/pdf/713150WP0Box370rillion0and0counting.pdf。

面临着3.1亿至3.8万亿美元的融资缺口;在这些融资缺口中,发展中经济体总数3.65亿至4.45亿家的中小企业面临着2.1万亿至2.5万亿美元的融资缺口。前文中提及的《报告》也指出,相比于发达经济体,发展中经济体面临着更为严重的中小企业融资缺口。而根据IFC在2018年发布的报告《中小微企业融资缺口:对发展中市场中小微企业融资缺口和机遇的分析》(*MSME Finance Gap: Assessment of shortfalls and opportunities in financing micro, small and medium enterprises in emerging markets*)[①]测算,发展中经济体中小企业的总体融资需求约为8.9万亿美元,其中仅有3.7万亿的融资需求可以通过各种渠道予以满足,总体融资需求缺口约为5.2万亿美元。其中,中国境内约有5600万家中小企业,虽然对这些中小企业的融资供给总额达到了2.48万亿美元,但仍面临着约1.89万亿美元的融资缺口,融资缺口与GDP比值约为17%。

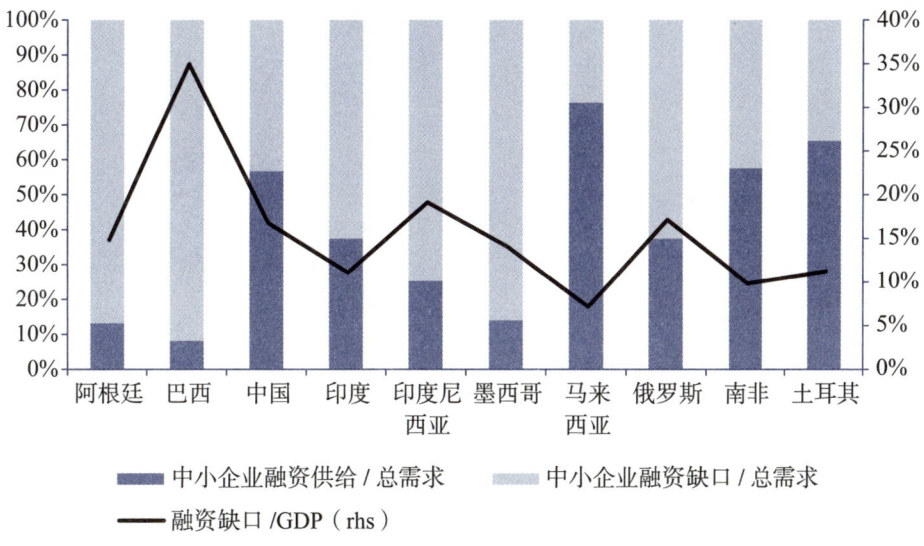

图2-31　部分新兴经济体中小企业融资缺口比较

资料来源:IFC,兴业研究。

---

① 具体参见《MSME Finance Gap : Assessment of the shortfalls and opportunities in financing micro, small and medium enterprises in emerging markets》, https : //openknowledge.worldbank.org/handle/10986/28881。

与发展中经济体相比,虽然发达经济体内中小企业融资缺口问题严重程度并不高,但是这一问题也普遍存在。发达经济体中小企业融资缺口较小主要是取决于三方面因素:一是发达经济体金融体系更为完善,更多的融资渠道能更好地满足中小企业的各类融资需求;二是发达经济体中政府较早意识到了中小企业融资缺口,并采取了多种方式积极缓解这一问题;三是发达经济体中金融机构更为积极采用新技术解决中小企业融资中信息不对称和代理人问题。根据EOS Gallup Europe在2015年进行的问卷调查统计,[①]欧盟15个成员国内中小企业企业主中约有77%认为其融资需求得到了充分满足,此外23%的企业主认为其融资需求并未得到满足。其中,欧盟区域内经济实力较强的德国、法国、英国境内分别有27%、16%和9%的企业主认为其融资需求并未得到满足。

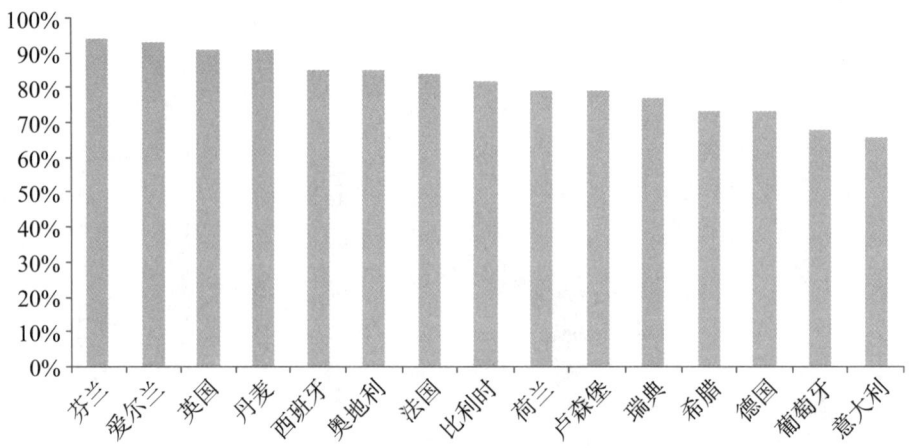

图2-32 欧盟成员国中小企业融资需求满意度问卷调查结果

资料来源:EOS Gallup Europe,兴业研究。

(二)中小企业融资难问题的原因分析

众所周知,银行信贷是各国金融体系中最为重要、占比最大的融资渠

---

① 参见《SME Access to Finance》,https://ec.europa.eu/commfrontoffice/publicopinion/flash/fl174_summ_en.pdf。

道。因此，我们首先从银行信贷的角度来研究中小企业融资困难的原因。大体而言，中小企业在获取银行信贷融资存在困难的原因主要有以下几个方面。

一是信息不对称（asymmetric information）问题。相比于提供贷款的银行，中小企业的所有者更为了解企业的经营等信息情况。在获取贷款时，企业的所有者往往也有动机隐瞒企业可能存在的一些问题，选择性地向银行披露相关信息。在这样的情况下，商业银行难以通过公开渠道了解中小企业值得信赖的相关信息，甚至无法了解企业的商业模式，自然商业银行出于审慎经营的考虑，难以向这类企业提供足够的、利率具有吸引力的贷款。

二是代理人（principal/agent problem）问题。代理人问题在多种金融活动中普遍存在，中小企业融资的过程中这一问题尤为突出。企业主取得贷款后，有可能选择风险更高的项目进行投资，而这种倾向往往更容易出现在规模较小的企业之中。这是因为小企业中企业拥有者个人与企业之间的边界更为模糊，越小的企业，其信息不对称的情况也越为突出。此外，对于大型企业而言，若希望投资风险较大的项目，其一般会选择股权等类型的融资方式实现风险分担，而中小企业由于缺少股权等风险分担的融资渠道，只能通过银行贷款融资来从事风险较大的项目，这也进一步加重了中小企业银行借贷融资中的代理人问题。

三是日益严格的监管规则。安永在2012年的报告《为未来融资，G20国家创业企业的融资渠道》（*Funding the Future*：*Access to finance for entrepreneurs in the G20*）[1]中指出，在《巴塞尔协议Ⅲ》的新监管框架之下，金融机构为提高其面对冲击时的韧性，必须按照监管规则提高资本充足率及流动性的缓冲能力，而绝大多数对中小企业的贷款被认为具有较高的风险，因此在内评法下计算资本充足率时往往更为占用资本，因此采用内评法的银行往往会减少对中小企业的贷款或收取更高的利息来进行弥补。事实上，在《巴塞尔协议Ⅱ》实施之前，不少研究者认为其对风险更为敏感（Risk-Sensitive）的特性将导

---

[1] 具体参见《Funding the Future：Access to finance for entrepreneurs in the G20》。

致银行减少中小企业贷款。正因为如此，正式版的《巴塞尔协议Ⅱ》为了抵补这一副作用、促进中小企业信贷，在权重法下给予了中小企业信贷更为优惠的风险权重，在内评法下也差异化考量中小企业信贷风险权重，一定程度上缓解了这一问题。

从整体上来看，以上问题在发展中经济体中更为严重，这主要是因为，相比于发达经济体，发展中经济体的社会信用体系以及法律体系的完善程度较弱，一方面银行难以通过社会信用体系获得相关企业或企业拥有者完备的信用记录；另一方面在贷款违约发生之后，由于法律体系尚待完善，相关司法和执法机构往往难以高效帮助银行取得相关补偿。

近年来，不少发达经济体的银行采取了一些新方式来通过信贷手段缓解中小企业的融资困难问题。例如，部分银行采用了小企业信用评分（Small Business Credit Scoring）的方式，该方式通过中小企业本身以及中小企业拥有者大量的历史行为数据来判断其贷款偿付能力以及向其提供贷款可能蕴含的信用风险，以此来决定向其提供的贷款额度和利率；又如，部分银行采用有机地将严格基于企业资产负债等数据进行贷款（Transaction Lending）与基于贷款经理对借款人日常了解的信息（Soft Information）进行贷款（Relation Lending）相结合的方式。除了银行本身的改革之外，各国监管部门也出台了一系列的举措帮助中小企业更便利的通过银行信贷来获取融资。例如部分经济体采取了通过做强国家融资担保平台来为中小企业信贷融资提供担保，又如，部分经济体出台政策鼓励通过信用中介（Credit Mediator）作为社会信用体系的补充，方便商业银行缓解信息不对称问题，为中小企业提供融资。

若遵照上文所述的方法通过银行信贷加强中小企业融资，是否就可以完美弥补中小企业的融资缺口了呢？

事实上我们发现，银行贷款并不能完全解决中小企业的所有融资需求。

从债务融资的角度看，银行信贷虽然能够在一定程度上弥补中小企业债务融资的缺口，但受制于多方面因素无法满足中小企业所有的债务融资缺口。在部分发展中经济体商业银行的贷款利率受到了一定的控制（例如，不能超过一定的上限），商业银行无法市场化定价向中小企业贷款的价格，那么部分企业风险较高的项目将难以获得银行信贷。此外，银行信贷的投放也取决于商业银行整体的经营策略，在银行认为经济下行风险加大时以及银行吸收负债存在困难时，银行贷款也难以充分满足中小企业的各类融资需求。从国际经验来看，中小企业替代性的债务融资渠道除了传统的发行债券等，还包括了供应链融资、融资租赁、私募债权投资，甚至P2P借贷等。

从股权融资的角度看，若以银行信贷为主力来缓解中小企业融资困难，不仅难以补足中小企业的资本缺口（Capital Gap），甚至还有可能进一步提升中小企业的杠杆率，加剧中小企业未来债务的偿付压力。因此，为了避免中小企业扩张过程中偿债压力过大，在拓展银行信贷等债务性融资渠道的同时，应该同步推进股权、类股权以及混合类的融资方式。一般来说，与大型企业相比，由于缺乏有效的股权融资方式，中小企业的股权融资缺口更大。相比于其他经济体，我国中小企业存在的股权或类股权融资缺口更大，根据安永2014年的报告《为未来融资，G20国家创业企业的融资渠道》，我国对于中小企业的（银行借贷/股权融资）比值达到了25.57，若以所有G7国家和金砖国家为参照，我国这一比值在比较的样本中位列第一。在这样的背景下，若只通过加大银行信贷投放的方式来满足中小企业的融资需求，虽然可能在短期内暂时满足部分企业的需求，但是从长期来看不仅将进一步推高这部分企业的杠杆率，使得中小企业未来还本付息压力增大，不利于中小企业长期健康生存；还可能在未来中小企业难以还本付息时，连带商业银行信贷资产质量下降，增大系统性风险的可能。因此，若从"稳杠杆"乃至降低企业杠杆率的长远眼光来看，相比于通过银行信贷发力中小企业融资，我国或许更应该由股权融资及股债混合的类股权融资形式发力中小企业融资。

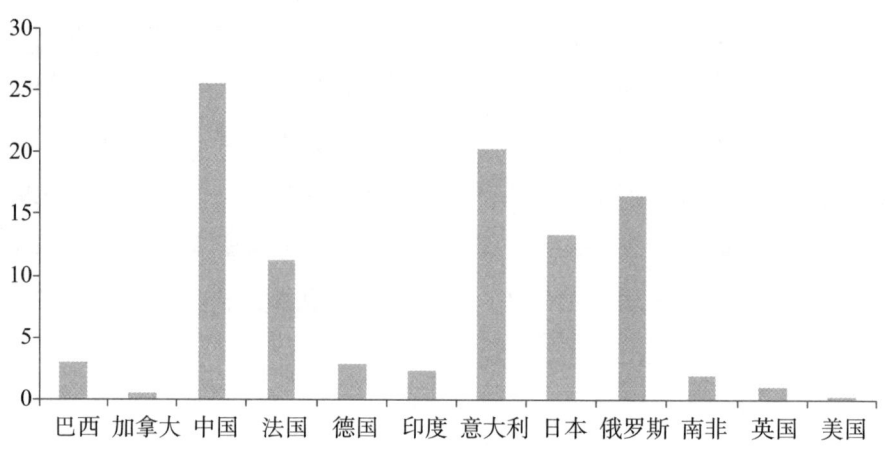

图2-33 部分经济体中小企业（银行信贷/股权融资）比值

注：股权融资数据包括IPO、风险投资、天使投资总额。
资料来源：安永，兴业研究。

（三）通过股权或股债混合方式缓解中小企业融资难的一些创新思路

对于如何解决中小企业融资困难问题，OECD在2015年发布了《中小企业及创业企业融资新渠道：拓宽融资工具范围》（*New Approaches to SME and Entrepreneurship Financing: Broadening the Range of Instruments*），鉴于上文分析中已经指出，股权或股债混合融资方式有利于"稳杠杆"以及在远期降低企业杠杆率，因此该部分将主要介绍股权融资或股债混合型融资工具缓解中小企业融资难的一些创新思路。

一是通过政策引导，用好股权众筹。股权众筹（Equity or investment Crowdfunding）目前遇到的主要问题包括两个方面：一方面是与各国证券发行法律相冲突的情况，对于公开发行证券而言，一般各国都要求其披露完备的财务信息和经营信息，同时在证券监管机构进行备案，但是股权众筹中的信息披露一般较为简单且不完备，同时为了方便开展也没有在证券监管机构进行备案；另一方面是投资者保护可能存在一定漏洞，相比于传统的金融模式，股权众筹模式下更容易出现洗钱、信息盗窃、欺诈等犯罪行为。有鉴于此，各国监管机构在原有框架下进行了一定的灵活调整，既减少了股权众筹与证券法规的冲突、加强了投资者保护，也有力疏导了合法合规的股权众筹行为。在美国，《1933年证券法》（Securities Act of 1933）允许在例外情况下豁免证券公开发行应在SEC进行备案的要求。借此条款，《2012年JOBs法案》允许满足一定条件的企业在一定情况下开展股权众筹，具体为：一是限制融资额度，提供经审计财务报表的公司众筹上限为200万美元，未提供经审计财务报表公司的众筹上限为100万美元；二是对于小范围募资放松披露要求，股东数量小于1000人的公司可以不披露财务报表；三是分级限制投资者的投资金额，年收入小于10万美元的投资者在众筹中投资上限不可多于2000美元或其年收入的5%，年收入大于10万美元的投资者在众筹中投资上限可以超过其年收入的10%，但不可多于10万美元。在意大利，其监管机构允许被定义为"创新创业"的企业开展众筹，该企业必须满足条件包括：成立不足4年、总部在意大利、上一年总营收不超过500万欧元、暂未获得净收益、并非由于公司分立而成立、研发支出必须达到公司总支出的一定比例、应拥有专利权，同时员工的学历水平应满足一定的要求。此外，众筹计划总额不得超过500万欧元，且必须由专业投资者投资总份额的5%。而众筹平台应由符合一定标准的金融机构或经批准的专业人员成立，众筹平台应确保众筹项目信息披露的有效性和完备性。值得注意的是，意大利并未限制投资者范围和投资金额，仅需投资者明确其已了解相关风险即可。

二是出台政策优惠，充分激励风险投资。近年来，各国政府和监管机构认识到了创新和创业对于经济可持续发展的重要性，因此出台了各项政策鼓励风险投资活动的开展，这些政策一般集中在对资金供给方上，例如，对于投资者的税收优惠政策、政府直接或间接参与风险投资的资金提供等。在税收激励方面，英国政府允许3类投资于中小企业股权的投资计划获得税收减免：一是创业企业投资计划（Enterprise Investment Scheme），个人投资者可以对该计划进行不超过100万英镑的投资，该项投资的30%可以抵扣个人所得税负债（Income Tax Liability），对持有该投资计划达到一定时长的投资者，若投资者对创业企业投资计划的投资最终获得了收益，该笔收益可以不缴纳资本利得税，若投资产生了损失，在特定情况下损失部分也可以抵扣个人所得税。二是种子期创业投资计划（Seed Enterprise Investment Scheme），投资者持有该投资计划份额应不少于3年，个人投资者可以对该计划进行不超过100万英镑的投资，该项投资的50%可以抵扣个人所得税负债，对持有该计划时间超过3年的投资者，若投资者对创业企业投资计划的投资最终获得了收益，该笔收益可以不缴纳50%的资本利得税，若投资产生了损失，在特定情况下损失部分也可以抵扣个人所得税。三是创投信托计划（Venture Capital Trust Scheme），该计划旨在对高风险小企业提供股权或类股权类的融资，个人投资者可以对该计划进行不超过200万英镑的投资，该项投资的30%可以抵扣个人所得税负债，对持有该计划时间超过5年的投资者，投资者从该投资计划获得的利息收入和资本利得也可以免予缴纳相关税收。在政府直接或间接投资方面，美国、新西兰等国家政府也对部分创业投资基金通过多种渠道引入政府资金进行投资，为了避免政府对所投资公司的过分影响，同时保持这些投资基金的市场化运作，政府直接或间接的投资往往采用类股权、优先股、股债结合、夹层融资等介于股权和债务融资之间的混合融资方式。

　　三是通过各类股债结合的混合融资工具对中小企业提供融资支持。股债结合的混合融资工具（Hybrid Instrument）是一种介于纯股权融资和纯债务融资的融资方式，其风险和收益介于纯股权融资和纯债务融资之间，当企业破产时，这类工具的偿付次序排在股权融资之前，但排在债务融资之后。由于混合融资工具既可以避免如股权融资般直接干预公司经营策略，又不会如纯债务融资一样加重企业的偿债负担，因此近年来各国政府积极通过混合型融资和夹层融资的渠道向中小企业提供融资支持。政府通过混合型融资和夹层融资方式向中小企业提供融资支持主要有三种形式：一是政府资金参与商业混合融资市场，鼓励商业机构设置机构或投资计划，通过市场化的形式向中小企业提供股权或类股权的融资，并提供相关优惠政策支持。二是政府直接设立特别机构（例如，中小企业支持机构或开发性银行），直接对这些机构提供资金支持，由这类机构通过混合融资或股权融资的方式向中小企业提供融资。三是政府向市场化经营的私募投资基金等机构提供有吸引力的融资，例如，美国的小企业投资公司计划（Small Business Investment Companies Program，SBIC），市场化经营的SBIC只允许投资于符合特定标准的中小企业，与此同时，政府会通过一些相对优惠的融资条款向SBIC提供融资，方便其通过市场化方式向中小企业提供股权或混合融资。

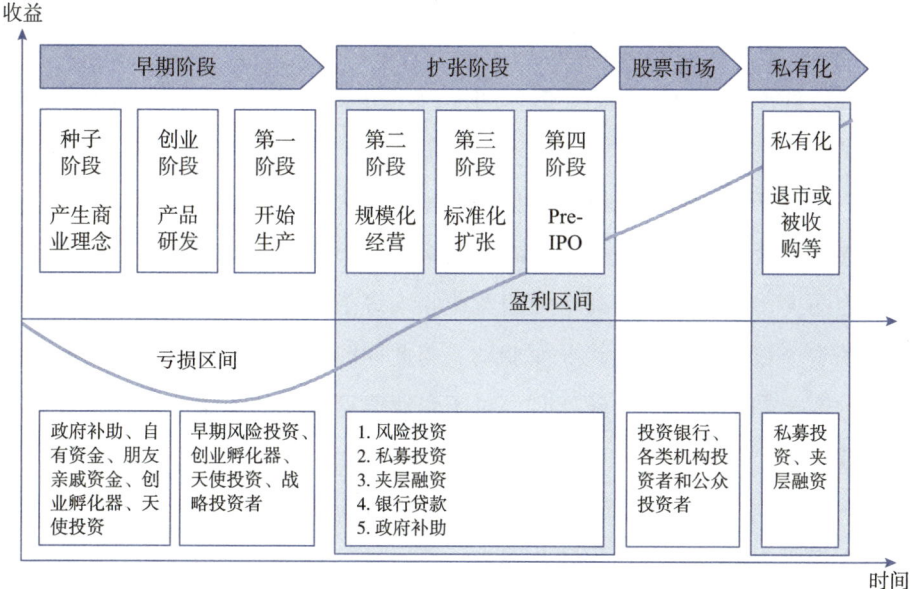

图2-34　企业发展阶段与融资渠道

资料来源：IKB，兴业研究。

三、如何以股债结合混合融资解决中小企业融资困难

正如前文所述，为了同时达到缓解中小企业融资困难和降低企业杠杆率的目的，可以更多使用股权融资以及股债结合混合融资的形式。

（一）主要混合融资形式简介

提及股债混合型的融资方式，可能不少人的第一反应是"明股实债"。然而事实上，作为一种重要的股债混合型融资方式，股债混合融资与"明股实债"存在着较大的区别。一般而言，较为主要的混合型融资方式分为以下几类。

一是次级债务（Surbordinated Debt）。次级债务是一种无抵押贷款，是混合融资中最为常用的融资工具，在企业破产时，次级债务的资金提供方对企业清算资产的追索权排名在一般债务融资和股权融资之间。虽然风险比一般债务更高，但是一般收益率也更高。

二是营收等分配参与权融资（Sales Participation Right）。该融资方式将资金提供方的收益与企业的营业收入、资金周转（Turnover）等业绩表现挂钩。例如，参与权贷款（Participating loan）指的是将贷款的收益与企业营业收入、资金周转等指标挂钩，而非采取固定利率利息形式支付的贷款，这种贷款一般分为两类，一类是贷款利率跟随营业收入等指标变动，另一类是企业最后偿还的本金数额跟随营收状况而变动。与此同时，与股权投资不同，参与权贷款的资金提供方在企业破产时，对于企业清算资产的追索偿付权顺序与其他贷款相同。

三是利润分配参与权融资（Profit Participation Right）。这种融资方式给予资金提供方类似股权的收益获得方式，通过参与公司净利润的分配获取收益，但是并不具有股权投资者参与公司决策的权利。与此同时，资金提供方也不具有公司所有权。在实践中，公司可以通过发行利润参与权证（Profit Participation Certificates）的形式公开募集资金。值得注意的是，这种融资方式虽然与优先股类似，但是在法律上并没有明确的定义，也并未受到相应的监管。

四是非公开参股（"Silent" Participation）。非公开参股类似于股权投资，在非公开参股的形式中，投资人拥有公司的股权，但可以选择不参与公司治理、不具有公司的投票权，同时使自己对公司仅负有有限责任（Limited Liability），类似于股权投资过程中的优先合伙人（Limited Partner）。

五是股权获得权（Equity "Kicker"）。在这种融资方式下，资金提供方能够获得期权等金融衍生产品，以反映企业价值增长的收入来获取收益。该融资方式最为典型的案例就是认股权证（Warrants）以及可转换债券（Convertible

Bond）。

一般而言，中小企业进行融资时，并不会单独使用某一种股债混合型的融资工具，或与纯债务融资、纯股权融资进行搭配，同时设置一定的优先、劣后层级，组合成夹层融资工具（Mezzanine Instrument），以方便差异化风险安排，吸引多种类型投资者投入资金。

从商业银行资本计提的角度来看，各国现在执行的《巴塞尔协议III》中并未对绝大多数介于纯股权与纯债权之间的融资工具明确权重法下资本计提风险权重。例如，以上五种融资工具，前三种融资工具由于更偏向债券融资，一般会被认为等同于对企业的一般债权，按100%的风险权重计算风险资产；非公开参股由于实际持有了公司股权，一般被认为实际持有了公司股权（Equity），按持有股权的风险权重计算风险资产，[①]风险权重一般介于300%至1250%之间；而第五类工具由于一般包含了衍生品，需要按照衍生工具风险资产计算方式进行综合计算。然而，2017年12月公布的将于2023年1月1日开始执行的《巴塞尔协议III——最终版》则进一步细化了这些介于纯股权与纯债权之间融资工具的风险权重。例如，以上五种融资工具，在权重法中，一般情况下，次级债务及其他未明确规定的非股权资本工具（Capital Instrument），将被赋予150%的风险权重；营收等分配参与权融资、利润分配参与权融资更类似于一般企业债务，可能被赋予100%的风险权重。但这两类融资也有可能由于债务方对其支付义务有一定

---

① 标准法（Standardized Approach）下，目前执行的《巴塞尔协议III》并未明确股权资本权重；但在内评法（Internal Rating-Based Approach）中，若依照简单权重法（Simple Risk Weight Method），上市公司股权资本计提权重为300%，未上市公司股权资本计提权重为400%。一般来说，标准法中风险资产计算应较内评法更为保守，因此各国监管机构在标准法计算股权风险资产时，往往采用与内评法中简单权重法相同或更为严格的风险权重比例。例如，原银监会发布的《商业银行资本管理办法（试行）》（银监会令2012年第1号）对商业银行对工商企业股权投资的风险权重设置了400%—1250%的权重；而美国监管规定，权重法中对股权投资的风险权重与内评法中简单权重法下股权投资风险权重相同。

控制权被认为是专业贷款（Specialized Lending），[1]在专业贷款项下，若被认为是项目融资（Project Finance），则根据工程进度，融资的风险权重将被设为130%（项目营运前阶段）或80%（项目营运阶段），若被认为是特定标的物融资（Object Finance）或商品融资（Commodity Finance）则风险权重为100%。而对于非公开参股，《巴塞尔协议III——最终版》明确，对于持有的投机性的未上市股权，风险权重为400%；对于绝大多数其他情况持有的股权，风险权重为250%。值得注意的是，《巴塞尔协议III——最终版》允许在监管机构特许情况下，商业银行运用一、二级资本之和的10%开展股权投资可以享受风险权重为100%的优惠，监管机构应对这部分股权投资进行一定限制，例如，规模、集中度、行业投向、企业类别等。这一优惠的案例之一就是美国商业银行运用表内资产通过SBIC投资中小企业股权，下文将详述该案例。从总体上看，相较于我国施行的《商业银行资本管理办法（试行）》（银保监会令2012年第1号），虽然部分此前未明确的股债结合融资工具风险权重明确调为150%，但是股权类工具的风险权重有了显著的下降。同时肯定了此前部分经济体对商业银行持有企业股权给予一定额度内风险权重优惠的政策，值得我国在优化企业杠杆率、债转股等政策中予以借鉴。

（二）股债混合型融资或夹层融资的优点

股债混合型融资或夹层融资的风险、收益、破产时的追索权等相关特性介于纯债务融资和纯股权融资之间。一般来说，债券和银行贷款等较为标准化的债务融资工具能够较好满足一部分风险偏好较低投资者的需求，而股票等较为标准化的股权融资工具则能较好满足风险偏好较高投资者的需求，在这之间有

---

[1] 专业贷款融资被分为三类，项目融资指的是贷款人收益主要取决于单一项目经营情况的融资；特定标的物融资指的是借款人进行融资购买特定标的物（如飞机、轮船、卫星、火车等），而贷款人收益主要取决于该特定标的物产生现金流的情况；商品融资指的是借款人融资用于购买存货、库存等商品（如石油、金属等），贷款融资的偿还来自借款人售卖存货和库存的所得，借款人自身缺乏偿还能力。

时会遗留一部分风险和收益介于之中的空白，而创新性的股债混合融资渠道以及具有优先劣后分层的夹层融资往往能够较好填补其间的空白。此外，根据瑞士信贷在2006年的总结[①]，夹层融资的期限往往较长，一般在5至10年，这样的特性也能够避免企业滚动发行债券或向银行借贷过程中较高的成本。

表2-5　不同融资方式特点对比

市　场	优先债务	夹层融资	股权融资
经济视角	债务	股权	股权
法律视角	债务	债务	股权
偿付次序	优先	次级	最后
融资用途	合同明确	未明确	未明确
投资者是否参与公司治理	不直接参与	中等参与，拥有董事会席位	直接参与
时间长度	4—5年	5—10年	开放式
利息成本	融资成本+255至350基点	优先债务利息+150至300基点	无
预期收益率	5—13%	13%—25%	>25%

资料来源：瑞士信贷，OECD，兴业研究。

在中小企业融资方面，作为股债混合性融资工具的一种，OECD认为夹层融资（Mezzanine Financing）具有两个明显的优势。

一是夹层融资在扩大中小企业融资渠道方面起到了巨大的作用。在企业成长周期的"扩张阶段"，企业融资由此前以债务融资为主换挡为需要更多的股权类融资，但是由于公开上市困难等原因，难以获得足够的非纯债务类融资。而风险投资或天使投资往往更适于和热衷于投资部分高新科技的中小企业，因此夹层融资对于进一步扩大再生产的传统企业以及需要进行重大转型的企业来说是一种十分有效的融资工具。

---

① 具体参见《Mezzanine Finance, A Hybrid Instrument with a future》, Credit Suisse Economic Briefing No.42, 2006。

二是夹层融资由于能够进一步改善企业的资本架构，同时缓解在面对压力时企业财务情况的脆弱性，在"去杠杆"的环境中特别适用。对于杠杆率较高同时高度依赖银行信贷的亟须降低杠杆率的企业，夹层融资能够较好地改善这些企业过于依赖债务融资的资产负债表结构。与此同时，在金融危机后商业银行表内信贷投放由于各方面原因风险偏好有所收缩，夹层融资对于拓宽和补齐中小企业的融资光谱具有较好的作用。

此外，进一步丰富、加强股债混合及夹层融资和股权类融资，也有利于降低银行信贷的风险。一般而言，企业产生损失时，首先由股权资产吸收企业的经营损失，接下来由股债结合融资和夹层融资吸收企业的经营损失，在以上融资工具"伤亡殆尽"后，才会危及商业银行信贷资产安全，因此增厚股债混合及夹层融资工具和股权类融资也有助于提高商业银行信贷资产安全，缓解商业银行坏账率。

（三）股债混合型融资或夹层融资的适用企业

股债混合型融资或夹层融资并不是对所有企业都适用，瑞士信贷（Credit Suisse）[①]认为，混合型融资或夹层融资对难以获得充足的股权投资、杠杆率较高，因此难以获得进一步充足债务融资的企业更为适用。欧洲传统的混合型融资市场一般面向的企业是规模较大的中小企业，这些企业一般具有较高的信用评级（诸如BBB+或更高），同时需要的融资总额高于200万欧元。随着近年来各国政府对于通过混合型融资支持中小企业的进一步支持，现在更多的混合型融资和夹层融资开始面向规模较小、评级更低、融资需求较少的中小企业。欧盟（2007）认为，随着混合型融资和夹层融资渠道在中小企业中进一步拓展，这些以往主要通过银行信贷和私募股权投资进行融资的机构拥有更多的融资选项，也便利其获取更为定制化的融资方案。

---

① 具体参见《Mezzanine Finance, A Hybrid Instrument with a future》, Credit Suisse Economic Briefing No.42, 2006。

根据OECD的《中小企业及创业企业融资新渠道：拓宽融资工具范围》(New Approaches to SME and Entrepreneurship Financing: Broadening the Range of Instruments) 报告总结，一般有四类企业特别适用于股债混合型融资或夹层融资。

一是初创的高成长企业。此前，初创期的高成长企业多通过风险投资获取融资，如果这部分企业通过混合融资而非风险投资来获取融资，可以避免风险投资对股权的稀释。同时，由于混合融资的成本更低，要求收益率更低，因此混合融资也能起到降低这部分企业融资成本的作用。

二是面对新市场机遇的成熟企业。OECD指出进入新市场或高成长机遇并非仅限于初创型的小企业，企业的各个阶段均有可能迎来这类机会。相比于发债融资或借贷融资，混合融资往往具有速度更快的特性；此外，若这些项目需要大量的投资，而债务融资不足以弥补这一缺口时，也可以使用混合融资。相比于风险投资等股权融资方式，混合融资也具有收益率较低等特性。

三是处于转型期或重组期的企业。例如，若某企业投资人希望不再经营企业并转手企业股权时，往往难以找到合适的接手人。在此情况下，使用混合融资有助于企业完成由家族控制的非公开企业转变为公众持有的公开透明企业，这一过程有利于企业进行转型，并帮助控制人逐步退出企业。

四是需要改善资本结构的企业。混合融资可以为杠杆率较高的企业提供非债务性的融资，同时也可以帮助这部分企业降低杠杆率。从国际视角来看，随着2008年金融危机的发生，越来越多的银行不愿意向杠杆率较高的企业提供信贷融资，银行往往要求这些企业提高其资产负债表中股权的比重，并以此作为提供借贷融资的前提条件。就长期来看，使用混合融资也可以进一步帮助企业增加股权，降低杠杆率，因为往往混合型融资之中包含了部分股权性质的融资。

四、小企业投资公司（SBIC）——缓解中小企业融资难的美国镜鉴

为了避免政府直接股权投资企业进而对企业产生控制力，国际上许多发达经济体政府选择提供资金缓解中小企业融资困难，这一行为主要通过股债

结合的混合融资方式开展。

为了缓解中小企业的融资困难问题，美国政府在1953年颁布了《1953年小企业法案》(Small Business Act)，并以此法案为基础成立了中小企业局(Small Business Administration，SBA)专门负责促进中小企业融资问题的解决，同时通过多种方式辅导创业型企业成长和发展。

1958年，美国政府颁布《小企业投资法案》(Small Business Investment Act)，该法案规定，经SBA同意，相关机构可以设立特殊的私募证券投资基金——小企业投资公司(Small Business Investment Companies，SBIC)。SBIC的监管规定，SBIC应仅对小型企业投资，并将25%的资金投资于微型企业。其中，小型企业的标准是企业及其附属子公司在融资时满足北美行业划分系统（NAICS）相关规模标准；或企业及其附属子公司市值小于1950万美元且近两年税后净收入均小于650万美元。微型企业指的是企业及其附属子公司在融资时满足北美行业划分系统（NAICS）相关规模标准；或企业及其附属子公司市值小于600万美元且其近两年税后净收入均小于200万美元的企业。而SBIC则可以与企业协商，采取股债混合模式、夹层融资或纯股权融资的模式对其提供资金支持。

与此同时，来自SBA的政府资金会通过债务或参与证券（Participating Securities）的形式投资SBIC。值得注意的是，银行拥有的SBIC（Bank-Owned SBIC）一般不允许接受SBA提供的资金支持，为了进一步激发商业银行通过SBIC计划向中小企业进行股权、混合融资，美联储监管规则对商业银行向SBIC投资的资本权重方面也给予了一定的优惠措施。根据美联储规定，商业银行持有投资公司（Investment Company）股权的风险权重为600%，商业银行持有未上市企业股权的风险权重为400%，商业银行持有已上市企业股权的风险权重为300%，但是对于商业银行投资SBIC股权的风险权重仅为100%。值得注意的是，虽然美联储对商业银行对SBIC的投资给予了资本计提优惠，但这一优惠有着额度限制，美联储规定，对于采用一般权重法的银行而言，这一资本计提优惠的限额为一级资本的15%；对于采用高级法的银行而言，这一资本计提优惠的限额为一、二级资本之和的10%。此外，由于SBIC属于私募股权投资基金的一种特殊形式，为了促进商业银行投资SBIC支持中小企业融资，商业银行投资SBIC也豁免受到《多德弗兰克法案》中"沃尔克规则"的限制。

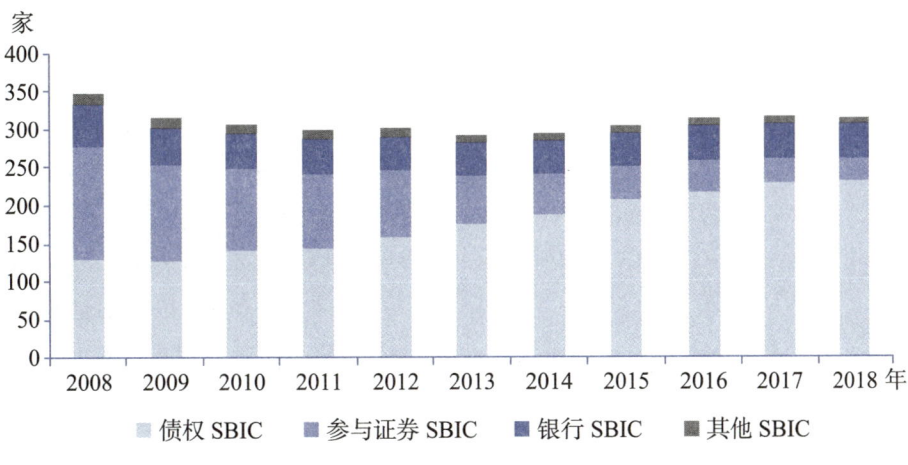

图2-35 各类SBIC数量

资料来源：SBA，兴业研究。

表2-6 SBIC具体模式

模式类型	概述
债权SBIC （Debenture SBIC）	SBA通过债权形式为SBIC提供杠杆资金，债权SBIC中股权资金应不少于500万美元，来自地方政府的股权资金在该SBIC所有股权资金中比例应不高于33%
社会效应债权SBIC （Impact investment debenture SBIC）	是债权SBIC的一种特殊形式，2011年开始设立，旨在投资于国家优先倾向投资的、市场难以发挥作用的行业和社区，如教育、清洁能源等行业及中低收入社区
创业企业债权SBIC （Early stage debenture SBIC）	是债权SDIC的一种特殊形式，2012年开始设立，专注于创业阶段的小微企业，SBIC应将50%以上的资金投资于创立以来尚未取得正现金流的小微企业
证券参与SBIC （Participating Securities SBIC）	与债权SBIC不同，SBIC主要通过有限合伙人、优先股、仅在获取正现金流时偿还利息的债权等形式入股SBIC，主要用于填补此前债权SBIC中等规模和较大规模小企业之间企业的融资需求
银行类SBIC （Bank-owned, non-leveraged SBIC）	并不从SBA获得债务性的杠杆融资，往往由商业银行直接设立和管理

资料来源：SBA，兴业研究。

表2-7　部分SBIC部分特性对比

市　场	债权SBIC	证券参与SBIC	社会效应债权SBIC
社会资本参与规模	不少于500万美元	不少于1000万美元	不少于500万美元
SBA提供的融资规模	SBA可向SBIC提供不超过社会资本参与规模2倍的资金；对于单个SBIC，SBA投资上限为1.5亿美元，对于同一控制人的多个SBIC，SBA对多个SBIC的总投资上限为3.5亿美元	SBA可向SBIC提供不超过社会资本参与规模2倍的资金；对于单个SBIC，SBA投资上限为1.5亿美元，对于同一控制人的多个SBIC，SBA对多个SBIC的总投资上限为3.5亿美元	SBA可向SBIC提供不超过社会资本参与规模2倍的资金；对于单个SBIC，SBA投资上限为1.5亿美元。此外，SBA对单个SBIC在12个月内提供的资金不得超过社会资本参与规模
对企业投资方式	各类股权、股债混合以及夹层融资方式	各类股权、股债混合以及夹层融资方式	各类股权、股债混合以及夹层融资方式，但必须有50%的资金投资于融资有困难的社区
SBA是否参与企业受益分成	不参与	SBA一般获取企业净利润的8%	不参与

资料来源：SBA，兴业研究。

从SBIC的投资方式和资金投向来看，SBIC主要通过以下方式对中小企业提供融资支持。一是向中小企业提供股权类融资，包括直接购买股票、购买股票期权及权证；二是向中小企业提供长期限的债务类融资（期限长度最长不能超过20年）；三是购买股债混合的融资工具，例如，可转债、附有股权期权的债务融资工具等；四是向中小企业对其他机构的债务融资提供担保。与此同时，为了确保SBIC的资金能准确地起到支持中小企业融资的作用，监管规定严格SBIC的投资行为，设定了一系列禁止性要求：一是限制关联方交易，SBIC不得向职员和董事等关联方提供融资；二是不得以长期控制为目的向中小企业提供融资，除经批准的特殊情况外，SBIC不得持续控制中小企业超过7年；三是集中度限制，未经SBA

批准不得向单个中小企业提供超过SBIC所有资金一定比例的融资,例如,为了分散投资风险,若SBIC获得的SBA资金支持超过社会资本规模,则对单个中小企业提供的资金不得超过SBIC总资金的30%;①四是设定禁止性产业,SBIC不得对农场、未经开发的土地以及绝大多数房地产业进行投资,部分房地产中介、经纪商企业予以豁免;五是限制资金空转,SBIC不得向主业为向其他机构提供投融资业务的中小企业提供融资;六是限制资金投向地理区域,若中小企业的主要运营区域并不在美国境内,SBIC不得向该企业提供融资。与此同时,SBA也对于SBIC向中小企业提供各类融资的收费进行了限制。除特殊情况外,SBIC对中小企业提供的贷款类融资利率不得超过19%,其他债务类融资的利率不得超过14%,对于融资过程中收取的手续费、申请费等一系列费用也设置了上限,避免为中小企业带来更为沉重的负担。

从资金的投向上看,不同于一般的私募股权投资基金,SBIC更倾向于投资传统制造业、服务业中小企业,而非高科技公司。Kenneth等学者2008年在《债权SBIC与私募创投股权基金的投资路线对比》(*The Debenture Small Business Investment Company Program:A Comparative Analysis of Investment Patterns with Private Venture Capital Equity*)②一文中分析对比了1997年至2005年私募股权投资基金和SBIC投向企业,发现私募股权投资基金的主要投向是信息产业和金融行业,其中有近一半的资金投向了电脑、因特网等高新科技企业。相比较而言,SBIC资金投向行业不但比一般的私募股权投资基金更为分散,而且并不像一般私募股权投资基金一样集中于投资高科技行业,能够较好补足非高科技行业中小企业的融资缺口。根据2016年数据,位列SBIC资

---

① 若SBIC获得的SBA资金支持超过社会资本规模的1.5倍,则对单个中小企业提供的资金不得超过SBIC总资金的25%;若SBIC获得的SBA资金支持达到社会资本规模2倍,则对单个中小企业提供的资金不得超过SBIC总资金的20%。
② 具体参见《*The Debenture Small Business Investment Company Program:A Comparative Analysis of Investment Patterns with Private Venture Capital Equity*》,http://www.urban.org/sites/default/files/publication/31421/411601-The-Debenture-Small-Business-Investment-Company-Program.pdf。

金投向前几位的行业分别是制造业、科学与技术服务业、信息行业、健康与卫生行业、批发贸易行业,这几个行业分别在SBIC总的融出资金中占比达到28.5%、14.6%、11.1%、9.9%和9%。值得注意的是,目前我国私募股权投资基金中的重要组成部分创业投资基金的资金投向具有集中于消费服务业和信息行业的特性,亟须机制补足其他行业股权及混合融资需求。根据安永[①]的统计数据,2013年我国创业投资基金向消费服务业提供的融资占到了创投基金对外提供融资额的50%以上。

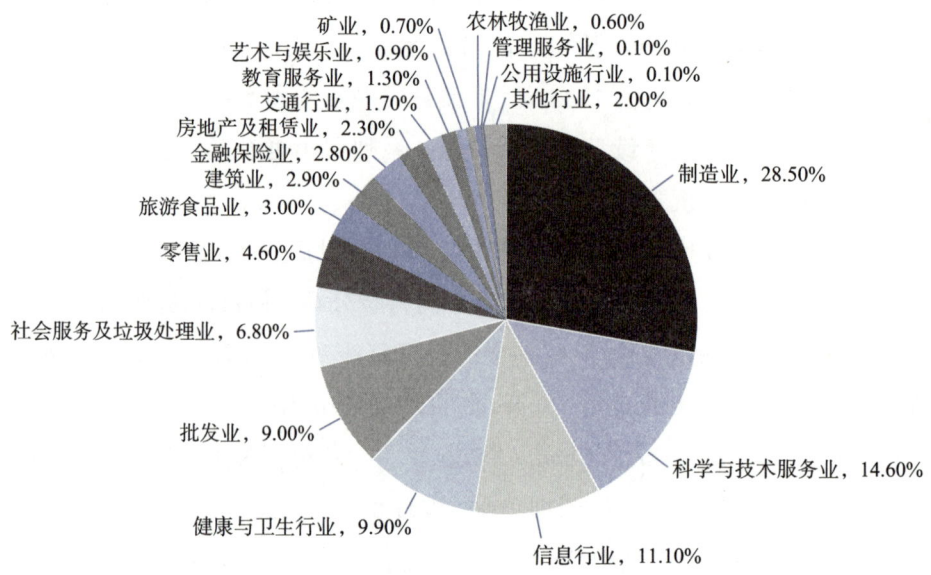

图2-36　SBIC资金2016年行业投向分布

资料来源:SBA,兴业研究。

应当指出的是,虽然SBIC对于缓解美国中小企业融资问题起到了积极的作用,从1958年以来,SBIC向10000多家中小企业提供了超过600亿美元的融资,但是相比于其他提供融资的市场化方式而言,其总量相对较小,可能

[①] https://www.ey.com/Publication/vwLUAssets/Global_venture_capital_insights_and_trends_2014/%24FILE/EY_Global_VC_insights_and_trends_report_2014.pdf.

原因包括美国资本市场较为发达，替代性融资手段较多、审核项目较为严格、银行设立SBIC资本优惠有额度限制等。因此，在缓解中小企业融资困难方面，更多的还需要通过市场化手段丰富多种融资渠道。

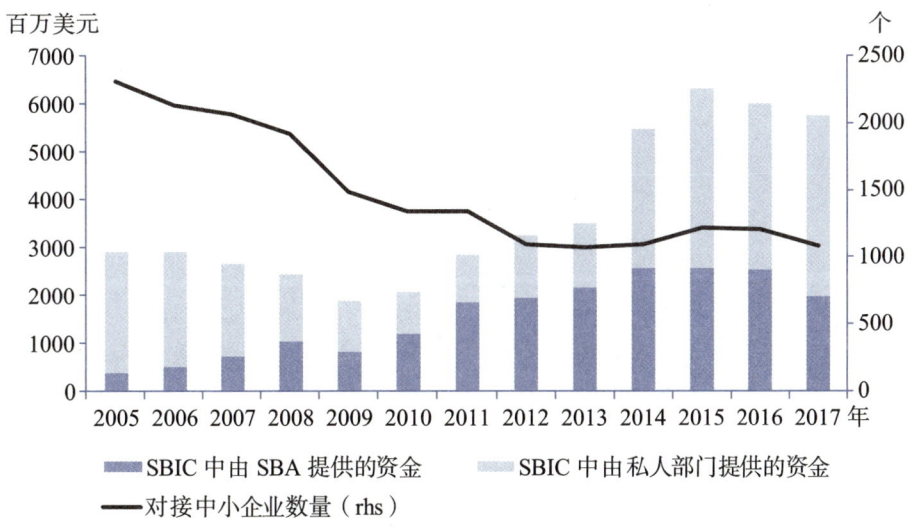

图2-37　SBIC项目理念投资额及对接中小企业数量

资料来源：SBA，兴业研究。

第五节　优化收入分配的税制改革方向

通过财政政策调节收入分配、增加中低收入群体的消费能力，是需求侧管理的重要着力点。2020年11月提出的《中共中央关于制定国民经济和社会发展第十四个五年规划和二〇三五年远景目标的建议》（以下简称"十四五"规划建议），明确提出要健全地方税、直接税体系，优化税制结构，适当提高直接税比重。本节将围绕直接税改革的主线，对税制改革展开探讨。

一、我国的税收制度与收入分配效应

我国财政收入由税收收入与非税收入构成,2020年二者占财政收入比重分别为84.4%、15.6%。

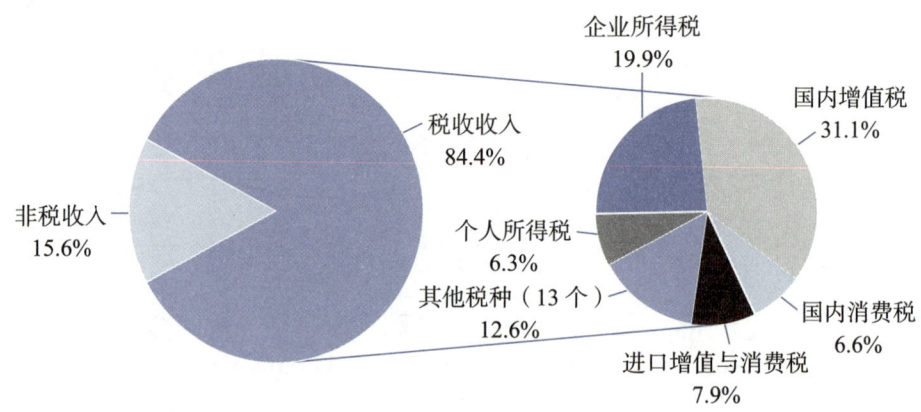

图2-38 我国各项税种占财政收入比重(2020年)

注:1.其他税种指外贸企业出口退税、资源税、房产税、城市维护建设税、关税、契税、车辆购置税、土地增值税、城镇土地使用税、耕地占用税、印花税、环境保护税、其余税种的合计值,占财政收入比重均在5%以下;

2.税收收入中的税种分项占比为占财政收入比重。

资料来源:WIND,兴业研究。

对于税收收入,从课税对象来看,则可分为流转税、所得税和财产税。按税负是否转嫁来看,可分为直接税与间接税。其中,直接税主要包括所得税种(个人所得税、企业所得税)及财产税种(房产税、契税、车辆购置税),间接税主要包括国内增值税、国内消费税、关税、营业税等流转税种。为便于后文进行国际对比,直接税与间接税均选取财政收入中占比较大的主要税种进行分析。

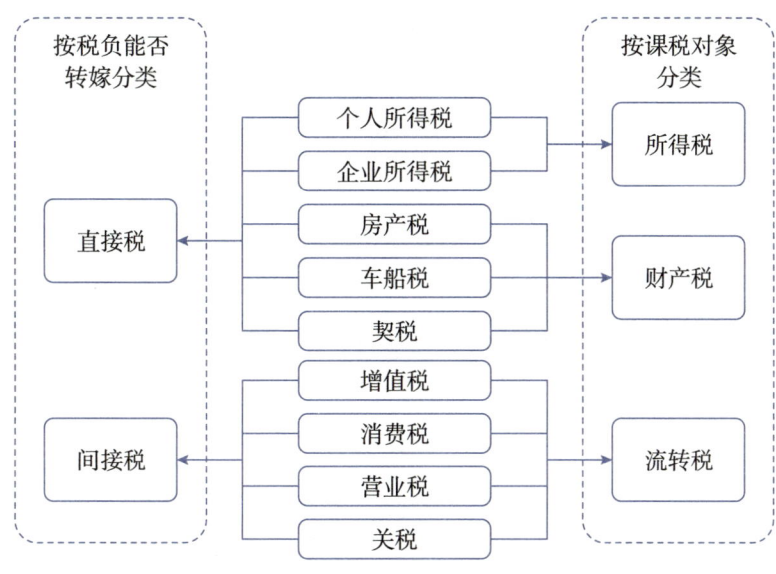

图2-39 税收分类

注：2021年我国共有18个税种，此处为便于分析，仅以我国财政收入中占比相对较高的税种进行分类，后文以此分类进行数据分析及国际比较；营业税于2016年"营改增"后全部改为增值税种，已无营业税种。

资料来源：Wind，兴业研究。

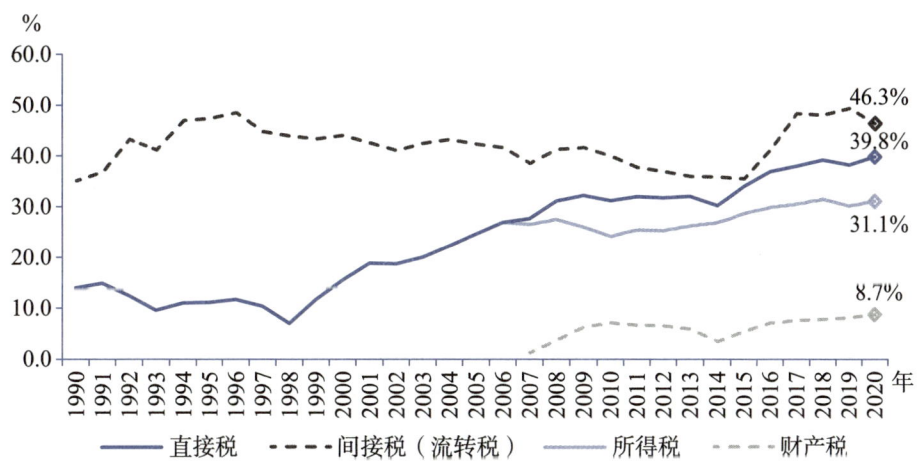

图2-40 税种类别占税收收入比重变化

注：直接税包含个人所得税、企业所得税、房产税、车船税、契税；间接税包含增值税、消费税、营业税、关税。营业税于2017年已全部改为增值税，2017年之前的数额包含在间接税中。财产税相关税种仅披露了2006年之后的数据。

资料来源：Wind，兴业研究。

在直接税与间接税结构方面，2020年，我国直接税占税收收入比重约为39.8%，间接税约为46.3%。在直接税方面，所得税占税收收入比重为31.1%，其中，个人所得税与企业所得税分别占税收收入的7.5%、23.6%。财产税占税收收入比重相对较小，仅为8.7%，其中，契税、车辆购置税、房产税分别占税收收入的4.6%、3.0%、1.8%。未来税制改革的方向是提升直接税比重。

在流转税、所得税与财产税结构方面，我国仍以流转税为主，其次为所得税，再次为财产税。我国的流转税中增值税为第一大税种，2020年占税收收入比重达36.8%，而消费税与关税占税收收入比重分别为7.8%、1.7%。

从税收的收入分配效应来看，直接税的收入分配效应较大，特别是个人所得税，而2020年我国该税种占税收收入比重仅7.5%，相对较低。由于直接税一般是对所得及财富进行征税，不易进行税负转嫁，因而被认为在调整收入分配方面更为直接。虽然我国此前直接税比重在不断增加，但是目前总体是间接税占比仍然较高，因而，税制在收入分配方面的作用有待继续增强。同时，所得税以企业所得税为主，个人所得税占比仅7.5%。

除所得税之外，直接税中的财产税也具有较为直接的收入分配调节作用，而2020年财产税占税收收入比重虽然达2007年以来的最高值，但比重较小，仅为8.7%。财产税多数以不动产、遗产、固定资产等财产为课税对象，对于高收入人群自然会多征收，在补充财政税收的同时，可以以转移支付的方式对低收入人群收入进行补充，起到收入分配调节的作用。到2020年我国财产税占比一直较低。其原因主要是：一方面，主要税种之一的房产税仅在部分试点城市进行了开征，全国性的房产税立法仍未完成；另一方面，至2020年我国遗产税既未专门立法，也未开征。

间接税（流转税）中消费税的收入调节作用相对较大，至2020年我国该税种占税收收入比重为7.8%。由于消费税是对特定商品征税，主要对象为高能耗、高档消费品及不宜过度消费的商品等，具体包含汽油、汽车、高档化妆品及首饰、烟酒等商品等，其税负负担主要是高收入群体，在收入分配上能够起到一定的调节作用。但消费税占税收收入的比重为7.8%，收入调节作用依然有限。

二、税制的国际比较

本部分将对我国与其他经济体税收状况进行横向比较,结合我国的改革方向,为我国税制改革提供国际经验借鉴。

考虑到样本量、统计口径、数据可得性、时间一致性等因素,本部分在数据库选择及数据对比中采用了不同的处理方式,以尽量减小对比误差。在数据库选择上,由于需要的样本量较多,不同经济体之间统计的口径存在差异,基于样本量及统计口径可比性,我们优先采用了OECD数据库与IMF数据库,两类数据库均含有所需的总量数据,但在税收结构及其细项方面,满足需要的只有OECD数据库,其不仅包含现有的OECD成员经济体,同时也包含部分非OECD成员经济体,只是数据披露的时间有一定的差异,本部分在比较时,会力求选择相同年份的数据进行横向比较。除此之外,虽然我国数据也被收入OECD数据库中,但数据的时间序列较短,且披露时间较晚,基于此,本部分涉及的我国税收数据则以国家统计局及财政部原始数据作为数据来源,并在对比时做了与OECD统计口径尽可能较为一致的调整,尽量缩小对比误差。

在样本选择上,本部分选择了已披露相关数据的33个OECD经济体(总共37个,剔除4个数据未更新的经济体)和4个未加入OECD但被纳入OECD数据库中的新兴经济体(巴西、埃及、阿根廷、菲律宾),并且对OECD经济体中的G7发达经济体做了单独区分。

在数据时间选择上,在分析我国的税收结构时,可以选取的最新数据为2020年;在进行国际对比时,G7发达经济体及大部分OECD经济体最新数据为2019年,而大部分新兴经济体的最新数据为2018年,因此分别采用2019年及2018年的数据分类进行对比。

在统计口径上,对于宏观税负的衡量,本部分以是否包含社会保障收入来区分窄口径(不含社保收入)与宽口径(含社保收入)的宏观税负指标。

1. 宏观税负:总量不高,但结构差异显著

从财政收入总量来看,我国财政收入总量占GDP比重远低于发达经济体,与新兴市场及中等收入经济体平均值基本一致。根据OECD数据库数据,截

至2020年，我国财政收入占GDP的比重为24.3%，明显低于发达经济体平均值34.8%，但与新兴市场及中等收入经济体占比情况基本一致。

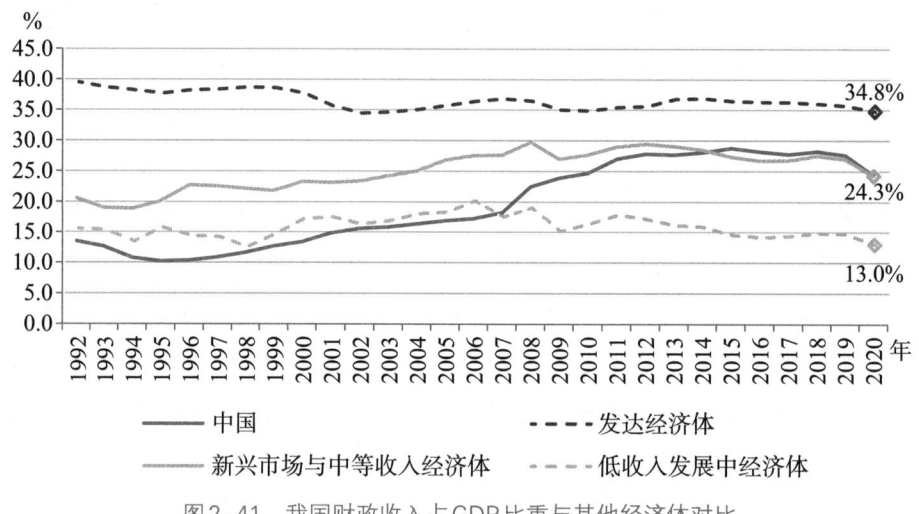

图2-41 我国财政收入占GDP比重与其他经济体对比

资料来源：OECD数据库，兴业研究。

从宏观税负水平来看，我国的窄口径与宽口径宏观税负较其他OECD经济体均偏低，在新兴经济体中属于中等水平，但税收负担结构差异较大，税制改革的落脚点仍在于税负主体结构的调整。以2019年的窄口径宏观税负比率来看，我国为16.0%，接近于G7中的美国和日本，分别为18.4%、19.4%；在新兴经济体中处于中等水平，高于菲律宾、埃及、墨西哥，低于除G7及新兴经济体外的OECD大部分经济体。以2019年的宽口径宏观税负比率来看，我国为24.4%，与OECD成员相比仅高于其中三个经济体，与美国25.5%的宏观税负水平相当；在新兴经济体中则处于偏高水平。

一个经济体两种口径的差异，通常是反映了其社会保障税的高低，但需要注意的是，这里反映的我国社会保障负担数据偏高，与实际负担之间存在一定偏差，原因主要在于统计口径及社会保障制度的差异。我国社会保障收入中有一部分来自财政收入补贴，而窄口径宏观税负中税收收入已包含该部分收入，从而导致了宽口径宏观税负的计算中分子的加项因子有一定重复，因而该比例偏高。同时，我国与发达经济体的社会保障制度也有一定差异，特别是在社会保障收入中比重较大的养老保险方面。我国的养老保险收入有较大部分来源于财政补贴，其他部分来自对个人或企业的单独征收，因此社保负担数据的一部分其实是在税收中，剩余一部分才体现为个人与企业的直接负担。而发达经济体比如美国、德国，其养老保险收入基本来自对个人或企业的单独征收，其社保负担数据基本体现为个人和企业的直接负担。

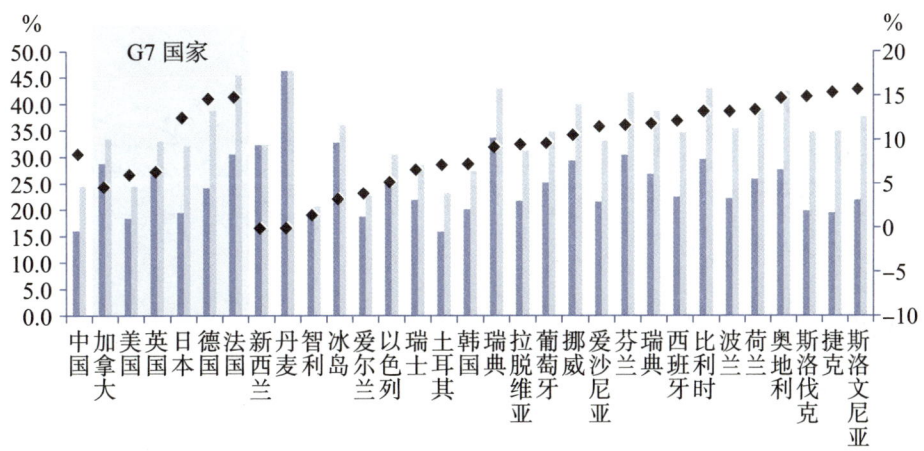

图2-42　我国宏观税负比率与其他经济体对比情况（2019年）

资料来源：OECD数据库，WIND，兴业研究。

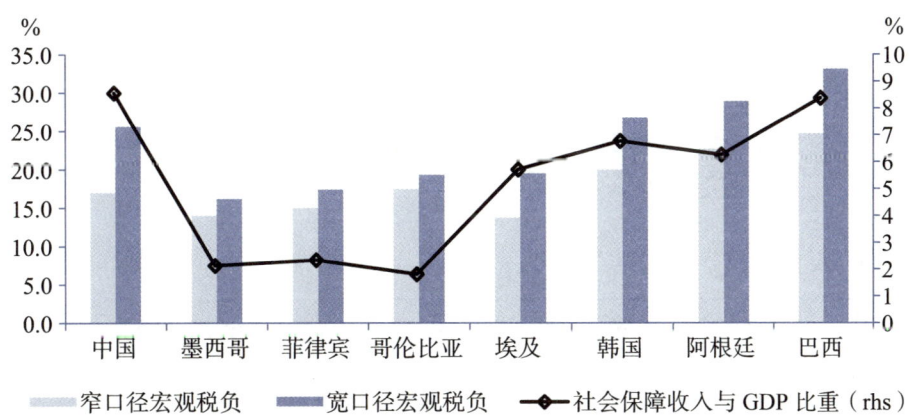

图2-43　我国宏观税负比率与部分新兴经济体对比情况（2018年）

资料来源：OECD数据库，WIND，兴业研究。

从税负变化趋势来看，2000年以来，我国窄口径宏观税负先升后降，而包含社保的宽口径宏观税负稳中有升。尽管近几年窄口径宏观税负在下降且低于美国水平，但宽口径税负稳中有升，与美国基本一致，说明我国社保收入负担增长较快。我国整体税负水平低于发达经济体，但逐步超过多数新兴经济体，特别是宽口径宏观税负。随着未来税改偏向于结构性减税，总体减税力度可能下降，社保体系将进一步完善，我国宽口径宏观税负水平或仍会维持一定的增长趋势。

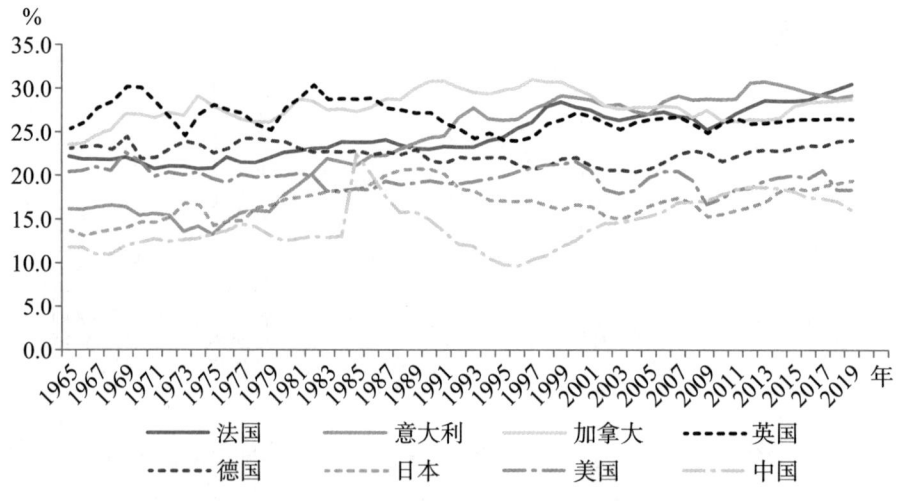

图2-44 我国窄口径宏观税负比率与G7经济体变化趋势对比

资料来源：OECD数据库，WIND，兴业研究。

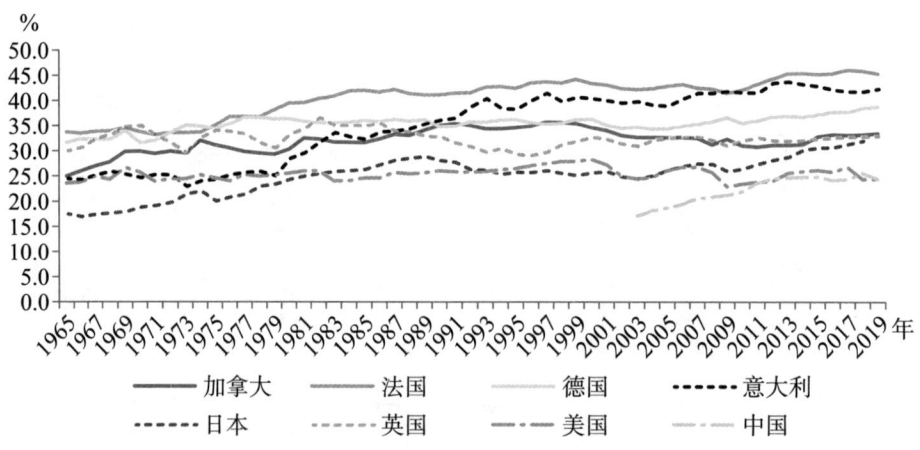

图2-45 我国宽口径宏观税负比率与G7经济体变化趋势对比

资料来源：OECD数据库，WIND，兴业研究。

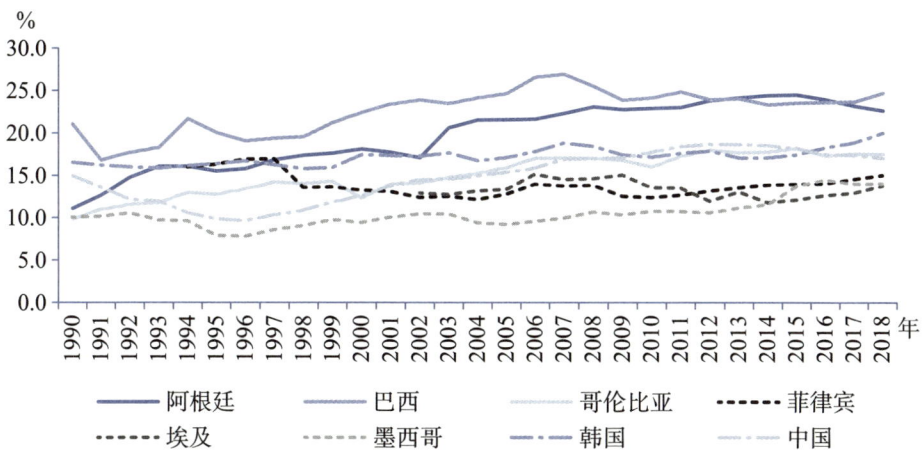

图2-46 我国窄口径宏观税负比率与新兴经济体变化趋势对比

资料来源：OECD数据库，WIND，兴业研究。

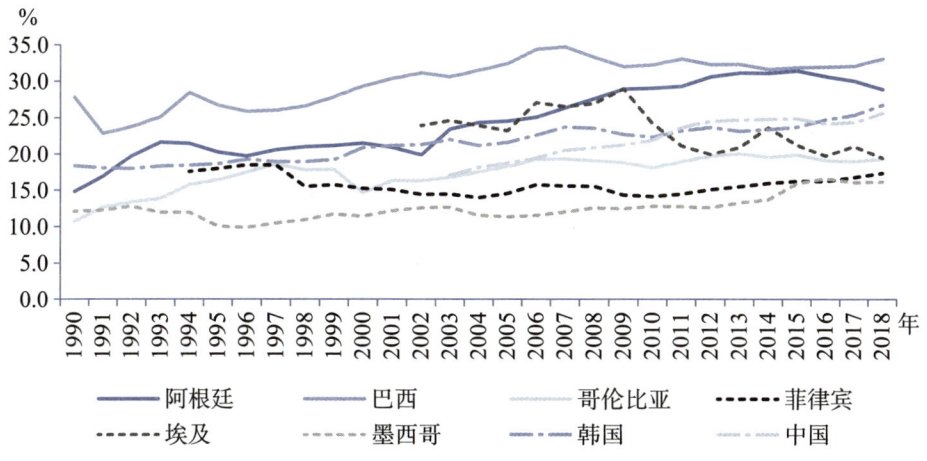

图2-47 我国宽口径宏观税负比率与新兴经济体变化趋势对比

资料来源：OECD数据库，WIND，兴业研究。

2.税收结构：直接税与间接税结构差异显著

为了便于对不同经济体的税收收入结构进行比较，我们需要先以OECD数据库中的税种指标分类标准对我国数据进行重新调整归类区分。

表2-8 按功能划分的支出分类科目对照

税种类别	国际主要税种	我国税种
所得税	个人所得税、企业所得税	个人所得税、企业所得税
财产税	不动产税、净财富税收、房产税、遗产及赠予税、金融资本交易税、非经常性税、其他	房产税、契税、车辆购置税等
商品与服务税	一般税（增值税、营业税）；特定税（消费税、财政垄断利润、关税及进口税、出口税、投资品税、特定服务税、其他）；货物使用与经营活动税，其他	国内增值税、国内消费税、营业税、进口增值税与消费税、关税、出口退税等
社会保障税	雇员、雇主、个体或无业缴纳的社会保障税	无税种，单独作为社会保障费用纳入社会保险基金预算
工资和劳动税	选择性就业税、国家保险附加费	—
其他税	其他税收	其他税收

资料来源：OECD网站，财政部发布的《2020年政府收支分类科目》，兴业研究。

对于上述分类方法，在进行横向比较时需要注意两点。

第一，关于社会保障收入。由于我国社会保障收入单独列支，因此，在做结构比较时，我们对国际税收数据采用不含社会保障收入的税收数据进行计算与比较。

第二，关于对比数据及指标选取。由于不同经济体税制的不同及税种设定的差异，基于数据可得性及分类可比性，本部分主要选取占税收收入比重较高且分类较为一致的税种进行对比。选取税种及分类为：直接税（个人所得税、企业所得税、财产税）、间接税（国内增值税、国内消费税、营业税）。

在税种结构分布方面，分别与G7发达经济体及部分新兴经济体进行对比，从2019年及2018年的数据来看，我国与其他经济体的主要差异在于以下几个方面。

第一，直接税与间接税结构差异较大，我国直接税占比偏低，间接税占比偏高。从与新兴经济体对比情况来看，我国与阿根廷、巴西的直接税、间接税的总体结构相似，只是在具体税种上存在一定差异，但与哥伦比亚、埃及、墨西哥、韩国等新兴经济体比较,我国直接税比重依然较低。从与发达经济体对比情况来看,结构差异更为显著。2019年,我国直接税比重分别约为38.2%,而发达经济体的直接税比重多在50%以上,如美国和加拿大的直接税比重达70%以上。我国间接税占比达47.4%,而美国、加拿大仅分别为15.1%和20.7%,其他发达经济体则基本在30%~35%之间。

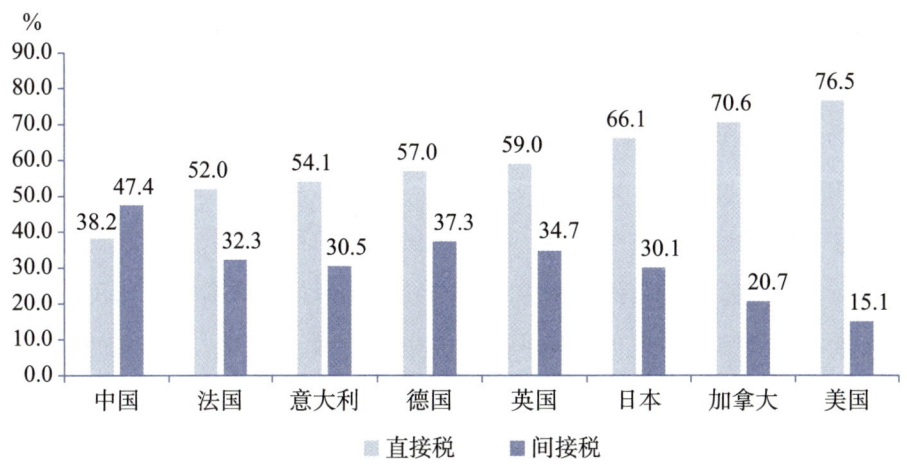

图2-48　我国税种结构与G7发达经济体对比情况(2019年)

资料来源:OECD数据库,兴业研究。

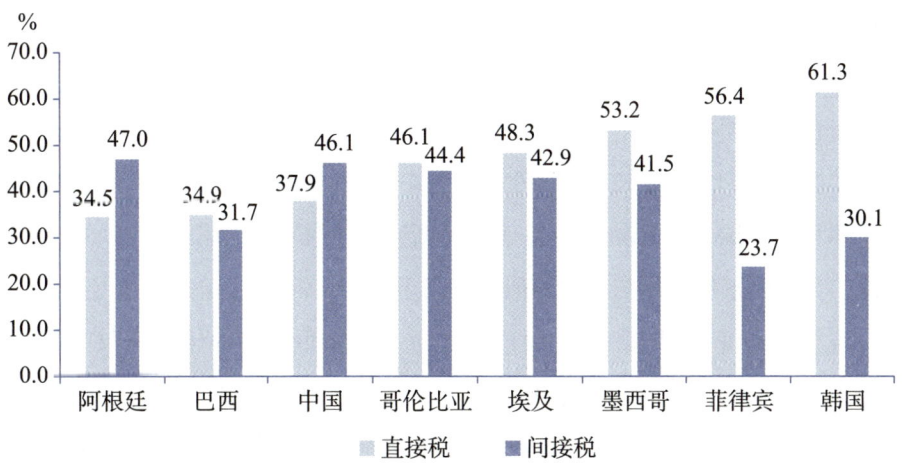

图2-49　我国税种结构与部分新兴经济体对比情况(2018年)

资料来源:OECD数据库,兴业研究。

第二，在直接税方面，我国所得税占比偏低，且个人所得税与企业所得税比重结构差异较大。根据数据对比，我国个人所得税占税收收入比重远低于典型发达经济体，并低于多数新兴经济体；而企业所得税则远高于典型发达经济体，并与多数新兴经济体相近。

在个人所得税方面，我国个人所得税占比为6.6%，而发达经济体在20%以上，新兴经济体除阿根廷、哥伦比亚与我国相近外，其他新兴经济体均高于我国且差异较大。在发达经济体中，美国、德国、加拿大的个人所得税占比分别达到了55.2%、44.1%、42.5%，其他发达经济体基本在30%~40%之间。当然，尽管美国、德国、加拿大个人所得税整体占比较高，但得益于社会保障体系等原因，三国居民最终的可支配收入仍较高，对相应的公共服务感受也较强。首先，结合社会保障体系来看，与居民生活成本联系较为紧密的支出为社保、医疗支出，美国、德国、加拿大的财政收入中用于社会保障及健康的支出占比分别为44.5%、60.0%、57.0%，而我国为35.9%。其次，三国个税的最高边际税率分别为37%、42%、33%，且分档较多，整体个税结构更偏向于向高收入群体征收。我国的最高边际税率为虽然高达45%，但不少高收入群体的收入类型并未纳入该征收范围。最后，三国的企业所得税比重较低，在降低企业经营成本的同时也降低了居民的生活成本。

在企业所得税方面，我国企业所得税占比达23.6%，而发达经济体除日本、加拿大为21.6%及13.1%以外，其他G7发达经济体在10%以下，与发达经济体相比我国企业所得税税负偏高。新兴经济体中除阿根廷、巴西占比较低外，其他新兴经济体与我国相似或略高于我国。

与发达经济体相比，我国财产税比重相对偏低，2019年占比仅为8.0%，与新兴经济体相比处于中间水平。财产税占比较高的经济体依次为美国、韩国、英国，占比分别为16.1%、15.6%、15.4%，加拿大、日本、法国占比在13%左右，中国与意大利基本一致，而德国财产税占比较低，仅为4.5%。新兴经济体占比较高的经济体为韩国、菲律宾、阿根廷，占比分别为15.6%、

15.4%及11.8%，而埃及、墨西哥占比较低，仅为0.7%及2.3%。

第三，在间接税方面，我国增值税占税收收入比重（39.5%）显著高于发达经济体，在新兴经济体中也为最高水平，消费税占比（8.0%）与大部分发达经济体一致，与新兴经济体相比偏低。由于我国主要以间接税为主，2019年增值税占比达39.5%，而发达经济体中占比较高的经济体为德国（29.4%）、英国（26.4%），占比较低的经济体加拿大（15.6%），美国无增值税种，其他发达经济体在20%~25%之间，大部分新兴经济体在20%~30%之间。在消费税方面，除美国、加拿大占比偏低（分别为4.1%、4.4%）外，其他发达经济体占比基本一致，在8.0%~9.0%之间，而新兴经济体大部分较高，占比在10%及以上。

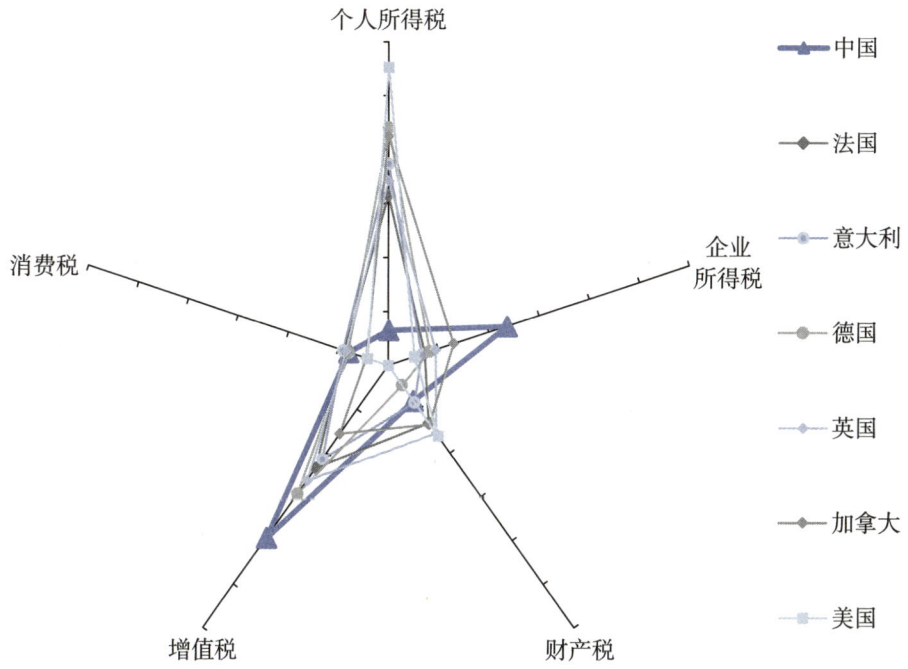

图2-50 我国与G7发达经济体主要税种对比情况（2019年）

资料来源：OECD数据库，兴业研究。

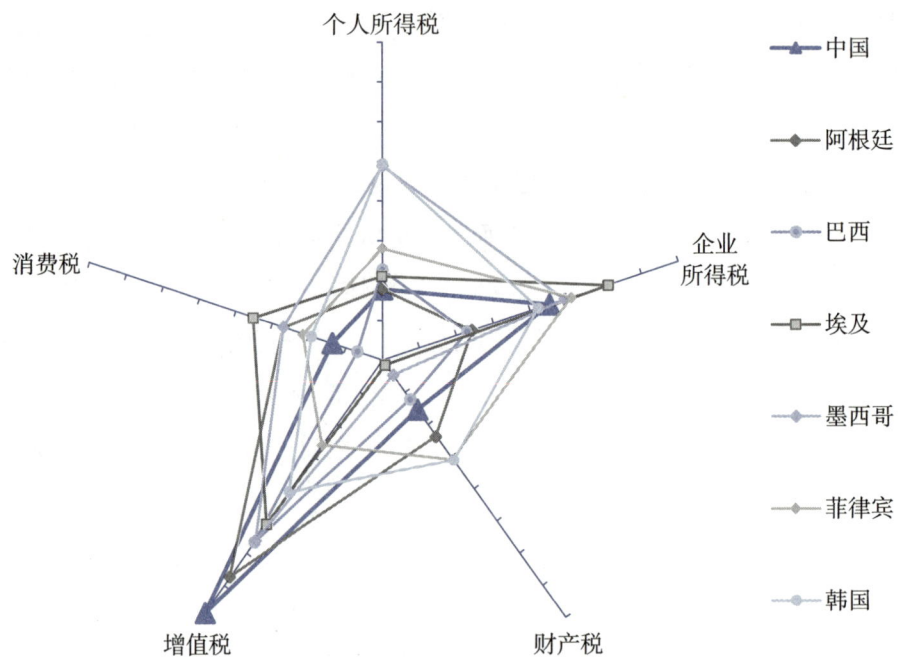

图2-51 我国与部分新兴经济体主要税种对比情况（2018年）

注：由于部分新兴经济体数据更新至2018年，因此统一用2018年数据做对比。
资料来源：OECD数据库，兴业研究。

表2-9 G7经济体与我国各项税种的占税收收入比重情况（2019年）

指标	直接税（%）	间接税（%）	所得税（%）	个人所得税（%）	企业所得税（%）	财产税（%）	增值税（%）	营业税（%）	消费税（%）
排名	8	1	8	8	1	7	1	-	4
中国	38.2	47.4	30.2	6.6	23.6	8.0	39.5	0.0	8.0
美国	76.5	15.1	60.4	55.2	5.2	16.1	0.0	11.0	4.2
加拿大	70.6	20.7	57.1	42.5	13.1	13.5	15.6	0.7	4.4
日本	66.1	30.1	52.8	31.2	21.6	13.3	22.6	0.0	7.5
英国	59.0	34.7	43.7	34.3	9.5	15.4	26.4	0.0	8.4

续表

指标	直接税(%)	间接税(%)	所得税(%)	个人所得税(%)	企业所得税(%)	财产税(%)	增值税(%)	营业税(%)	消费税(%)
德国	57.0	37.3	52.5	44.1	8.3	4.5	29.4	0.0	8.0
意大利	54.1	30.5	45.7	37.4	6.6	8.4	21.4	0.0	9.1
法国	52.0	32.3	38.9	31.5	7.3	13.2	23.5	0.0	8.7

资料来源：OECD数据库，WIND，兴业研究。

表2-10 新兴经济体与我国各项税种的占税收收入比重情况（2018年）

指标	直接税(%)	间接税(%)	所得税(%)	个人所得税(%)	企业所得税(%)	财产税(%)	增值税(%)	营业税(%)	消费税(%)
排名	6	3	6	7	5	5	1	—	7
中国	37.9	46.1	30.2	8.3	22.6	7.7	39.3	0.0	6.8
阿根廷	34.5	47.0	22.7	9.0	12.2	11.8	33.6	0.0	13.4
巴西	34.9	53.7	28.8	11.4	11.5	6.1	28.3	0.0	3.4
哥伦比亚	46.1	44.4	37.2	7.1	28.2	8.9	32.5	4.9	7.0
埃及	48.3	42.9	47.6	10.6	30.6	0.7	25.4	0.0	17.5
墨西哥	53.2	41.5	50.8	24.5	24.6	2.3	28.0	0.0	13.4
菲律宾	56.4	23.7	41.0	14.1	25.6	15.4	13.1	0.0	10.6
韩国	61.3	30.1	45.8	24.7	21.1	15.6	20.5	0.0	9.6

资料来源：OECD数据库，WIND，兴业研究。

三、我国税制改革展望

通过国际对比及分析我国国情，为了做好需求侧管理，税种结构有进一步优化调整的空间，其具体改革的重点可能在个人所得税、财产税及消费税的调整上。

1. 适当提高直接税比重

至2020年，我国的税收体系以间接税为主，但是间接税的收入分配调节能力偏弱。因此，无论从国际对比还是收入分配调节角度来看，适当提高直接税比重是税制结构改革的重要方向。这点在"十四五"规划中也明确提出。

从具体操作来说，提高直接税比重无外乎两种方式，提高直接税比重与降低间接税比重。提高直接税的手段包括增加所得税比重或财产税比重，降低间接税的手段包括降低增值税与消费税比重。下面就分别从具体税种进行分析。

（1）个人所得税

适当提高个人所得税对税收的贡献，加强个税的收入分配调节作用。国务院2021年3月发布的《十四五规划和2035远景目标纲要草案》（以下简称"十四五"规划纲要）明确提出：个人所得税要扩大综合征收范围，优化税率结构。具体来看，个税改革方向主要有以下几点。

第一，综合征收范围的扩大。当前我国个税由过去全部采取分类征收方式改革为分类与综合相结合的征收方式。具体来说，分类征收是对于纳税人的各类所得区分其所得来源，采取不同的扣除标准和税率，分别计算税费。纳入分类征收的收入为：经营所得；利息、股息、红利所得；财产租赁所得；财产转让所得；偶然所得。而综合征收是将纳税人的各类所得视为一个整体，采取统一的扣除标准和税率，统一计算税费。至2020年，我国纳入综合征收范围的收入为：工资、薪金所得；劳务报酬所得；稿酬所得；特许权使用费所得。未来个税改革将更注重调节收入分配，逐步过渡到对全部收入采用综合征收的方式，扩大综合所得范围。首先，或将经营所得纳入综合所得，因为经营所得主要指个人或个人从事经营活动所得，具有劳动所得性质。其次，将高收入群体的财产性所得、资本所得逐步纳入综合所得范围，原因在于当前财产性所得及资本所得适用统一比例税率，税率为百分之二十，比综合所得中最高的45%的边际税率较低。将更多的收入纳入统一累进税率计算体系，减少个人在分类征收方式中的避税行为。再次，扩大综合征收范围有利于实现对中低收入人群的减税，从而增加其可支配收入，对于个人需求有一定的刺激作用，也符合当前刺激内需的政策要求。

第二，优化税率结构，重点聚焦对科技创新人才的激励。对于科技创新人才适度降低其最高边际税率，有利于科技人力资本的积累与现阶段科研创新的发展。

第三，加大专项附加扣除力度，以个人与家庭为课税主体实行不同的税收政策。2018年，我国对个税进行了专项附加扣除的改革，在一定程度上降低了家庭的税收负担，也是以家庭为单位综合考虑税负的改革措施。在人口老龄化、居民生育意愿不足的背景下，可以考虑逐步加大养老、教育等领域专项附加扣除力度。

（2）企业所得税

在我国，企业所得税是直接税中的最大税种。虽然近两年我国一直在降低企业税负，但相较发达经济体而言，我国的企业税负仍显得略高。因此，未来企业所得税改革的方向可能偏向于通过结构性的税收优惠政策来引导产业结构调整，鼓励企业创新。"十四五"规划中提出，对于制造业企业及创新企业提高其加计扣除比例，减少税收负担，鼓励产业链及科技创新发展。

（3）财产税

适当提高财产税比重，考虑逐步开征房地产税与遗产税。我国财产税比重较低，开征税种较少，而其他国际经济体的财产税改革也一直在进程中，改革方向偏向于税种的增加和税率的提高，这也是我国可能的财产税改革方向。在房地产税方面，中国人民银行2019年对城镇居民家庭资产负债的调查显示，"中国城镇居民家庭资产以实物资产为主，户均253万元，占家庭总资产的八成，且住房是家庭实物资产的重要构成"。而实物资产是财产税的潜在税源，因此，"十四五"规划又明确提出推进房地产税立法。在遗产税方面，我国还未开征，而截至2019年已有100多个经济体开征了遗产税。

2.间接税升降结合

间接税主要是流转税，在1990年至2020年间，我国间接税比重一直较高，其中，增值税占比在国际经济体中处于非常高的水平。

（1）增值税

适度降低增值税比重，提高企业积极性。我国增值税作为第一大税种，2019年占税收收入比重达39%，远高于发达经济体，而增值税的主要纳税人为企业，适度降低增值税占比会相应增加直接税比重，有利于降低企业的税收负担，提高企业的生产积极性。特别是我国制造业中的研发创新能力不足，因此在对应的税收政策上可以考虑通过税收优惠政策鼓励相关制造业企业的创新研发，支持制造业企业转型升级。

（2）消费税

适度加大消费税征税范围，提高收入分配调节作用。通过国际对比可以看出，我国消费税占比较低，消费税征税范围有限，不利于发挥调节收入分配的作用。首先，消费税的范围可以适当扩大。至2020年，应税范围主要包括烟、酒、化妆品、油、车等15个税目。对于高档奢侈品、高档消费活动或者高污染商品考虑纳入征收范围，如高档皮草、箱包、电子产品、高档演出等。其次，消费税征收环节后移。当前大部分消费税征收环节为生产环节，企业负担较多，地方收入有限。2019年，国务院印发的《实施更大规模减税降费后调整中央与地方收入划分改革推进方案》中，明确将部分在生产（进口）环节征收的现行消费税品目逐步后移至批发或零售环节征收。至2020年已有部分消费品，如高档首饰在零售环节征收，但消费税中占比较大的主要税目，如烟、酒、成品油、小汽车并没有全面推行征收环节后移，这也是未来需要进行推进改革的重点方向。同时，"十四五"规划纲要中明确提出，要调整优化消费税征收范围和税率，推进征收环节后移并稳步下划地方。这意味着随着消费税改革与收入分配划分的同时推进，地方税源及收入会有所增加。

3.税制改革与财政支出结构调整相适应

税制改革是一项系统工程,必须贯穿系统性思维,将财政收入端——税制改革、财政支出端——支出结构调整作为一个整体来推进改革和结构调整。

整体来看,收入端的宏观税负规模、税种结构与支出端的支出项目结构有一定的对应关系。在宽口径税负下,通常宏观税负较高的经济体,其对应的社保支出、健康支出占财政支出的比重较大,相应的公共服务配套设施的提供较为完善。因此,税制改革需要与支出结构调整相适应,才能更好地发挥税收的调节作用,使收入端与支出端保持一定的动态平衡,共同发挥其对收入分配的调节及对内需的刺激作用。

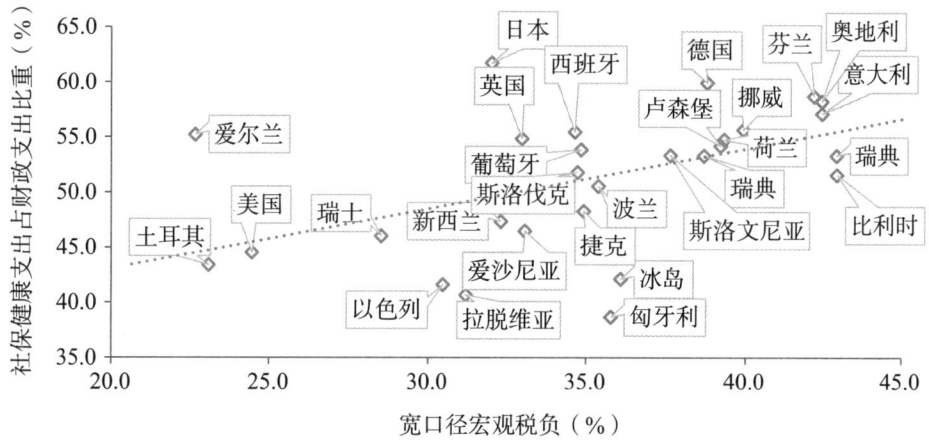

图2-52　不同经济体宏观税负与社保相关支出情况

资料来源:OECD数据库,WIND,兴业研究。

第六节　从投资到保障:我国财政支出结构的演变趋势

当前我国的居民消费水平总体偏低,要提升居民消费意愿,就需要转变财政支出结构,将财政支出的重心从投资转移至保障,为居民消费解决后顾之忧。

本部分将总结我国财政支出结构历史的变动，并对比国际财政支出结构，以为我国未来财政支出结构的变化方向提供建议。

一、我国财政支出结构变化

1.财政支出总量与GDP之比

我国财政支出总量与GDP之比的变化可以分为四个阶段。

第一阶段，即1978年改革开放以前，我国一般公共预算支出与GDP之比总体较为平稳（除1960年和1968年的峰值与谷值外），平均水平维持在28.5%左右。

第二阶段，即1978年改革开放后至1994年分税制改革前，财税改革开始，这一比值一路下降，由1978年的30.1%降至1994年的11.9%。

第三阶段，即1994年至2014年，由于分税制改革，财政支出与GDP之比开始逐步上升，2014年恢复至23.6%。

第四阶段，即2015年至今，减税降费政策叠加营改增以来，财政收入增速下降对财政支出增速产生一定影响，一般公共预算支出与GDP之比有轻微下降，由2015年的25.5%下降至2019年24.1%。

我国的一般公共预算支出不包含社保支出，因此我们用广义财政支出代表包含社保的财政支出总量。加上社保支出后，我国广义财政支出与GDP的比值呈现逐步上升趋势，由2003年的20.1%上升至2019年的31.7%，通过与一般公共预算支出的对比，差额逐渐增加，特别是2018年该差额上升1.4个百分点，社保支出增加显著。同时，1994年分税制之前，我国财政收入、财政支出与GDP的比值相差较小，一般是1~2个百分点，1994年开始比值差额逐步拉大，特别是2015年开始实行减税降费政策叠加营改增政策，该比值差额达到3个百分点，且处于逐年攀升趋势，折射出财政收支压力有所增加。

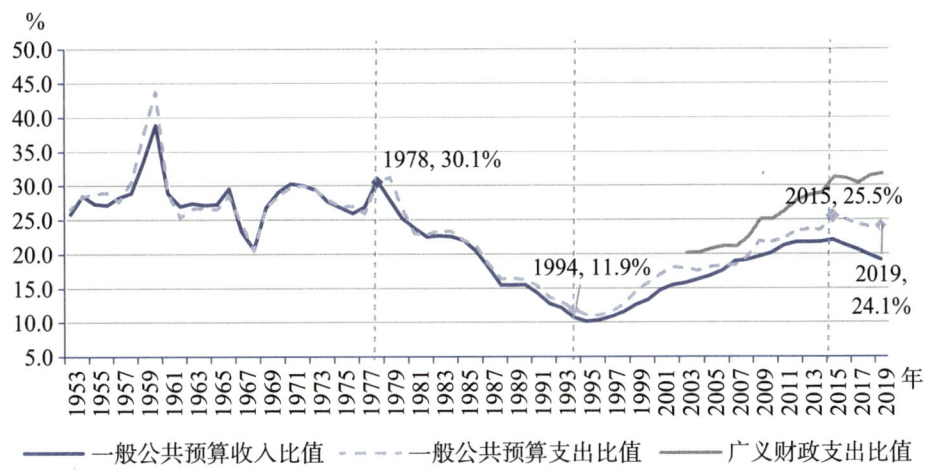

图2-53 我国财政收入、财政支出、广义财政支出与GDP比值

资料来源：Wind，兴业研究。

图2-54 我国广义财政支出与GDP比值变化

资料来源：Wind，兴业研究。

2. 中央与地方财政支出结构变化

我国中央与地方实行分税制管理体制，地方财政支出自2011年起占比达84.9%，承担较大支出责任。1978年前后，中央和地方在财政支出中各占50%左右，此后中央开始分权、放权，逐步下放事权给地方政府，地方政府的支出责任相应增加，到1985年地方财政支出占比上升至60%，随后逐步提高至

1994年接近70%。1994年分税制改革后，央地关系经过短暂的调整，地方支出占比暂时出现了一段稳中有降的时期。2000年后地方财政支出占比又逐步提高，在2011年地方财政支出占比将近85%，此后一直稳定在略高于85%的水平。地方政府承担了主要的财政支出责任。

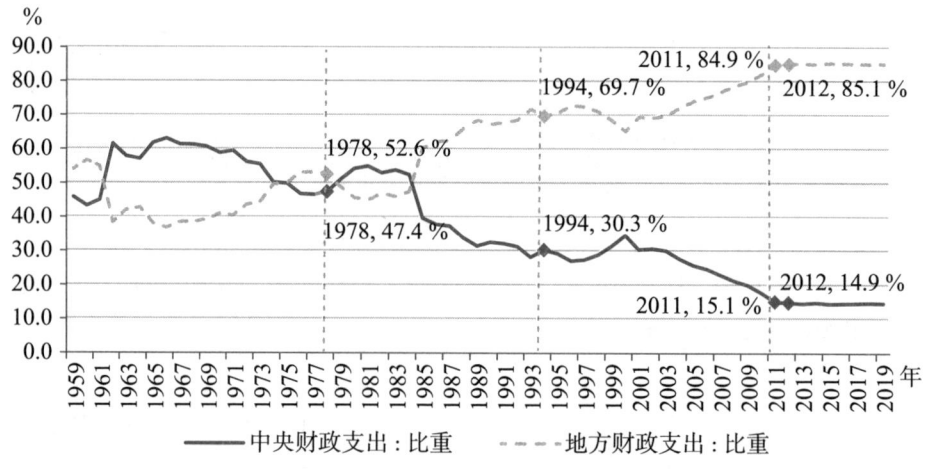

图2-55 我国中央与地方财政支出占全国财政支出比重变化

资料来源：Wind，兴业研究。

3.按功能性质分类的支出结构变化

财政支出按功能性质可分为六类：行政管理支出、经济事务支出、社会福利支出、国防支出、科教文卫支出和其他支出。其中，行政管理支出包括一般公共服务、公共安全、外交支出；经济事务支出包括城乡社区事务、农林水、交通运输及其他经济事务支出；科教文卫支出包括科技、教育、文化体育与传媒、卫生支出；社会福利支出包括社会保障与就业、住房保障支出。由于我国在2007年进行了政府收支分类科目的改革，前后科目名称及内容发生了相应的变化，因此我们也对不同科目数据进行了归类的相应调整和衔接。

从各项支出占比变化来看，经济事务支出占比经过显著下降后逐步稳定，科教文卫支出波动上升，社会福利支出占比在2001年后缓慢上升。通过观察发现，我国经济事务支出1986年以前占比达60%，主要是经济建设费。该比重自1978年起经过了一段波动性后逐步下降，到2008年之后较为稳定，其比重在33%—

36%之间,近三年维持在33%左右。行政管理支出在2007年之前处于缓慢上升态势,在2007年之后伴随政府对一般性支出的压减,占比开始缓慢下降,目前维持在15%—18%之间。科教文卫支出一直处于波动上升趋势。在不考虑社保基金的情况下,我国的预算社会福利支出波动幅度不大,比重维持在15%左右。

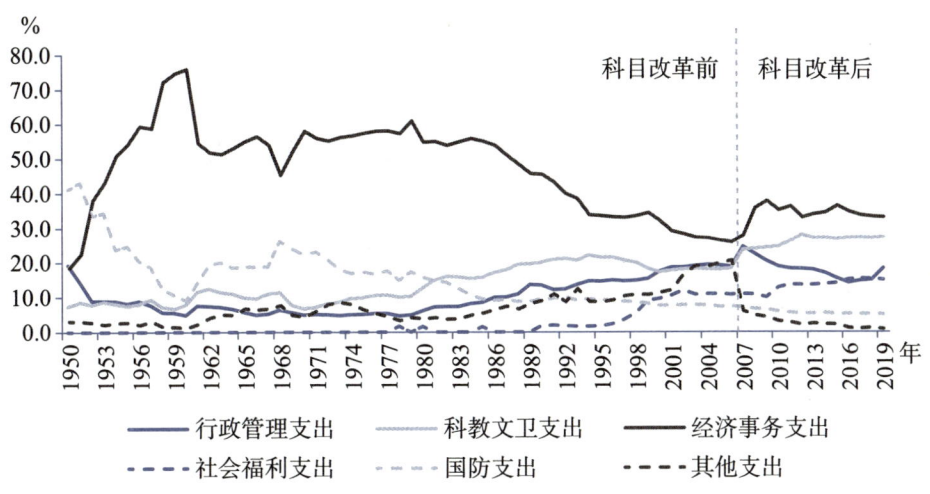

图2-56 我国各项财政支出占全国财政支出比重变化

资料来源:wind,兴业研究。

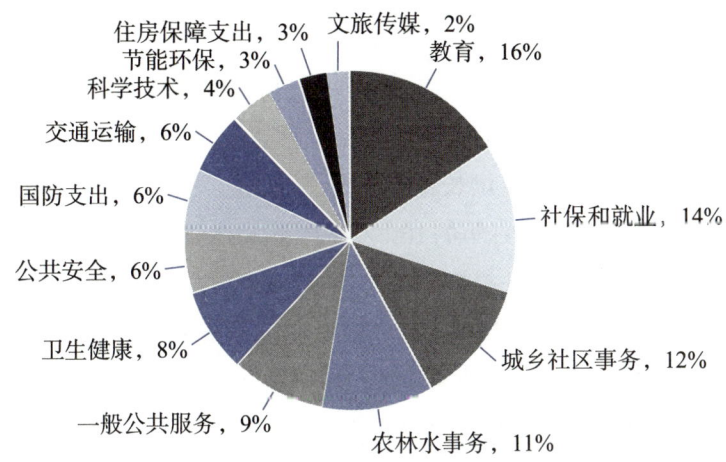

图2-57 我国各项财政支出占全国财政支出比重(2019年)

资料来源:财政部,兴业研究。

二、财政支出的国际比较

本部分将对我国与其他经济体财政支出的规模、财政支出的结构进行横向比较,以便为寻找我国财政支出结构可能的演变方向提供一些借鉴。

1. 财政支出规模:总量偏低

在统计口径上,由于国际上财政支出数据统计口径包含社会保障支出,而目前我国社会保障支出单独进行预算,因此在进行国际对比时,我们用包含社会保障支出的广义财政支出进行比较。在样本选择上,本部分选择了39个经济体进行对比,具体包含33个OECD经济体(总共38个成员国,不包含5个数据未更新的经济体),未在OECD中的3个发达经济体(马耳他、塞浦路斯、新加坡)和3个新兴经济体(南非、罗马尼亚、印度尼西亚),并且将OECD经济体中的G7经济体做了单独区分。

我国广义财政支出总量占GDP比重远低于G7经济体与OECD经济体平均水平,未来有较大的增长空间。根据IMF数据库已披露数据,截至2018年,我国广义财政支出占GDP的比重为31.4%,明显低于大部分OECD经济体。31个已披露的OECD经济体平均值为42.2%,G7[①]经济体的平均值为43.9%,最低值为美国37.8%,最高值为法国56.0%。

从经济发展水平来看,往往人均GDP较高的经济体其财政支出与GDP的比值也较高;尽管如此,与我国人均GDP水平相似的经济体其财政支出与GDP的比值仍高于我国。从增长趋势来看,我国广义财政支出与国内生产总值的比值提高较快,由2003年的10.1%提高至2013年的28.9%,增长了18.8个百分点。此后呈缓慢上升趋势,在2014—2019年基本在31%左右,该比值提升的速度总体高于其他经济体。而OECD经济体及G7经济体其增长速度自2003年起较稳定,变化幅度在5个百分点左右,2008年受全球金融危机的影响,变化波动稍大,但总体增速均不及我国。

---

① 七国集团(Group of Seven, G7)是主要工业经济体会晤和讨论政策的论坛,成员国包括加拿大、法国、德国、意大利、日本、英国和美国。

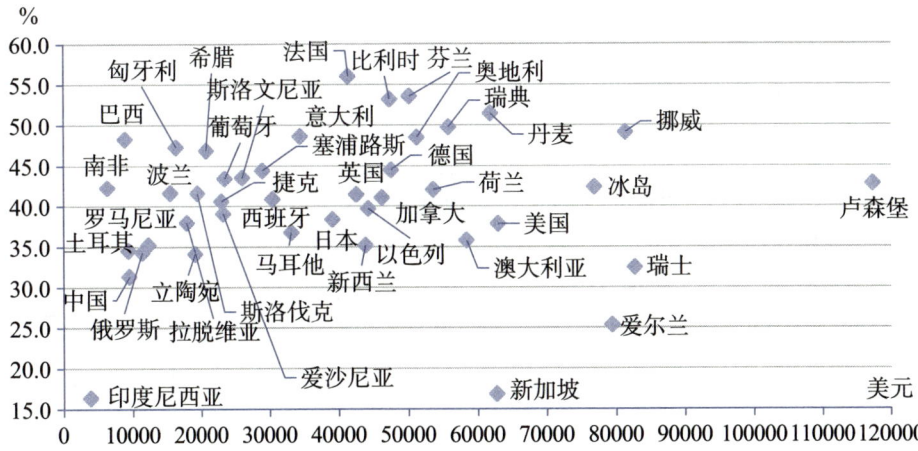

图2-58 人均GDP与财政支出占比分布（2018年）

资料来源：IMF数据库，兴业研究。

表2-11 各个经济体财政支出与GDP的比值变化

财政支出占GDP的比重（%）	1998年	2003年	2008年	2013年	2018年	2008—2018年变化
中国	–	10.1	25.3	28.9	31.4	24.2
美国	34.6	37.3	39.8	39.0	37.8	-5.0
日本	–	–	36.2	40.4	38.4	5.9
加拿大	43.4	40.3	38.8	40.0	41.0	5.9
英国	35.6	38.9	44.6	44.4	41.4	-7.1
德国	48.1	48.3	44.2	44.9	44.5	0.8
意大利	48.3	47.3	48.0	51.2	48.6	1.4
法国	52.9	53.3	53.3	57.2	56.0	5.2
芬兰	52.3	49.4	47.9	57.1	53.6	11.9
比利时	50.5	50.8	50.4	56.2	53.2	5.5
丹麦	55.4	53.6	50.4	55.8	51.5	2.1
瑞典	56.8	54.1	50.2	51.7	49.8	-0.9
挪威	48.9	48.3	40.6	44.4	49.2	21.2
奥地利	52.2	51.2	49.8	51.6	48.5	-2.6

续表

财政支出占GDP的比重（%）	1998年	2003年	2008年	2013年	2018年	2008—2018年变化
巴西	-	-	39.7	42.6	48.3	21.7
匈牙利	50.6	49.0	48.8	50.2	47.3	-3.1
希腊	45.0	46.6	50.8	62.3	46.9	-7.7
塞浦路斯	34.2	40.5	38.4	42.8	44.4	15.7
斯洛文尼亚	46.2	47.2	45.1	60.3	43.5	-3.3
葡萄牙	42.3	45.1	44.9	49.9	43.4	-3.4
卢森堡	43.7	43.5	39.7	43.3	42.8	7.8
冰岛	40.1	43.8	54.2	42.2	42.4	-21.9
南非	35.5	34.2	36.3	58.5	42.3	16.6
荷兰	44.3	44.5	43.1	46.5	42.1	-2.4
波兰	45.5	45.8	44.0	42.6	41.6	-5.4
斯洛伐克	45.9	40.5	37.0	42.4	41.6	12.3
西班牙	40.6	37.8	40.5	44.9	40.9	0.9
捷克	42.1	49.3	40.6	42.5	40.6	0.0
以色列	-	46.8	42.1	40.4	39.7	-5.6
爱沙尼亚	39.1	35.0	39.4	38.2	39.1	-0.9
拉脱维亚	37.9	33.5	37.8	37.7	38.0	0.5
马耳他	44.9	45.2	42.6	42.0	36.8	-13.7
澳大利亚	-	33.7	32.6	35.6	35.8	9.8
罗马尼亚	33.7	33.8	37.6	35.4	35.3	-6.3
土耳其	-	-	34.4	32.5	34.6	0.6
俄罗斯	-	35.8	40.3	38.7	34.3	-14.9
立陶宛	40.4	33.2	38.0	35.6	34.1	-10.2
瑞士	33.3	33.8	30.4	33.1	32.5	6.8
爱尔兰	34.6	33.0	41.8	40.5	25.4	-39.4
新加坡	19.2	17.6	16.3	13.7	16.9	3.2

资料来源：IMF数据库，兴业研究。

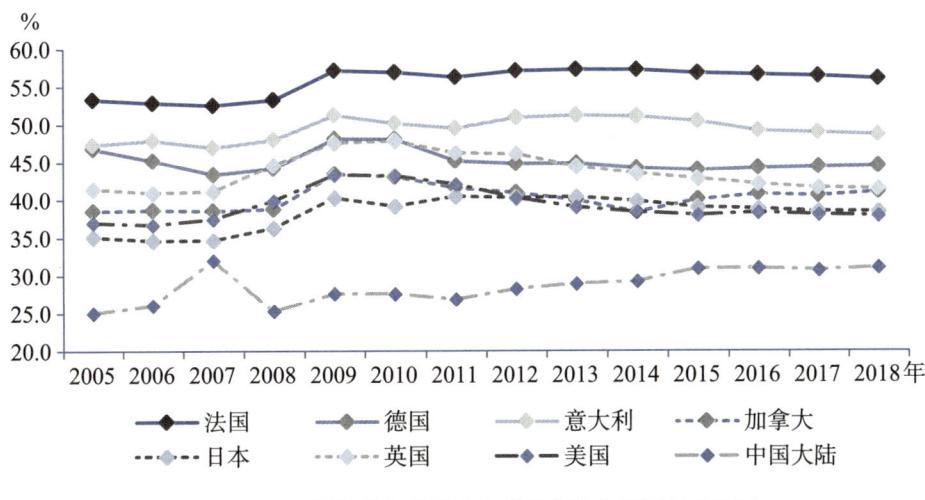

图 2-59　G7 经济体与我国广义财政支出占 GDP 比重变化

资料来源：IMF 数据库，兴业研究。

2. 财政支出结构：经济事务支出较高，社会保障及健康支出较低

为了便于对不同经济体的财政支出结构进行比较，这里我们统一采用 IMF 的财政支出分类标准。2000 年联合国统计司公布了财政支出按照功能划分的方法，并将财政支出分为 10 类，分别为：一般公共服务、国防、公共秩序与安全、经济事务、环境保护、房屋与社区设施、健康、娱乐文化和宗教、教育和社会保障。

表 2-12　按功能划分的支出分类科目对照

支出科目	具体内容	我国财政支出对应科目
一般公共服务	行政立法机关各项事务、对外经济援助、一般公共服务相关科研、公债交易等	一般公共服务、外交、援助其他地区、国债还本付息
国防	军事、民防、国防科研等	国防
公共秩序与安全	警察勤务、消防、法院、监狱、公共秩序与安全相关科研等	公共安全

续表

支出科目	具体内容	我国财政支出对应科目
经济事务	一般经济、商业和劳工事务；农业、林业、渔业和狩猎；燃料与能源；矿业、制造业和建筑业；运输业、通信业；经济事务相关科研等	商业服务业、金融、资源勘探电力信息、国土资源气象、粮油物资储备、交通运输
环境保护	垃圾、废水、污水、生物及环保科研等	节能环保
房屋与社区设施	住宅开发、社区发展、供水、街道照明、住房设施相关科研等	城乡社区支出
健康	医药、门诊、医疗服务、公共卫生及健康科研等	一般公共预算中的医疗卫生与计划生育支出，社会保险基金预算中的医疗保险支出
娱乐文化和宗教	娱乐、文化、宗教及相关科研等	文化体育与传媒
教育	学前、初中高级教育及相关科研等	教育支出
社会保障	疾病、老龄、失业、住房及社会保障相关科研等	一般公共预算中的社保与就业支出，住房保障支出，社会保险基金预算中除医疗保险以外的其他各项保险支出

资料来源：IMF网站，财政部发布的《2020年政府收支分类科目》，兴业研究。

对于上述分类方法，在横向比较时需要注意三点。

第一，关于社会保障支出。首先，将我国的社会保险基金支出加入财政支出中，并称为广义财政支出。原因在于国际分类中财政支出包含各项社会保障及医疗支出，而我国单独进行了预算。其次，将社保基金中的医疗保险支出与其他保险支出分别归入健康支出与社会保障支出中，原因在于国际分类中医疗支出包含在健康支出中，为增强可比性，本部分对我国也进行了相应归类调整。

第二，关于科学技术支出。国际分类中科学技术支出分布在各项支出里面，而我国的科技支出单独列示，并未进行不同类别的划分。目前我国科技支出总量占比基本稳定在3%左右，如果按照国际标准分摊到各项支出中，各项支出的实际比重就会比现在略高，但考虑到总体3%的量级并不大，我们推断，即便不进行分摊也不会对整体排序差异产生很大影响，因此在比较时我国各项支出比重并不包含相关科技支出。

第三，关于房屋和社区设施支出。由于我国与国际分类的差异，为方便比较及数据可得性，将我国城乡社区支出作为房屋社区设施支出列示，但是在内部还有一定的差异。根据国际分类标准，房屋和社区设施主要指住宅开发、社区发展、供水、街道照明等维护管理及规划支出，但是并不包括相应的实际建设。而我国在城乡社区支出中包含了城乡社区公共设施科目，导致在进行比重计算时，该项支出比重及排名会偏高，实际上如果将相应的实际建设支出算作经济事务支出，我国的经济事务支出比重会更高一点。

在支出结构分布方面，我国的城乡社区及经济事务支出占比较高，而社会保障、健康支出及一般公共服务占比较低。在G7经济体的财政支出结构中，首先是社会保障支出，占比最高，除美国外均在36%以上；其次是健康支出与一般公共服务支出，在15%左右，其占比略高于教育支出占比；再次是教育支出与经济事务支出，二者占比基本持平，在8%左右；其他各项支出基本处于5%以下。在除我国外的全部39个经济体中，各项财政支出结构的排序基本与G7经济体一致。

与其他经济体相比，我们财政支出结构的主要差异在于以下几个方面。

第一，经济事务支出与住房社区支出占比较高，分别为15.5%、7.7%，在全部40个经济体中的排名分别为第6及第2；

第二，一般公共服务、社保、健康及文化支出占比相对较低，分别为6.7%、24.3%、11.6%、1.2%，对应排名分别为第40、35、30及37。

表2-13 不同经济体与我国财政支出各项占比的对比情况

国家	社会保障	经济事务	健康	教育	住房和社区设施	一般公共服务	公共安全	国防	环境保护	文娱和宗教
中国	24.3	15.5	11.6	11.2	7.7	6.7	4.8	3.9	2.2	1.2
美国	19.9	8.9	24.6	15.7	1.3	15.1	5.3	8.5	0.0	0.7
英国	36.5	7.9	18.3	11.8	2.0	11.3	4.4	4.6	1.7	1.5
日本	41.9	9.3	19.9	8.2	1.7	9.6	3.2	2.4	2.9	1.0
法国	42.6	10.3	14.5	9.1	2.0	11.0	2.1	2.2	0.4	2.8
意大利	42.9	7.9	14.1	8.2	1.0	16.2	3.8	2.6	1.7	1.6
加拿大	42.9	7.9	14.1	8.2	1.0	16.2	3.8	2.6	1.7	1.6
德国	43.7	7.6	16.3	9.4	0.9	12.6	3.5	2.4	1.3	2.4
新加坡	5.7	22.2	12.6	16.1	6.3	7.5	7.2	17.5	1.9	3.0
印度尼西亚	7.8	19.0	8.5	16.8	7.7	26.8	6.5	4.4	1.3	1.2
南非	13.1	16.1	10.3	13.4	5.9	28.0	8.4	2.2	0.7	2.0
冰岛	23.6	12.6	18.5	17.4	1.3	14.1	3.4	0.0	1.6	7.5
澳大利亚	26.5	11.9	19.5	15.1	1.4	10.6	5.1	5.3	2.3	2.4
以色列	28.1	6.6	13.5	18.0	0.7	9.8	4.2	14.0	1.3	3.8
匈牙利	28.5	16.4	10.1	11.0	1.5	17.8	4.8	2.0	0.9	6.8
土耳其	28.7	11.9	14.9	10.7	2.6	16.8	6.0	5.3	1.1	2.2
塞浦路斯	28.7	22.8	6.2	12.0	3.5	16.0	3.9	4.3	0.6	1.9
新西兰	29.2	9.1	18.2	15.8	1.6	13.2	5.2	2.5	2.5	2.7
捷克	29.6	14.8	18.7	11.4	1.9	11.0	4.6	2.2	2.1	3.7
马耳他	29.8	15.0	14.6	14.2	1.2	14.2	3.4	1.4	3.4	2.9
拉脱维亚	30.2	14.1	10.5	15.1	2.9	10.3	5.7	5.5	1.5	4.2
罗马尼亚	33.3	12.0	13.3	9.0	2.7	13.3	6.2	4.8	2.4	2.9

续表

国　家	社会保障	经济事务	健康	教育	住房和社区设施	一般公共服务	公共安全	国防	环境保护	文娱和宗教
爱沙尼亚	33.3	10.2	13.1	15.8	0.8	9.8	4.7	5.2	1.9	5.0
俄罗斯	33.6	12.8	9.2	10.0	3.1	16.5	6.4	5.2	0.4	2.6
斯洛伐克	34.3	13.2	17.5	9.5	1.3	12.0	5.3	2.5	1.9	2.5
爱尔兰	35.4	9.2	19.8	12.6	2.0	12.2	4.0	1.2	1.5	2.1
立陶宛	35.4	8.8	17.4	13.4	1.5	10.2	5.0	5.1	0.9	3.3
荷兰	36.8	9.0	18.0	12.1	0.8	10.1	4.4	2.8	3.3	2.8
比利时	37.0	12.6	14.6	11.9	0.6	13.7	3.3	1.5	2.4	2.4
斯洛文尼亚	38.3	10.7	15.1	12.4	1.0	12.3	3.5	2.2	1.2	3.2
挪威	38.9	11.4	16.8	11.0	1.6	9.1	2.4	3.5	1.8	3.5
波兰	39.0	12.1	11.6	12.0	1.4	10.5	5.1	3.9	1.2	3.2
葡萄牙	39.3	8.7	14.5	10.5	1.1	16.9	3.8	1.9	1.5	1.9
瑞典	39.3	8.6	14.0	13.8	1.4	14.2	2.6	2.4	1.0	2.6
瑞士	39.4	12.0	6.7	15.6	0.6	14.1	4.9	2.4	1.8	2.5
希腊	40.6	9.3	10.6	8.3	0.4	17.5	4.4	4.3	2.8	1.7
西班牙	41.1	9.4	14.3	9.7	1.1	13.1	4.4	2.1	2.1	2.7
奥地利	41.4	12.1	16.8	9.8	0.7	12.1	2.8	1.2	0.8	2.4
法国	42.6	10.3	14.5	9.1	2.0	11.0	3.0	3.1	1.8	2.5
卢森堡	42.9	12.5	11.3	11.0	1.4	12.1	2.6	1.1	2.1	3.0
丹麦	43.1	6.5	16.3	12.6	0.5	13.0	1.8	2.3	0.8	3.2
芬兰	45.5	8.0	13.2	10.4	0.6	14.9	2.1	2.2	0.4	2.8

资料来源：IMF数据库，兴业研究。

表2-14　中国财政支出项目结构及对比（2018年度）

指标	住房和社区设施	经济事务支出	环境保护	公共安全	国防	教育	健康	社会保障	文化	一般公共服务
我国排名	2*	6*	9	15	16	24	30	35	37	40
我国占比（%）	7.7	15.5	2.2	4.8	3.9	11.2	11.6	24.3	1.2	6.7
对比经济体平均值（%）	2.0	11.7	1.6	4.4	3.8	12.3	14.5	33.2	2.8	13.4
G7经济体平均值（%）	1.4	8.5	1.4	3.7	3.6	10.1	17.4	38.6	1.7	13.1

注：*我国城乡社区支出包含相应基础设施建设，而国际分类中不包含，导致该项在样本经济体中排名略高；而国际分类中城乡社区基础设施建设支出包含在经济事务支出中，而我国不含这部分，由此导致排名略低。

资料来源：国际数据来源为IMF数据库，我国数据根据财政部数据整理得到，兴业研究。

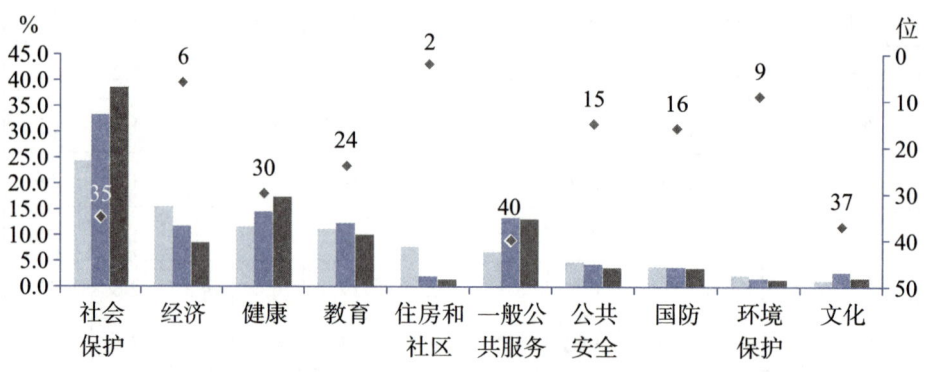

图2-60　不同经济体与我国财政支出各项占比对比情况

资料来源：IMF数据库，兴业研究。

3.中日财政支出结构对比

本部分选取外贸依存度及财政体制与我国较为相似的日本作为比较对象，日本在财政体制上与我国一样属于高度集中型的经济体，在财政支出结构上有一定的可比性。

纵观1991—2020年IMF的数据，除2020年疫情下各国大力增加财政支出以稳定经济及民生兜底以外，我国支出规模占比与日本和全部发达经济体的差异在逐步缩小，在2007年到2019年，我国与日本财政支出规模与GDP之比的差距由15.8个百分点逐步缩小至3.7个百分点。"十四五"期间，预计随着国际疫情的稳定，财政支出逐步恢复至正常水平，中日两国该差距仍将呈现继续缩小的趋势。

从分项对比来看，我国与日本分项支出差异较大的支出项与国际整体对比的结构差异基本一致。具体来看，我国在社会保障、健康支出占比上远低于日本，而经济事务支出与社区设施支出高于日本，后面这两项支出都与经济基础设施建设相关。当前我国与日本在经济发展特别是城镇化方面有较大差距，我国的城镇化率为60.6%，而日本的城镇化率已达到92%，在城镇化率提升的过程中，需要进行大量的城镇基础设施建设，因而我国经济事务与社区设施支出占比较高。

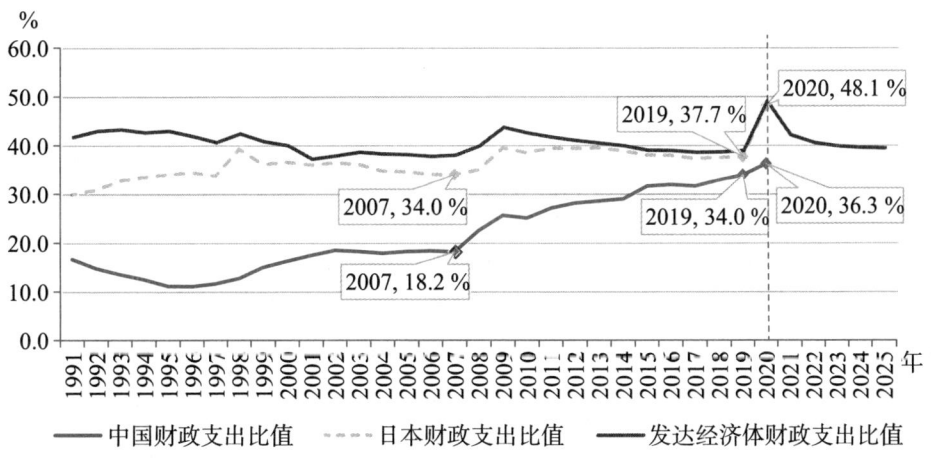

图2-61　财政支出规模与GDP比值变化

资料来源：IMF数据库及其预测，兴业研究。

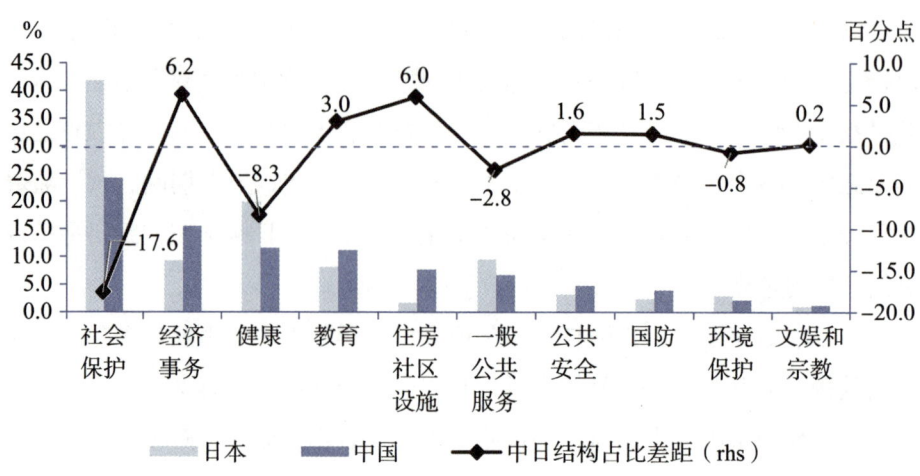

图2-62 我国与日本财政支出分项结构占比（2018年）

资料来源：IMF数据库，兴业研究。

三、我国财政支出结构的可能变化方向

随着我国逐步形成"双循环"发展格局，预计未来我国财政支出的结构也会有所调整。

第一，社会保障支出占比进一步提升。目前我国的社保支出与健康支出在国际对比中占比相对较低，提升及调整空间较大。同时，以内循环为主的一个重要抓手在于扩大内需，对于我国庞大的消费群体，促消费是主要路径之一。在党的十九届五中全会审议通过的《中共中央关于制定国民经济和社会发展第十四个五年规划和二〇三五年远景目标的建议》（以下简称"《建议》"）文件中，提出要全面促进消费，明确说明适当增加公共消费，开拓城乡消费市场，同时提出健全社会保障体系及农村社会保障。从财政支出角度来看，公共消费中有相当一部分是社会福利相关支出，这部分支出的提高有助于提升中低收入特别是低收入群体的消费，特别是在教育、医疗、养老领域，未来相关支出占比会进一步提升，进而有助于提升低收入群体的消费意愿，扩大消费需求。

第二，长期来看，经济事务支出占比或下降。从国际对比来看，我国经济事务相关支出占比较高，如果按国际分类对我国城乡社区支出进一步细化，将其中的社区基建支出也加入经济事务支出，则我国该部分占比或将更高，预计未来会呈现下降趋势。但在短期内该占比下降的可能性不大，在当前扩内需、稳经济的前提下，投资仍然是另一个重要抓手，新基建及新型城镇化仍然对交通、基础设施建设特别是信息化建设有需要，短期内其总体比重下降幅度不会太大，更多的是内部结构的调整。

第三，财政支出的区域分布或发生变化。这部分变化主要体现在区域发展与要素市场化流动两个方面。在区域发展方面，"十四五"《建议》提出将积极推进新型城镇化、都市圈和城市群的发展，重点包括京津冀协同发展、长江经济带发展、粤港澳大湾区建设、长三角一体化城市群、成渝双城经济圈等的发展，因此用于经济建设的财政支出也会向对应城市群倾斜，新型城镇化的建设需求会加大城乡社区支出，而城市群发展需要相应的地区间交通基础配套设施的完善，交通运输支出会在城市群地区有所增加。在要素市场化流动方面，国务院2020年4月发布的《关于构建更加完善的要素市场化配置体制机制的意见》提出：建立城镇教育、就业创业、医疗卫生等基本公共服务与常住人口挂钩机制。这意味着，相应的教育、社保、医疗等财政支出未来在区域分布上将对应其常住人口变化做出调整。

第七节 探秘居民财产性收入

21世纪以来，我国经济经历了高速发展的黄金时代。经济高速发展的过程，也是居民财富不断积累的过程。到2016年，居民人均总资产规模已经达到了25.9万元，接近2000年的11倍。居民总资产与GDP之比上升至479%，较2000年提高了179个百分点。而2016年居民人均可支配收入的规模仅2.4万元，不及居民人均财富存量的十分之一。这意味着，财富效应对促进我国居民的消费越来越重要，也将成为疏通"国内大循环"发挥我国"引力场"作用的关键一环。

为此，本节将分析我国居民财产性收入的变化，并以国际经验为鉴，探寻居民财产性收入增长之路。

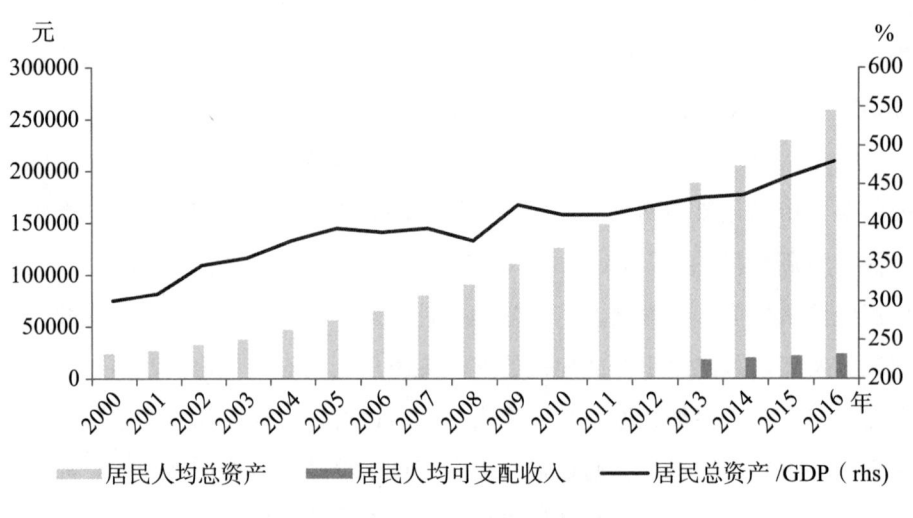

图2-63 居民财富存量增长

注：本数据来源于中国社科院，其公布的居民资产负债表数据更新至2016年。
资料来源：WIND，兴业研究。

一、中国居民的财产性收入

1.财产性收入在居民收入中的地位

根据国家统计局发布的《住户收支与生活状况调查方案（2019）》，居民的可支配收入可以分为四个部分：工资性收入、经营净收入、财产净收入和转移净收入。

其中，财产净收入等于财产性收入与财产性支出之差。具体来说，财产净收入指住户或住户成员将其所拥有的金融资产、住房等非金融资产和自然资源交由其他机构单位、住户或个人支配而获得的回报并扣除相关的费用之后得到的净收入。财产净收入中包括了利息净收入、红利收入、储蓄性保险净收益、转让承包土地经营权租金净收入、出租房屋净收入、出租其他资产净收入和自有住房折算净租金等。所谓"自有住房折算净租金",即住户为自身消费提供住房服务的折算价值扣除折旧后得到的净租金。[①]需要注意的是,我国仅对城镇住户的自有住房折算净租金进行统计,农村住户的自有住房折算净租金按零处理。

近年来的数据显示,我国居民财产净收入的增长速度通常高于可支配收入的增长速度。由此使得自2013年有数据以来,全国居民财产净收入在可支配收入中的占比逐渐提升。在2019年全国居民人均可支配收入中,财产净收入的占比达到8.5%,较2013年提高了0.7个百分点。然而,城乡居民财产净收入占比的差异较大。2019年城镇居民可支配收入中财产净收入的占比为10.4%,农村居民的这一占比却仅为2.4%。

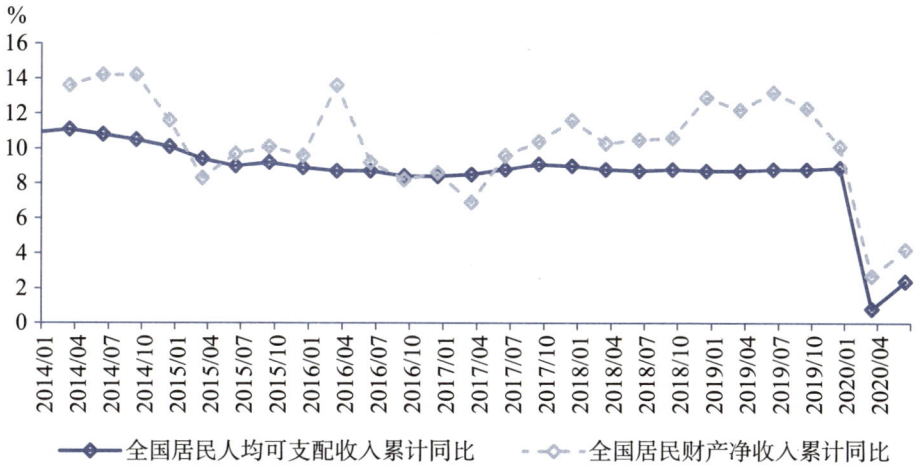

图2-64 居民财产净收入增速通常高于可支配收入增速

资料来源:WIND,兴业研究。

[①] 资料来源:国家统计局,《十五、住户调查(21)》,2020年6月19日,http://www.stats.gov.cn/tjzs/cjwtjd/201308/t20130829_74325.html。

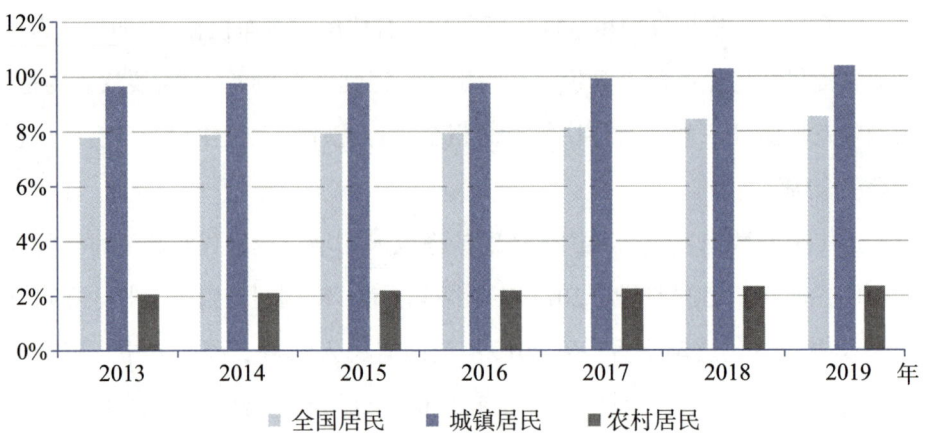

图 2-65　财产净收入占可支配收入的比例

资料来源：WIND，兴业研究。

造成这一差异的原因是多方面的：第一，正如上文中所指出的，农户的自有住房折算净租金按零处理，可能导致农户的财产净收入被低估；第二，农村的住房自有率较高，使得农村居民出租房屋收入少于城镇居民；第三，农村的金融渗透率可能较低，金融资产的投资意识相对薄弱，投资渠道也较城镇相对匮乏。

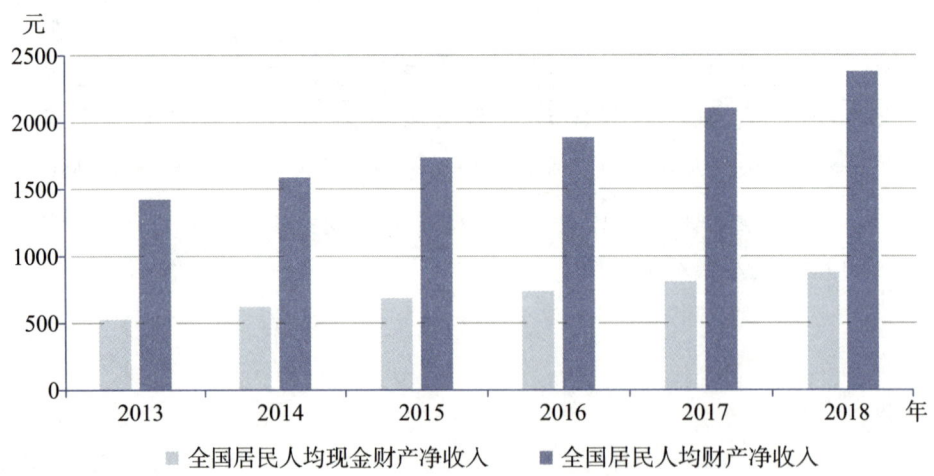

图 2-66　居民财产净收入的分布

资料来源：WIND，兴业研究。

不过，对于居民消费而言，不包括自有住房折算净租金等实物收入的现金收入或许更为重要。数据显示，2013年至2018年间，居民财产净收入中，仅35%到40%是现金收入。其中，对于2018年这一年，虽然在可支配收入中财产净收入的占比达到8.4%，但在现金可支配收入中现金财产净收入的占比仅为3.3%。这表明，大量财产净收入可能以自有住房折算租金的形式存在，并不能为居民带来额外的现金收入。不过，自有住房作为抵押品，能够提高居民融资的能力。

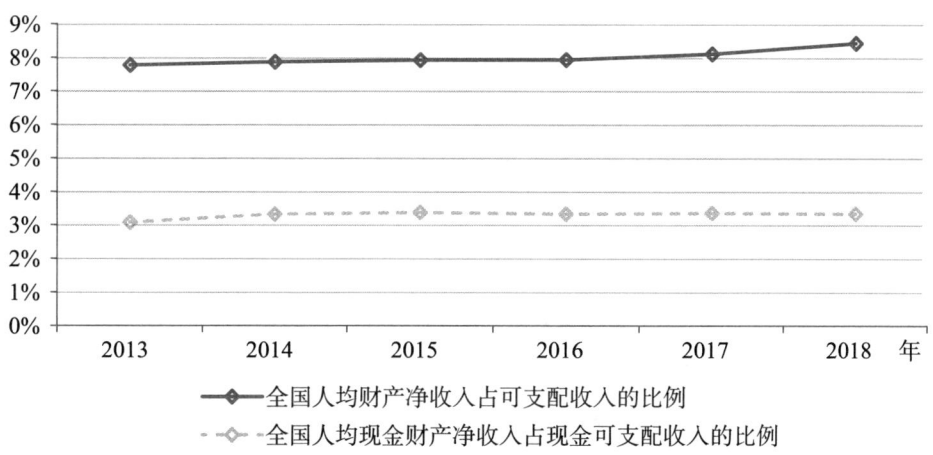

图2-67　现金财产净收入的占比更低

资料来源：WIND，兴业研究。

2.财产性收入的来源

居民的财产性收入主要来自哪里？《2012中国城市（镇）生活与价格年鉴》曾披露2011年城镇居民现金财产性收入的来源。总体来看，出租房屋是城镇居民获得现金财产性收入的主要渠道。2011年，出租房屋收入占到城镇居民现金财产性收入的51.2%。股息与红利收入、其他投资收入和利息收入的占比较为接近，分别为15.4%、14.5%和13.1%。其中，股息与红利收入指购买股票所获得的股息、分红，以及股票买卖获得的收益；其他投资收入指家庭从事除了股票投资、保险以外的投资行为所获得的收益，如财产转让的溢价收入、出售艺术品获得的超过原购买价的收入等；利息收入包括存款利息和债券利息等。

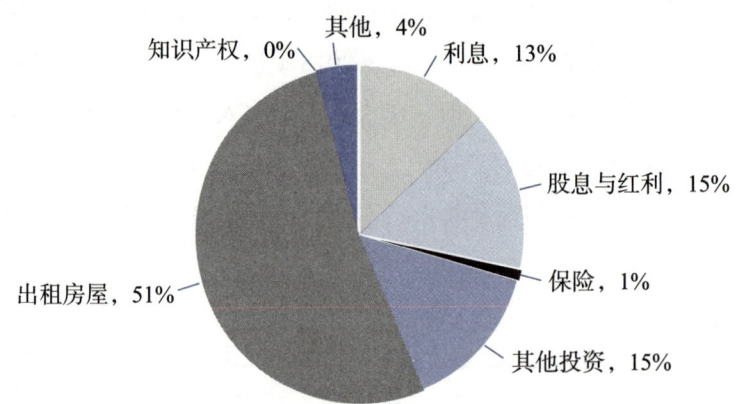

图2-68 城镇居民现金财产性收入分布（2011年）

资料来源：《2012中国城市（镇）生活与价格年鉴》，兴业研究。

《2012中国城市（镇）生活与价格年鉴》进一步披露了不同收入水平的城镇住户的现金财产性收入情况。数据显示，与高收入户相比，中、低收入户的财产性收入来源更加集中。2011年，在低收入户和中等收入户的现金财产性收入中，出租房屋收入的占比分别为69.0%和64.7%，高于高收入户的52.2%。而高收入户则是更多地通过股息与红利、其他投资来获得财产性收入。

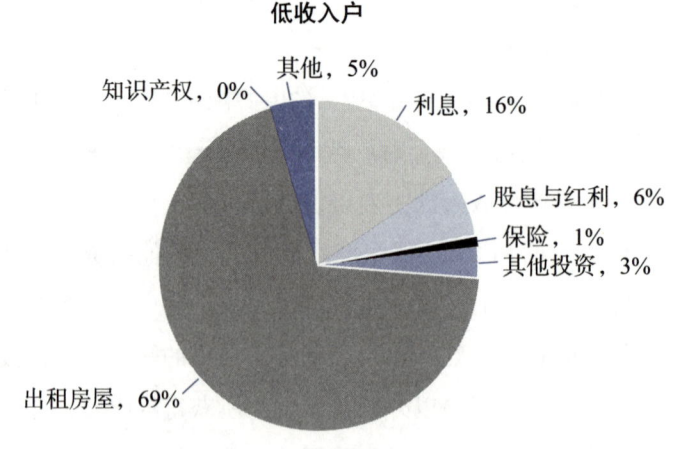

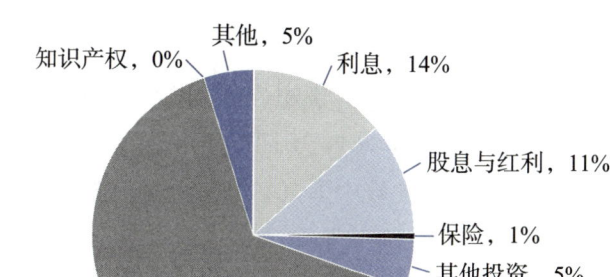

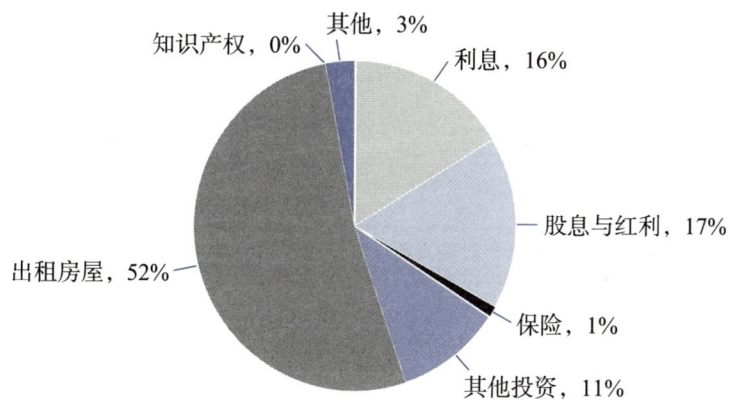

图2-69　不同城镇住户的现金财产性收入来源（2011年）

资料来源：《2012中国城市（镇）生活与价格年鉴》，兴业研究。

注：统计局还公布最低、低收入、中等偏下、中等收入、中等偏上、高收入、最高收入多个收入等级的数据，为简洁起见，这里仅列出其中3种。

二、中美居民财产性收入比较

中国居民的财产性收入是否有进一步提升的空间？其结构是否能够进一步优化呢？我们可以从美国的发展经验中寻找镜鉴。

我们对美国经济分析局（BEA）公布的居民财产性收入口径进行一些调整，以便使其与中国的可支配收入口径具有可比性。第一，将美国农户自有住房折算租金调整为0；第二，将美国公布的财产性收入口径调整为与中国可比的财产性净收入口径；第三，从美国可支配收入中扣除利息支出和转移性支出。

从居民财产净收入占比来看，中国居民财产净收入在可支配收入中的占比偏低。根据Penn World Table 9.1，中国2017年人均实际GDP接近美国1950年的水平。据此，我们可以比较中国2019年和美国1952年的居民财产净收入状况。数据显示，2019年中国居民财产净收入在可支配收入中的占比为8.5%，而1952年美国的这一占比为12.3%。而且，长期来看，美国居民财产净收入在可支配收入中的占比呈现波动上升的趋势。

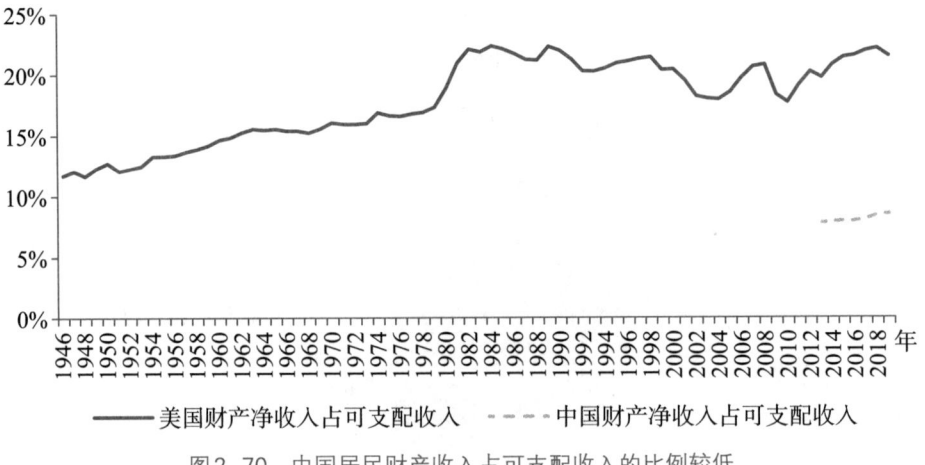

图2-70　中国居民财产收入占可支配收入的比例较低

资料来源：BEA，WIND，兴业研究。

同时，中国居民财产净收入中现金收入的占比也低于美国。2018年中国居民财产净收入中现金收入的占比约为36.9%，但1951年美国居民财产净收入中现金收入的占比接近64.0%。这意味着，对于美国居民而言，同等财产净收入能够带来的现金流入更多。

从居民财产净收入的来源来看，租金对美国居民财产净收入的影响相对较低。美国居民财产净收入可以划分为三类：第一类是利息收入，既包括银行存款利息，还包括居民从雇员养老金计划中所获得的利息收入；第二类是股息与分红收入，其中既有个人股票投资获得的股息与分红，还包括了其通过雇员养老金获得的股息与分红；第三类是租金收入，既包括出租房屋获得的收入，也包括自有房屋折算租金。

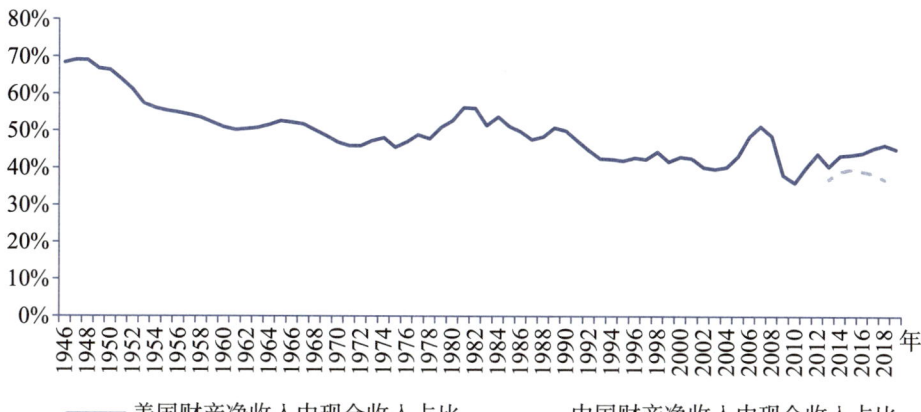

图2-71 中国居民财产净收入中现金收入占比较低

资料来源：BEA，WIND，兴业研究。

自1946年至2019年，利息收入是大多数年份美国居民财产性收入的第一大来源。在20世纪70年代至80年代，受"滞胀"和利率市场化的影响，居民财产净收入中利息收入的占比一度达到70%以上。1953年至2019年间，美国雇员养老金计划带来的利息收入占居民利息净收入的比例始终高于30%。

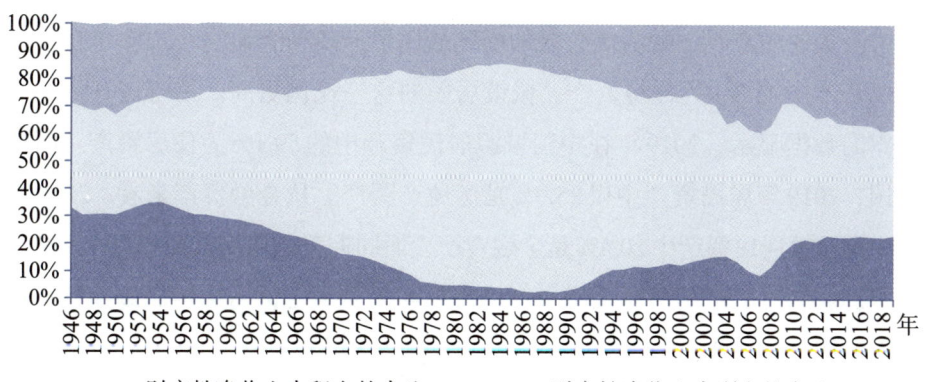

图2-72 美国居民财产性净收入的构成

资料来源：BEA，兴业研究。

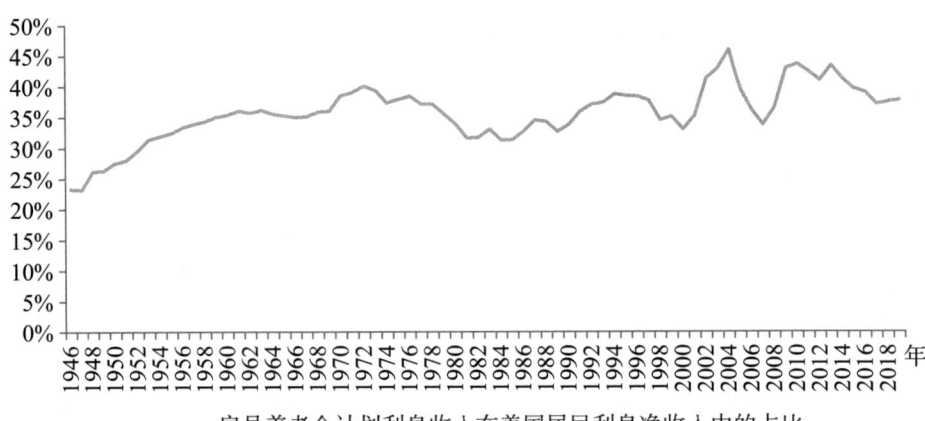

图 2-73　雇员养老金计划利息收入是美国居民利息收入的重要来源

资料来源：BEA，兴业研究。

自 1946 年至 2019 年的大部分年份，股息与分红收入在美国居民财产净收入中的占比都高于租金，是居民财产净收入的第二大来源。到 2019 年，股息与分红收入的占比已经达到 38.1%，十分接近利息收入的占比（38.8%）。

自 1946 年至 2019 年间，租金收入在美国居民财产净收入中的占比始终低于 35%，对居民财产净收入的贡献多数时间内低于利息、股息与分红。

中美居民财产净收入的来源之所以不同，是由于中美居民资产结构差异较大。从住房来看，社科院公布的中国居民资产负债表显示，2016 年在中国居民资产中 45.8% 为住房资产。城镇居民的这一比例更高。央行调查统计司披露的数据显示，2019 年在中国城镇居民资产中约 59.1% 为住房资产。而在美国，2019 年居民资产中仅 25.0% 是房地产资产。从金融资产来看，2019 年在中国城镇居民资产中 20.4% 是金融资产，而同期美国居民资产中 70.2% 是金融资产。同时，中国居民金融资产以现金与存款为主，而美国居民金融资产以股票和投资基金为主。

中美居民财产净收入来源的差异可能导致中国居民财产净收入中现金收入的占比偏低。因为租金收入中很大一部分可能来自自有住房折算的租金收入，并不增加居民的现金收入。

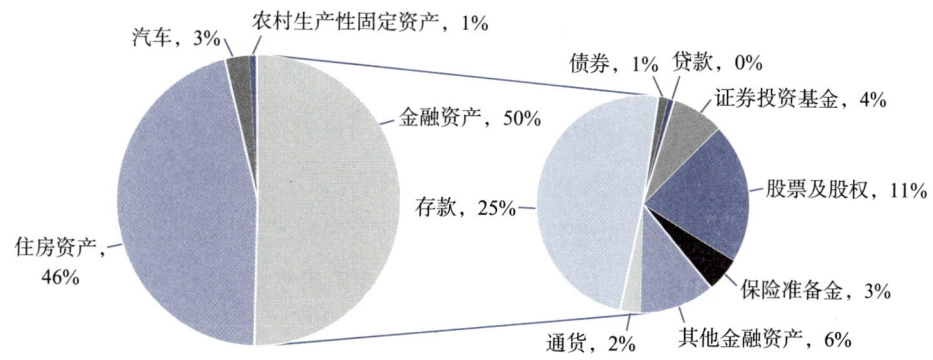

图2-74　中国居民资产构成（2016年）

资料来源：WIND，兴业研究。

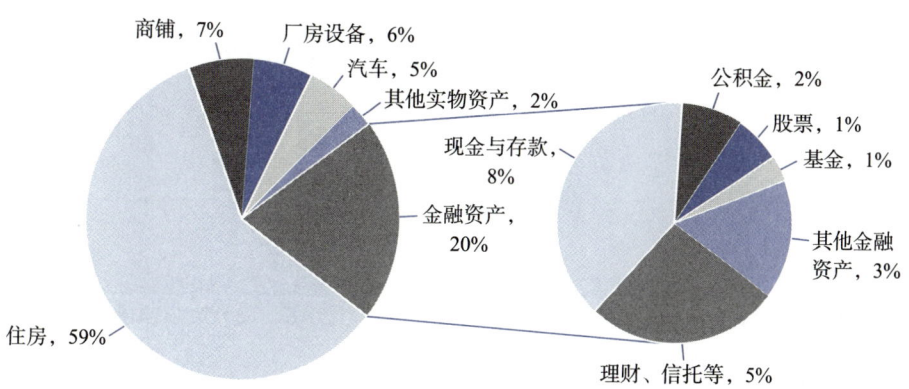

图2-75　中国城镇居民资产构成（2019年）

资料来源：中国人民银行调查统计司城镇居民家庭资产负债调查课题组（2020），《2019年中国城镇居民家庭资产负债情况调查》。

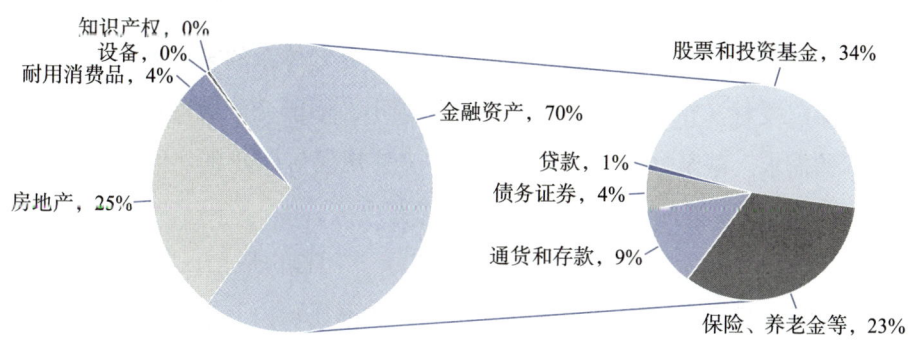

图2-76　美国居民资产构成（2019年）

资料来源：WIND，兴业研究。

三、中国居民财产性收入展望

从上文的国际比较分析中可以发现，中国居民财产净收入占可支配收入的比例应该还可以有较大提升空间，其结构也需要进一步优化。

第一，未来租金收入的增长可能放缓。我国的流动人口数量在2014年就已经见顶，此后逐渐回落。流动人口减少意味着租房需求下降。在此背景下，过于依赖租金收入可能使居民财产净收入的增长放缓。

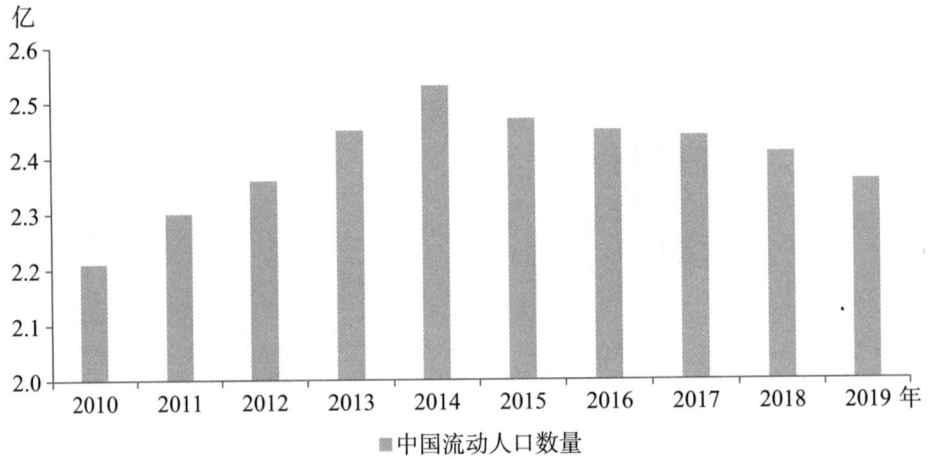

图2-77　中国流动人口数量已经开始下降

资料来源：WIND，兴业研究。

第二，人口老龄化客观上要求居民增加保险、养老金等资产的配置，提高从保险和养老金中获得的财产性收入。中国养老体系的第二支柱（企业年金）和第三支柱（个人补充养老金）规模较小，不能充分满足养老保障和代际传承的需求。截至2017年末，中国第一支柱规模与GDP的比值为6.1%，低于美国的15.0%。第二支柱和第三支柱的差距更大。

第三，随着资本市场的扩容，更多居民资产可能以股票、股票投资基金、银行理财或企业年金等形式流入股票市场。数据显示，上市公司市值与GDP之比和人均GDP正相关。随着人均GDP的增长，未来中国股票市场与GDP之比有望进一步上升。

表2-15 养老三支柱规模与GDP之比（2017年末，%）

经济体	第一支柱	第二支柱	第三支柱
中国	6.1	1.6	0.0
美国	15.0	89.2	47.4

资料来源：人社部，ICI，SSA，兴业研究。

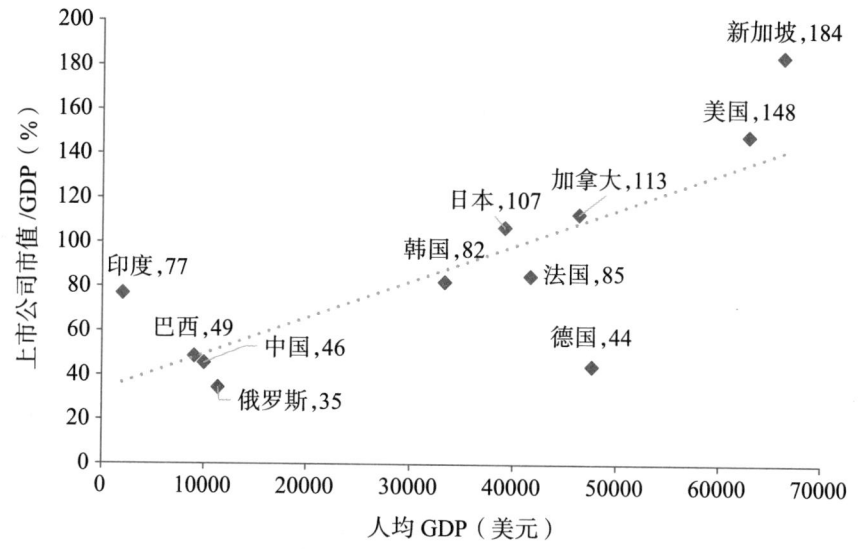

图2-78 人均GDP与股市规模（2018年）

资料来源：WIND，兴业研究。

值得注意的是，虽然金融资产配置结构与人均GDP相关，但是，在间接融资传统优势较强且文化体系与我国较为接近的日本和韩国的历史上，股票与证券投资基金在居民金融资产中总占比超过20%的时间很少，也没有出现股票与证券投资基金占比随人均GDP而提高的情况。2017年我国股票和证券投资基金在居民金融资产中的占比为11.6%，而理财的占比是16.6%。由此来看，股票和证券投资基金很难完全吸纳理财资金的转移，尤其是在理财投资者普遍风险偏好较低的情况下。

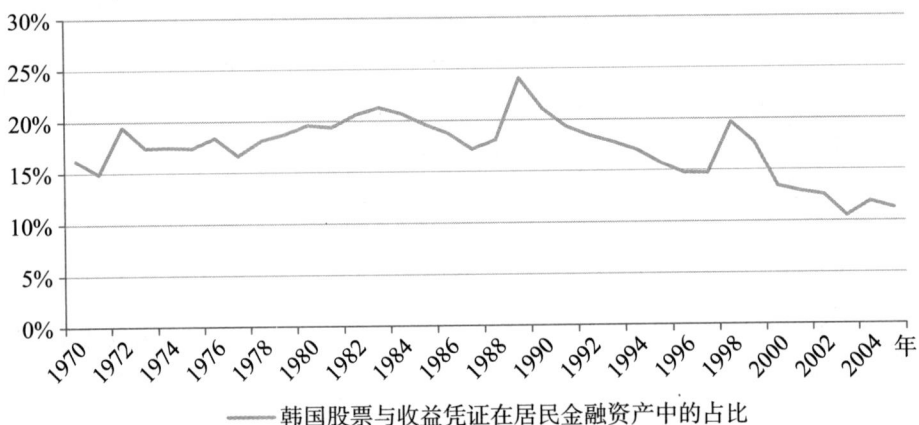

图 2-79　韩国股票与收益凭证在居民金融资产中的占比

资料来源：CEIC，兴业研究。

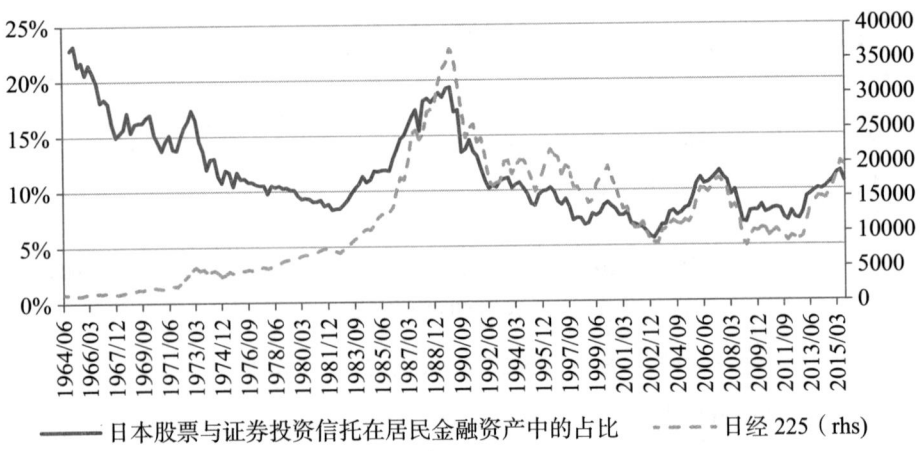

图 2-80　日本股票与证券投资信托在居民金融资产中的占比

资料来源：CEIC，WIND，兴业研究。

第八节　多层次养老金体系及其投资：国际经验与我国前景

由于多方面因素，我国面临着一定的"未富先老"问题。在过去的30年中，我国的老龄化率快速提高，而且根据联合国的测算，我国老龄化率在未来40年内还将继续快速提高。与此同时，我国的基本养老保险的给付水平则逐年下降，单纯依靠基本养老保险基金支付养老金，未来或将难以保证居民老龄后的消费。也正因为如此，若是无法丰富养老财富的积累、为居民养老提供资金保障，不仅可能造成未退休居民过多的预防性储蓄，还可能导致老年人消费能力和消费水平的下降，从而影响全社会的消费倾向。从这个角度来看，参照国际经验，丰富我国多层次养老金体系，特别是通过政策引导、鼓励居民自主积累养老财富已经成了加强需求侧管理刻不容缓的议题。

一、完善多层次养老金体系建设的意义

由于多方面因素，我国面临着一定的"未富先老"问题。近年来，我国老龄化水平快速提高，若以65岁以上人口占比来看，我国的老龄化率（65岁以上人员占比，下同）[①]已经从1990年的5.6%上升到了2019年的11.4%，达到甚至超过了部分发达经济体的老龄化率水平。并且我国老龄化率还呈现继续快速上升的趋势。按照联合国经济和社会部的预测，[②]到2050年，在基线情景下，我国境内的老龄化率将达到26.07%；在95%的置信区间，我国境内的老龄化率将在23.23%至28.91%。从抚养比（每100个15—65岁人员需要抚养的65岁以上人员数量）的角度来看，按照联合国经济和社会部的预测，即使是在最优生育率的情形下，我国境内的抚养比也将在2050年超过40，并在2060年前后达到48的顶点；若按照基线生育率的情形，抚养比将在2050年超过43，并逐步达到55—60的稳定区间。由此可见，我国在2020—2050年区间，将快速进入老龄化社会。而与之相对应，我国的人均收入水平目前还与发达经济体有一定的差距，所积累的基本养老保险基金等养老储备资产还较为有限。

[①] 虽然当前我国一般男性和女性分别施行60岁和55岁退休的政策，但是按照国际惯例，绝大部分发达经济体施行65岁左右退休的政策。因此，国际上一般采用65岁以上人员在总人口中的占比来衡量该经济体的老龄化率水平。

[②] 具体参见联合国官网，https：//population.un.org/wpp/Graphs/Probabilistic/PopPerc/65plus/156。

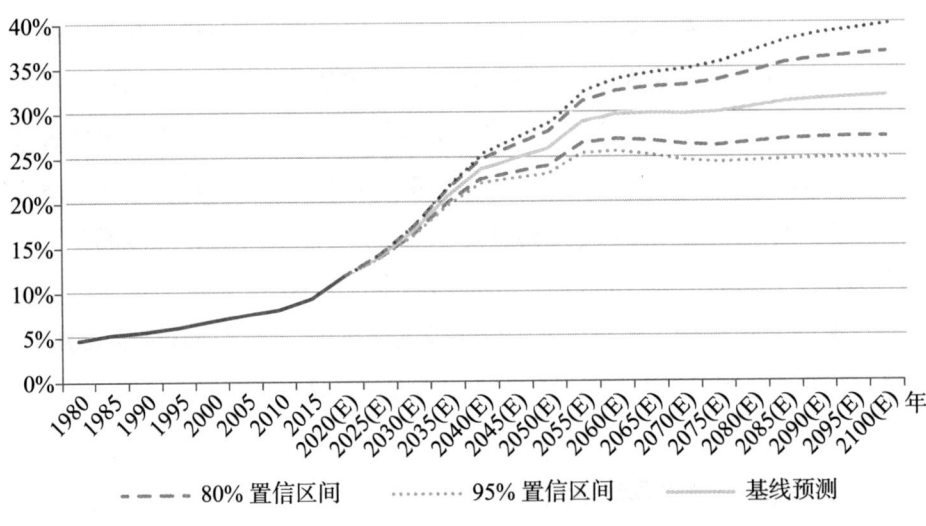

图2-81 我国境内老龄化率（65岁以上人口占比）趋势

资料来源：UN，兴业研究。

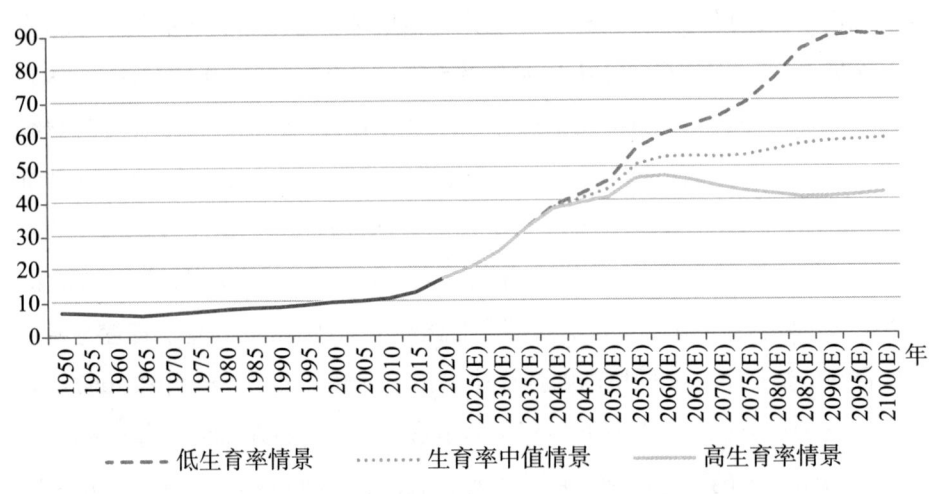

图2-82 我国境内抚养比（每100个15—65岁人员所需要抚养的
65岁以上人员）趋势

资料来源：UN，兴业研究。

完善多层次养老金体系建设，将有助于我国提高社会保障水平，更好应对老龄化问题，降低财政负担、提高老年人消费能力，从而扩大"两新一重"投资，提升人群消费能力。在IMF2017年底公布的我国《第四条款磋商工作人员报告》①中，IMF提到："当局指出，未来的人口变化因素将有助于降低储蓄水平，但也同意完善社会保障等政策措施将有助于进一步促进消费，使经济增长的结构更可持续。"

对于尚未退休的人员而言，完善多层次养老金体系、提高社会保障水平，能够较好缓解这部分人群对于未来生活的不确定性，从而降低其预防性储蓄的倾向，进而促进其提升消费需求和水平。

对于老年人而言，完善多层次养老金体系，也将有助于老年人丰富财产性收入来源，以支撑更体面和持久的消费。当前我国的基本养老保险的给付水平逐年下降，按照《中国养老金融发展报告（2018）》②所公布的数据，我国境内基本养老保险替代率由1997年的73%下降到了2014年的45%。基本养老保险替代率是国际通行的衡量基本养老保险给付水平的重要指标，按照退休人员年养老金领取水平除以其退休前最后一年工资水平得出。根据国际经验，对于仅依靠基本养老保险的退休人员而言，其基本养老保险替代率应高于60%，才能保证其退休后生活水平不会显著滑坡。因此，单纯依靠基本养老保险，或难以覆盖和支持老年人的日常消费支出。按照联合国《世界人口老龄化报告（2019）》（*World Population Ageing 2019*）③的数据，我国境内老年人的消费支出中仅有43%依靠的是公共转移支付（即基本养老金），消费支出中还有25%需要依靠老年人的劳动收入来进行支撑。随着老年人年龄的增大，其劳动收入的稳定性和持续性也将逐步降低，若无法依靠转移支付和财产性收入增加老年人的整体收入水平，老年人的消费能力也将受到极大的限制。

---

① 具体参见《中华人民共和国第四条款磋商工作人员报告》（2017年8月15日），https://www.imf.org/en/Publications/CR/Issues/2017/08/15/People-s-Republic-of-China-2017-Article-IV-Consultation-Press-Release-Staff-Report-and-45170。

② 具体参见《养老金融蓝皮书：中国养老金融发展报告（2018）》，社会科学文献社，2018年10月第1版。

③ 具体参见《World Population Ageing 2019》（2020莫按摩），https://www.un.org/development/desa/pd/sites/www.un.development.desa.pd/files/files/documents/2020/Jan/un_2019_worldpopulationageing_report.pdf。

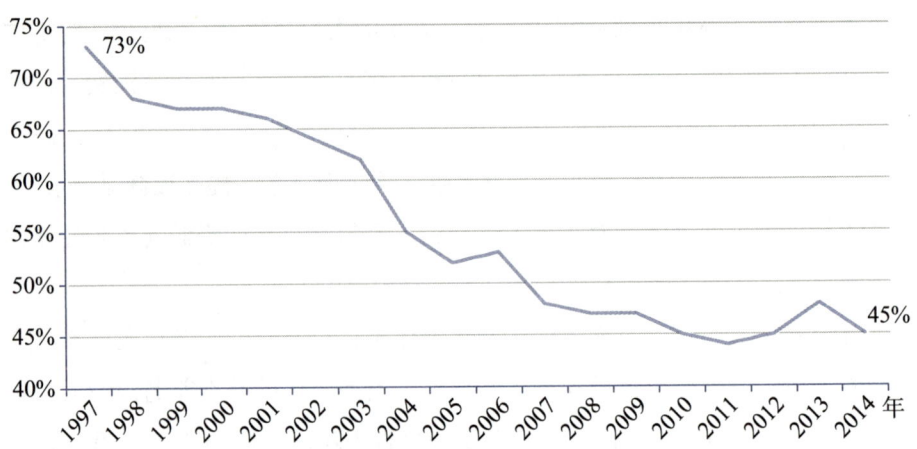

图2-83　我国境内基本养老保险替代率

资料来源:《中国养老金融发展报告（2018）》，兴业研究。

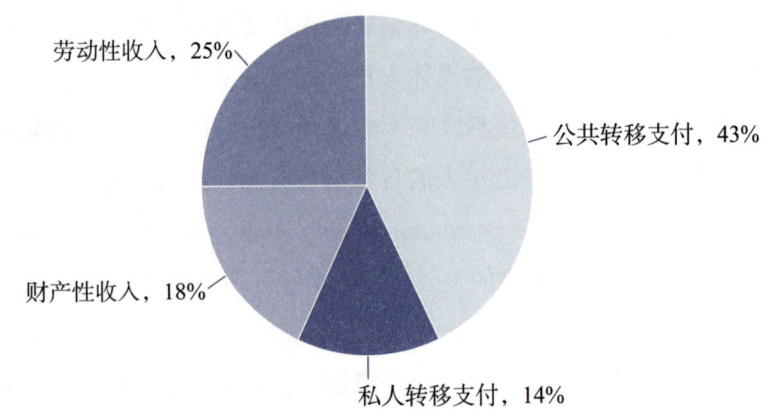

图2-84　我国境内老年人消费支出的收入来源

资料来源：UN，兴业研究。

未来，随着我国老龄化率的提高，基本养老保险替代率还可能将进一步下滑。因此，通过加强多层次养老金体系建设，推动第二、三支柱养老金财富积累，将可以有效对冲基本养老保险替代率下降的窘境，完成提高社会保障水平的目标。

完善多层次养老金体系建设，在提升社会保障水平、提高各年龄段消费能力的同时，还可以进一步促进我国各类结构性改革的推进。在2017年IMF

公布的我国《金融体系稳定评估》(FSAP评估)中，IMF指出："建立更加全面的社会保障体系有助于允许不盈利的企业倒闭，促进经济结构转型升级，引导金融部门向盈利能力较好的企业放贷。上述改革包括更加灵活的养老金体系以及户口制度改革……"IMF认为，当养老金体系等社会保障制度不甚完善时，若贸然打破各种"刚性兑付"，强制出清各类"僵尸企业"，将可能导致部分人群的正常生活难以保障，从而对社会稳定等产生不确定性。因此，完善多层次养老金体系、提升社会保障水平，将有助于更平稳、有序的推动包括需求侧改革在内的我国各类结构性改革。

综上所述，参照国际经验，加强我国养老财富积累，丰富我国多层次养老金体系，特别是通过政策引导、鼓励居民自主积累养老财富已经成了刻不容缓的议题。

二、对标国际成熟经验，建设养老"三支柱"体系

1. 养老"三支柱"体系详解

国务院2017年3月6日发布的《"十三五"国家老龄事业发展和养老体系建设规划》①（国发〔2017〕13号）中明确提出："完善养老保险制度。制定实施完善和改革基本养老保险制度总体方案。完善社会统筹与个人账户相结合的基本养老保险制度，构建包括职业年金、企业年金，以及个人储蓄性养老保险和商业保险的多层次养老保险体系。"2018年2月6日，人社部、财政部共同组织召开会议，②启动建立养老保险第三支柱工作，明确将"按照国务院关于逐步建立起多层次（三支柱）养老保险制度，…递次推动三支柱养老保险制度体系建设"。同时，根据新闻稿中口径，可认为我国目前养老体系建设目标是：第一支柱基本养老保险，第二支柱企业（职业）年金，第三支柱个

---

① 具体参见《国务院关于印发"十三五"国家老龄事业发展和养老体系建设规划的通知》（2017年3月6日），http://www.gov.cn/zhengce/content/2017-03/06/content_5173930.htm。
② 具体参见《人社部、财政部启动建立养老保险第三支柱工作》（2018年2月9日），http://www.mohrss.gov.cn/SYrlzyhshbzb/dongtaixinwen/buneiyaowen/201802/t20180209_288265.html。

人储蓄型养老保险和商业养老保险。

世界银行1994年曾发布报告《避免老龄化危机：保护老年人及促进增长的相关政策》，①比对了多个经济体养老体系的成败经验后，该报告建议各国构建"三支柱"养老体系来应对老龄化危机：第一支柱为强制性的，且有财政补助，旨在消除贫穷；第二支柱为强制性的，企业和个人通过个人账户或职业年金账户积累；第三支柱为补充性质的，个人由于希望得到更多保护而自愿缴纳。事实上，部分经济体的第二支柱养老计划并不一定具有强制性，第一支柱和第二支柱的主要差异在于是否由国家统一管理、个人或企业对于账户的投资是否具有自主性等，第二支柱和第三支柱的主要差异在于企业是否需要缴费、个人对于账户投资的自主性差异等。虽然2005年世界银行曾在《21世纪老年人收入保障——养老金制度改革国际比较》②中建议世界各国以"五支柱"体系代替"三支柱"开展养老金体系建设，但是"五支柱"体系事实上只是在"三支柱"体系的基础上增加了覆盖贫困人口的"第零支柱"和代际间赡养的"第四支柱"，其核心仍然是"三支柱"体系。而且，国际上大部分发达国家是以"三支柱"体系开展养老体系的建设，同时考虑到我国亦是以"三支柱"方式开展养老体系建设，因此本部分将主要考察国内外"三支柱"体系下的养老资金如何参与资管业务。

表2-16 "三支柱"与"五支柱"养老体系

体系分类	支柱类别	特征
三支柱体系	第一支柱	公共养老金计划，企业和个人共同缴费，具有强制性，由政府投资分配
	第二支柱	企业年金或职业年金，企业和个人共同缴费的养老金计划，部分具有强制性，由企业和个人共同决定投资方式
	第三支柱	个人补充养老金计划，个人自愿缴纳，个人决定投资方式

---

① 具体参见《Averting the Old Age Crisis》（1994年）http://documents.worldbank.org/curated/en/973571468174557899/pdf/multi-page.pdf。

② 具体参见《Old-Age Income Support in the 21st Century: An International Perspective on Pension Systems and Reform》（2005年），http://documents.worldbank.org/curated/en/466041468141262651/pdf/32672.pdf。

续表

体系分类	支柱类别	特 征
五支柱体系	第零支柱	基本或救助性的养老金，覆盖面最广，具有救助贫困人口基本养老生活的性质，普享型或补救型
	第一支柱	公共养老金计划，企业和个人共同缴费，具有强制性，由政府投资分配
	第二支柱	企业年金或职业年金，企业和个人共同缴费的养老金计划，部分具有强制性，由企业和个人共同决定投资方式
	第三支柱	个人补充养老金计划，个人自愿缴纳，个人决定投资方式
	第四支柱	家庭成员间或代际间对老年人经济或非经济方面补助

资料来源：世界银行，兴业研究。

在养老体系制度结构设计上，我国第一支柱设计与国外相类似；第二支柱虽然总体性质与国外相类似，但是具体形式上选择较少，灵活性有待提高；第三支柱暂时还主要偏重保险计划的参与，缺少灵活的养老金直接投资资管产品或金融资产的渠道。在第一支柱方面，各国一般设计为政府管理、强制缴纳的基本养老保险或基金，我国采用的是基本养老保险制度，与国际惯例相似；在第二支柱方面，各国一般设置为企业和员工共同缴款而积累的企业年金或职业年金，美国等部分发达经济体的第二支柱设置较为灵活，有多种形式可以选择，如401（K）、403（K）等，而我国目前企业年金账户和职业年金账户仅能通过公司统一委托资产管理公司进行投资；在第三支柱方面，较多经济体采用的是给予税收优惠政策的个人投资或储蓄账户，账户内资金可较为自由地选择金融产品或资产进行投资，而我国目前主要局限在保险保单投资范畴内，虽然个人承担的投资风险较小，但是账户拥有者投资选择自由度较差。

表2-17 部分经济体养老体系三支柱具体内涵

国家/地区	第一支柱	第二支柱	第三支柱
中国	基本养老保险	企业年金	税延型商业养老保险等
美国	联邦社保基金	401（K）等计划	IRA账户

续表

国家/地区	第一支柱	第二支柱	第三支柱
英国	国民养老金 国民第二养老金	职业养老金	个人养老金
德国	法定养老保险等	企业补充养老保险	李斯特养老金等

资料来源：《中国养老金融发展报告（2016）》，兴业研究。

从养老资金的总体规模上看，与大多数发达经济体或老龄化程度较高的经济体相比，我国养老体系具有两个特点：一是资金量整体规模较小；二是第二支柱与第三支柱构建薄弱，积累资金少。从国际经验上来看，养老金第二支柱与第三支柱进行资产管理和投资活动的积极性和灵活性更强，我国第二支柱与第三支柱制度缺陷与积累资金少的现状也造成了目前养老资金参与资管业务规模较小的现状。国际上一般以各支柱资产与GDP的比值来衡量养老金的规模大小，相比于其他经济体，我国养老体系各支柱资产与GDP的比值规模较小，截至2018年底，第一支柱资金与GDP比值为6.33%，第二支柱与GDP比值为2.05%，远远低于美国等其他发达经济体水平。若我国养老金第二支柱与第三支柱资金与GDP比值达到美国的水平，则仅这两部分就应有超过120万亿元资金沉淀（目前仅有1.88万亿元）。

虽然达到美国水平恐尚有难度，但是根据OECD数据，对比其他发达经济体，我们发现绝大多数发达经济体私人部门自主养老金（包括大部分第二支柱与第三支柱）与GDP比值也远高于我国的2.05%，荷兰的自主养老金与GDP比值甚至达到了180.3%；即使是德国和波兰等较多依靠第一支柱的经济体，自主养老金与GDP的比值也超过了5%。在我国老龄化日渐加剧的情况下，养老体系压力日渐增大，民众对于老年后生活质量的需求日渐上升，依靠第一支柱（基本养老保险）承担绝大部分负担的模式势必将发生改变，第二支柱（企业年金）和第三支柱（个人养老金）的规模必将发生较大的增长。

表2-18 中美养老金体系资金与其GDP比值（2018年末）

国家/地区	名称	第一支柱	第二支柱	第三支柱
中国（人民币）	规模	5.82万亿	1.88万亿	7160万元
	占GDP比例	6.33%	2.05%	0.0001%
美国（美元）	规模	2.91万亿	17.31万亿	9.2万亿
	占GDP比例	15%	89.23%	47.43%

注：中国第三支柱暂时仅考虑个人税收递延型养老保险，暂不考虑其他具有养老性质的保险、证券投资基金等。

资料来源：人社部，ICI，SSA，兴业研究。

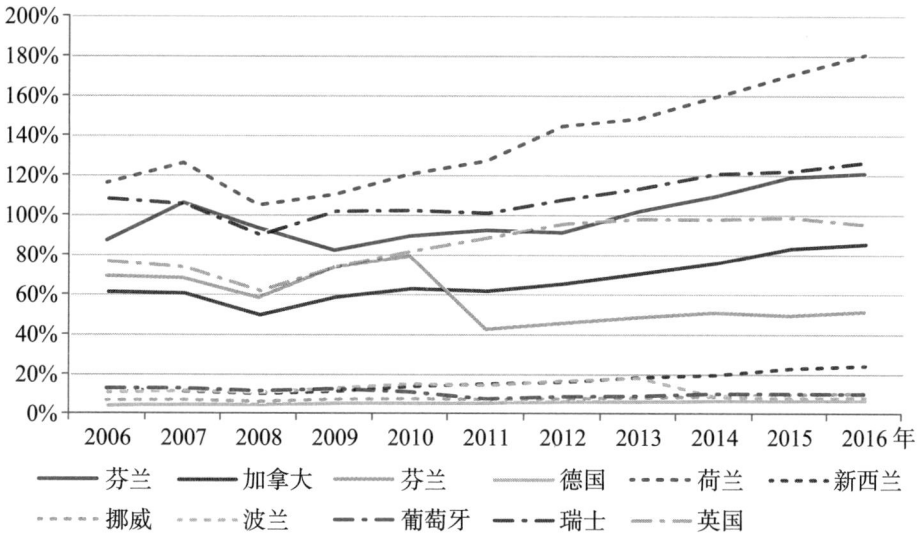

图2-85 各经济体私人部门自主养老金资产与该国GDP之比

注：根据OECD定义，自主养老金（Autonomous Pension Fund）一般指的并非由政府经营、管理和给付的雇主或个人自行设立的养老金计划，一般认为包含了大部分第二支柱和第三支柱养老金。

资料来源：OECD、兴业研究。

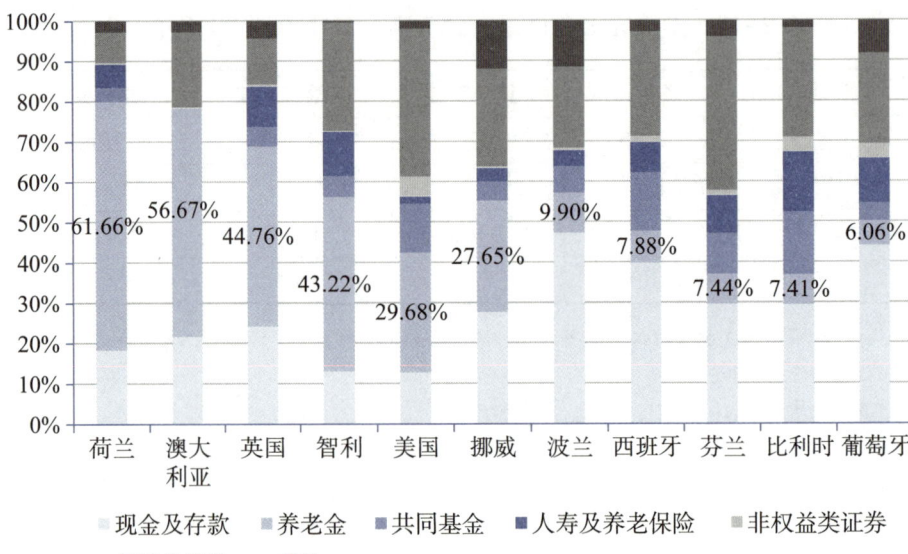

图2-86 部分经济体养老金在居民金融资产中占比

注：图中"养老金账户"指的是第二支柱的企业年金和第三支柱的养老资金，对于养老金账户投资共同基金及其他金融资产的情况，仅记为持有养老金账户。

资料来源：OECD，兴业研究。

2.完善养老金第三支柱"中国方案"

从国际经验来看，第一支柱虽然覆盖面广，但是人均给付水平低，为了保证老年人安愉的退休生活，需要政府引导居民积累丰富的第二支柱、第三支柱资金。以美国为例，截至2018年末，其养老金第一、二、三支柱与GDP的比例分别为15%、89%、47%。截至2018年末，我国养老金第一、二、三支柱与GDP的比例分别为6%、2%、0%（比例很低，保留整数后为0%）。对于我国来说，随着老龄化的加快，第一支柱的替代率已在逐年下降。根据目前能够得到的最新数据，到2014年我国基本养老保险替代率已经只有45%。而根据国际经验，一般替代率需要达到60%—70%才不至于令退休后的生活质量出现明显下降。由此暗示，我国当前必须加快第二支柱和第三支柱养老金体系的建设。但对于第二支柱，需要企业缴费，从当前保企业、稳就业、降低企业负担的角度出发，目前也难以大规模拓展。因此，当前最具有可行性的是加快养老金的第三支柱体系建设。

2018年2月，人社部、财政部、人民银行等八部委成立工作领导小组，启动了建立养老保险第三支柱工作。[①]2018年5月，相关部门正式开始个人税收递延型商业养老保险试点，使得个人税收递延型商业养老保险成为我国养老金第三支柱的首个可投资产品。目前，我国养老金第三支柱的建设方兴未艾，亟待吸取境外发达经济体养老金第三支柱建设的历史经验，并有机地结合我国特色，形成养老金第三支柱的"中国方案"。

第一，丰富可投资产品品种，促进养老金成为资本市场的"压舱石"。当前，我国养老金第三支柱仍在试点期间，参与试点的居民仅能选择税收递延型商业养老保险进行投资。在这种状况下，一方面，投资品种的单一，限制了居民主动参与养老金第三支柱的热情，进而造成了养老金第三支柱试点超过两年但沉淀资金依旧有限的情况；另一方面，通过购买税收递延型商业养老保险，居民仅能够经由保险公司和保险资管等机构间接投资于资本市场，使得居民难以直接体认资本市场收益增值的获得感。参照国际经验，美国、德国等发达经济体的养老金第三支柱，不仅允许居民可以投资于公募基金、对冲基金、信托等资管产品，甚至还允许居民可以直接投资于单只个股，给予了居民通过养老金第三支柱直接支持资本市场的渠道。

值得注意的是，历史上的各国经验显示，健康的资本市场离不开穿越周期的长期投资者，以平抑资本市场的短期非理性波动。而通过合理引导养老金第三支柱支持资本市场，不仅可以缓解机构投资者操作短线化的问题，还能在多个方面进一步促进资本市场的健康发展。

一方面，平稳市场非正常波动，成为资本市场的"稳定器"。养老金具有投资期限长、能够穿越周期的特点，无论是在资本市场非正常波动时，还是在资本市场周期性下行时，养老金等长期限投资者往往能够通过价值投资的方式"逆市操作"，从而成为熨平资本市场异常波动的"稳定器"，起到促进金

---

① 具体参见《人社部、财政部启动建立养老保险第三支柱工作》（2018年2月9日），http://www.mohrss.gov.cn/SYrlzyhshbzb/dongtaixinwen/buneiyaowen/201802/t20180209_288265.html。

融稳定的作用。从美国的经验来看，随着20世纪70年代前后美国养老金第二、三支柱的完善，美国资本市场中个人投资者的占比由1960年的86%下降到了1985年的44%，相应地，美国资本市场异常波动的幅度和次数均有所下降。

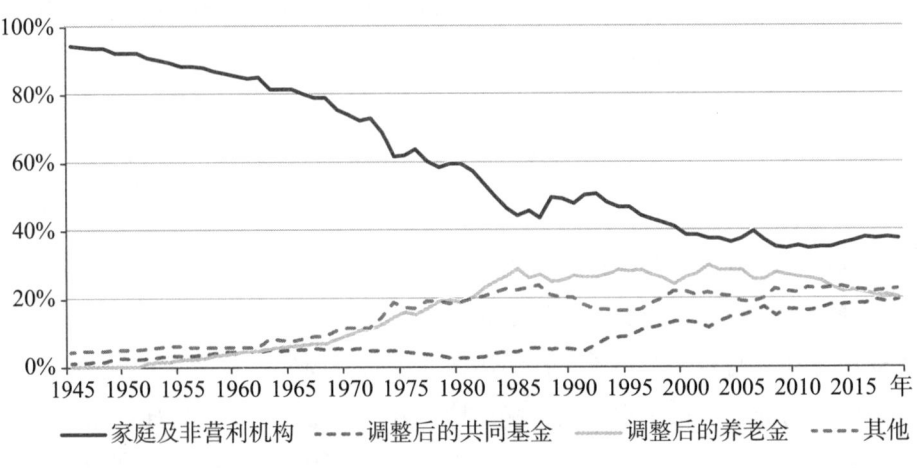

图2-87　美国股市投资者结构变化

注：图中"调整后的养老金"指的是将养老金通过共同基金间接投资股市的份额加回后，股市资金中来自养老金的资金总和；"调整后的共同基金"指的是剔除了养老金通过共同基金间接投资股市份额的共同基金投资股市比例。

资料来源：美联储、兴业研究。

另一方面，鼓励机构投资者参与上市公司的公司治理，促进上市公司行稳致远。根据世界银行、经合组织等国际机构的多项研究，养老金作为机构投资者，通过认购证券、取得股权或债权的方式，可以参与这些证券发行人的公司治理。相较于个人投资者，机构投资者专业性较高，往往配备了专业的法务团队，出于履行信义义务的要求，会积极参与证券发行人的公司治理活动，以外部监督的形式提升公司的治理结构、管理水平和经营方针。而由于养老金投资周期长的特性，管理养老金的机构投资者更有动力通过积极参与公司治理，助力上市公司行稳致远。

参考境外经验，未来我国养老金第三支柱也应丰富可投资产品种类，稳妥有序地将理财、基金等各类资管产品纳入投资范围，促进养老金成为资本市场的"稳定器"。

第二，加强税收优惠政策支持，激励居民主动参与第三支柱积累。为了使养老金第三支柱的税收优惠政策既能够激励居民主动参与，又能避免其成为避税渠道，发达经济体多会对养老金第三支柱税收优惠政策设定年度额度上限。这一额度上限的确定一般会综合考虑基本养老保险替代率、物价水平变化、居民生活水平情况等一系列因素，定期进行合理调整。例如，美国养老金第三支柱IRA账户的税优额度上限为5500美元/年（并明确规定这一金额会根据CPI进行调整），约为当年美国居民收入中位数的11%左右。然而，目前我国养老金第三支柱的税优额度上限仅为12000元/年，仅为当前人均收入中位数的4.9%左右，该比率还不到美国的一半。又如，德国对于参与养老金第三支柱李斯特计划的居民，还进一步给予了与缴纳额等额的政府补贴，由此激励未达到个税缴纳标准的居民主动参与到养老金第三支柱当中来。税优额度上限过低、财政补贴激励空缺，不仅限制了居民参与第三支柱养老财富所能够积累的水平，同时也导致第三支柱支持资本市场的力度有所不足。截至2018年底，我国养老金第三支柱积累的资金仅为当年GDP的0.0001%，而美国同期第三支柱积累的资金总额达到了当年GDP的47.43%。因此，未来我国养老金第三支柱也应该合理提高税优额度上限、给予未缴税居民相应补贴，通过进一步的政策支持激励居民主动参与第三支柱，为养老金支持资本市场提供充足的"水源"。

第三，拓宽政策惠及覆盖面，普惠性全面推进养老金第三支柱建设。美国在1974年开始设立养老金第三支柱个人退休账户（Inpidual Retirement Accounts，简称IRA）账户。IRA账户设立之初，其惠及面较小，仅包含了此前未有养老金覆盖的人群。因此，在美国第三支柱IRA创设最开始的6年时间内，每年仅能累积30亿–50亿美元的资产。1980年末，IRA账户的总累计资产额仅为250亿美元，未能成规模地对资本市场形成支持。1981年，美国将可以设立IRA账户、享受税优政策的人群拓展到了所有在职人员及其配偶。这一政策改变使得美国养老金第三支柱账户累计资金开始成倍增长，1982年当年IRA账户的累计资产额就增加了300亿美元，不仅提高了对资本市场的支持力度，而且促进金融机构形成养老金第三支柱的相应业务生态。当前，我国养老金第三支柱试点还仅限于上海、福建及苏州工业园等小部分地区，覆盖面的局限性不仅限制了资金积累额，也使得金融机构难以形成规模化的生态。未来，建议参照国际成熟经验，尽快在全国范围内推进养老金第三支柱建设，既普惠性地帮助全体国民积累养老财富，也能够加快资产积累，更为有力地支持资本市场。

第四，完善账户制结构设计，赋予居民自主投资选择权。根据世界银行1994年发布的报告《避免老龄化危机：保护老年人及促进增长的相关政策》，养老金第三支柱最重要的特点在于居民自主缴费、居民具有投资选择的自主权，且政府一般会给予相应的税收激励政策。为帮助居民自主开展投资，并精准施加税收激励政策，无论是美国养老金第三支柱IRA账户，还是德国养老金第三支柱李斯特计划都引入了账户制的设计。居民通过拥有账户，可以积极地参与资本市场，其明确的财产增值也加强了居民的获得感。目前，我国在养老金第三支柱的试点过程中，已创设了"个人商业养老资金账户"的银行账户制度，可以参考境外经验，允许通过该账户赋予居民自主的投资选择权。为了给予居民更好的投资体验，美国等发达经济体还在账户内设置了合格默认投资选择（QDIA）机制。当投资者未对账户内资金做出主动投资选择时，QDIA机制将个人账户内资金默认自动配置于特定资管产品，以解决投资静态化和投资极端化的问题。未来我国应继续完善发展这一账户制度，将其建成养老金第三支柱支持资本市场的重要枢纽。

表2-19　养老金第三支柱的中美对比

	中　国	美　国
名称	个人商业养老资金账户	IRA账户
覆盖人群	上海、福建、苏州工业园区居民	所有缴纳个人所得税收入的人群
可投资品种	目前仅可投资税收递延型个人养老保险产品（各类养老理财、基金等尚待纳入范围）	可投资绝大部分资产。可投资品种采用黑名单制度，IRA账户中资金仅不能投资于人寿保险（Life Insurance）和收藏品（Collectibles），具体包括艺术品、古玩、贵金属（除部分金条）、邮票、酒类饮料等

续表

	中　国	美　国
税收优惠支持政策	缴费资金税前扣除，领取时符合条件的5%免税，其余75%按照10%比例税率计算缴纳个人所得税	缴费资金税前扣除，领取时纳入个人当期收入总和计算个人所得税税额，早于59.5岁支取需额外缴纳10%税收惩罚（部分情况除外）
个人所得税税优限额	所有覆盖人群均为12000元/年	50岁以下人群：6000美元/年 50岁及以上人群：7000美元/年
启动时间	2018年	1974年

资料来源：财政部，IRS，兴业研究整理。

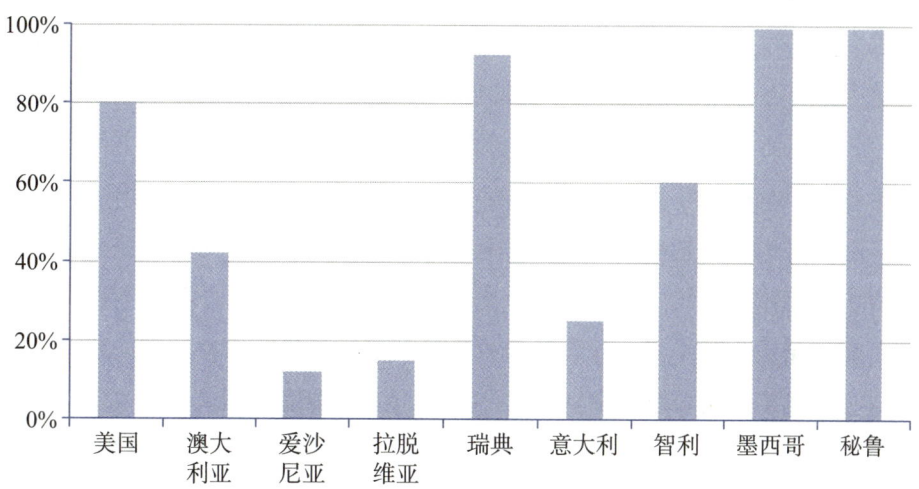

图2-88　各国加入QDIA机制的养老金参与成员比例

资料来源：OECD，兴业研究。

除此之外，养老金是居民重要的养老保障财富积累，也是金融稳定的重要基石。参考国际经验，在完善养老金第三支柱建设的同时，还需要进一步完善资本市场基础制度，搭建良好、完备的资本市场投资者保护制度，降低养老金入市的潜在风险，达到居民养老有保障、资本市场有活水的"双赢"。

三、养老金投资：现状与国际经验

1. 我国目前各类养老金参与资管业务情况

目前我国养老体系资金主要包括三个部分，即委托社保基金理事会进行管理的基本养老保险基金、由各家企业设立企业年金基金以及税收递延型个人养老保险等个人补充养老金。这三类资金参与资管业务的方式各有不同。

（1）基本养老保险基金

在国务院2015年发布《基本养老保险基金投资管理办法》（国发〔2015〕48号，以下简称《办法》）①之前，各省基本养老保险基金中绝大多数只能投资于银行定期存款和国债。《办法》发布之后，我国基本养老金的投资方式和渠道都发生了较大的改变。首先，基本养老保险基金将由此前的各省独立管理改为绝大部分由社保基金理事会受托管理；其次，基本养老保险基金的投资范围由存款和国债扩大至债券及股票市场的范畴。但总体上看，基本养老保险基金作为政府管理的养老金"最后一道防线"，偏重投资风险较低的金融资产。

金融机构参与基本养老保险基金投资的方式主要包括两类：一是成为基本养老保险基金的投资管理机构、托管人，二是所运营的公募证券投资基金等资管产品成为基本养老保险基金投资管理机构的投资对象。根据社保基金理事会2016年底发布的公告，②目前共有21家机构获得了投资管理人资格，其中包括了14家基金公司、3家养老保险公司、2家保险资管、1家证券公司和1家券商资管；共有4家商业银行获得了基本养老保险基金的托管资格。相信在未来，随着基本养老保险基金统一投资规模的扩大，不仅会有越来越多的商业银行获得基本养老保险基金的托管资格，也将会有银行资管子公司成为基本养老基金的投资管理人。

在投资各类资产的比例限制方面，《办法》要求如下：一是"投资银行活

---

① 具体参见《国务院关于印发基本养老保险基金投资管理办法的通知》（2015年8月23日），http://www.gov.cn/zhengce/content/2015-08/23/content_10115.htm。
② 具体参见《基本养老保险基金证券投资管理机构评审结果公告》（2016年12月6日），http://www.ssf.gov.cn/yljjtzgl/201612/t20161206_7195.html。

期存款，一年期以内（含一年）的定期存款，中央银行票据，剩余期限在一年期以内（含一年）的国债，债券回购，货币型养老金产品，货币市场基金"（应该）"合计不得低于养老基金资产净值的5%"；二是"投资一年期以上的银行定期存款、协议存款、同业存单，剩余期限在一年期以上的国债，政策性、开发性银行债券，金融债，企业（公司）债，地方政府债券，可转换债（含分离交易可转换债），短期融资券，中期票据，资产支持证券，固定收益型养老金产品，混合型养老金产品，债券基金"（应该）"合计不得高于养老基金资产净值的135%"，其中"债券正回购的资金余额在每个交易日均不得高于养老基金资产净值的40%"；三是"投资股票、股票基金、混合基金、股票型养老金产品"（应该）"合计不得高于养老基金资产净值的30%"。

目前由社保基金理事会归集各省基本养老保险基金、统一委托各资管公司投资管理的模式刚刚启动。由于各省的基本养老保险基金归集尚需时间，且社保基金理事会及各资管公司也正在探索有效投资的方式，因此目前基本养老保险基金投资各类金融资产和资管产品的数据较为缺乏。根据人社部公布的数据，截至2019年底我国基本养老保险基金总额为5.09万亿元。相信在未来，该部分资金由社保基金理事会归集之后，不仅将成为债权市场和股权市场的一股重要力量，金融机构也可以作为该部分资金托管人、投资管理人，或向这部分资金销售自身建立的资产管理计划，分享基本养老保险基金入市的红利。

（2）企业年金基金

虽然人社部及相关金融监督管理部门推出养老金产品旨在提高企业年金基金投资效率，以期获得更好的收益与风险平衡。但是由于历史各项原因，目前尚有约40%的企业年金基金并未通过投资养老金产品进行集约化的资产配置，这部分资金主要通过企业年金基金投资管理人的各类投资组合投资基础资产和各类资管产品。

根据2020年12月《关于调整年金基金投资范围的通知》（人社部发〔2020〕95号）[①]规定企业年金基金以投资组合为单位，应该符合一定的投资比例要求：

---

① 具体参见《关于调整年金基金投资范围的通知》（2020年12月30日），http://www.mohrss.gov.cn/SYrlzyhshbzb/shehuibaozhang/zcwj/202012/t20201230_406915.html。

一是"投资一年期以内（含一年）的银行存款、中央银行票据，同业存单，剩余期限在一年期以内（含一年）的国债，剩余期限在一年期以内（含一年）的政策性、开发性银行债券，债券回购，货币市场基金，货币型养老金产品等流动性资产的比例，合计不得低于投资组合委托投资资产净值的5%。清算备付金、证券清算款以及一级市场证券申购资金视为流动性资产"。二是"投资一年期以上的银行存款，标准化债权类资产，信托产品，债权投资计划，债券基金，固定收益型养老金产品，混合型养老金产品等固定收益类资产的比例，合计不得高于投资组合委托投资资产净值的135%。债券正回购的资金余额在每个交易日均不得高于投资组合委托投资资产净值的40%"。三是"投资股票、股票基金、混合基金、股票型养老金产品（含股票专项型养老金产品）等权益类资产的比例，合计不得高于投资组合委托投资资产净值的40%"。四是"投资信托产品、债权投资计划，以及信托产品型、债权投资计划型养老金产品的比例，合计不得高于投资组合委托投资资产净值的30%。其中，投资信托产品以及信托产品型养老金产品的比例，合计不得高于投资组合委托投资资产净值的10%"。

相较于2013年人社部发布的《关于扩大企业年金基金投资范围的通知》（人社部发〔2013〕23号），①2020年12月之后，企业年金基金将不再可以投资商业银行理财产品，由此也限制了商业银行参与企业年金基金管理或投资业务的可能。不过，目前商业银行参与企业年金基金的管理或投资仍有几种方式：一是取得相关资质成为企业年金基金受托人、账户管理人、托管人或投资管理人；二是向企业年金基金投资管理人销售银行或下属子公司创设的各类资管产品。但是，以上两种方式均要求商业银行取得"企业年金基金管理机构资格"。虽然目前获取该资格的银行数量较少，但是未来随着企业年金基金规模的扩大，相信人社部会批准更多的商业银行或其子公司加入企业年金管理业务中。

---

① 具体参见《关于扩大企业年金基金投资范围的通知》（2013年3月19日），http://www.mohrss.gov.cn/gkml/zcfg/gfxwj/201304/t20130403_97052.html。

表2-20 基本养老基金与企业年金基金各类资产可投资品种

资产类别	基本养老基金	企业年金基金
流动性资产	银行活期存款,一年期以内(含一年)的定期存款,中央银行票据,剩余期限在一年期以内(含一年)的国债,债券回购,货币型养老金产品,货币市场基金	一年期以内(含一年)的银行存款、中央银行票据,同业存单,剩余期限在一年期以内(含一年)的国债,剩余期限在一年期以内(含一年)的政策性、开发性银行债券,债券回购,货币市场基金,货币型养老金产品
债权类资产	一年期以上的银行定期存款、协议存款、同业存单,剩余期限在一年期以上的国债,政策性、开发性银行债券,金融债,企业(公司)债,地方政府债券,可转换债(含分离交易可转换债),短期融资券,中期票据,资产支持证券,固定收益型养老金产品,混合型养老金产品,债券基金	一年期以上的银行存款,标准化债权类资产,信托产品,债权投资计划,债券基金,固定收益型养老金产品,混合型养老金产品
股权类资产	股票、股票基金、混合基金、股票型养老金产品	股票、股票基金、混合基金、股票型养老金产品(含股票专项型养老金产品)

资料来源:人社部,兴业研究。

(3)税延型商业养老保险及其他个人补充养老投资

目前,我国税延型商业养老保险发展刚刚起步,仅在上海、江苏、福建、厦门等地试点。虽然规模较小,但相关文件已明确其为养老保险第三支柱试点,且给予所缴费用在一定标准内税前扣除、账户资金暂不征收个人所得税仅在领取养老金时征税等优惠措施,因此未来有较大发展空间。2018年上半年,财政部、税务总局、人社部、银保监会、证监会联合发布《个人税收递延型商业养老保险试点的通知》(财税〔2018〕22号),[①]银保

[①] 具体参见《关于开展个人税收递延型商业养老保险试点的通知》(2018年4月2日),http://www.gov.cn/zhengce/zhengceku/2018-12/31/content_5439299.htm。

监会发布《个人税收递延型养老保险产品开发指引》[①]（银保监发〔2018〕20号）、《个人税收递延型商业养老保险业务管理暂行办法》[②]（银保监发〔2018〕23号）。近期，多家保险公司税延型商业养老保险业务开始起步。

在税延型商业养老保险资金的运用与投资上，《个人税收递延型商业养老保险业务管理暂行办法》要求"税延养老保险资金可委托符合条件的投资管理人进行投资管理"，"税延养老保险业务的资金运用，在资金运用范围、比例限制、投资能力、投资管理等方面应当符合保险资金运用的监管规定，中国银行保险监督管理委员会另有规定的除外"。这意味着，税延养老保险资金可以委托商业银行资管子公司或资管部、证券公司、基金公司等资产管理公司进行主动管理，只需要满足保险资金运用相关规定。

从保险资金委托投资的监管规定看，2012年原保监会发布的《保险资金委托投资管理暂行办法》[③]（保监发〔2012〕60号）规定：保险机构将保险资金委托保险资管、证券公司、证券资管、基金公司等各类投资管理机构，《办法》还对其开展各类投资业务进行了规范。对各类投资管理机构准入保险资金委托投资业务主要包括注册资本、营业年限、管理资产余额等，对于非保险资管公司的投资管理人，一般要求应取得相关资产管理业务资格三年以上、最近一年管理相关类别资产余额不低于100亿元。虽然文件并未明确银行资管子公司或资管部可以从事该项业务，但若按照《关于规范金融机构资产管理业务的指导意见》（以下简称《资管新规》）中各类资管产品"平等对待"要求，银行资管子公司或资管部也应可以从事保险资金委托投资的业务。

[①] 具体参见《个人税收递延型商业养老保险产品开发指引》（2018年4月25日），http：//www.chinatax.gov.cn/n810341/n810755/c3434082/content.html。

[②] 具体参见《个人税收递延型商业养老保险资金运用管理暂行办法》（2018年7月6日），http：//www.cbirc.gov.cn/cn/view/pages/ItemDetail.html?docId=184656&itemId=928&generaltype=0。

[③] 具体参见《保险资金委托投资管理暂行办法》（2012年7月24日），http://www.gov.cn/gzdt/2012-07/24/content_2190507.htm。

表2-21　各类机构从事保险资金委托投资的资质要求

机构类别	总体要求	机构特定要求
保险资管	（一）公司治理完善，市场信誉良好，具有国家有关部门认可的资产管理业务资质； （二）具有健全的操作流程、内控机制、风险管理及稽核制度，建立公平交易和风险隔离机制； （三）具有丰富的产品线，稳定的过往投资业绩； （四）设置产品开发、投资研究、投资管理、风险控制、绩效评估、咨询服务等专业岗位； （五）具有稳定的投资管理团队，拥有不少于15名具有相关资质和投资经验的专业人员，其中具有5年以上投资经验的不少于5名，具有3年以上投资经验的不少于5名； （六）最近三年未发现重大违法违规行为	（一）注册资本不低于1亿元； （二）管理资产余额不低于100亿元； （三）具有一年以上受托投资经验。保险资产管理公司受托管理关联方机构的资金，不受前款第（二）、（三）项的限制
证券公司或证券资管		（一）取得客户资产管理业务资格三年以上； （二）最近一年客户资产管理业务管理资产余额（含全国社保基金和企业年金基金）不低于100亿元，或者集合资产管理业务受托资金余额不低于50亿元； （三）接受中国保监会涉及保险资金委托投资的质询，并报告有关情况
基金公司		（一）取得特定客户资产管理业务资格三年以上； （二）最近一年管理非货币类证券投资基金余额不低于100亿元； （三）接受中国保监会涉及保险资金委托投资的质询，并报告有关情况

资料来源：原保监会，兴业研究。

从保险资金运用的监管规定看，应符合2018年1月发布的《保险资金运用管理办法》（保监会令〔2018〕1号）[①]和2014年发布的《关于加强和改进保险资金运用比例监管的通知》（保监发〔2014〕13号）。[②]《关于加强和改进保险资金运用比例监管的通知》将保险投资资产分为流动性资产、固定收

[①] 具体参见《保险资金运用管理办法》（2018年1月24日），http://www.gov.cn/gongbao/content/2018/content_5288834.htm。
[②] 具体参见《关于加强和改进保险资金运用比例监管的通知》（2014年2月19日），http://www.cbirc.gov.cn/cn/view/pages/ItemDetail.html?docId=359508&itemId=928&generaltype=0。

益类资产、权益类资产、不动产类资产、其他金融资产共五类。各类资产监管比例要求包括权益类资产账面余额不高于上季末总资产的30%，不动产类资产不高于上季末总资产的50%，其他金融资产账面余额不高于上季末总资产的15%，境外投资余额不高于上季末总资产的15%。同时还应满足对单个资产或单一主体投资余额的集中度要求。此外，《保险资金运用管理办法》还要求保险公司应选择商业银行等专业机构实施保险资金运用的第三方托管和监督。

表2-22 保险资金投资大类资产的比例限制

资产类别	包含资产品种	投资比例要求
流动性资产	境内品种主要包括现金、货币市场基金、银行活期存款、银行通知存款、货币市场类保险资产管理产品和剩余期限不超过1年的政府债券、准政府债券、逆回购协议，境外品种主要包括银行活期存款、货币市场基金、隔夜拆出和剩余期限不超过1年的商业票据、银行票据、大额可转让存单、逆回购协议、短期政府债券、政府支持性债券、国际金融组织债券、公司债券、可转换债券，以及其他经中国保监会认定属于此类的工具或产品	投资流动性资产与剩余期限在1年以上的政府债券、准政府债券的账面余额合计占本公司上季末总资产的比例低于5%，财产保险公司投资上述资产的账面余额合计占本公司上季末总资产的比例低于7%的情况列入重点监测
固定收益类资产	境内品种主要包括银行定期存款、银行协议存款、债券型基金、固定收益类保险资产管理产品、金融企业（公司）债券、非金融企业（公司）债券和剩余期限在1年以上的政府债券、准政府债券，境外品种主要包括银行定期存款、具有银行保本承诺的结构性存款、固定收益类证券投资基金和剩余期限在1年以上的政府债券、政府支持性债券、国际金融组织债券、公司债券、可转换债券，以及其他经中国保监会认定属于此类的工具或产品	—

续表

资产类别	包含资产品种	投资比例要求
权益类资产	境内上市权益类资产品种主要包括股票、股票型基金、混合型基金、权益类保险资产管理产品，境外上市权益类资产品种主要包括普通股、优先股、全球存托凭证、美国存托凭证和权益类证券投资基金，以及其他经中国保监会认定属于此类的工具或产品。 境内、境外未上市权益类资产品种主要包括未上市企业股权、股权投资基金等相关金融产品，以及其他经中国保监会认定属于此类的工具或产品	投资权益类资产的账面余额，合计不高于本公司上季末总资产的30%，且重大股权投资的账面余额，不高于本公司上季末净资产。账面余额不包括保险公司以自有资金投资的保险类企业股权
不动产类资产	境内品种主要包括不动产、基础设施投资计划、不动产投资计划、不动产类保险资产管理产品及其他不动产相关金融产品等，境外品种主要包括商业不动产、办公不动产和房地产信托投资基金（REITs），以及其他经中国保监会认定属于此类的工具或产品	投资不动产类资产的账面余额，合计不高于本公司上季末总资产的30%。账面余额不包括保险公司购置的自用性不动产。 保险公司购置自用性不动产的账面余额，不高于本公司上季末净资产的50%
其他金融资产	境内品种主要包括商业银行理财产品、银行业金融机构信贷资产支持证券、信托公司集合资金信托计划、证券公司专项资产管理计划、保险资产管理公司项目资产支持计划、其他保险资产管理产品，境外品种主要包括不具有银行保本承诺的结构性存款，以及其他经中国保监会认定属于此类的工具或产品	投资其他金融资产的账面余额，合计不高于本公司上季末总资产的25%

资料来源：原保监会、兴业研究。

因此，从商业银行的角度来看，参与税延型养老金资金管理投资主要有几种方式：一是成为该部分保险资金的托管人，二是向该部分保险资金销售理财产品、信托产品和相关资产管理计划，三是积极向金融监督管理部门争取成为这部分保险资金委托投资的投资管理人。

值得注意的是，除了给予明确政策倾斜的税收递延型个人商业养老保险外，金融机构也在积极开展各类储蓄型、投资型的养老金融产品，虽然这些养老金融产品并未获得税收减免等政策优惠，但事实上也是个人补充养老资金的重要来源。在商业银行范畴内，部分银行专门设计了适合老年人群的养老金融服务计划，为老年人储蓄、投资等行为提供了个性化的服务。在基金业范畴内，证监会于2018年2月发布的《养老目标证券投资基金指引（试行）》[①]（证监会公告〔2018〕2号）给基金公司设立养老目标证券投资基金提供了方向（以下简称"养老目标基金"）。总体而言，在投资标的和模式上，养老目标基金大多采用的是FOF模式，分为目标日期策略型和目标风险策略型，目标日期策略型基金将随着目标日期的临近，逐步降低权益类资产（含股票、股票型基金等）的配置比例；目标风险策略型基金将根据特定的风险偏好设置权益类资产、非权益类资产配置比例。在开放频率上，养老目标基金封闭期或投资人最短持有期应当不短于1年，封闭期限越长或投资人最短持有期限越长的，所能投资权益类资产比例越高。正是由于养老资金投资期限较长的特性，养老目标基金的投资者可以接受较长的封闭期。

基金公司长于股权类资产投资，而银行理财子公司或资管部则长于非标准化债权类资产投资。《资管新规》中规定，"非标准化债权类资产的终止日不得晚于封闭式资产管理产品的到期日或者开放式资产管理产品的最近一次开放日"。若银行理财子公司或资管部能参照养老目标证券投资基金，在未来创设出封闭期限较长的养老类理财产品，甚至相关部门能在政策上给予该类产品相应支持，则该产品不仅可以为居民养老提供更丰富的投资渠道，也可为较长期限的非标资产寻找合规、稳定的投资资金。以《资管新规》对各类资管产品平等对待的理念推导，既然公募证券投资基金可以从事养老目标基金，那么银行理财也理应获得相同对待，可以发行类似的产品。当然，为了防控风险、保证投资者利益，此类长封闭期理财产品也可以辅以相关风险管理措施。

---

① 具体参见《养老目标证券投资基金指引（试行）》(2018年2月11日)，http：//www.csrc.gov.cn/pub/zjhpublic/zjh/201803/t20180302_334726.htm。

上一部分对目前我国各类养老资金进行资产管理的方式,以及商业银行参与养老金资管业务的各类途径进行了解析。

2.养老金投资国际经验——未来资管业务新势力

目前来看,国内各类养老资金进行资管产品投资渠道较少,金额有限。事实上,资产管理的目的表面上来看是为了资产的保值与增值,但是其实质是为了个人未来生活的保障以及代际间的财富传承,在个人未来生活保障中最重要的需求就是养老需求。根据世界银行建议,养老金替代率应达到70%左右,即老年人的月收入水平应达到退休前月收入的70%,才能维持退休前生活水平不下降。

伴随着我国老龄化进程的加快、人民生活水平的上升,未来基本养老基金恐将难以负担老年人口保持高品质生活的需求。从国际经验来看,我国养老资金,尤其是第二支柱的企业年金和第三支柱的个人补充养老金积累低于发达经济体水平。未来养老资金规模的快速膨胀,必将引致各类养老投资需求的发展,养老金投资将会成为资管业务的"新蓝海"。

根据前文分析,养老体系内,不同"支柱"资金参与资管业务的方式方法和投资范围也有着较大的差别。本部分则主要选取美国等部分发达经济体"三支柱"养老体系内各支柱资金投资资管产品、参与资管业务的经验进行研究。

(1)第一支柱:公共养老资金参与资管业务

一般而言,各国的公共养老资金由政府管理,用于保证居民最基本的养老保障需求,因此公共养老资金的投资以低风险的资产为主,包括银行存款、国债等,较少委托资管机构投资信用类债权、股权资产以及另类资产。

根据法律规定,美国联邦保险基金必须投资于本金和利息都受到联邦政府信用背书担保的国债,考虑到市场上对所有机构发行的国债可能会由于市场原因产生价格波动,因此联邦保险基金只持有财政部发放的"特殊国债"(Special Issues)。特殊国债根据期限长短分为两类,债务凭证(Certificates of Indebtedness)每日发行,在下一个6月30日到期;而债券(Bonds)则每年6月30日发行。此前,联邦保险基金也曾投资过部分公开市场交易的国债,但2005年之后已完全清盘。由于只能投资于特殊国债的特性,联邦保险基金投资收益率较低,根据2017年末数据显示,其持有资产加权到期年限为7.4年,加权收益率为2.9%。

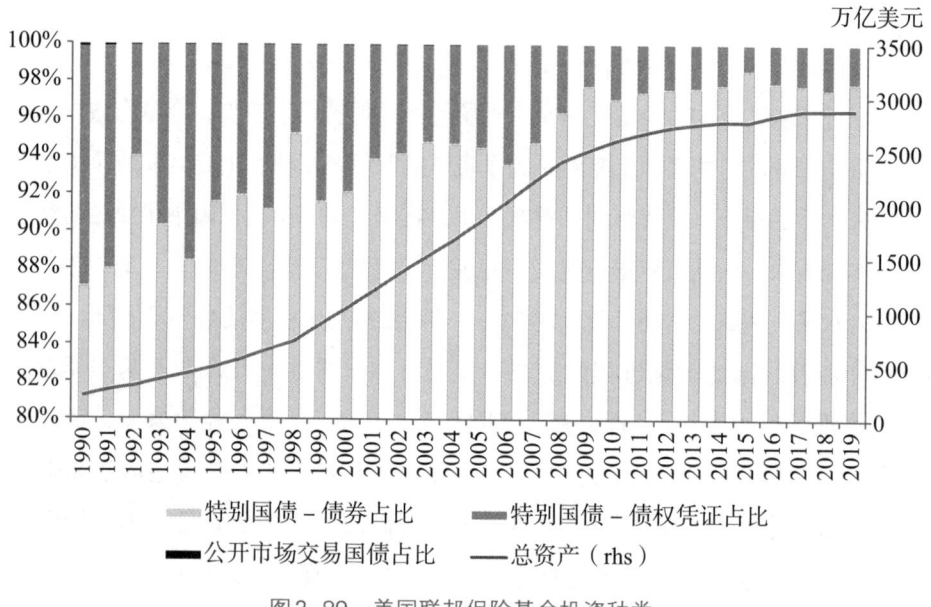

图2-89 美国联邦保险基金投资种类

资料来源:SSA,兴业研究。

不同于美国联邦保险基金,日本政府养老金投资基金(GPIF)除了投资国债外,还投资了信用债券类资产,并将50%资金投资权益类市场,甚至在总投资中将近40%资金投资于国外的债券或股权市场。正因为这样的投资构成,GPIF收益波动较大。在投资策略上,GPIF采用主动管理与被动管理相结合的模式。而在投资方式上,GPIF则类似于我国的基本养老保险基金,也是通过委托多家资产管理公司进行投资管理,这些公司不仅包括日本的野村、瑞穗等日本国内的金控公司,还包括了PIMCO、拉扎德、黑岩、花旗、高盛等国际知名的资产管理公司。根据2014年年报数据,GPIF所管理资产中约有71%的资产为委托投资模式。值得注意的是,GPIF经过前期调研之后,于2013年与日本开发银行(DBJ)等机构开展基础设施投资类另类投资。事实上,国际上其他地区政府养老基金也在加强另类投资的配置,如挪威政府养老基金(NGPFG)也于2010年开始针对房地产开展另类投资,并将目标比例设置为总资产的5%。

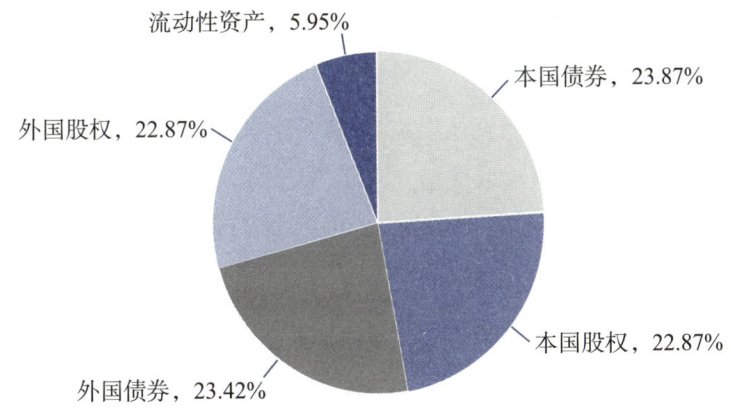

图2-90 日本政府养老投资基金各类资产比例

资料来源：GPIF，兴业研究。

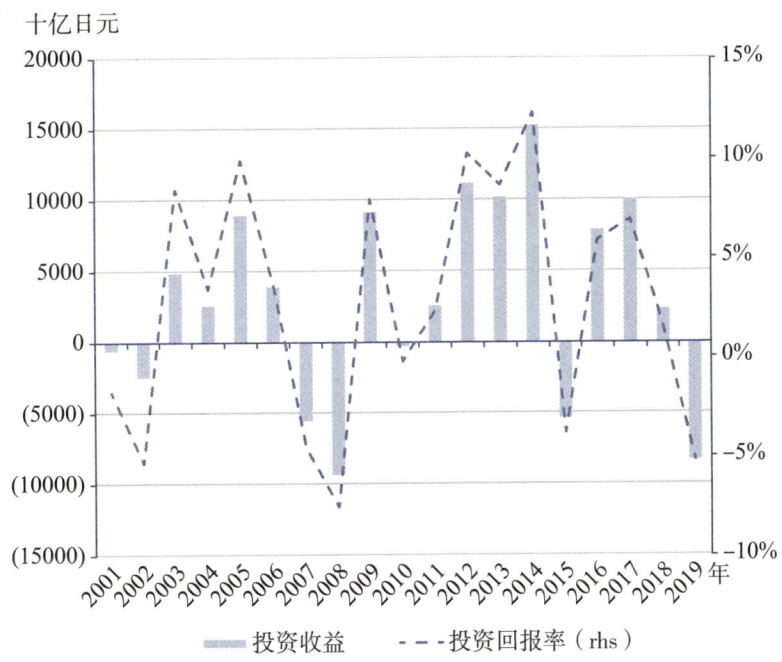

图2-91 日本政府养老投资基金投资收益情况

资料来源：GPIF，兴业研究。

（2）第二支柱：企业年金（职业年金）类养老资金参与资管业务

从国际经验来看，职业年金类养老资金的投资渠道虽然较为丰富、个人也有一定自主权，但是还是会受到较大的限制，如只能在企业提供的资管产品清单中进行投资等。

美国的职业年金类养老资金以 401（K）计划最为著名。401（K）计划是一种政府给予了税收递延收取优惠（且可以税前扣除）的给付确定型（Defined Contribution）的养老计划，不同于收益确定型（Defined Benefit）养老计划，给付确定型养老计划投资风险由账户持有者本人而非公司或账户管理机构承担，国际上近年来给付确定型养老计划占比逐渐上升。

从投资模式上来看，401（K）计划的受托人（金融机构）按照信托模式提供服务，同时赋予投资者个人一定的投资选择权。根据《雇员退休收入保障法案》要求，受托人应向投资者个人提供3种以上的投资工具以供选择（如今一般提供20种以上投资工具）。近年来401（K）计划还提出了合格默认投资选择的概念，对于投资者个人未做出具体资产选择的情况，受托人将默认受托投资合格默认投资选择这一投资标的。

从资金的来源上来看，401（K）计划中绝大多数沉淀资金来源于50—59岁年龄段的人群，该部分人群拥有的资金占401（K）计划总资金量的43%。这主要是由于该部分人群的账户资金经历了较长时间积累，且尚未退休，还未开始养老金的支取。

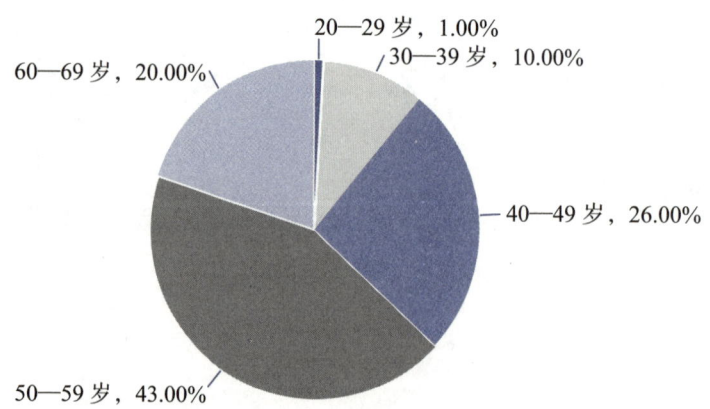

图 2-92　美国 401（K）账户中各年龄段资产占比

资料来源：EBRI，兴业研究。

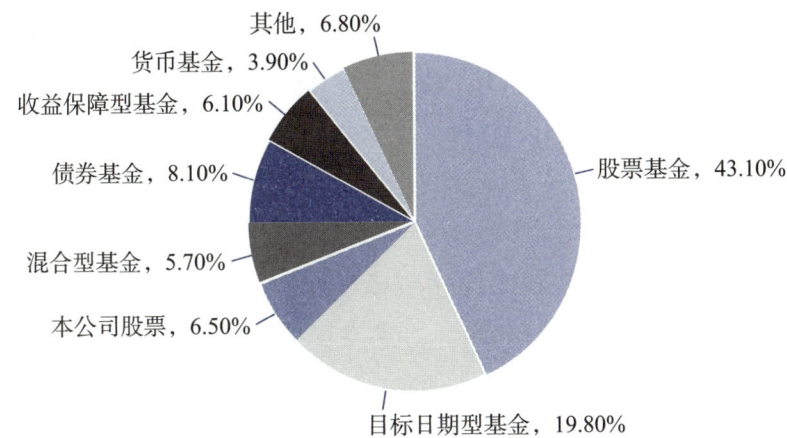

图2-93 美国401（K）中各类资产配置

资料来源：EBRI、兴业研究。

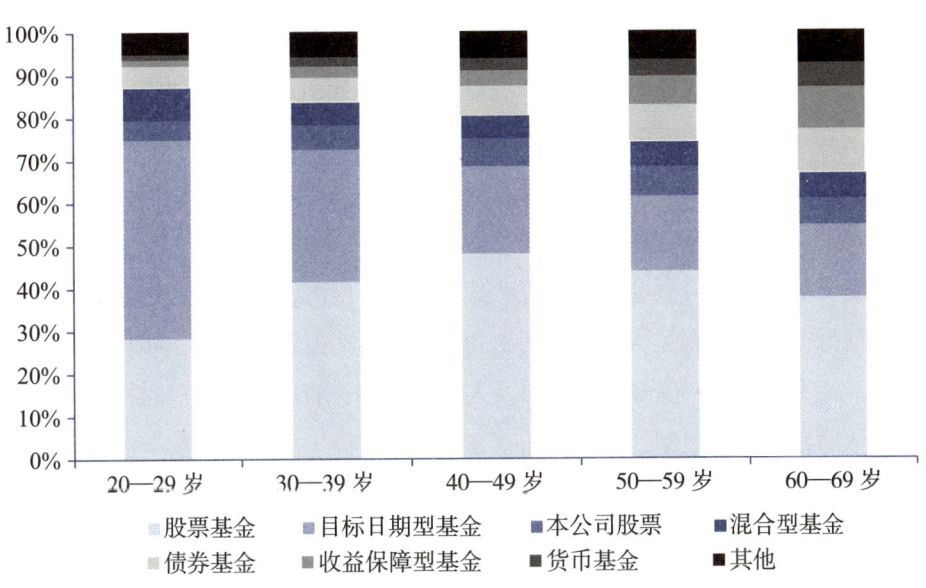

图2-94 美国不同年龄段401（K）账户资产配置

资料来源：EBRI、兴业研究。

从资金的投向上看，股票基金在401（K）资金的投向中占比最高，达到了43.1%；目标日期型基金占比其次达到了19.8%。若以年龄段为分类，可以发现越年轻的群体，目标日期型基金配置越多，20—29岁群体中目标日期型基金配置甚至达到了46.6%；而股票型基金配置占比最高的群体为40—49岁群体，随着年龄的增长，股票型基金和目标日期型基金配置占比下降，债券基金和货币基金的配置上升，这可以理解为年龄越大的群体由于需要开始支取养老金，因此更多地投资于流动性好、投资收益较为稳定的资产。

（3）第三支柱：个人养老账户参与资管业务

从国际经验看，第三支柱个人养老账户的投资灵活度最高，也是最积极进行资产管理的养老金。一般而言，世界各国都会对第三支柱养老金产品给予一定的税收优惠政策，其形式主要有以下两种：一是居民在金融机构设立独立养老账户，自由选择投资资产（以美国为代表）；二是居民购买养老保险，退休后定期由养老保险给付年金（以德国为代表）。

在美国，个人养老账户主要是个人在金融机构设立IRA（Individual Retirement Account），①自由选择账户内资金投资标的的形式。IRA账户也具有在税前扣除、享受税收递延等税收优惠措施。自1974年根据《雇员退休收入保障法案》允许个人设立IRA账户后，IRA账户资金便稳步增长，截至2019年底IRA账户总资产达到11.02万亿美元。根据现行规定，每个IRA账户持有人一年可以在税前将最多6000美元资产放入IRA账户中，50岁以上人群还可以享受另外1000美元的额度。对于该部分资金，IRA账户持有人可以自由选择投资公开交易的资产或其他另类投资。有关当局仅会列出IRA账户不能投资的资产，如收藏品（艺术品、稀有钞票、特殊藏品等）以及人寿保险等，有时IRA账户的托管方也会对具体的投资进行限制，但总体而言IRA账户可以进行绝大多数金融资产甚至实物资产（如房地产）的投资。截至2019年底，约有44%的IRA资产投资于共同基金，5%投资于银行储蓄，4%投资于保险公司（主要是年金计划），另有47%的资产投资于包括另类投资在内的其他资产。共同基金类投资中，占比最高的为美国本土权益类基金，其次为混合类基金，值得注意的是美国境外的相关金融资产投资也占到了不小的比重。从另一个角度看，共同基金类投资中，

---

① IRA包括了传统IRA、Roth IRA等多种类别，其中传统IRA资产约占85%，故本文主要以传统IRA为例进行分析。

有7%的资产配置于目标日期型基金，占比小于第二支柱的401（K）计划。

从年龄结构上来看，可以发现随着工作年限的增长和年龄的上升，越来越多的劳动者会选择开立IRA账户为未来养老资金提供积累，55—64岁人群中选择开立IRA账户积累养老资金的人数达到了该年龄段人口的40%，这也正是养老需求随着年龄增长提升情况的体现。

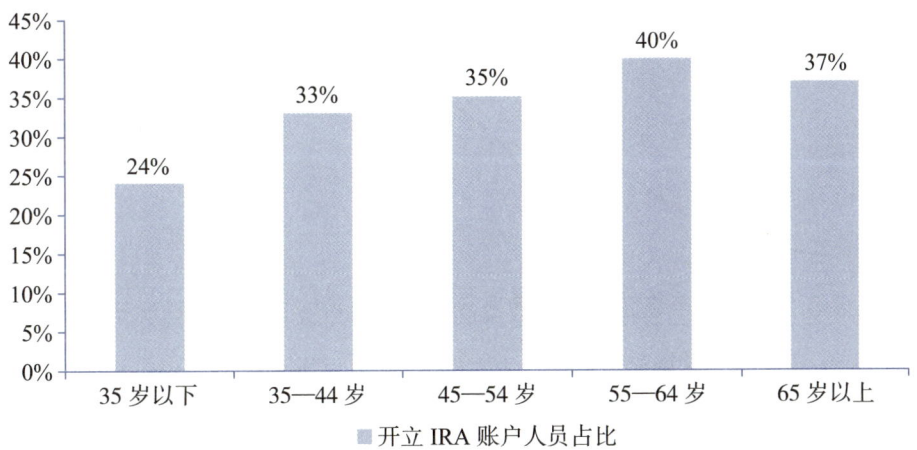

图2-95　美国开立IRA账户人口占比

资料来源：ICI、兴业研究。

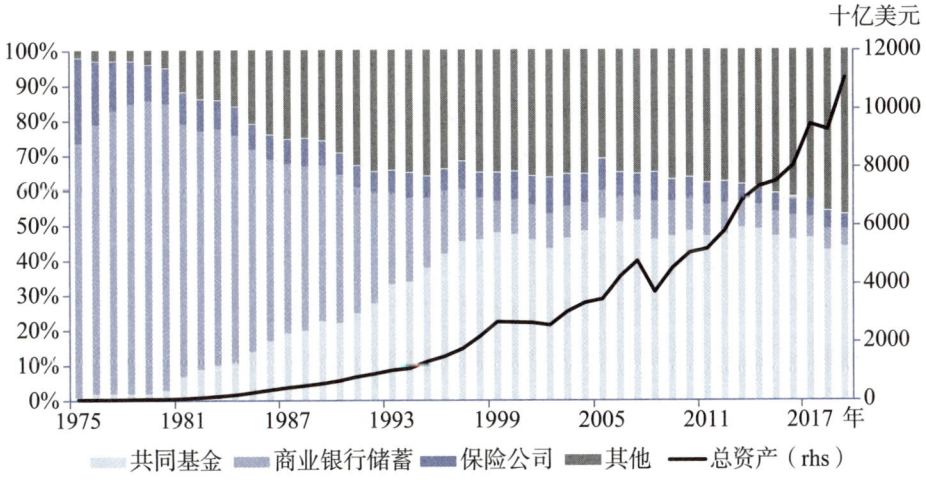

图2-96　美国IRA账户内资产分布历史趋势

资料来源：ICI，兴业研究。

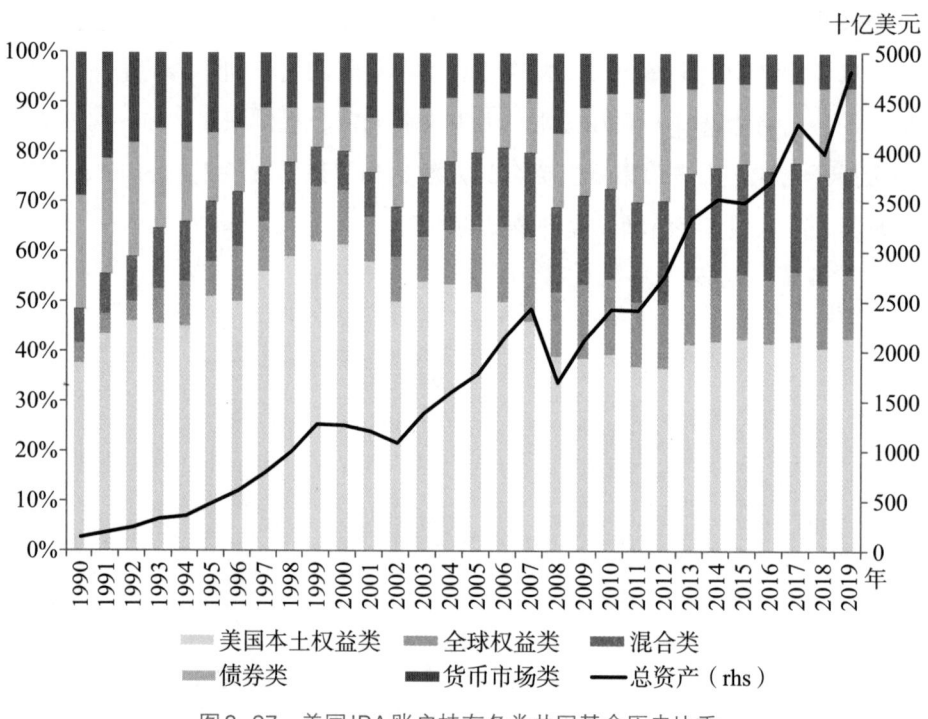

图2-97 美国IRA账户持有各类共同基金历史比重

资料来源：ICI，兴业研究。

与美国的IRA账户自由选择投资标的投资方法不同，德国从2001年起开始建立的以李斯特计划①为代表的第三支柱则较侧重于保险公司的范畴。具体而言，根据《老年财产法》满足认定资格的保险公司、银行、基金公司或德国住房互助储金信贷社都可以提供李斯特产品，如知名商业养老金机构包括安联保险集团、德意志银行下属的零售资产管理机构、联合投资资产管理公司等，同时政府会给予相应的补贴或税收优惠措施。因此，李斯特产品存在不同的形式，包括保险合同、银行储蓄合同、基金储蓄合同和李斯特住房储蓄合同，个人或家庭可以根据自身偏好自由选择购买。在

---

① 李斯特计划即德国的养老金第三支柱自愿缴纳的私人养老金计划。2000年德国时任劳工部部长李斯特主导德国养老金体制改革，提出该计划。该计划主要由个人自愿缴纳积累，德国政府社会给予一定的补助。

李斯特计划设立之初，李斯特产品大多以保险合同的形式存在。然而，随着市场的发展，越来越多的民众选择银行储蓄合同、投资基金合同以及住宅李斯特。截至2017年末，从李斯特账户数量的角度看，约有65.35%为保险合同，4.58%为银行储蓄合同，19.44%为投资基金合同，10.63%为住宅李斯特。彭维瀚（2018）认为，德国养老金参与者具体投资上保险合同占比较多主要有三个原因：一是性格保守、保险观念固化；二是对资本市场心存芥蒂，由于对股票缺乏了解、有不安全感，因此德国人大多不轻易参与资本市场；三是金融素养不高，狭义理解"安全"，因此希望进行"尽可能保险的投资"。但是不可否认的是，近年来投资基金合同李斯特账户数量占比逐渐上升，不排除未来投资基金合同数量超过保险合同数量的可能性。

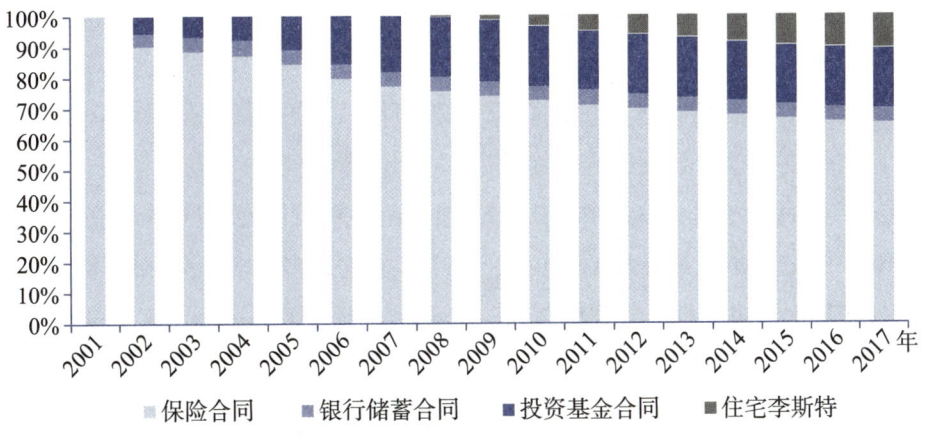

图2-98　德国各类李斯特账户占比

资料来源：BMAS，兴业研究。

总体而言，从国际经验来看，由于居民资产管理的大部分需求在于保证退休后生活质量，养老金尤其是第二支柱和第三支柱部分的养老金所累积的资产数量相当可观。各类资产投资选择的多样性和灵活性以第三支柱为最强，第二支柱次之，第一支柱较弱，且不同年龄段人群对于不同资管产品的配比具有较强的年龄特征。伴随着未来我国大力发展第二支柱和第三支柱养老体系的进程，我国金融机构也应该着力开发适合不同人群养老需求的各类资管产品,开拓这片资管业务的"新蓝海"。

第九节　推动养老理财发展,夯实养老财富储备

随着我国居民生活水准的提升,在老龄化率逐步上升的背景下,居民对于养老生活的需求和期望也日益提高。未来,若仅仅依靠基本养老保险基金所给付的养老金,或将难以满足居民日益提升的老年优质生活期望。为了满足广大人民对于老年美好生活的需求和期望,则需要通过多种方式夯实养老财富储备。有鉴于此,2019年11月,中共中央、国务院印发的《国家积极应对人口老龄化中长期规划》提出了"夯实应对人口老龄化的社会财富储备、稳步增加养老财富储备"的相关要求。

相较于其他经济体,在各类养老财富储备之中,我国基于企业和个人意愿自主进行投资积累的养老金第二、三支柱尚有较大的发展空间。因此,2020年11月发布的《中共中央关于制定国民经济和社会发展第十四个五年规划和二〇三五年远景目标的建议》,提出了"健全多层次社会保障体系……发展多层次、多支柱养老保险体系"的设想。参照国际经验,建设多支柱的养老金体系、丰富多样化的资管产品供给,不仅可以为居民提供个性化的养老金投资渠道,进而激励居民主动开展养老财富储备;也能够促进资管产品的转型升级,优化金融市场投资者结构。对于银行业金融机构而言,推动养老理财的创新与发展将可以同时达到助力理财转型发展和夯实养老财富储备"一箭双雕"的效果。

一、银行业金融机构参与养老财富储备建设的必要性和优势

《资管新规》发布之后,商业银行理财业务迈入了高质量发展的新阶段。截至2019年底,理财是我国境内规模最大的资管产品种类,占到了所有资管

产品总规模的21%，特别是在面向普罗大众的公募资管产品中，理财产品的占比还更高。因此，推动养老理财参与居民养老财富储备不仅是金融机构责无旁贷的义务，也符合广大居民群众的利益。相较于其他类型的金融机构，银行业金融机构在通过理财子公司创设养老类理财产品，支持养老金第二、三支柱发展方面具有一定优势：

一是有助于促进居民储蓄有效转化为资本市场长期资金。2020年1月，银保监会在《关于推动银行业和保险业高质量发展的指导意见》（银保监发〔2019〕52号）中提出"促进居民储蓄有效转化为资本市场长期资金"的目标。养老资金天然就有投资期限长的特点，不同于其他金融机构资管产品仅能间接地将潜在增量的居民储蓄转化为资本市场长期资金，银行作为居民储蓄的最直接接收方，可以通过理财子公司发行的养老理财，更为直接地促进增量和存量的居民储蓄转化为资本市场长期资金。

二是有利于更为直接地对实体企业提供长期限融资支持。不同于部分金融机构更关注于资本市场走势和波动的特点，银行由于长期从事实体企业贷款等一系列综合金融服务，与实体企业的连接更为紧密，关系更为密切，所了解的信息也更为完善。为了实现分散化投资，在将部分养老理财转化为资本市场长期资金的同时，也可以部分投资于长期限银行存款。既降低了养老理财的风险之外，还可以优化银行流动性指标，以便落实2020年政府工作报告"增加制造业中长期贷款"的目标，也为达到银保监会在《关于推动银行业和保险业高质量发展的指导意见》中提出的"扩大对战略性新兴产业、先进制造业的中长期贷款投放"要求奠定坚实基础。

三是可充分发挥银行在固收和债权类投资方面的差异化优势。相较于其他金融机构等，由于企业文化沿革和历史投资经验，银行理财在固收和债权类资产的投资方面有着较为突出的比较优势和优良传统。若能将银行理财产品纳入养老金第二支柱（企业年金、职业年金）、第三支柱的范畴，则可以与其他更关注资本市场的金融机构所发行的产品形成差异化互补的格局，进而可以丰富养老金融市场的资管产品供给，达到全方位为居民提供养老服务的目的。

四是形成充分竞争市场，为居民提供更优质的养老金投资渠道。此前，2020年4月中共中央、国务院出台的《关于构建更加完善的要素市场化配置体制机制的意见》提出要"增加有效金融服务供给"，并且要"放宽金融服务业市场准入"。若在养老金第二支柱和第三支柱的建设过程中人为地将理财、储蓄等产品排除在外，恐将不利于实现金融市场要素市场化改革的目标。与此同时，在养老金第二、三支柱建设过程中引入银行理财产品，可以稳妥有序增加各类资管产品的供给机构，从而形成健康、有序的竞争市场，最终达到丰富居民投资选择的目的。参考境外经验，随着养老类资管产品提供机构增多、市场更为充分竞争，相关资管产品的销售、手续等中介费用也将市场化逐步降低，从而使得居民更多享受到财富积累和升值的红利。

五是有利于增强商业银行自身资金来源的稳定性。养老金不但能够为银行业金融机构表内与表外提供长期稳定的资金来源，而且养老理财投资于长期限银行存款还有利于优化银行自身流动性指标，避免因资金非理性流动而放大金融风险，平滑短期经济波动对于金融稳定性的影响。发达国家的实践已证明，短期金融市场动荡以及发生重大社会风险事件时，养老金仍然可以保持封闭稳定运行，甚至不会对居民的持续缴费产生较大干扰。因此，银行业金融机构参与养老财富储备建设对于增加银行业金融机构的稳定性，提高防御风险的能力具有积极意义。

二、适当给予政策支持，以养老理财推动理财整体转型发展

《资管新规》及其配套细则的出台，为理财业务规范化的长期发展奠定了重要的基石，也促进了银行理财转型的加速。参考美国资管产品的发展经历，非货币类的资管产品有超过50%的投资资金实际上来源于养老金。因此，发展养老理财业务对于加快理财产品转型而言，具有深远的意义。然而，与其他机构创设的资管产品相比，基于现有税收政策和《资管新规》的配套细则，理财产品缺乏相应的政策支持。甚至人社部颁布规则发行的，服务于养老金

第二支柱的养老金产品，也不适用于《资管新规》。从这两个角度来看，为了更好地推动养老理财发展，带动理财业务的转型升级，监管部门等可以考虑吸收境内外的相关经验，适当给予养老理财一定政策支持，从而在夯实居民养老财富积累的同时，推动理财业务整体转型发展。

一是看齐养老类基金，给予理财子公司发行的养老类理财以相应税收优惠。由于历史原因，理财产品和公募基金的税收征管政策存在一定的差异，相较于理财产品，公募基金具有一定的税收优势。2018年营改增改革后，公募基金相较于理财享有免征资本利得增值税等一系列税收政策优惠。此前，人民银行在《中国金融稳定报告（2019年）》中已经提出了要推动解决各类资管产品在税收政策方面的平等待遇问题。在《资管新规》统一监管的大框架下，公募基金、理财产品的税收政策差异消除将成为必然，若能将养老类资管产品的税收政策平等作为试点，首先落地开展，或将有助于理财、基金等各类资管产品在养老金第三支柱这一全新的赛道上获得公平竞争的机遇，从而促进养老金第三支柱体系的长远健康发展。

二是参照养老类基金，允许理财子公司发行的养老类理财投资本公司所发行的其他理财产品。根据境外实践经验和我国养老目标基金的实际设计，为了实现大类资产动态配置的目的、降低资管产品管理人的调仓难度，以养老目标基金为代表的养老类资管产品多采用FOF/MOM的形式。在FOF/MOM模式下，养老类资管产品管理人会根据投资收益、手续费等多方面因素选择投资的产品或受托管理人。尤其是在投资收益相当的情况下，FOF/MOM管理人更倾向于选择本公司发行产品，以达到节省手续费的目的，进而更好地让利于居民，进一步夯实养老财富储备。此前，我国采取FOF模式的养老类基金也多投资于本公司的产品。然而，根据当前《理财子公司办法》，除银保监会另有规定的情况，理财子公司发行的理财产品不得直接或间接投资于本公司发行的理财产品。这使得若养老理财的管理人采取FOF/MOM模式，仅可以选择其他公司发行的理财产品和基金产品，既难以市场化选择更高收益的产品进行投资，也无法通过节省手续费等费用让利于金融消费者。因此，未来监管部门可以考虑参照目前我国养老类基金的规定，对于采取FOF/MOM形式的养老类理财产品豁免不得投资本公司发行理财产品的限制，以期帮助投资人获得更大的收益，进一步夯实养老财富的储备。

三是适当放宽限制，允许理财子公司发行的公募养老类理财可以投资部分符合标准的私募基金。从境外发达经济体的经验来看，养老金往往是未上市企业股权投资、另类投资等较高风险投资的资金来源。这主要是由于养老金具有投资期限较长、投资规模较大、可以分散化投资的特点。这些特点降低了投资过程中的非系统性风险，保障了养老金能够以较低风险获取较高收益来惠及投资人。然而，受制于精力和专业能力，养老类资管产品管理人难以直接对接多种行业的各项另类投资，而更多地通过创业投资基金等私募基金间接进行投资。若参照当前对于养老金第三支柱的税收优惠政策额度，对接该类资金的资管产品绝大部分将为公募资管产品。然而，目前《资管新规》要求公募资管产品的受托投资人应为金融机构，由此公募理财产品无法投资创业投资基金等私募基金。这一方面阻碍了创投基金、政府出资产业投资基金等投资于高新技术产业的私募基金对接规模大、投资期限长的养老金；另一方面也使得本适合通过分散化开展另类投资而获得高额回报的养老资金难以取得有足够吸引力的收益。因此，为了更好地推动养老理财的发展，未来监管部门可以考虑允许公募类养老理财等资管产品在一定限额内投资于满足国家产业导向的创投基金等私募基金。

三、完善养老理财设计与监管，助力养老理财行稳致远

此前，在实践中虽然已有部分银行业金融机构开始发行养老类理财产品，但是由于缺乏明确的指引和标准，相关理财产品的投资策略、底层资产等与普通理财产品差异较小，难以形成鲜明的特点、较强竞争力和针对性，从而难以满足居民养老财富储备和积累的需求。为此，在大力推动养老理财发展的同时，监管部门也可以考虑制定相关指引或规则，明确养老理财的形态、特点以及相应的准入制度。

一是稳妥有序推进试点，合理设置创设发行养老理财机构的准入门槛。养老金的积累与投资关乎居民养老财富储备的安全与规模，从满足居民需求和维护社会稳定的角度来看，应合理设置养老理财创设机构的准入门槛。发行养老理财的机构，以及标注"养老"字样的理财产品必须经由银保监会批准或核准备案才可对外发售。而且只有这些受到批准或备案的养老理财产品可纳入享受政策、税收优惠支持的养老金第二、三支柱的投资范围之内。考虑理财业务的整体转型情况，首先应当明确仅有理财子公司才能设立养老理财产品。在试点前期，考虑到银行投研能力等一系列因素，在兼顾充分竞争的背景下，可以先行试点部分大中型银行的理财子公司创设该类理财产品。为了公平客观地确定试点范围，可以将银行的规模、监管评级、系统重要性等因素作为是否纳入试点的考量。例如，可以考虑在试点初期先行批准国内系统重要性银行（D-SIBs）设立的理财子公司向银保监会申请发行养老理财。

二是明确养老理财形态特点，通过封闭期、回购机制等设置完善养老理财流动性安排。养老理财可兼顾两个方向：一方面是基于每月定投、定期分红的签约型开放式产品，以及现金管理类产品；另一方面是长封闭期的养老目标基金等产品。从当前居民的生命周期来看，绝大多数居民的工作时长不低于30年，与此相匹配，可以将养老类理财的存续期设置为不得低于30年，同时通过设置赎回费等方式降低短期的流动性。在此设计下，未上市股权等长期限的高收益资产可以作为养老理财的底层资产，不用受制于"期限匹配"要求。除此之外，考虑到存量已就业人员距离退休时长小于30年，且部分居民由于家庭困境等情况可能面临急需流动性而宁愿放弃税延优惠、提前提取养老资金的情况，监管部门和金融机构可以通过建立和完善理财转让平台，并在特殊情况下允许银行合理定价回购养老理财的方式，提供该类产品流动性。为了在养老理财存续期较长，以及转让、回购需要参考估值之间达成平衡，可采取每周甚至每月对养老理财公布一次公允估值的估值频率。

三是合理设置各类资产投资上限，通过分散化投资降低养老理财风险。

为了实现居民养老财富储备、增厚养老理财收益，应允许养老理财适当投资于未上市股权等高收益资产。不过，为了控制潜在风险和市场的波动，应严格限制投资于流动性较差的未上市股权等资产不得超过单一养老理财产品总规模的一定比例。与此同时，建议要求养老理财应投资不少于一定比例的长期限储蓄存款，一方面可以夯实养老金的低风险收益，降低养老理财的收益波动；另一方面可以充分发挥养老金的长期限特性，帮助银行在流动性指标约束下提供更多的中长期贷款，以长期资金对接长期资产投放，支持实体经济发展的同时，降低资金期限错配的风险。

四是动态开展业绩评级，对养老理财创设和管理机构进行奖优惩劣。在养老理财准入门槛、产品结构等相应确定之后，为了促进养老理财市场的充分竞争，并兼顾养老理财投资的长期性，建议参考国内外养老金投资机构较为成熟的评价方式，在机构层面和投资经理层面分别对理财子公司和投资经理进行不同投资期限收益水平和净值波动的评级和表彰。具体的投资期限，可以参照社保基金理事会设置为10年、5年、3年等多种期限的评价。对于表现优异且展业合规的机构，适当予以政策倾斜，优先审批新产品；对于表现较差且有重大行政处罚的机构，适当限制新产品审批。

五是关注金融消费者保护，严格规范养老理财产品信息披露及营销行为。以美国为代表的发达经济体，其养老金第二、三支柱体系经历了超过50年的建设经验积累，当前其对于对接养老金第二、三支柱资管产品的监管重点在于投资者保护与信息披露。虽然随着"刚性兑付"的常态化打破以及"卖者尽责、买者自负"理念的落实，理财产品的信息披露和营销行为等消费者保护监管的力度已经有所加强。但是，考虑到养老类理财由于投资期限较长，且其运作与居民养老财富储备、老年生活质量息息相关，从满足居民需求和维护社会稳定的角度来看，养老类理财的信息披露、营销行为等的监管或应更为严格审慎。

近期金融监管部门已经就养老金融改革发展提出了具体的指导意见："总的方针是两条腿走路，一方面抓现有业务规范，要正本清源，统一养老金的产品标准，清理名不副实的产品。另一方面是开展业务创新，大力发展真正具备养老功能的专业养老产品,包括养老储蓄存款,养老理财和基金等。"这是金融监管部门为推动银行业金融机构参与养老金改革释放出的明确信号,也为下一阶段养老理财创新指明了发展方向。随着政策研究的不断深入,相关法规陆续出台,养老理财定能行稳致远,为夯实养老财富储备发挥更加积极的作用。

第十节 居民财富出海

作为提升居民财产性收入的重要渠道之一,个人资金出海政策自2020年以来正有序放松。人民银行和外汇局发布粤港澳大湾区"跨境理财通"联合公告,并与港、澳金管局签署"谅解备忘录",标志着"跨境理财通"试点即将落地;外管局常态化发放QDII额度,并拓展了上海QDLP、北京QDLP、深圳QDIE试点额度,有效释放了境内投资者海外金融资产配置的需求。

现行资金出海的通道主要包括港股通、QD通道(QDII/QDIE/QDLP)、中港基金互认、沪伦通,以及即将落地的跨境理财通,除此之外金融机构还可以通过自营渠道投资海外资产。上述通道面向不同门槛的投资主体、不同类别的投资标的,也各自存在额度等方面限制。具体来说,港股通的投资方式相对便利、交易费用低,但存在50万元单一投资者门槛以及420亿元单日总额度限制,且标的仅为港股;QDII基金投资范围最广,可投海外股票、债券和另类投资,且几乎未设投资门槛,然而QDII受到严格的审批额度和汇兑额度双重限制;中港基金互认的代销积极性不强,基金规模增长相对缓慢;沪伦通存在300万元的单一投资者门槛,且仅能投资伦敦市场符合资质的股票;QDIE和QDLP在投资范围上虽相较QDII更广,但也存在更高的资产限制,并且采用非公开募集方式,对于普通散户而言难以参与其中。

而对于即将落地的跨境理财通,尽管细则未出,但根据联合公告可知,涉及总额度管理（南北双向各设1500亿至2000亿元额度）和单个投资者额度管理（单日轧差限额或是资金账户总资产的固定比重）；"南向合资格投资产品"的具体内涵尚未公布，但其资产类别和风险水平应与北向"理财产品"相近，我们预计包含海外二级市场的股票、债券、公募基金和ETF指数等，初期可能以港澳银行发行的公募理财产品为主，底层资产可能偏向评级较高的债券、基金、指数等。尽管存在上述限制，跨境理财通相较QDII通道仍有许多便利之处，体现在粤港澳大湾区居民可以购买更多无QDII资格的外资机构发行的金融产品，且跨境理财通产品的发行人并不受额度限制，这有利于产品销售的连贯性和业务拓展的有序性。

未来海外金融资产配置的需求潜力有多大呢？从外管局《中国国际收支报告》来看，2015年QD通道是资金出海的主要通道，而2015年之后被金融机构自营投资通道、沪深港通通道所取代。其中通过港股通配置中国香港股市成为2020年备受境内投资者青睐的方式，2020全年港股通资金流出总规模5967亿元，相较2019年近乎翻了三番，其背后主要原因是港股估值相对A股更具吸引力。从中长期视角来看，一方面，境内外股票市场的相对表现并不构成境内外投资仓位"此消彼长"，反而是A股上涨带动的财富效应往往同步增加海外资产的配置头寸；另一方面，当海外相对境内的不确定性增加时，境内主体开始布局增持海外资产，这是证明事件冲击或是资金出海的重要决策依据。

从国际经验来看，我国居民资金出海存在巨大的增长空间。国际投资头寸表中的"证券投资资产"反映了境内居民（机构和个人）对海外金融资产的配置情况，2020年该指标占我国GDP的比重为6.1%，与1991年澳大利亚、2005年韩国、1997年南非、1985年德国、1985年日本、1988年美国相近，未来30年我国居民海外资产配置将进入快速增长期，所持海外资产比重有望倍增。

表2-23 当前境内居民资金出海通道对比

	港股通	QDII基金	中港基金互认	QDLP	QDIE	沪伦通
资质	证券及资金账户资产合计不低于50万元人民币，无不良记录；熟悉港股通交易	无，购买门槛通常100元/20美元	无	合伙制：不低于500万元人民币；契约制：不低于3000万元人民币（上海）	金融资产不低于300万元人民币，认缴出资不低于200万元人民币	申请前20个交易日证券和资金账户资产日均不低于300万元人民币
投资标的	恒指（大中小）成分股、港股上市的A+H股	境外股票、债券、另类投资，不能投资海外对冲基金等私募产品，不动产、实物商品	基金成立1年以上，资产不低于2亿元人民币，在内地（香港）销售规模占比不高于50%；符合条件的基金：100只香港基金850只内地基金	上海：直接或通过境外基金（FOF）投资于境外市场；青岛：境外二级市场投资为主，并审慎探索境外一级市场投资并购业务和有监管的大宗商品交易	未限制投资标的，理论上境外一级、二级市场，非上市公司股权、私募股权、另类投资、不动产、实物资产等均可投资	申请日前120日均市值不低于200亿元；伦交所上市满3年＆主板高级上市满1年；CDR不少于5000万份且市值不少于5亿元
额度	单日额度（轧差）：420亿元	单家机构QDII限额、汇兑限额	总额度：双向各3000亿元	单家机构指定额度	单家机构指定额度	总额度：2500亿元
币种	港币报价、人民币交收	募集人民币/外汇	募集人民币/外汇，鼓励人民币计价和收付	募集人民币，非公开募集	募集人民币，非公开募集	募集人民币
其他	截至2020年10月，机构和个人累积买入累计成交净额13922亿元	截至2020年10月，QDII公募基金规模1255亿元	截至2020年9月，累积资金净流出145.8亿元	2020年上海QDLP、北京QDLP试点额度增加至100亿美元	2020年深圳QDIE试点额度增加至100亿美元	—

资料来源：兴业研究。

如何有效激发海外资产配置需求？

从政策角度来看，资金出海通道还应继续拓宽。一是尽快推动跨境理财通试点落地并出台细则，此外，待大湾区内理财通业务模式探索成熟后，投资额度和资质限制可进一步放宽，试点范围也可拓展到其他自贸区以及海南自由贸易港。二是探索在更多区域内试点QDLP/QDIE模式，在制度层面上统一QDLP/QDIE的管理规则，[①]并取消部分QDLP/QDIE单次赎回上限、大额赎回时提高管理费用等规定，使之在便利化程度上和QDII齐平。三是适时开通债券通"南向通"，补齐债券市场南下开放的短板。四是创新推动更多个人投资者出海通道，例如2015年上海自贸区曾经"搁浅"的QDII2试点（允许符合条件的个人开展境外实业投资、不动产投资和金融类投资）等。

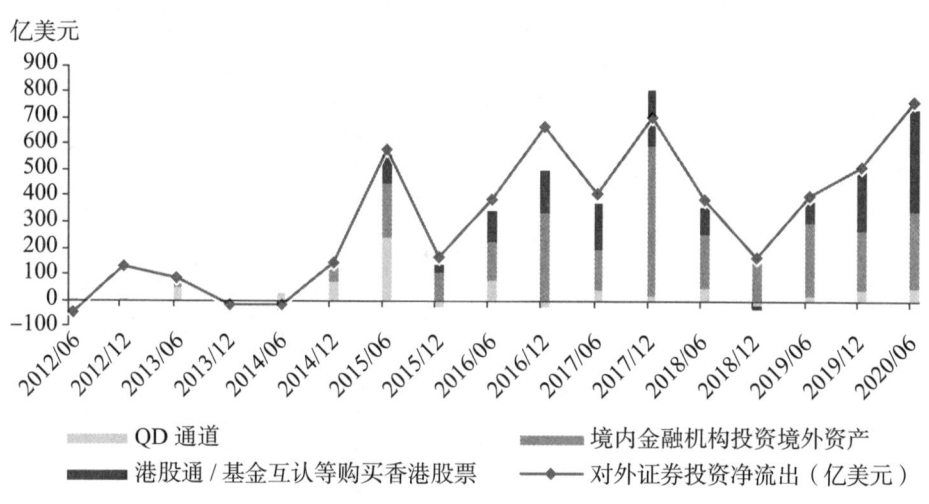

图2-99 各通道下对外证券投资流出情况

资料来源：外管局，兴业研究。

[①] 目前上海、深圳、北京等区域分别实施不同的QDLP/QDIE管理规则，例如，上海QDLP规定由"海外投资基金管理企业"发行"海外投资基金"募集基金出海，青岛QDLP则设计了"合格境内投资基金管理企业"和"合格境内投资基金企业"双重投资主体结构，后者以自有资金进行海外投资。

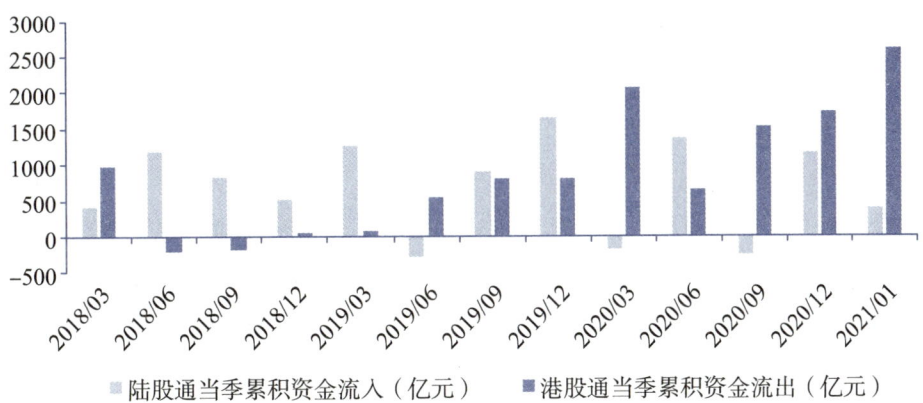

图2-100　陆股通、港股通资金流动

资料来源：Wind，兴业研究。

从机构角度来看，需加强产品设计和主动管理能力。目前活跃的QDII基金存在标的不均、规模较小、主动管理能力较差等"弊端"。面对此现状，中资金融机构应与境外金融机构达成良性合作，在产品创新、风险规避等方面向外资行学习，加强产品研发和创新，并加强金融机构内部专员的专业能力和风险意识，为境内投资者提供更好的服务。

从投资标的来看，按照投向划分，QDII基金主要投向海外中概股、恒生市场、美国股市以及债券和固定收益资产，还有较大规模的QDII基金跟踪国际指数或被动跟踪ETF指数，然而投资英日印越等其他股票市场，以及商品等另类资产的基金数量较少。分机构来看，跟踪国际指数和债券型QDII基金几乎各家机构均有发行，而剩下几个投向在机构中的分布则相对集中——例如港股相关QDII基金主要集中在银华、易方达、广发等机构；美股相关QDII基金较多集中在易方达、华安和广发；中概股相关QDII基金则集中在汇添富、富国、易方达、交银施罗德和华宝；另类投资基金华宝、南方、嘉实和易方达发行比较多；被动ETF投资则集中在易方达和华夏两家机构。

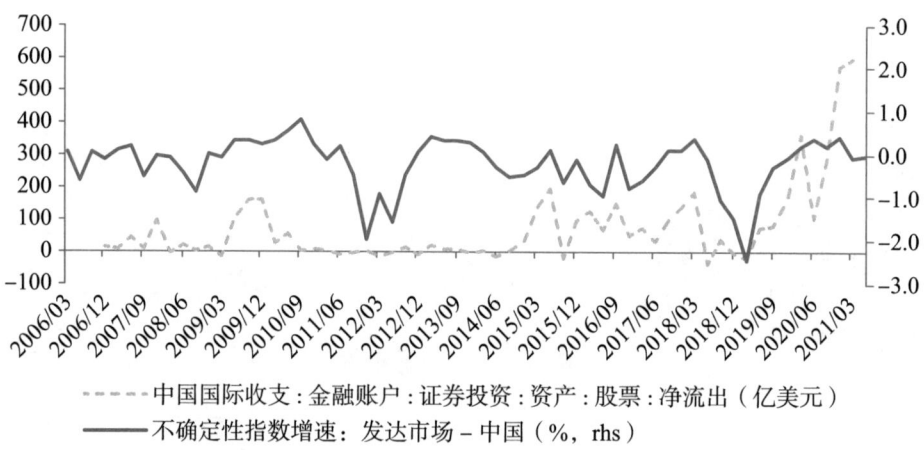

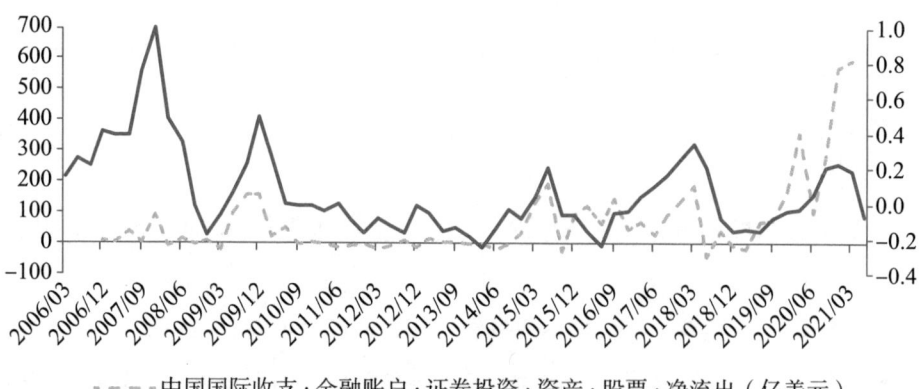

图2-101　对外股票投资、不确定性相对变化、股市价格相对变化

资料来源：Wind，兴业研究。

图2-102 证券投资资产端国际投资头寸占比

注：2020年中国证券投资资产端国际投资头寸占比6.1%，对标澳大利亚1991年、韩国2005年、南非1997年、德国1985年、日本1985年、美国1988年。

资料来源：CEIC，兴业研究。

从募集规模来看，"微小型"基金占据大多数。约40%基金规模不足5000万元人民币；逾5成基金规模不足1亿元；规模在5亿元以上的基金共57只，占比为19%；规模超过50亿元的基金仅有2只，分别为易方达恒生H股ETF、华夏恒生ETF，基金规模分别为98亿元、86亿元。

从风险收益表现来看，我们考察了最近3年不同投资标的基金的超额收益和超额风险水平（最近1年和成立以来的表现也是类似的），大体可以分为以下四类：一是跟踪美股的基金，此类基金表现优异，往往能在增厚收益的同时，维持更小的波动；二是跟踪原油、黄金、房地产REITs等另类资产，以及被动跟踪ETF指数的基金，虽收益不及标的资产或指数本身，但能降低波动，此类基金考验投资者择时能力，需要投资者对标的资产本身的行情走势具有一定的判断力；三是跟踪国际指数、港股、中概股及债券类基金，虽然能取得超额收益，但波动性也显著提高了，此类基金需要投资者自行权衡风险收益偏好；四是英、日、印、越等股票市场相关基金，此类基金的管理能力相对较弱，收益弱于标的资产本身的同时还会放大波动。

从个人角度来看，需重视风险和收益的匹配。投资者需根据自身的风险偏好和可承受的回撤幅度，选择不同的投资策略，对于"初级"投资者而言，可从费率较低、流动性较好的ETF指数型产品开始投资，初期以赚取成熟市场的β收益为主，或是从相对熟悉的中概股市场着手投资，待对海外市场了解加深后，再根据需求调整投资策略或是拓展领域。长期而言，境内投资者应加强对海外市场的了解和认知，学习辨别市场风险并尽量加以规避，争取对各经济体经济周期和宏观政策、各市场联动具备一定的判断力。

表2-24 QDII公募基金投资标的

类别	规模
中证（海外中概股）	33只，137亿元
• 中证互联网、中证内地企业、中证消费、中证新动能、中证TMT	
恒生	26只，93亿元
• 恒生指数、恒生国企指数、恒生中/小型股指、恒生医疗、恒生高股息	
美股	41只，119亿元
• 标普（消费、医疗、能源、科技）、纳斯达克（生物科技）、道琼斯（石油开发）、罗素成长	
其他股市	9只，6亿元
• 英国、日本、德国、法国、越南、印度、金砖四国	
另类投资	34只，114亿元
• 原油、黄金、REITs	
国际指数	36只，225亿元
• MSCI、标准普尔指数	
债券&固定收益	86只，183亿元
• 美元债/中资美元债、上证国债/中债指数、浮息（人民币定存、美元定存、美债收益率）、国际债券指数（巴克莱、摩根大通、富时、美银美林）	
被动跟踪ETF指数	33只，378亿元
中证、恒生、美股、其他股市	

资料来源：Wind，兴业研究。

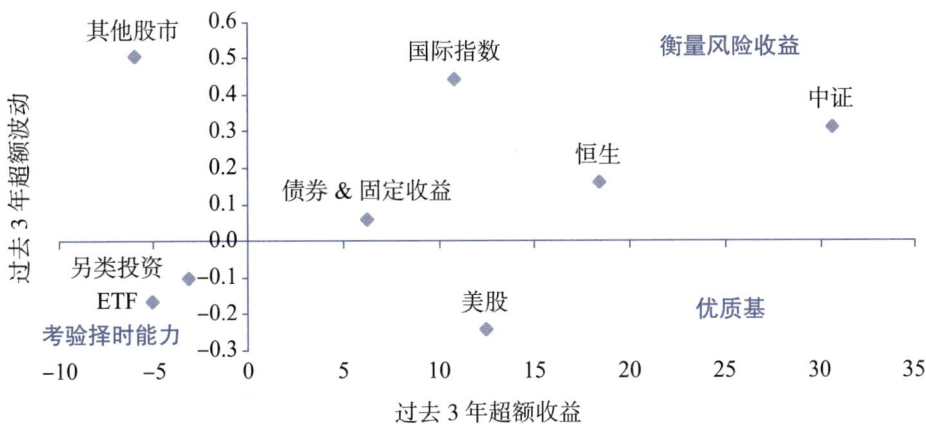

图2-103 按投向划分过去3年超额收益、超额波动

注：超额收益=基金份额净值增长率−业绩比较基准收益率，超额波动=基金份额净值增长率标准差−业绩比较基准收益率标准差。

资料来源：Wind，兴业研究。

第三章　增强投资后劲

投资是联结"供给侧结构性改革"和"需求侧管理"的关键点：有效的投资能够提升供给的质量，进而引领与创造需求。本章将阐述如何依靠产业升级、新型基础设施建设、城市更新和低碳转型等来提升供给体系对需求的适配性，打造经济发展的新引擎。

第一节　日韩产业结构演变对我国的启示

在工业化后期、劳动力成本日益上升、全球化进程放缓的背景下，实现产业结构的优化升级是推动我国经济高质量发展的必由之路。鉴古可以知今。本节将从日韩产业结构变迁的历史出发，总结日韩发展的经验教训，探寻我国的产业转型升级之路。

一、日本产业结构的演变

战后日本经济发展大体可以分为以下四个阶段：
- 1945—1955年的战后恢复阶段，依靠战后经济重建、朝鲜战争特需实现经济恢复；
- 1955—1973年的高速增长阶段，工业化、城市化带动经济高速增长；
- 1974—1990年的中高速增长阶段，以加工组装型产业为日本重点产业，通过产业合理化政策收缩升级重化工业；
- 1990—2020年的"失去的30年"，经济泡沫破灭，产业仍以家电、电子、汽车为主，服务业稳步发力，产业升级放缓。

图3-1　日本GDP增速变化情况

资料来源：WIND，兴业研究。

战后日本经济发展的不同阶段，对应着不同的产业结构，整体上遵循着"轻工业—化工业—机械工业—高技术制造业—服务业"的产业迭代路径。

（一）战后重建阶段（1945—1955年）

这一阶段的日本由于战争影响，本土工业生产较战前出现明显下降，物资生产紧张。此外，与中国、东南亚等地的贸易中断亦影响了日本的对外贸易以及工业恢复。此时的日本，在产业结构上以"轻工业"为主。同时，采取"倾斜生产方式"的产业政策以推动煤炭、钢铁等基础工业的快速发展。

（二）高速增长阶段（1955—1973年）

1955年开始，日本经济以工业化为核心步入了高速增长阶段。重化工业的大规模设备投资带动其他工业产业的投资高涨，"投资引致投资"促进日本经济繁荣向前。在产业结构方面，这一阶段的日本支柱产业以重化工业、机械工业为主。同时，汽车、电子产业亦逐步积蓄力量。

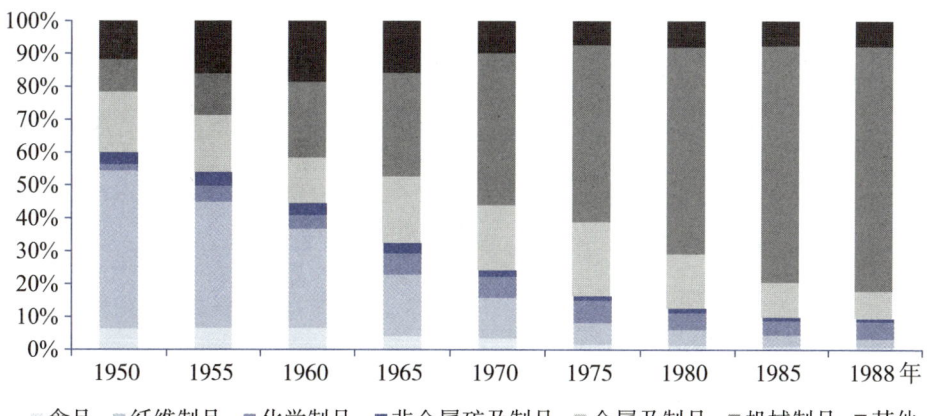

图3-2　1950—1988年日本出口结构演变

资料来源：《日本通商产业政策史》，兴业研究。

1.钢铁产业

战后恢复阶段的"倾斜生产方式"有力地促进了日本钢铁产业发展。1951年开始的三次钢铁合理化计划，则进一步增强了日本钢铁产业的国际竞争力，帮助其迅速走向成熟。

前两次的钢铁合理化计划以技术设备更新引进为主。主要是通过财政直接投资、财政贷款、开发银行贷款、设备折旧税费优惠、进口关税减免、外汇优先配给等方式刺激企业进行大型化、现代化投资。此后，随着日本钢铁产业趋于成熟，行业竞争有所恶化，第三次合理化计划则主要以优化行业结构为主，通过行政性的限制、干预来优化行业的供需关系，改善企业的经营压力。

表3-1　钢铁三次合理化计划

时间	计划名称	政策内容
1951—1955年	钢铁第一次合理化计划	以轧钢设备现代化为核心 财政为企业设备投资提供贷款、直接投资 日本开发银行提供设备投资优惠贷款 实施特别折旧制度，减免固定资产税 免除重要设备进口关税 实行外汇有限配给

续表

时间	计划名称	政策内容
1956—1960年	钢铁第二次合理化计划	以设备的大型化、大型化为核心，重点新建高炉纯氧顶吹转炉 保护措施与第一次合理化接近，但投资主体转为以民间主体为主
1961—1965年	钢铁第三次合理化计划	以生产组织结构调整为核心 利用新建企业审批权，提高新建门槛，促进设备大型化 利用行政指导方式干预钢铁价格、产量

资料来源：《日本产业政策研究》，兴业研究。

在扶持钢铁产业的过程中，日本十分注意钢铁企业的大型化和集中化。通过鼓励钢铁企业进行大型设备的投资、提高行业准入门槛、为钢铁企业投资合并提供税收优惠、鼓励行业卡特尔等方式，推动日本钢铁行业集中度的提升。1968年，在日本政府的推动下，日本八幡和富士钢铁企业合并成为新日铁，其国内市场占有率超过30%，一跃成为世界最大的钢铁企业。到了1979年，日本钢铁行业的国内前五家企业的产业集中度（CR5）已经达到72.4%。[1]

钢铁企业的大型化通过规模经济有效地提升了日本钢企的国际竞争力。同时，大型钢企在技术引进、消化、创新方面有着更强的竞争力，市场议价能力更强。

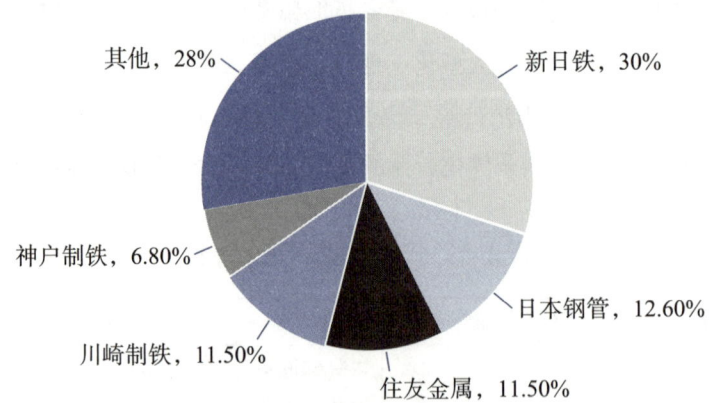

图3-3　1979年日本钢铁行业的行业集中度

资料来源：《日本经济史》，兴业研究。

---

[1] 数据来源于《现代日本经济事典》。

2.机械产业

日本钢铁工业的快速发展,亦为汽车、家电、工业机床等产业的发展提供了重要的工业基础。日本政府于1956年、1957年先后颁布了《机械工业振兴临时措施法》和《电子工业振兴临时措施法》以扶持机械产业、电子产业发展。

从政策内容上来看,与钢铁产业支持政策有诸多相似之处,包括:用税收优惠鼓励产业间的投资、合并,给予企业设备投资相应的开发贷款、财政资金支持,给予企业进口关税减免、奖励补助以及外汇配给支持。

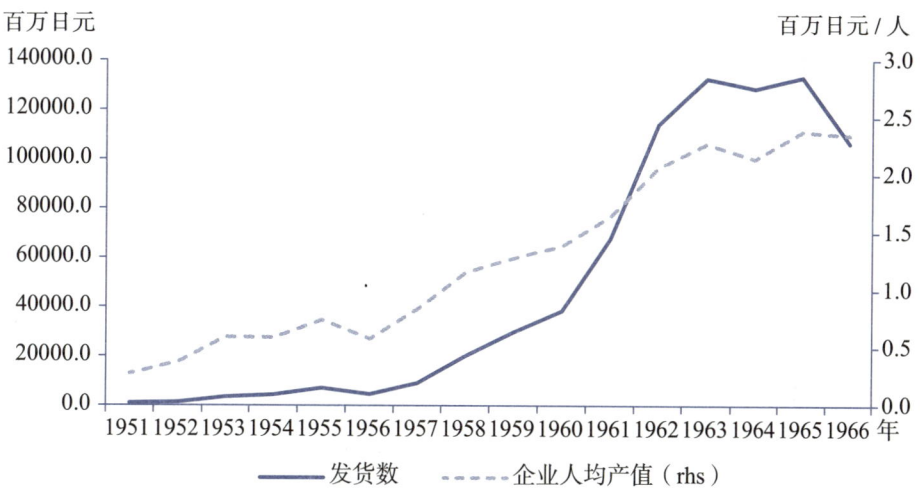

图3-4　1951—1966年日本工业机床产业发展情况

资料来源:《日本经济史》,兴业研究。

与钢铁行业不同的是,机械、电子产业的生产技术难度更高,零部件数量更多,产业链更长。因此,一方面,日本政府大力鼓励日企往海外派遣技术人员,学习先进机械技术,并拨付一定的"试制津贴费"以支持企业研发试验;另一方面,日本国内技术垄断尚未形成,企业竞争较为激烈,围绕着核心企业出现了一批高效可靠的中小企业,这些企业保障了半成品、零部件的供应。"企业集团"逐渐成形,具有专业生产能力及效率优势的"中坚企业"亦得以成长,增强了整体的产业优势(安场保吉,猪木武德,1992)。

(三) 中高速增长阶段（1974—1990年）

两次石油危机的到来为日本经济高速增长阶段画下句号。1974年第一次石油危机的爆发使得日本经济陷入负增长。全球经济的衰退、能源价格的大幅上涨、新兴国家的崛起、国内污染恶化使得日本高耗能的重化工业产业优势难以维持。日本政府开始谋求产业转型，强调产业结构由"资本密集型"向"知识密集型"转变。在能源结构上开始强调节能减排，石油被替代。

表3-2　日本中高速增长阶段的产业调整政策

时　间	政策文件	政策内容
1970年	《70年代的通商产业政策》	● 促进产业结构向加工装配业为中心的知识密集型产业转换 ● 注重社会环境改善、注重教育科研、加强国际合作
1975年	《产业结构的长期展望》	● 调整能源结构，鼓励节能投资和技术开发 ● 新增尖端技术开发政策
1978年	《特定机械产业振兴临时措施法》	● 加强对集成电路、电子计算机、飞机等产业的政策扶持 ● 对尖端技术领域开发政策提供补贴、税收金融优惠
1980年	《80年代的通商产业政策》	● 强调以新兴的高技术产业为中心的结构目标 ● 产业重点：生物技术、新材料、新能源以及第五代电子计算机 ● 产业发展与"经济服务化"的趋势相结合

资料来源：《日本产业政策研究》，兴业研究。

1980年，日本通产省发布了《80年代通商产业政策展望》，明确提出了"科技立国"战略。从日本制造业的产业结构演变来看，随着日本产业重心调整加快，加工组装型产业占比提升加快。日本汽车、家电企业开始在国际市场上大放异彩。

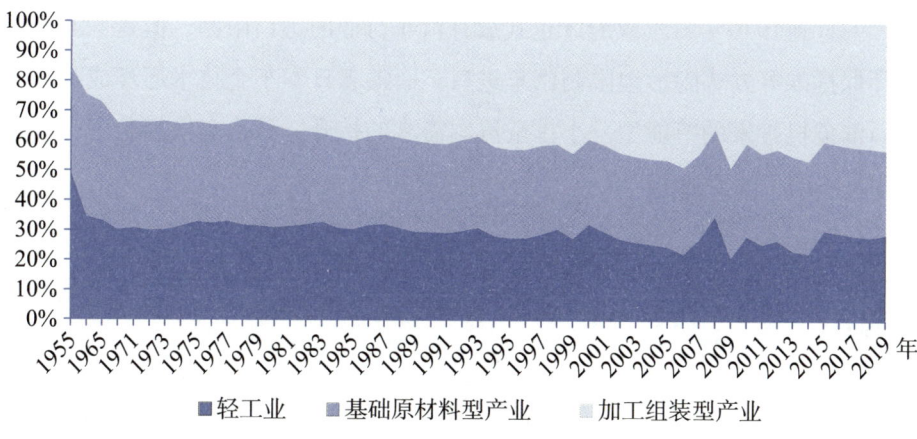

图3-5 日本制造业产业结构变化情况

注：参考《日本经济史：1600—2015》的分类，基础原材料产业包括化工、石油煤炭制品、基本金属、非金属矿金属制品；加工组装型产业包括：通用机械、电气机械、运输设备、电子通信设备、精密机械；其他行业划分为轻工业。

资料来源：日本内阁府，CEIC，兴业研究。

1.汽车产业

日本汽车产业的快速发展和成熟对于日本工业体系的现代化、高端化有着十分重要的意义。在高速增长阶段，日本汽车产业在政策的支持下逐步走向成熟，并实现了对国内汽车市场的垄断。

进入中高速增长阶段后，日本汽车产业的技术优势进一步凸显，实现了对欧美出口的大幅跃升。汽车产业逐步取代重化工业成为日本的支柱产业。日本汽车产业的崛起离不开日本政府的对内扶持和对外保护。

在对内扶持方面，汽车零部件生产企业在信贷额度、外汇额度方面均得到政府的大力支持，鼓励汽车产业链的生产企业积极引进技术、设备，扩大汽车生产。

在对外保护方面，日本政府将汽车产业的重点放在欧美车企发展相对薄弱的小型汽车上，对进口汽车征以高额关税，尤其是小型汽车；同时，在早期严格限制进口汽车的使用、销售，从外汇额度上限制进口汽车；国内通过差异化税率鼓励国产小型企业的消费。

一直到1970年日本政府才正式放开汽车行业的进口限制，但是又通过提高环保标准等方式隐形地限制汽车进口。而随着日本车企技术逐步成熟，以及石油危机带来的节能型、小排量汽车需求的抬升，日系车横扫美国，一跃成为日本的支柱产业。

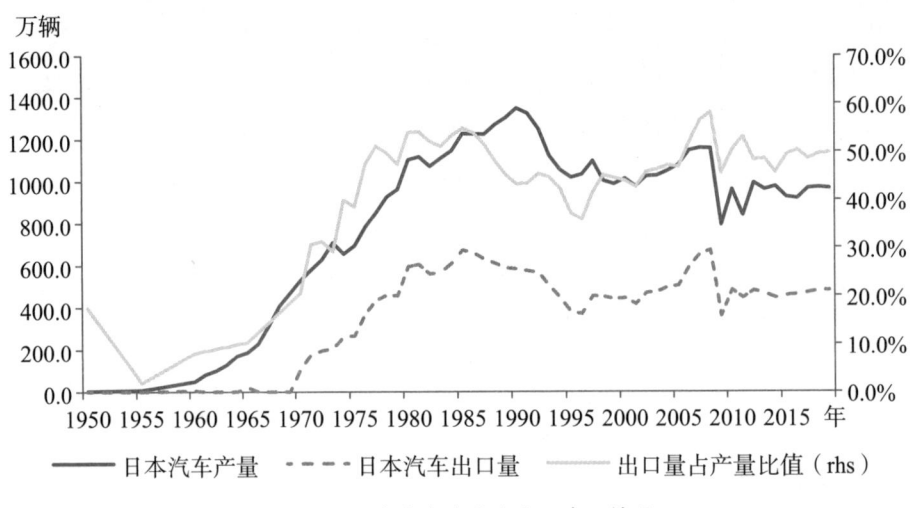

图3-6　日本汽车产业生产及出口情况

资料来源：WIND，兴业研究。

2.电子产业

20世纪70年代，日本产业结构调整的目标逐渐清晰，产业扶持重点亦从逐渐成熟的汽车产业转向了电子产业。与钢铁、汽车产业不同，电子产业发展时间较短，技术引进空间有限，更依赖于自主研发。此外，电子产业的垄断性也使得先发优势更为明显。为此，日本政府花大力气扶持电子产业。

第一，日本通产省牵头，设立大型项目资助制度，对电子产业重点项目，联合政府部门、学术机构、民企三方共同研发，实现技术突破和攻关。

第二，产业集团化政策，由于电子产业系统份额直接影响系统生态完善程度，通过集团化行动可以有效提高国内企业整体市场份额，加强国际竞争力。

表3-3　日本政府对电子产业重大项目资助情况

时　　间	项目名称	资助金额
1962—1964年	"FONTAC"计算机技术研究组合	3.5亿日元
1966—1972年	超高性能电子计算机的开发	100亿日元
1971—1980年	图像信息处理系统的开发	220亿日元
1979—1986年	应用光学技测控制系统	180亿日元
1985—1990年	科学技术用高速计算机研究开发	130亿日元
1985—1990年	电子计算机兼容系统的研究开发	150亿日元
1977—1981年	第四代电子计算机开发	291亿日元
1980—990年	成立新一代电子计算机技术开发机构（ICOT研究所）	1000亿日元

资料来源：《日本产业政策研究》，兴业研究。

第三，政府部门、事业单位的电子计算机选购采取"国产机优先"原则，为国产企业提供市场，降低经营风险，推动产品迭代。

3.发展模式转变——"内外需并重"

1981年，日本人均GDP突破1万美元，正式迈入中等收入国家行列。随着日本综合实力逐渐提升，产业结构逐步升级，其在合成纤维、钢铁、汽车、家电等多个领域先后对欧美国家产生较为明显的冲击。随之而来的是美日贸易摩擦的逐步升级。此外，布雷顿森林体系的解体、两次石油危机、广场协议的签署都让日元升值压力不断加强。亚洲四小龙的崛起亦一定程度削弱了日本的产业国际竞争力。日本政府开始谋求从"出口导向型经济"向"内外需并重"的经济模式转型，产业结构方面向高端化迈进。

1986年，日本前川研究所发布了《前川报告》，强调未来日本应着重扩大内需、促进资本自由化、加强国际产业合作（以减少贸易顺差）。《前川报告》随后成为日本经济政策的主要方向，是日本经济从外循环向双循环转向的开始。除扩大内需以增强国内消费需求之外，日本企业开始积极布局海外，在发达国家设厂开工以减少出口，在发展中国家投资输出技术、管理以促进对发展中国家中间品的进口，从而减少贸易顺差，降低贸易摩擦。

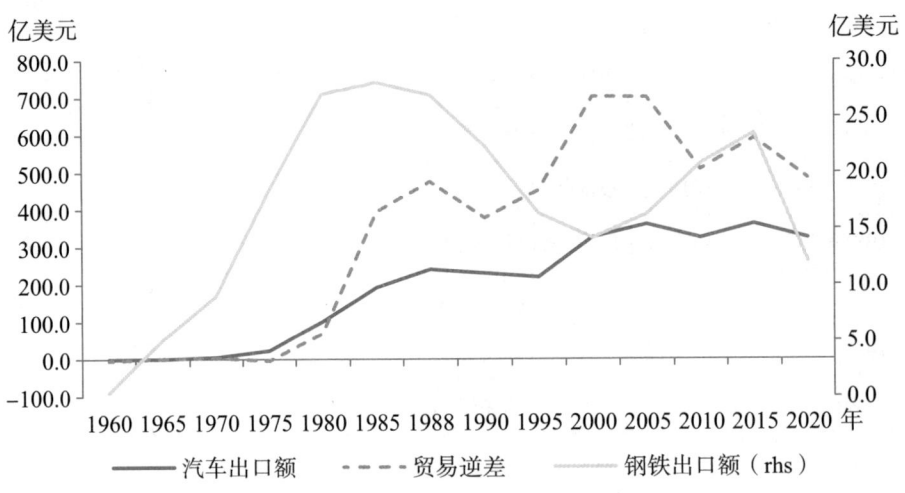

图3-7 日本对美贸易变化情况

资料来源：《日本通商产业政策史》，CEIC，兴业研究。

表3-4 日本《前川报告》主要政策建议内容

改革方向	项　目	项目内容
扩大内需	推进住房改革、城市更新	• 以刺激民间活力为中心加强住房建设 • 扩大住房减税 • 抑制土地价格上涨：放宽住宅用地开发准则、开发区域、容积率等 • 加快调整土地所有权
	丰富消费生活	• 缩短工时、促进带薪休假，尽快实现双休工作制 • 减少所得税以增加可支配收入
	增加地方政府资本形成	• 利用地方债券来扩大地方社会资本发展
产业结构调整	产业结构调整	• 在考虑中小企业的同时，逐步优化产业结构 • 经济信息化、系统化、服务化
	促进国外投资	• 促进缔结双边投资协定，加强企业海外投资保障 • 加强产业合作促进对日本的FDI

续表

改革方向	项 目	项目内容
市场准入、进口限制放松	全面放松市场准入	• 从关税、进口限制、标准认证、政府采购等多维度放松市场准入
	产品进口	• 通过海外投资促进当地生产 • 扩大中间品、货物进口以减少顺差
货币、资本市场	币值稳定	• 积累国家间合作经验保持经济政策的国际兼容性
	资本市场自由化 日元国际化	• 建立适应日本经济规模的金融和资本市场 • 促进投资资产多元化；扩大强化二级市场
国际合作	扩大发展中国家进口	• 技术转让、增加对外投资以促进进口，加强合作
	促进经济技术合作	• 利用官方、非政府组织加强国际技术合作，提供对外援助
	促进文化交流	• 促进基础科学领域的研发与国际合作 • 加强日语文化的国际宣传，加强师生国际化交流

资料来源：《前川报告》(1986年)，兴业研究。

日本产业的海外转移，较大程度上缓和了美日贸易摩擦。但是随着日本的产业转移，日本自身产业空心化的问题日益突出，日本制造业比重以及制造业企业的国际影响力均出现了明显下降，同时经济服务化的趋势明显增强。

（四）失去的三十年（1990—2020年）

1985年《广场协议》签署之后，日元快速升值对日本经济造成了明显冲击。为缓解经济压力，日本政府实行了宽松的货币政策和财政政策。同时，日元强烈的升值预期导致国际资本大量进入日本市场。国内宽松的政策和国际资本大量流入，使得日本房市、股市的泡沫越吹越大，最终，在1990年初泡沫破裂。泡沫破裂之后，日本经济开始进入漫长而艰难的低速增长阶段。此后，日本政府仍然努力推进产业调整。

1. 推进"科技立国"

1991年之后，日本经济陷入低速增长，日本政府进一步强调"科技立国",以期促进日本高附加值产业的增长。从产业思路来看,信息技术、机器人、航空航天、新能源等高技术领域依然是日本产业发展方向。

表3-5 "失去的30年"间日本产业发展方向

时间	文件	文件内容
1998年	《经济结构改革行动计划》	明确信息电子、新制造、航空航天、新能源产业为新型重点发展产业,提供资金、技术支持
2004年	《内容产业振兴政策——软实力时代的国家战略》	提出10项改革措施以提升内容产业竞争力
2009年	《2010年经济产业政策重点》	明确机器人、航空航天、能源技术、文化、医疗卫生为重点产业
2014年	《日本振兴战略》重订版	以机器人技术创新带动制造业以及医疗、护理、农业、交通等领域的结构变革
2015年	《推进成长战略的方针》	利用大数据、人工智能和物联网"实现机器人革命",重构日本制造业,实现产业结构变革

资料来源:日本政府官网,兴业研究。

但是从实际情况来看,日本制造业产业升级的效果不一而足。一方面,日本通过产业兼并、技术升级实现了化工、金属加工、通用机械、电气机械等传统优势领域的高速增长;但另一方面,在近10年来全球产业景气大爆发的电子通信设备业领域,日本却表现不佳,通信设备下行速度甚至明显加快。由此折射出日本虽然通过技术深挖提高了自身传统优势产业的利润水平,但是在新兴产业方面却呈现落后趋势。

表3-6 1995—2019年日本主要产业分阶段产值增速情况

	制造业	化学品	石油焦炭	基本金属	金属加工制品	通用机械	电子设备	电气机械	通信设备	运输设备
1995—2000年	-0.46%	-0.62%	0.29%	-2.03%	-2.66%	0.77%	7.17%	-2.76%	0.88%	0.26%
2001—2005年	-1.30%	-0.93%	-1.73%	2.70%	-2.16%	0.32%	-3.47%	-3.68%	-8.00%	6.39%

续表

	制造业	化学品	石油焦炭	基本金属	金属加工制品	通用机械	电子设备	电气机械	通信设备	运输设备
2006—2010年	−2.06%	0.15%	0.31%	3.89%	−6.75%	−2.26%	−4.73%	−3.07%	−2.80%	−2.26%
2011—2015年	1.20%	1.79%	0.27%	−0.29%	4.31%	4.26%	−1.75%	0.72%	−8.02%	1.08%
2016—2019年	1.16%	2.99%	5.43%	−0.59%	4.21%	2.69%	0.50%	3.78%	−7.96%	

资料来源：CEIC，兴业研究。

2.经济服务化深化

在高速增长阶段，政策资源向制造业倾斜，日本经济服务化较为缓慢。随着国民收入水平提升，服务消费需求增长，日本第三产业占比开始不断提升。当前，日本第三产业稳定在75%~76%，是日本经济的绝对支柱。

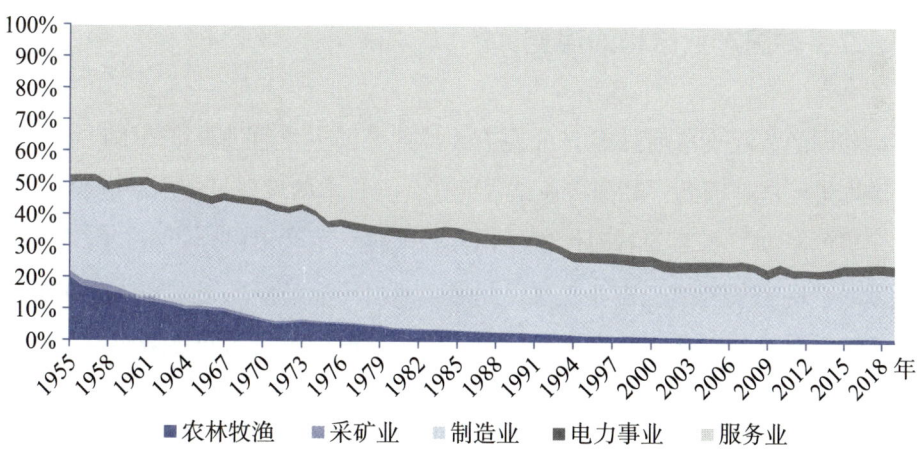

图3-8　日本产业结构变化

资料来源：CEIC，兴业研究。

此外，从服务产业的结构来看，日本生活性服务业占比基本稳定，而生产性服务业在1991年经济危机爆发后的十年间快速提升，并逐渐趋于稳定。

从分项看，技术服务活动、医疗、房地产、信息通信等行业的GDP占比提升。而建筑业、金融业、批发零售业在国民经济中的比重出现下行。日本服务业产业结构演变体现了日本信息社会、老龄化社会的特质。

表3-7　1995—2019年日本各项服务业占GDP比重

日期	建筑业	批发零售	交运	通信	住宿餐饮	金融业	房地产业	技术服务活动	政府服务	教育	医疗保健	其他服务业
1995年	7.59%	13.76%	5.51%	3.30%	3.04%	5.08%	10.28%	4.50%	4.70%	3.62%	4.19%	5.24%
2000年	6.67%	13.03%	4.88%	4.70%	3.11%	5.00%	10.81%	5.48%	5.04%	3.64%	5.09%	5.24%
2005年	5.40%	14.12%	5.09%	5.04%	2.70%	6.08%	11.04%	6.18%	4.99%	3.58%	5.72%	4.93%
2010年	4.64%	13.38%	5.10%	5.02%	2.55%	4.85%	12.34%	7.16%	5.12%	3.69%	6.69%	4.65%
2015年	5.18%	13.05%	5.30%	4.95%	2.36%	4.28%	12.00%	7.85%	4.91%	3.50%	7.42%	4.20%
2019年	5.35%	12.55%	5.33%	4.86%	2.43%	4.06%	11.69%	8.13%	4.97%	3.42%	7.88%	3.99%

资料来源：CEIC，兴业研究。

二、韩国产业结构的演变

韩国经济起飞落后日本15年左右，早期韩国主要通过承接日本产业转移发展本土经济。因此，韩国产业结构变迁，与日本的发展呈现出高度相似性。在发展的早期，资源的有限性推动日韩两国建立了"出口导向型"经济，通过发展劳动密集型的轻工业起家。此后，两国均通过发展资本密集型的重化工业建立自身的工业体系；之后再通过汽车、电子等技术密集型产业发展提高自身的产业竞争力。韩国自经济起飞以来的发展阶段大致可分为以下几个阶段：

- 1962—1971年的轻工业主导阶段
- 1972—1991年的重化工业发展阶段
- 1992年以后的技术立国阶段

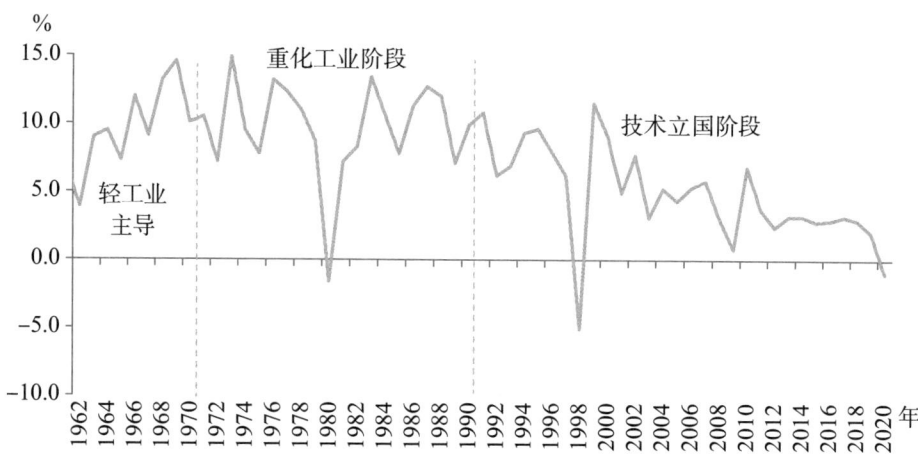

图 3-9 韩国历年 GDP 增速

资料来源：WIND，兴业研究。

（一）轻工业主导阶段（1962—1971 年）

1961 年，朴正熙政府主政韩国，致力于韩国经济增长。韩国分别于 1962 年、1967 年发布了第一、第二个经济开发五年计划。并且确立了"政府主导、出口导向、非平衡增长"的经济战略（朴昌根，1995）。从经济计划的内容来看，主要包括以下几个方面：

- 重视农业生产改善，提高粮食自给率；
- 加强基建投资，改善工业生产条件；
- 坚持出口导向以改善国际收支；
- 加强重化工业基础培育；
- 充分利用国内丰富劳动力资源发展工业。

这一阶段，韩国实现了"进口替代型"向"出口导向型"的经济战略转变。依靠着廉价劳动力的优势，韩国轻工业快速崛起，帮助韩国实现国际收支的明显改善。韩国轻工业的逐步发展，亦催生出重化工业的自主化需求。

（二）重化工业发展阶段（1972—1991年）

1972年韩国公布了第三个经济开发五年计划，明确提出加强国内重化工业建设以实现产业高级化。1973年朴正熙政府发表了《重化学工业宣言》，进一步明确重点发展钢铁、机械、石化、造船、电子、有色六大战略产业。韩国政府通过产业政策加大对重化工业企业的支持力度，推动重化工业企业的发展。

- 充分利用国内丰富融资支持：韩国政府通过银行体系，为战略产业的指定项目提供大量的低息甚至是无息贷款以支持重化工业企业的投资，同时限制轻工业的贷款规模。
- 充分利用国内丰富税收优惠：下调重化工业企业的所得税税率，上调轻工业企业所得税税率；大幅减免重化工业进口原材料的关税；将轻工业出口关税优惠转移至重化工业企业。
- 充分利用国内丰富进口保护：通过高额关税、进口许可制度、外资投资限制等措施保护重化工业产业。1978年，韩国对重化工业的有效保护率达到71.2%，对轻工业的有效保护率则仅为–2.3%（朴昌根，1998）。
- 充分利用国内丰富其他生产要素倾斜：政府大量建立工业园区，为企业提供道路、水电等基础设施；引进关联产业以提高整体效率；新建大量工业院校、专业，院校专业与对口工业区所需技术对应，支援技术人才。

1.钢铁行业

韩国钢铁产业从一开始就带有强烈的政府指导特性。1970年，韩国发布了《钢铁工业育成法》，其中明确规定仅允许浦项钢铁厂建设高炉炼铁，其余民间钢企投资仅限于电炉钢领域，并通过关税减免、长期低息贷款、加强基建投资来推动钢铁工业的发展。

一方面，浦项钢铁厂得益于政策赋予的垄断特权，国际竞争力得到迅速提升。韩国钢铁行业的高度集中让行业的竞争更加有序可控。

另一方面,民企投资集中于电炉钢领域,则强化了韩国对于废钢的回收、进口和使用,有利于降低韩国铁矿资源的对外依赖度。

1991年韩国浦项钢铁的产量在韩国国内的占比达到73.5%,近年来则稳定在60%左右的水平。韩国非常注重钢企的合并重组,亚洲金融危机之后,韩国成立钢铁生产管制小组,限制钢铁生产,出台补贴、税收优惠政策鼓励钢铁企业海外投资,加强技术研发,保证韩国钢铁产业竞争力的持续。

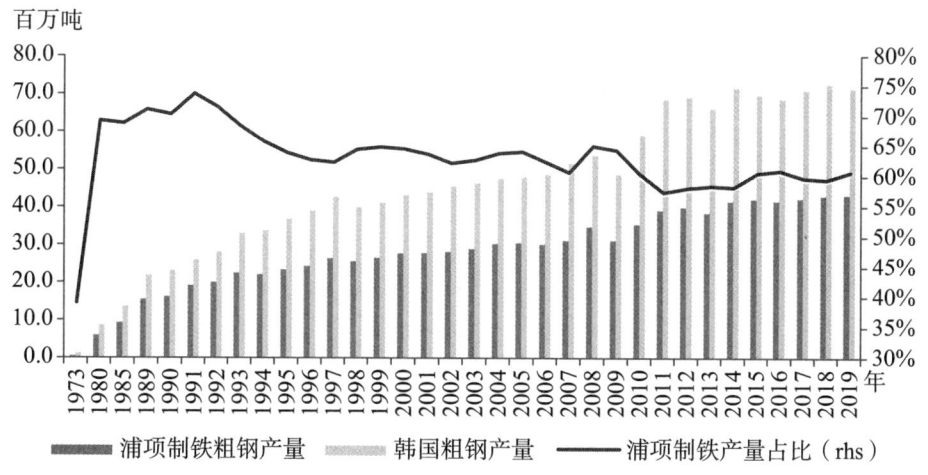

图3-10 韩国钢铁产业生产情况

资料来源:《国内外钢铁统计1949—1979》,WIND,兴业研究。

2.汽车行业

韩国汽车产业和日本一样,均经历了从组装到自主生产、从进口保护到全球出口的发展阶段。韩国早期以零部件进口、组装、加工为主。到了20世纪70年代,开始谋求向自主生产转型,加大引进国外先进技术,提升零部件国产化率。在韩国汽车产业的发展过程中,政府也对汽车企业进行了大量引导:

- 推动车企整合,促进汽车工业集中度提升;
- 限制汽车企业生产的车种、车型,并要求每个汽车厂拥有自己的发动机厂和车身厂,提高整车生产能力;

- 鼓励零部件生产研发，每个零部件企业主要生产一种零部件以促进专业化生产，并在达标之后限制该项零部件进口；
- 大幅提高汽车进口关税，营造购买国产车的社会氛围。

1987年，韩国政府在发达国家的压力，以及自身产业自由化的目标下，逐步放开对汽车产业的保护以及投资限制。韩国汽车市场的竞争加强，倒逼韩国车企继续升级。到了20世纪90年代，韩国车企已具备了一定的国际竞争力，韩国汽车出口开始持续改善。

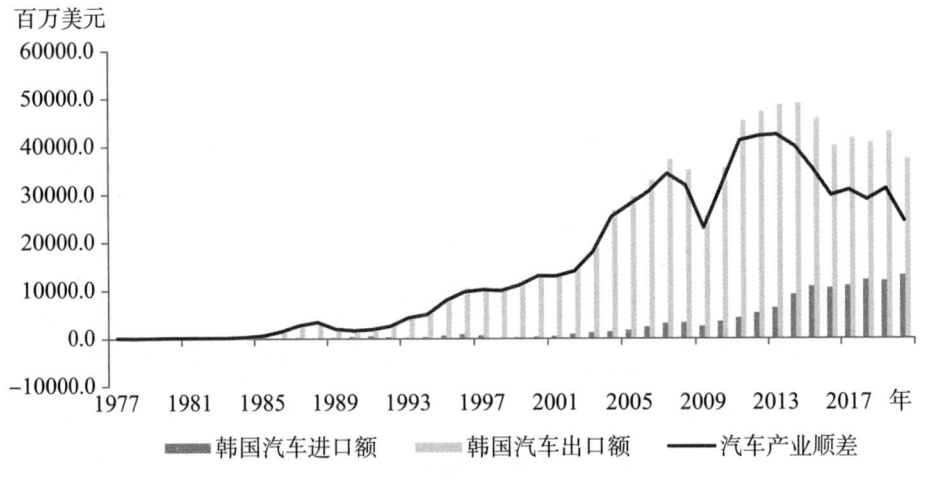

图3-11　韩国汽车产业进出口情况

资料来源：WIND，兴业研究。

但是，政府大力扶持下的大型企业利用垄断优势，重复投资盲目扩张，严重降低了产业效率，恶化了韩国的国际收支，引发了韩国产业合理化的需求。

（三）技术立国阶段（1992年以后）

20世纪80年代后期，韩国人口劳动力成本持续上行，劳动密集型、资本密集型产业的国际竞争力日趋下降。1994年，韩国人均GDP首次突破1万美元大关。随着韩国经济水平日益提高，发达国家对韩技术封锁加强，对韩加大开放的要求持续提高。韩国产业结构亟待转型升级。

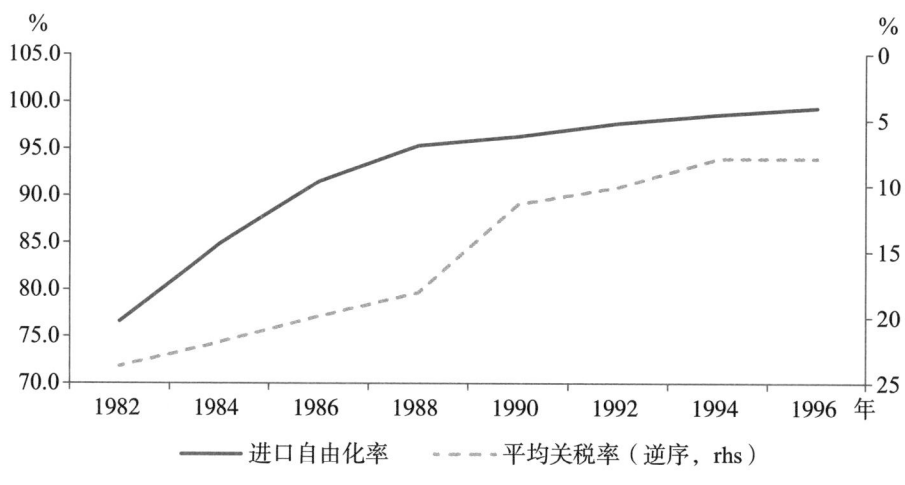

图3-12 韩国进口壁垒变化情况

资料来源：《当代韩国经济》，兴业研究。

在此背景之下，韩国提出了"技术立国"的战略方针，并且先后出台了《80年代的战略产业》《面向2000年的国家长期发展构想》等文件，重新布局战略产业。从扶持政策的内容来看，集中在长期低息贷款、税收优惠减免、鼓励企业留存一定比例资金用于技术研发、政府定向采购等政策。政府从早期的技术管制向技术引导转变，技术的决策权交由市场和企业决定。在政府的鼓励下，韩国科技企业纷纷成立自己的企业研究所，一些企业研究所也开始在海外建立研发中心，加强全球技术合作。

从政策效果来看，韩国高科技产品的国际竞争力在21世纪前仍相对薄弱，但进入21世纪后，韩国企业在半导体、化学品、信息通信设备领域均有明显突破。尤其是近10年，韩国抓住半导体产业的发展机遇，在电子产业领域取得重大成功。

从产业结构来看，韩国制造业占全国增加值的比重偶有波动，但基本稳定在27%—30%，韩国并未出现发达国家通常出现的去工业化现象。在保持制造业比重稳定的同时，韩国实现了运输设备、电气机械以及最重要的计算机电子设备比重的明显提升。尤其是计算机电子设备，2019年占增加值比重达到26.2%，是韩国的绝对支柱产业。从抓住全球产业潮流演进的角度，韩国的产业升级可以说十分成功。

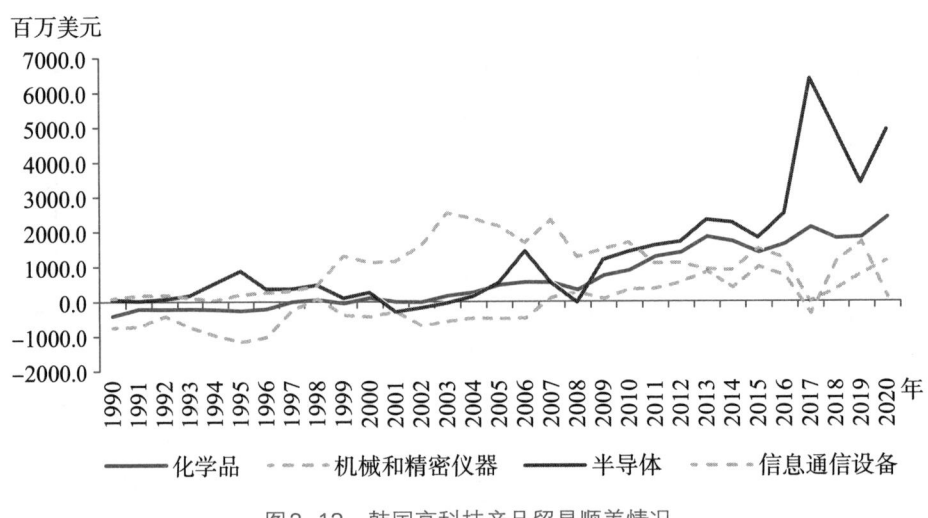

图3-13 韩国高科技产品贸易顺差情况

资料来源：CEIC，兴业研究。

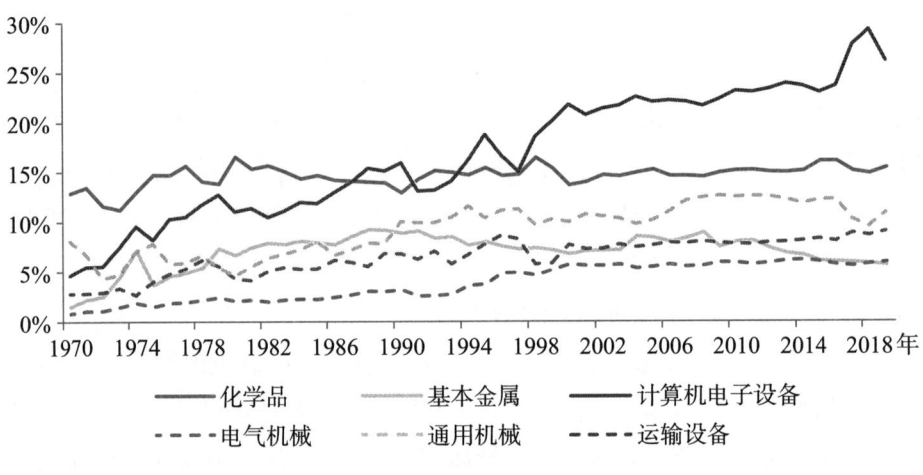

图3-14 韩国制造业内部结构演变情况

资料来源：CEIC，兴业研究。

对于服务业，从其内部结构来看，韩国的服务业结构演变与日本较为相似。生产性服务业增长较快，生活性服务业基本保持稳定。专业服务、医疗、信息通信、房地产等行业均出现了增加值占比提升。而批发零售、建筑业则出现较为明显的下行。

表3-8 韩国产业结构演变情况

	1970年	1975年	1980年	1985年	1990年	1994年	2000年	2005年	2010年	2015年	2016年	2017年	2018年	2019年
农林牧渔	29.04%	26.98%	16.00%	13.07%	8.41%	6.21%	4.28%	2.89%	2.36%	2.18%	2.03%	2.02%	1.91%	1.77%
采矿业	1.63%	1.48%	1.35%	1.17%	0.70%	0.50%	0.27%	0.21%	0.16%	0.14%	0.15%	0.14%	0.12%	0.11%
制造业	19.03%	22.19%	24.65%	26.95%	27.67%	27.79%	29.31%	28.39%	30.17%	29.00%	28.80%	29.46%	29.12%	27.66%
电力事业	1.41%	1.20%	2.26%	3.11%	2.24%	2.39%	2.86%	2.52%	2.14%	2.75%	2.78%	2.38%	2.02%	2.08%
建筑业	5.12%	4.53%	7.71%	6.53%	9.56%	9.13%	6.08%	6.55%	5.04%	5.34%	5.75%	6.03%	5.95%	6.01%
批发零售	13.66%	16.42%	13.09%	13.07%	11.74%	9.96%	9.62%	8.27%	8.61%	8.12%	8.09%	7.96%	7.86%	7.66%
住宿餐饮	2.21%	2.29%	1.63%	1.86%	2.51%	2.76%	2.84%	2.51%	2.39%	2.43%	2.53%	2.47%	2.53%	2.60%
运输仓储	5.75%	5.10%	6.45%	5.19%	4.57%	4.41%	4.39%	4.30%	3.81%	3.85%	3.69%	3.47%	3.34%	3.41%
金融保险	2.12%	2.17%	5.50%	3.89%	5.06%	5.43%	5.50%	6.36%	6.46%	5.80%	5.62%	5.78%	6.00%	5.96%
房地产	3.98%	3.14%	3.71%	4.75%	5.48%	7.72%	8.78%	8.21%	7.81%	8.03%	8.07%	7.93%	7.96%	8.13%
信息通信	1.34%	1.41%	1.93%	2.63%	2.79%	3.06%	4.72%	5.34%	4.60%	4.59%	4.67%	4.57%	4.58%	4.70%
商务活动	1.13%	1.08%	2.00%	2.96%	4.60%	5.58%	5.76%	6.89%	8.19%	9.33%	9.24%	9.20%	9.53%	9.98%
公共管理	6.51%	5.36%	6.41%	5.68%	5.58%	5.52%	5.53%	6.02%	5.99%	6.28%	6.33%	6.39%	6.61%	6.95%
教育	3.75%	3.79%	4.36%	4.82%	4.69%	4.86%	4.93%	5.65%	5.71%	5.40%	5.31%	5.23%	5.22%	5.34%
医疗	0.69%	0.80%	0.89%	1.99%	1.84%	1.96%	2.37%	3.12%	3.79%	4.16%	4.31%	4.45%	4.67%	5.04%
文化及其他服务业	2.62%	2.07%	2.04%	2.35%	2.55%	2.75%	2.75%	2.76%	2.79%	2.60%	2.62%	2.51%	2.57%	2.58%

资料来源：CEIC，兴业研究。

三、日韩产业结构演变的经验借鉴

从上文中我们不难看出，改革开放后的我国，经历了与日本和韩国十分相似的产业发展历程。在发展初期，中日韩均以出口为依托大力发展"出口导向型"经济，并通过深度融入全球产业链而实现经济的高速增长。随着人均收入越过1万美元这个关口，面对国内劳动力成本的上升和后发国家的追赶，与领先国家的贸易摩擦不断加剧，国内产业面临持续升级的压力。

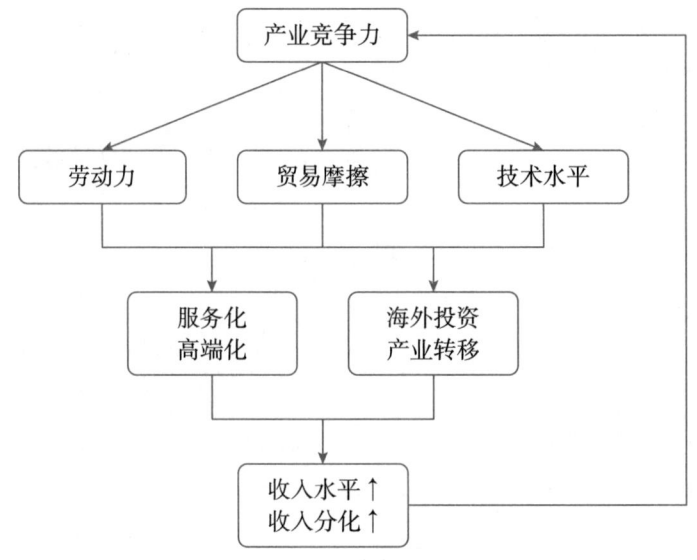

图3-15 中日韩经济发展模式

资料来源：兴业研究。

在重工业化阶段完成后，日本与韩国走上了不同的发展道路。日本经济的服务化程度更深，韩国的制造业占比却保持基本稳定。这一差异直接导致两国长期经济增长的速度不同。学术研究普遍认为，由于第三产业生产效率提升的速度慢于第二产业，随着第三产业占比的提升，经济的潜在增长速度会出现下降。在人均GDP突破1万美元后的20年间，韩国的不变价GDP复合增速大致在4.9%左右，日本的不变价GDP复合增速则仅为2.5%上下。韩国GDP增速较之日本相对更高，亦更为稳定。

图3-16 人均GDP超过1万美元后日韩GDP增速情况

注：0表示两国人均GDP首次达到1万美元时间，日本为1981年，韩国为1994年。
资料来源：WIND，兴业研究。

（一）中国产业结构现状：与日韩对比的角度

2019年，中国人均GDP首次步入1万美元，这是我国经济发展的重要里程碑。从产业结构的演变来看，伴随着我国经济水平的提高，工业占比由2008年的41.3%降至2019年的31.6%，服务业和建筑业合并占比则由48.8%升至61.5%。

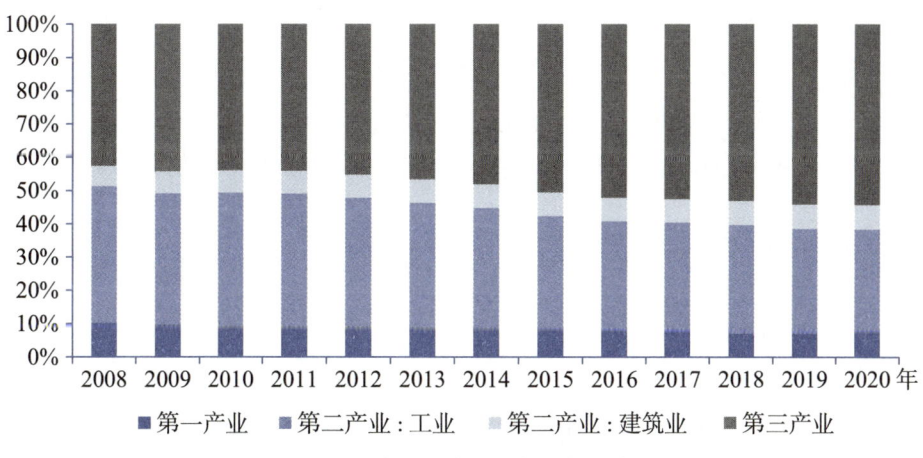

图3-17 中国三次产业占比变化情况

资料来源：WIND，兴业研究。

1. 工业占比情况

工业方面，中日韩占比分别为31.6%、34.9%和30.7%。但是由于日韩的矿产资源贫瘠，其工业中制造业的比重要高于中国。2019年中国制造业占比为26.8%，相同发展阶段下，日韩则为31.2%、27.8%。

从发展趋势来看，韩国制造业占比虽偶有波动，但是自1984年以来的30多年，其制造业占比都稳定在27%—30%。而日本制造业占比则随着海外投资战略的推进，出现了持续下行，当前逐渐稳定至20.5%左右的水平。当前，中国制造业比重下降速度要显著快于同一经济发展时期的日本和韩国，制造业占比甚至呈现出了逐年下台阶的趋势，对此要保持警惕，力争制造业占比保持基本稳定。

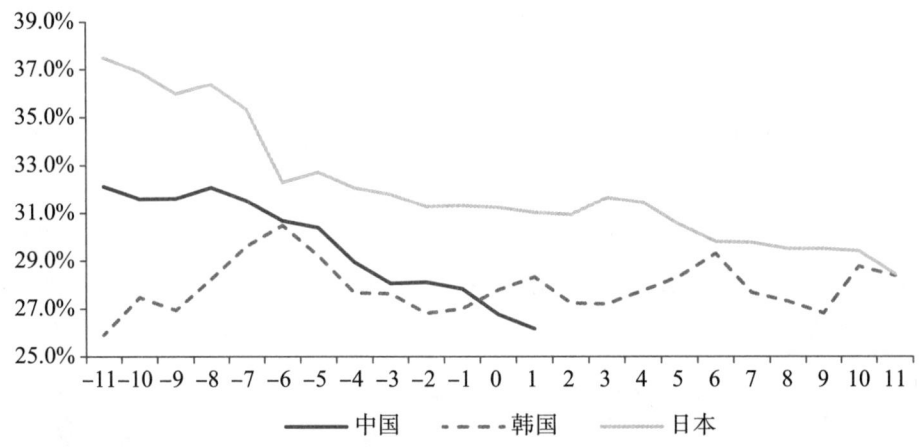

图3-18　中日韩制造业占GDP比重变化情况

注："0"表示人均GDP首次达到1万美元的年份，中国为2019年，韩国为1994年，日本为1981年。

资料来源：WIND，兴业研究。

2. 服务业占比情况

服务业方面，人均GDP达到1万美元时，中日韩的占比分别为54.5%、51.1%和54.0%，整体较为接近。从服务业结构来看，中国金融业、信息通信服务业的比重要高于日韩，尤其是中国金融业占比达到7.7%，分别高出同一时期日韩3.0和2.3个百分点,但房地产、医疗、教育等的占比,中国则要低于日韩。未来,我国在这些领域仍有改善提升空间。

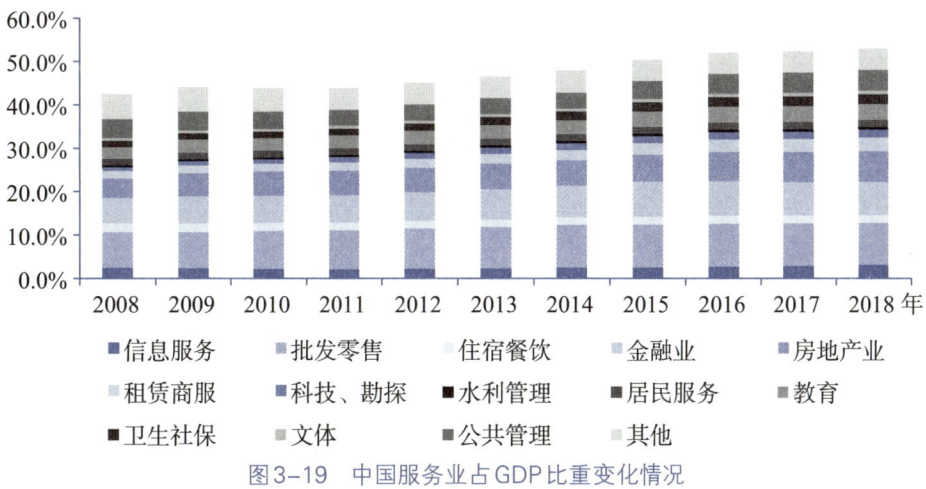

图3-19 中国服务业占GDP比重变化情况

资料来源:WIND,兴业研究。

(二)未来中国发展的应对之策

东亚出口导向型的经济模式所蕴含的发展压力在人均GDP接近1万美元的时候将进一步凸显。此时,产业重工业化的大规模投资接近尾声,投资拉动型经济难以为继;而资本效率的下降、劳动力成本的上升,以及与发达国家的贸易摩擦加剧,将进一步挤压国家产业空间。此外,习惯了技术模仿的后发国家逐渐进入技术无人区,对后发国家的技术创新能力提出更高要求。

从日韩产业结构演变的经验来看,要解决中国当前经济模式发展的困境,可以从以下几个方面入手。

1.保持制造业比重基本稳定

2021年3月发布的《中华人民共和国国民经济和社会发展第十四个五年规划和2035年远景目标纲要》中,明确提出"坚持自主可控、安全高效,推进产业基础高级化,产业链现代化,保持制造业比重基本稳定。"。在当前贸易、科技摩擦渐多的国际环境下，制造业比重的稳定有助于保持我国产业链的安全，为产业升级提供土壤。同时，制造业比重的稳定对于稳定就业、扩大内需市场亦有着重要意义。具体，可以从传统产业的改造以及新兴产业的延展两方面展开。

（1）积极推进传统产业合理化

日本、韩国在产业结构升级的过程中均出台过大量的产业合理化政策，也可以被称为日韩版的"供给侧改革"，目的在于压缩落后产能、鼓励产业升级。

表3-9 日本相关产业合理化政策内容

行业	时间	产业合理化政策
煤炭产业	1950s	限制能源进口以保护煤炭工业
	1961年	鼓励新产业进驻原煤炭产地，对促就业企业给予补贴、优惠、贷款
纤维行业	1950s	建议缩短工时、限制原材料进口外汇配给
		封存过剩设备、限制新增设备注册
	1953年	政府收购报废设备，新设备增加注册程序
	1964年	政府法令要求报废两台设备方可添置一台设备
		通过特别折旧优惠、更新贷款促进技术升级
	1974年	鼓励企业集团更新设备、技术，加强产业一体化
炼铝行业	1976年	通产省要求铝企减产40%以上，限制铝进口数量
	1977年	日本产业报告要求炼铝设备能力由164万吨调降至125万吨
	1981年	日本产业结构审议会要求炼铝设备能力继续压降，但至少维持70万吨，保障国内供应安全
	1983年	政府资助下，成立"炼铝新技术研究所"
造船业	1976年	日本造船业主管部门明确要求1977—1979年作业时间及作业强度稳步下行
	1977年	日本运输省停止0.5万总吨以上新建、扩建
	1978年	造船业纳入"特安法"指定行业，指定协会利用贷款收购造船企业设备、土地

资料来源：《日本产业政策研究》，兴业研究。

虽然我国的供给侧结构性改革初见成效,但是钢铁、煤炭等行业的集中度仍然偏低,行业调整升级具有长期性,未来要继续坚持供给侧结构性改革主线。

(2)积极推动高科技制造业发展

日韩从重化工业、汽车工业到电子产业,一路走来持续升级。其中有两条思路值得借鉴。

第一条思路是提高产业链供应链的稳定性和竞争力。

一方面,日韩无论是发展钢铁、化工还是汽车、电子行业都非常注重核心企业的培育。在日韩进入这一领域时,欧美企业已经较为成熟,且体量较大,处于发展早期的幼小企业很难与其直接对抗。因此,日本、韩国通过设置准入门槛、设备注册、外汇配给、投资限制等方式,集中扶持壮大一小部分企业,快速提高其市场占有率以提升国际竞争力。

例如,日本在石油化工第一期计划中,因为企业规模的限制,仅批准了4家企业生产乙烯,1962年开始的第二期计划中也只增加了5家企业,极大促进了市场集中;半导体产业发展初期,国内选取富士通、日立等企业作为产业核心,给予充分的政策支持以抵抗以IBM为代表的美国军团。此外,韩国在钢铁领域,早期仅允许浦项钢铁厂建设高炉,其他企业只允许生产电炉钢;整车企业亦通过合并削减至4家。

另一方面,注重培育零部件企业。除了核心企业之外,随着日韩逐渐步入技术深水区,其对于技术的消化创新要求提高。因此,日韩十分注重零部件企业的培育,韩国甚至要求汽车零部件企业主要生产一种零部件以提高生产的专业化,加快国产自主率。这对于核心企业与零部件企业的合作互信要求较高。

第二条思路是加强国家科技引导。

无论是日本还是韩国,随着产业升级需求提高,对于研发战略、研发投入以及研究人才的关注度都在持续提升。除了比较常规的方向引导、加强经费投入尤其是基础研究比例外,还加强人才培养、吸引海外人才等。

- 重视支持新产品市场开拓:政府采购支持新产品、新技术的市场;对零部件强调达标后的进口限制与替代;在国内营造使用国货的舆论氛围。
- 强调人才与市场对接:韩国引导大学课程与周边对口工业区产业对接,

同时加强实践培训,提高技术人才比例。
- 鼓励设立企业研究所:日韩积极鼓励民间企业研发投资,通过设立企业研究所对接市场研发需求,提高产业研发实力。

当前,日本知识产权领域的顺差逐年提升,技术、专利出口成为日本收入的重要来源。韩国随着自身技术储备的提升,其国际收支亦有明显改善。而中国当前知识产权领域的贸易逆差巨大。这既体现了我国对于技术引进的依赖性,同时也反映了我国科技力量仍有较大提升空间。

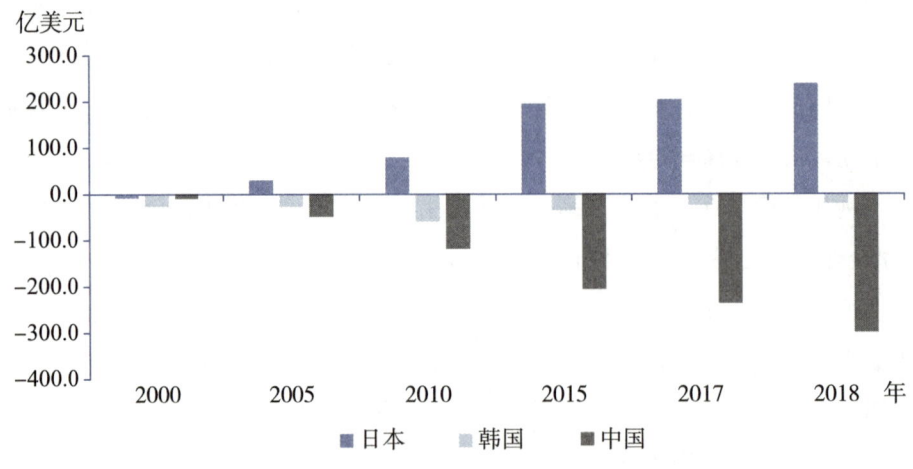

图3-20 中日韩知识产权贸易顺差情况

资料来源:日本国际贸易投资研究所,兴业研究。

2.推动服务业高质量发展

从日韩的发展经验来看,其生活性服务业的比重相对比较稳定,提升空间相对有限。但是生产性服务业,尤其是专业服务、信息通信服务业的占比有较大的改善空间。

在生产性服务业方面,信息社会的深化推动服务业分工的细化,专业服务的重要性在加强。生产性服务业通过与制造业的互动,推动服务业和制造业效率的双重提升,这对于推动社会整体生产率的提高有着重要意义。但是当前,我国专业服务占比仍然偏低,生产性服务业优化空间较大。

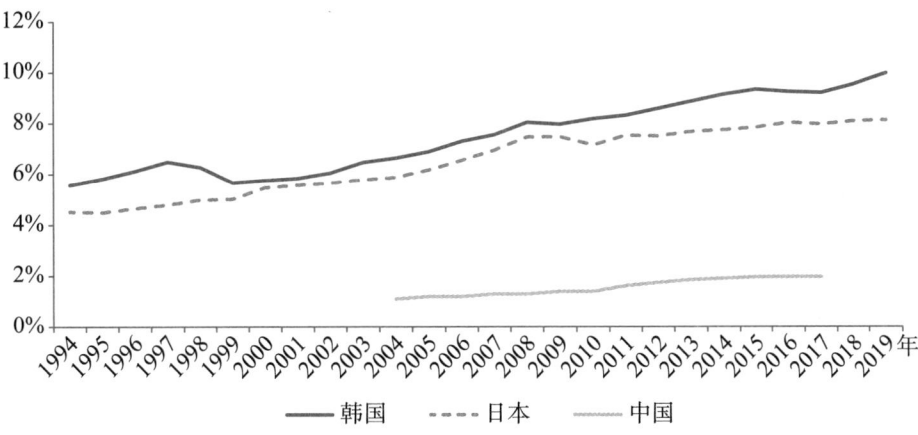

图 3-21　中日韩科研技术服务业占比变化情况

资料来源：WIND，CEIC，兴业研究。

在生活性服务业方面，在人均GDP达到1万美元之后，随着人口老龄化社会的到来、城镇化进程的结束，日韩医疗服务业在经济中的占比明显提升，建筑业则明显下滑。当前，我国医疗服务占GDP比重低于日韩，未来随着中国人口老龄化社会的到来，医疗服务占比预计将逐步提升。而且中国人口绝对数量显著高于日韩，医疗服务增长绝对量想象空间巨大。

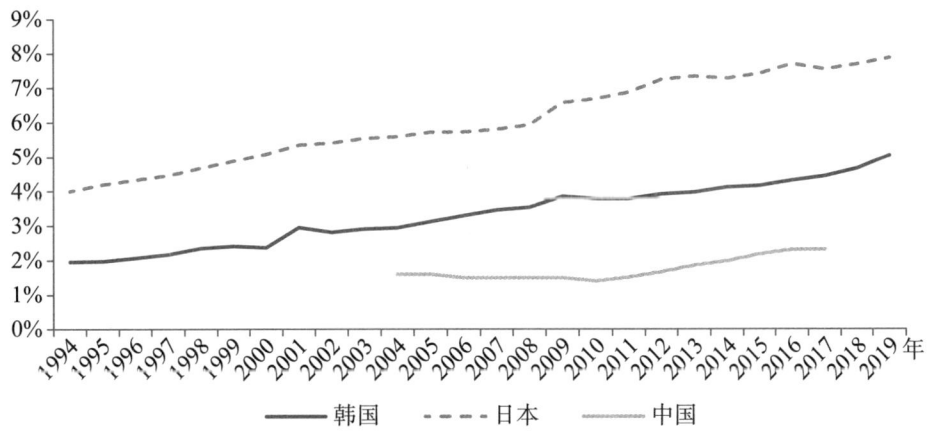

图 3-22　中日韩医疗服务业占比变化情况

资料来源：WIND，CEIC，兴业研究。

第二节 "顶天立地"新基建：分类定量测算

2020年2月以来，中央在多达四次的会议上提出要加快新型基础设施建设，加快5G、工业互联网等新兴产业发展。那么新基建到底包括哪些内容？其经济意义是什么？具体投资规模又有多大呢？本节将就上述问题展开探讨。

一、新基建的内涵

"新型基础设施"这个概念，国务院早在2015年下发的《关于积极推进"互联网+"行动的指导意见》中便已经提及："固定宽带网络、新一代移动通信网和下一代互联网加快发展，物联网、云计算等新型基础设施更加完备。"之后，新型基础设施这一概念的内涵也在不断丰富和完善。整体来看，"新基建"更关注新兴产业发展，注重培育经济新动能。

表3-10 新基建相关政策内容

时间	会议/文件	相关内容
2021-07-12	十部门联合印发《5G应用"扬帆"行动计划（2021—2023年）》	面向信息消费、实体经济、民生服务三大领域，重点推进5G在工业互联网、车联网、智慧港口、智慧采矿等15个行业的应用，通过三年时间初步形成5G创新应用体系
2021-03-13	2021年政府工作报告	统筹推进传统基础设施和新型基础设施建设。加快数字化发展，打造数字经济新优势
2020-12-18	中央经济工作会议	激发全社会投资活力。要大力发展数字经济，加大新型基础设施投资力度
2020-03-04	中共中央政治局常委会	加快5G网络、数据中心等新型基础设施建设进度。要注重调动民间投资积极性
2020-02-23	中央统筹推进新冠肺炎防控和经济社会发展工作部署会议	一些传统行业受冲击较大，而智能制造、无人配送、在线消费、医疗健康等新兴产业展现出强大成长潜力。要以此为契机，改造提升传统产业，培育壮大新兴产业
2020-02-21	中共中央政治局会议	加大试剂、药品、疫苗研发支持力度，推动生物医药、医疗设备、5G网络、工业互联网等加快发展

续表

时间	会议/文件	相关内容
2020-02-14	中央全面深化改革委员会	基础设施是经济社会发展的重要支撑,要以整体优化、协同融合为导向,统筹存量和增量、传统和新型基础设施发展,打造集约高效、经济适用、智能绿色、安全可靠的现代化基础设施体系。要分类放宽服务业准入限制,构建监管体系,深化重点领域改革,健全风险防控机制,完善相关法律法规,提升供给质量和效率。
2020-01-03	国务院第四次常务会议	要大力发展先进制造业,出台信息网络等新型基础设施投资支持政策,推进智能、绿色制造
2019-12-12	七部门印发《关于促进"互联网+社会服务"发展的意见》	加快布局新型数字基础设施,加速构建支持大数据应用和云端海量信息处理云计算基础设施,支持政府和企业建设人工智能基础服务平台
2019-12-09	交通运输部举行"加快交通强国建设"专题发布会	推进基于5G、物联网等技术的智慧交通新型基础设施示范建设
2019-07-30	中央政治局会议	稳定制造业投资,实施城镇老旧小区改造、城市停车场、城乡冷链物流设施建设等补短板工程,加快推进信息网络等新型基础设施建设
2019-05-05	国务院常务会议	把工业互联网等新型基础设施建设与制造业技术进步有机结合
2018-12-21	中央经济工作会议	加大制造业技术改造和设备更新,加快5G商用步伐,加强人工智能、工业互联网、物联网等新型基础设施建设,加大城际交通、物流、市政基础设施等投资力度
2091-03-05	政府工作报告	加大城际交通、物流、市政、灾害防治、民用和通用航空等基础设施投资力度,加强新一代信息基础设施建设
2017-01-15	《关于促进移动互联网健康有序发展的意见》	加快建设并优化布局内容分发网络、云计算及大数据平台等新型应用基础设施
2015-10-09	《国务院办公厅关于加快电动汽车充电基础设施建设的指导意见》	充电基础设施是指为电动汽车提供电能补给的各类充换电设施,是新型的城市基础设施
2015-07-04	《国务院关于积极推进"互联网+"行动的指导意见》	固定宽带网络、新一代移动通信网和下一代互联网加快发展,物联网、云计算等新型基础设施更加完备

资料来源:兴业研究。

央视中文国际频道曾在2020年3月2日的报道中明确表示，新型基础设施建设主要包括5G、数据中心、人工智能、工业互联网、充电桩、特高压、城际铁路和城际交通7大部分。除此之外，卫星是互联网基础设施中的重要一环，有必要将其也纳入新基建当中进行分析。以上8个分项，彼此联系，相互补充，是我国新经济动能的重要来源。

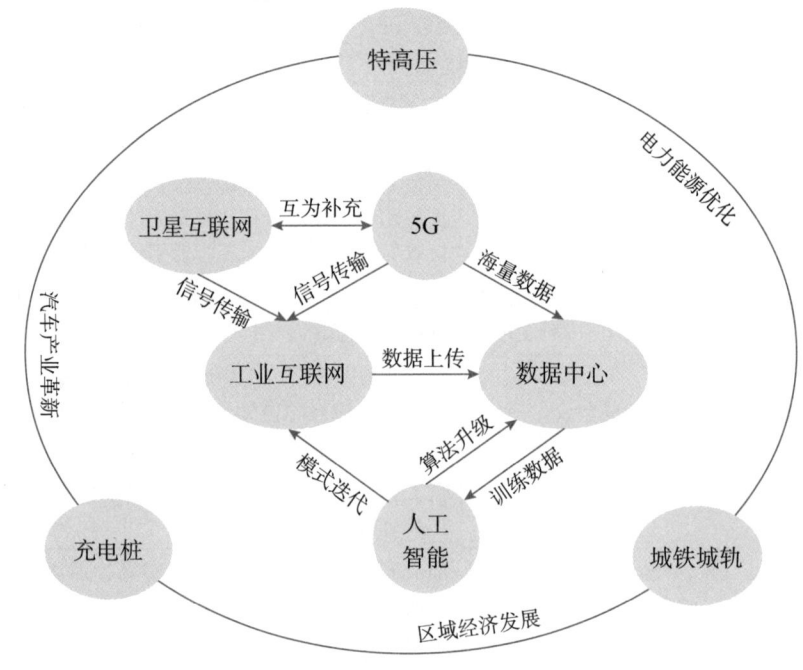

图3-23　新基建项目之间的关系

资料来源：兴业研究。

二、新基建的优势

新基建的概念早在2015年就已提出。随着技术、经济发展条件成熟和相应业态的蓬勃发展，2018年以来，新基建逐渐成为中央经济建设的重点。2020年以来，中央密集表态新基建，一方面是此前政策方向的延续，另一方面也是对抗疫情冲击的现实选择。

与传统基建相比，新基建有其独特的优势。第一，新基建有广阔的应用场景和较大的市场潜力，民间资本对于新基建有着更强的参与动力，可以通过更少的政府资金来撬动更大规模的民间投资。以5G为例，5G网络有着高速率、低时延和泛连接的特点，包括三个方面的应用场景：

- eMBB："增强移动宽带"，可视为4G通信业务升级版本，强调移动性保证下的广覆盖和高速率；
- uRLLC："高可靠低时延泛连接"，强调高速移动下的低时延与高可靠性，是无人驾驶、智慧医疗推进的重要技术保证；
- eMTC："海量物联"，更强调高并发和多通道数据传输能力，以保证海量连接产生的大量数据的传输和反馈。

疫情期间，云办公、在线教育的兴起让我们对于5G应用有了更为直观和清晰的认识。而5G丰富的应用场景，与云计算、工业互联网、人工智能等相结合后，无疑将显著改变人们现有的生活和生产方式。

移动互联网时代涌现了一批优秀的互联网企业，他们有动力、有资金、有技术参与新型基础设施的投资建设。因此，在推动新基建的过程中，政府除了单纯的资金投入之外，政策引导民间资本的投资也有着重要意义。

特别是此次疫情之后，我们已经观察到各类企业线上化步伐显著加快，比如，疫情发生后对计算机、通信等领域的人员招聘，已出现了明显增加。而在这之前，很多企业都认为大规模的线上化是5—10年之后的事情，还可以"不急"。

第二，新基建投资的"漏损"更小，对国内经济的乘数效应更高。传统的铁路、公路等基础设施建设需耗费大量的铁矿石、工程机械等进口商品，使得财政支出扩张效果在很大程度上会"漏损"至海外经济体。而在5G、轨道交通等领域，我国产业链完整，加之美国在部分高科技领域对我国采取禁售措施，新基建的推进将需要更多地依靠国内企业的研发与生产。因此，在新基建投资支出的"漏损"更小，乘数更大，对国内经济有更强的拉动力。

第三，新基建是"顶天立地"、传统与高科技融合程度很高的领域。从对"新基建"本身的直接投资活动来看，都在高科技领域，似乎与普通就业人员关系甚微。但是，在这些基础设施就位、使用费用大幅下降至普通人可以承受范围内时，其就与普通就业人员密切相关了。比如，因为新型基础设施更为完善，我国东部地区对流动性人口更早推出了"健康码"管理，有效实现了"一手抓防疫，一手抓复工，两手都要赢"的目标，而全面复工与每一个人都息息相关。又比如，因为移动互联网的全覆盖和低上网费，使得在工厂、工地的务工人员即便没有了以前的工作，有的还可以去送外卖，有的则可以在家自己做直播卖东西，等等，大大增强了普通劳动者自主创业和就业的能力。再比如，因为学校无法开学而改为上网课，结果手机支架销量大增，而手机支架并非高科技产品，其生产中小企业和普通务工人员都有机会参与其中。

三、新基建的投资规模

新基建短期可以拉动相关设备生产（计算机通信设备是目前我国工业第一大产业），间接为经济活动线下转线上、劳动者自主创业提供更好的条件，长期则为我国经济提高效率铺就信息高速公路，社会意义、经济意义巨大。那么新基建投资规模到底需要多少呢？

通过对新基建8个重要类目的分项测算，2021年新基建的投资规模预计在2.53万亿左右。后续随着5G基站建设放量，配套基础设施跟进建设加快，新基建年投资规模将快速增长，预计到2025年当年的投资规模或达到3.05万亿。

表3-11　2020—2025年新基建投资规模测算

投资额（单位：亿元）	2019	2020	2021E	2022E	2023E	2024E	2025E
5G基站	650	2,655	6,316	6,202	5,141	4,162	4,080
数据中心	2,444	2,684	2,967	3,301	3,696	4,163	4,688
工业互联网	737	604	940	1,071	1,221	1,392	1,587
人工智能	898	896	1,040	1,248	1,559	2,027	2,676
卫星互联网	28	117	175	197	219	225	153
充电桩	98	149	214	293	363	368	528

续表

投资额 （单位：亿元）	2019	2020	2021E	2022E	2023E	2024E	2025E
特高压	236	708	935	1,050	1,150	1,200	1,050
高速铁路	5,474	5,748	6,035	6,337	6,654	6,986	7,336
城市轨道交通	5,959	6,286	6,663	7,063	7,487	7,936	8,412
合计	16,523	19,846	25,285	26,761	27,490	28,459	30,511

注：表中2020年特高压和卫星互联网规模为预估值。
资料来源：WIND，兴业研究。

2019年，我国基础设施建设投资规模为18.2万亿元，新基建投资规模约为其9%。静态来看，2025年新基建投资规模为2019年全年基建投资规模的20%。

1. 5G基站建设

5G建设的第一步毫无疑问是5G基站大规模建设组网，这也是未来一段时间新型基础设施建设投资的重中之重。5G由于频率较高，覆盖范围较小，因此需要建设更多的宏基站以保证网络覆盖。而由于技术等原因，5G单个基站的造价明显高于4G基站。

目前，各方普遍预计5G宏基站的建造数量为4G的1.2—1.5倍左右。2017年8月召开的"面向5G的LTE网络创新研讨会"上，中国联通网络技术研究院高级专家李福昌表示，从连续覆盖角度来看，5G的基站数量可能是4G的1.2倍。[1] 中商产业研究院的《2019年中国5G产业市场研究报告》认为，在5G高频通信背景下，5G基站数约为4G的1.5倍。我们按1.5倍计。

目前，5G单个宏基站的造价为40万—50万元。据调查，5G基站主设备目前运营商报价约为20万元，动力配套设备的硬件成本为3万—5万元，再考虑主设备软件费用、安装耗材等因素，软硬件成本约为30万元。若算上租金

---

[1] 上海证券报，《中国联通：5G基站数量或将为4G的1.2倍》，(2017-08-18) http://news.cnstock.com/news，bwkx-201708-4117934.htm。

和人工,预计为40万—50万元[1]。2019年8月的中国移动财报会议上,中国移动董事长表示,2019年将投资240亿元新建5万个5G基站[2]。换算下来,单个基站建设成本在48万元左右。预计后续随着技术进步,建设规模放量,建设成本有望逐渐下降。

建设进度方面,当前国内政策推进动力较强,在2019年12月召开的全国工业和信息化工作会议上,工信部表示"力争2020年底实现全国所有地级市5G网络覆盖"。[3]但是5G建造数量多、造价高,从信号覆盖到信号优化仍需一定时间。因此我们仍按照4G进度对标,并进行一定的调整。各年5G建设投资规模预测如表3-12所示。

表3-12　5G基站投资规模预测

	单位	2013	2014	2015	2016	2017	2018	2019
4G基站建设数	(万个)	13.9	71.1	92	86	65	44	172
4G基站总数	(万个)	13.9	85	177	263	328	372	544
建设进度		2.6%	15.6%	32.5%	48.3%	60.3%	68.4%	100.0%
	单位	2019	2020	2021E	2022E	2023E	2024E	2025E
5G基站建设数	(万个)	13	59	140	155	147	139	163
5G基站总数	(万个)	13	72	212	367	514	653	816
建设进度		1.6%	8.8%	26.0%	45.0%	63.0%	80.0%	100.0%

---

[1] 鲜枣课堂:《建一个5G基站,到底要花多少钱?》(2019-12-17),https://mp.weixin.qq.com/s/26BHCsWXCLPDUhRqXOpYBw。

[2] 第一财经:《中国移动:今年5G投资240亿,全年资本开支最多1660亿》(2019-08-08),https://www.yicai.com/news/100289102.html。

[3] 新华社:《2020年底全国所有地级市力争实现5G网络覆盖》(2019-12-23),http://www.gov.cn/xinwen/2019-12/23/content_5463302.htm。

续表

5G单基站价格	（万元/个）	50	45	45	40	35	30	25
投资规模	（亿元）	650	2655	6316	6202	5141	4162	4080

资料来源：工信部，兴业研究。

2.数据中心

未来数据中心建设仍大有可为。中央多次强调加强数据中心这一新型基础设施建设，其重要性不言而喻。5G上线意味着连接速度更快的同时，将产生海量数据。而数据中心作为海量数据存储、云计算的重要基础设施，其需求亦将随之爆发。

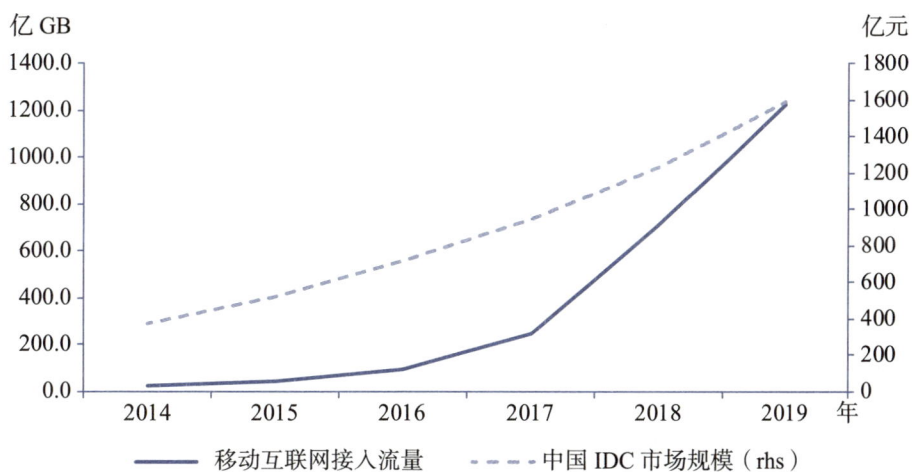

图3-24　中国IDC（互联网数据中心）市场规模随着流量增长快速上升

资料来源：WIND，兴业研究。

从过往数据看，IDC市场规模与互联网流量增长存在明显的正相关关系。我们将移动互联网接入流量与全国数据中心机柜数进行回归，结果显示：移动互联网接入流量每增长1亿GB，将带动数据中心机柜数增长1081个。通过估算移动互联网接入流量的增长规模，即可测算数据中心未来的投资规模。

根据中国移动2018年发布的《中国5G产业发展和投资报告》，其预计到2028

年5G用户的月平均流量将增长7倍左右。工信部数据显示，2018年、2019年月户均移动互联网接入流量分别为4.64GB/月/户和7.82GB/月/户，接入的用户数分别为12.8亿人和13亿人。① 我们假设接下来5年每年增长1000万人，之后一直保持13.5亿用户数。月户均移动互联网接入流量方面，按照17%的年复合增长率计算。

单个机柜建设价格方面，从数据港、宝信软件、光环新网的公司公告、官网数据来看，单个机柜的建设价格在20万元左右。但这几个数据中心集中在北京、上海，地价贵建设成本高，综合考虑，我们假设全国平均单个机柜建设价格在10万元左右。结合流量测算，可得数据中心历年的投资规模如下。

表3-13　历年数据中心投资规模测算

项目	单位	2018E年	2019E年	2020E年	2021E年	2022E年	2023E年	2024E年	2025E年	2026E年	2027E年	2028E年
月户均移动互联网接入流量	(月/GB/户)	4.64	7.82	9.17	10.76	12.62	14.80	17.36	20.36	23.88	28.00	32.84
用户数	(亿人)	12.77	13.00	13.10	13.20	13.30	13.40	13.50	13.50	13.50	13.50	13.50
移动互联网接入流量	(亿GB)	711	1220	1442	1704	2014	2380	2812	3298	3868	4537	5321
新增机柜数	(万个)		34.40	23.96	28.31	33.45	39.51	46.68	52.49	61.57	72.21	84.70
机柜数	(万个)	210	244	268	297	330	370	416	469	530	603	687
单机柜建设成本	(万/个)	10	10	10	10	10	10	10	10	10	10	10
投资规模	(亿元)			2684	2967	3301	3696	4163	4688	5304	6026	6873

资料来源：工信部，兴业研究。

注：目前2018年-2020年仍然没有公开可得的数据，相关数据为预测数据。

---

① 工信部：《2019年通信业统计公报》（2020-02-27），http：//www.miit.gov.cn/n1146312/n1146904/n1648372/c7696411/content.html。

3. 工业互联网

工业互联网是物联网在工业领域的应用。随着5G技术的进步、数据计算能力的提升,万物互联正在成为可能。工业互联网通过工业数据采集、存储、计算和反馈,实现工业生产的数据可视化、智能化,是未来工业柔性生产、效率提升的重要武器。

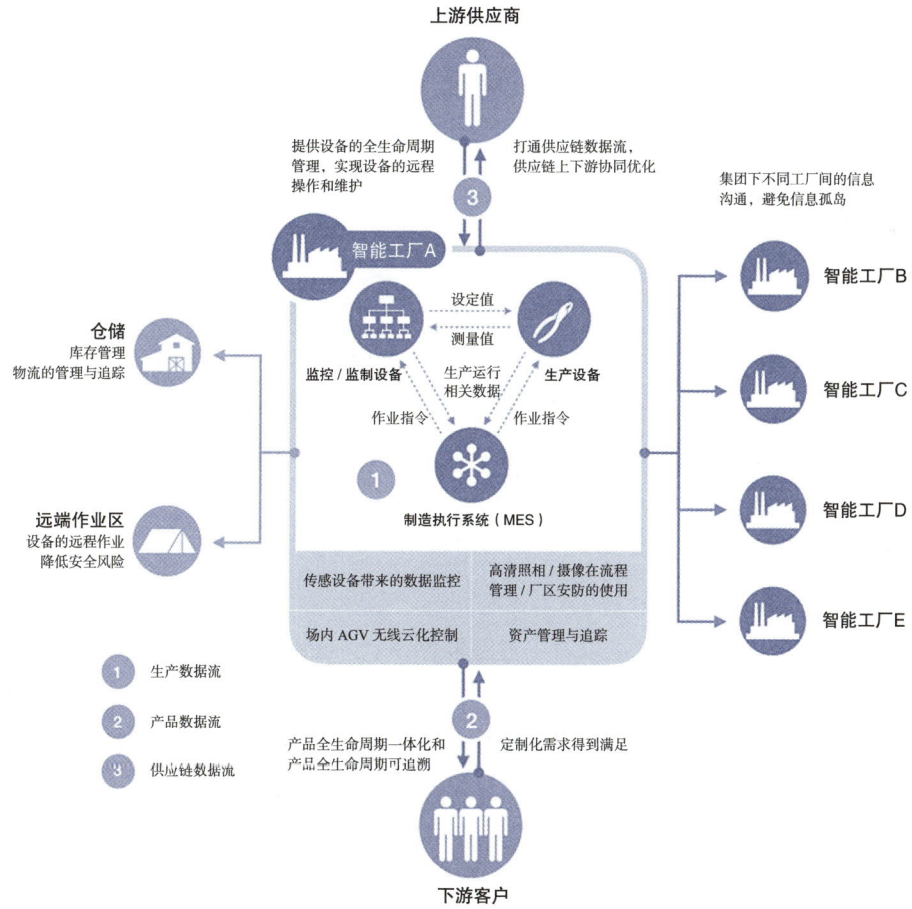

图3-25 工业互联网与智能制造

资料来源:信通院《2020中国5G经济报告》,兴业研究。

赛迪顾问2021年发布的《2020—2021年中国工业互联网市场研究年度报告》指出,截至2020年末我国工业互联网规模总量达到了6713亿元。同时,其研究预计2020—2022年中国工业互联网市场将以14.4%的年均复合增长率稳定增长[①]。前瞻产业研究院则预计2020—2023年，我国工业互联网市场规模的年均复合增长率约13.6%[②]。我们以市场规模增量来预估工业互联网市场的投资规模，并且以14%的年均复合增长率计算。其投资规模测算结果如下。

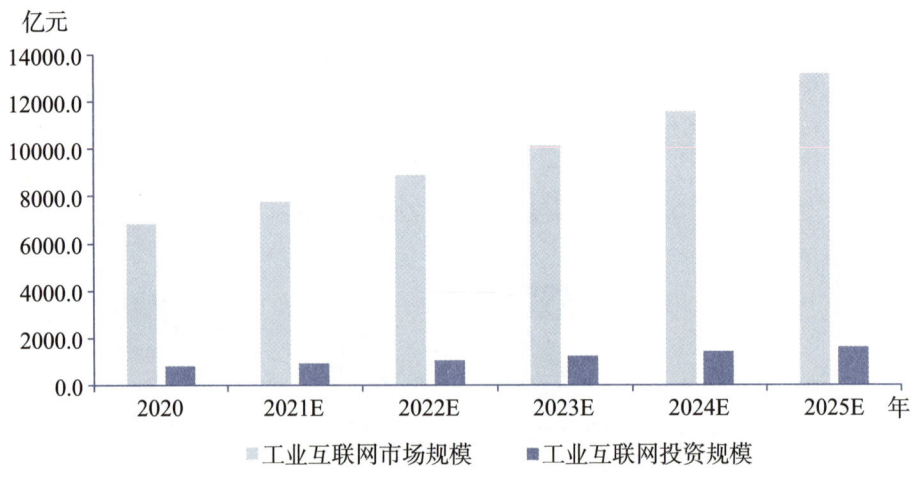

图3-26 工业互联网2020-2025年投资规模测算

资料来源：兴业研究。

4.人工智能

随着5G组网建设推进以及工业互联网平台不断完善，未来将有海量数据产生，为人工智能的深度学习提供大量的训练数据，有助于AI算法的持续升级。2012年以来，人工智能企业融资额持续提高。但是2019年，人工智能企业融资额出现首次下降，这与当前AI盈利难度较高、资本环境趋紧有关。

[①] 摩尔芯球，《赛迪分析：新基建下工业互联网的市场规模与投资机会》，（2020-03-18）https://moore.live/news/203768/detail/。

[②] 产业信息网，《2020年中国工业互联网行业相关政策、细分领域、市场规模及2021年发展趋势分析》，（2021-01-14）https://www.chyxx.com/industry/202101/923285.html。

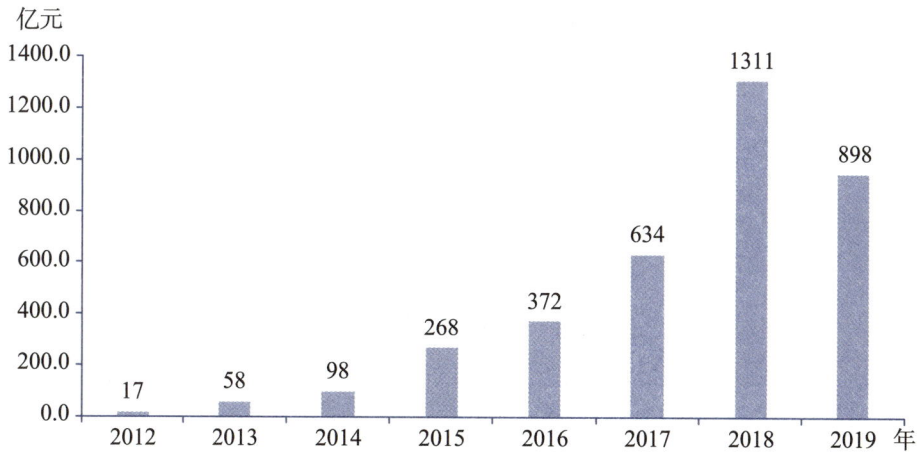

图3-27 人工智能企业2012—2019年融资额

资料来源：艾媒数据中心，兴业研究。

而这两个限制因素在未来2—3年仍将存在，人工智能投资在政策呵护下或温和增长。增长率方面，我们选取2015—2019年高技术产业的年复合增长率16%。后续，随着5G组网完成、工业互联网规模提升，AI技术或取得突破，带动人工智能企业融资重新快速增长，将适当调高投资增速。因此，我们对于人工智能投资规模预测如表3-14所示。

表3-14 人工智能投资规模预测

	单位	2019	2020E	2021E	2022E	2023E	2024E	2025E
5G基站建设进度		1.6%	8.8%	26.0%	45.0%	63.0%	80.0%	100.0%
投资规模	（亿元）	650	2655	6316	6202	5141	4162	4080
5G投资增速			308.5%	137.9%	−1.8%	−17.1%	−19.0%	−2.0%
人工智能融资增速				16.0%	20.0%	25.0%	30.0%	32.0%
人工智能融资额	（亿元）	898	896	1040	1248	1559	2027	2676

资料来源：艾媒数据中心，兴业研究。

5.卫星互联网

当前,卫星互联网技术正在成为各方通信领域科技竞争的焦点。卫星互联网可以实现对全球所有地区信号覆盖,无论是民用还是军事领域,均有着较大的想象空间,在民用的典型领域是导航。同时,卫星互联网需要发射大量卫星组网,太空空间"先到先得"的行为模式,会形成先发国家对轨道、频率等稀缺性资源的抢占。

表3-15 各国卫星互联网计划

国 家	计划名称	提出时间	计划发射卫星数	备 注
美 国	SpaceX(Starlink)	2015年	42000	预计投资100亿美元
美 国	Amazon(Kuiper)	2019年	3236	预计投资数十亿美元
美 国	Swarm Tech	2016年	600	卫星物联网,目前已融资2800万美元
美 国	Astranis	2015年	30	目前已融资1.08亿美元
英 国	Oneweb	2014年	648	累计融资17亿美元,预计2021年商用,后续或追加1972颗卫星
加拿大	Telesat	2009年	292	预计2022年商用,后续或增加至512颗卫星

资料来源:Geekwire,Wikipedia,兴业研究。

近年来,我国央企和民营商业航天公司纷纷加入卫星星座组网的战局。各界投资热度也在持续升温。从已经公布的计划发射卫星数来看,我国仅落后于美国。预计随着技术成熟、成本下降,中国卫星互联网产业将进一步发展。

表3-16 中国主要卫星互联网计划

星座名称	企业名称	计划卫星数(颗)
AI星座计划	银河航天	650
鸿雁星座	航天科技集团	300
通信星座	深圳星光网空间技术有限公司	288
遥感星座计划	国星宇航	192
虹云工程	航天科工集团	156

续表

星座名称	企业名称	计划卫星数（颗）
吉林一号	长光卫星技术有限公司	138
行云工程	航天科工集团	80
天基物联网星座	中科天塔 九天微星	72
翔云星座	欧科微	40
天启星座	国电高科	36

资料来源：《"星链"星座最新发展分析》（梁晓丽，2019年），兴业研究。

从当前的卫星发射的成本来看，Telesat预计300颗卫星的星座总造价为30亿美元，单颗卫星从制作到发射的成本为1000万美元左右；Oneweb披露单颗卫星造价即接近100万美元左右。①而美国卫星工业协会数据显示，2018年卫星制造、卫星发射和地面设备的产值分别为195亿、62亿、1252亿美元。按相同比例换算后，Oneweb单颗卫星发射总成本约为774万美元。我国当前卫星制造和发射技术与其他经济体整体较为接近。假设2020年我国卫星单颗发射成本在800万美元左右，并随着技术进步逐渐下降，上述2083颗卫星的发射计划在2025年前发射完毕。可测算得我国人造卫星产业投资规模如下。

表3-17　2020—2025年我国卫星互联网投资规模总额预测

	2020E	2021E	2022E	2023E	2024E	2025E
卫星发射数量（颗）	208	313	375	417	458	313
卫星发射单价（万美元/颗）	800	800	750	750	700	700
投资总额（亿元）	117	175	197	219	225	153

资料来源：兴业研究。

6.特高压

特高压是指电压等级在交流1000kV及以上，和直流±800kV及以上的输

---

① CNBC, *Why in the next decade companies will launch thousands more satellites than in all of history*, (2019-12-17), https://www.cnbc.com/2019/12/14/spacex-oneweb-and-amazon-to-launch-thousands-more-satellites-in-2020s.html.

电技术，其技术特点包括输送容量大、距离远、效率高、损耗低等。当前我国已投运21条特高压线路，一定程度上缓解了中东部地区电力供应紧张的局面。但是近年来，随着我国经济发展，东中部地区用电量持续上升，以及5G基站的大规模建设预计将加大供电压力。中国铁塔研究院院长窦笠在中国信通院召开的座谈会上明确表示，现在5G功耗是3到5kW，是4G功耗的2到3倍。①5G基站数量预计将是4G的1.5倍，这将大大增加电力消耗。因此，加快特高压线路布局建设，是应对未来可能到来的用电高峰的重要措施。

表3-18 国家电网在建及待核准特高压项目

项目名称	类型	状态	核准时间	开工时间	建成时间	投资规模（亿元）
蒙西—晋中	直流	已开工	2018-03	2018-11	2020年建成	50
青海—河南	直流	已开工	2018-10	2018-11	2020年建成	226
张北—雄安	交流	已开工	2018-11	2019-03	2020年建成	60
驻马店—南阳	交流	已开工	2018-12	2019-03	2020年建成	51
陕北—湖北	直流	已开工	2019-01	2020-02	2020年完成里程碑计划	185
雅中—江西	直流	已开工	2019-08	2019-09	2020年完成里程碑计划	244
南阳—荆门—长沙	交流	待核准	2020-03	2020年开工		105
白鹤滩—江苏	直流	待核准	2020-06	2020年开工		307
南昌—长沙	交流	待核准	2020-06	2020年开工		72
荆门—武汉	交流	待核准	2020-09	2020年开工		61
驻马店—武汉	交流	待核准	2020-10	2020年开工		35
白鹤滩—浙江	直流	待核准	2020-12	2020年开工		270

---

① 每日财经新闻：《5G基站1年电费2400亿将致运营商巨亏907亿？测算结果来了》（2020-02-27），http://finance.eastmoney.com/a/202002271398632121.html。

续表

项目名称	类型	状态	核准时间	开工时间	建成时间	投资规模（亿元）
南昌—武汉	交流	待核准	2020-12	2020年开工		69
金上水电外送	直流	预可研				280
陇东—山东	直流	预可研				280
哈密—重庆	直流	预可研				280

资料来源：国家能源局，国家电网，兴业研究。

从国家电网公布的安排看，2020年国家电网除2018年国家能源局发布的《关于加快推进一批输变电重点工程规划建设工作的通知》中公布的线路外，还新增了三条线路的前期可行性研究工作。若进展顺利，这三条线路有望在2021年进行核准建设。我们预计随着用电量的增长，以及政策支持力度增强，特高压后续有望实现温和增长。具体投资规模测算如图3-28所示。

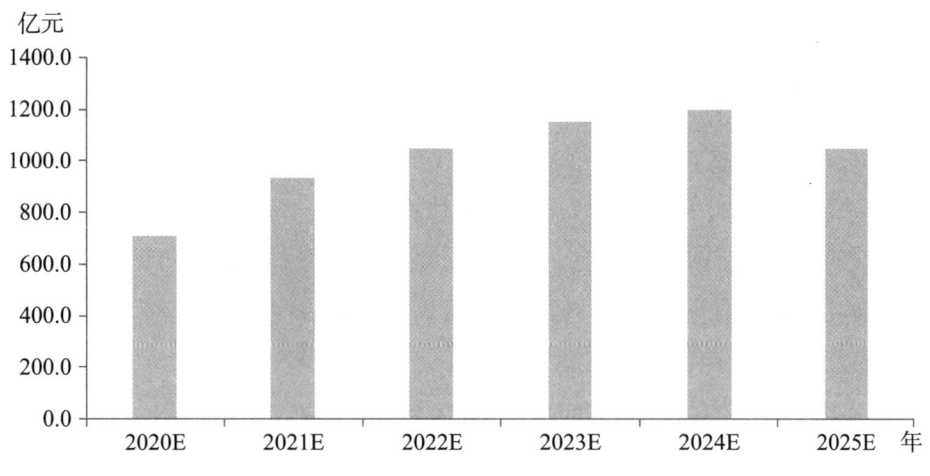

图3-28 2020—2025年特高压年投资规模

资料来源：兴业研究。

7.充电桩

充电桩是我国的新型能源基础设施。随着电动汽车技术的快速发展，电动汽车行业有了长足的进步和发展。要想进一步推广和使用新能源汽车，充电桩的建设迫切而必要。

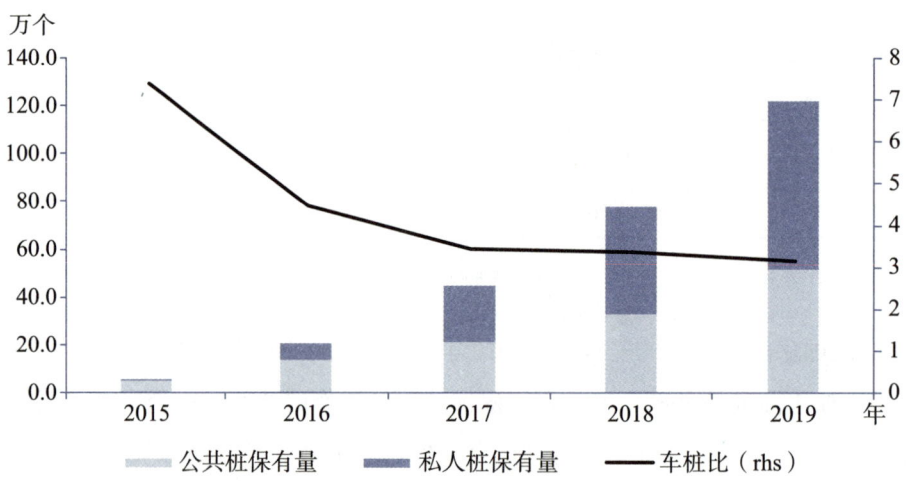

图3-29 2015—2019年我国充电桩数量及车桩比

资料来源：中国电动汽车充电基础设施促进联盟，兴业研究。

充电桩投资规模预测通过新能源汽车保有量、车桩比来计算新增规模。IEA对全球新能源汽车保有量的预估值如下。由于我国新能源汽车发展速度较快，当前保有量年增速为46.0%，与全球2021年水平接近，后续增速或保持在20%—35%。车桩比方面，2019年末，我国车桩比约为3.1∶1，与我国《电动汽车充电基础设施发展指南（2015—2020）》规划的到2020年实现车桩比1∶1的差距尚存。当前充电桩建设有提速趋势，但是土地资源、利用效率等问题依然严峻，因此我们假设至2025年我国车桩比达到1.5∶1，至2030年车桩比逐渐达到1∶1。

公共充电桩与私人充电桩的比例则大体保持在4∶6的水平，并随着新能源汽车消费的广泛化，逐渐转变为3∶7。公共充电桩以直流充电桩为主，其输入电压高，功率更大，可以实现快速充电。但是其安装并网难度更大，造价亦相对更高，单个充电桩的造价在5万元/个。而私人充电桩以交流充电桩为主，造价便宜，单价大概在2千元/个，但是充电速度更慢，更适用于私人安装等。综合上述信息，测算得各年充电桩投资规模如下。

表3-19 2020—2030年充电桩投资规模测算

指标名称	单位	2019	2020	2021E	2022E	2023E	2024E	2025E	2026E	2027E	2028E	2029E	2030E
新能源汽车保有量	万辆	381.0	492.0	659.7	883.4	1107.0	1330.6	1621.4	1945.6	2337.0	2829.0	3366.5	3972.5
新能源汽车保有量增速			29.13%	34.09%	33.90%	25.32%	20.20%	21.85%	20.00%	20.11%	21.05%	19.00%	18.00%
车桩比		3.1	3.0	2.5	2.2	1.9	1.7	1.5	1.4	1.3	1.2	1.1	1.0
充电桩总量	万个	121.9	168.1	263.9	401.5	582.6	782.7	1080.9	1389.7	1797.7	2357.5	3060.5	3972.5
公共桩占比		42%	48%	46%	44%	42%	40%	38%	36%	35%	34%	33%	32%
充电桩公共桩保有量	万个	51.6	80.7	121.4	176.7	244.7	313.1	410.7	500.3	629.2	801.6	1010.0	1271.2
新增公共桩投资额	亿元	92.5	145.5	203.4	276.4	340.2	341.9	488.3	447.8	644.4	861.8	1042.0	1306.2
充电桩私人桩保有量	万个	70.3	87.4	142.5	224.9	337.9	469.6	670.2	889.4	1168.5	1556.0	2050.5	2701.3
新增私人桩投资额	亿元	5.1	3.4	11.0	16.5	22.6	26.3	40.1	43.9	55.8	77.5	98.9	130.2
充电桩投资额合计	亿元	97.6	148.9	214.5	292.9	362.8	368.3	528.4	491.7	700.2	939.3	1140.9	1436.4

资料来源：WIND，兴业研究。

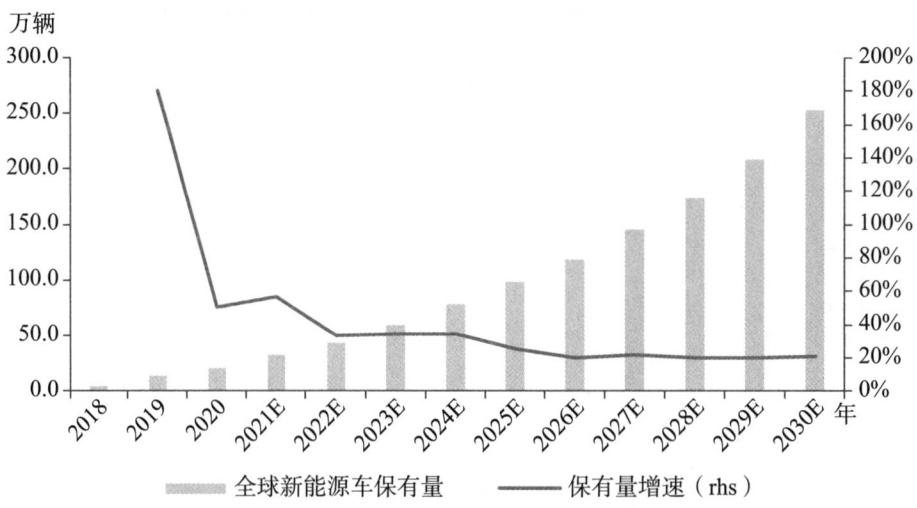

图3-30 2020年—2030年全球新能源汽车保有量预测

资料来源：IEA，兴业研究。

8. 城际高铁和城际轨道交通

城际高铁和城际轨道交通建设的重点围绕在"城际"，与我国近年来城市群建设政策导向相衔接，有助于加强区域经济发展，平衡区域内部产业结构。自2014年以来，我国铁路固定资产投资规模稳定在8000亿元左右。近年来，高铁投资规模持续提升，高铁新增产能持续上升，预计未来高铁投资规模以每年5%左右增速增长。

城市轨道建设方面，我国仍有巨大的投资潜力。根据中国城市轨道交通协会披露，至2020年底，我国城市轨道交通运营线路总长度7969.7公里，在建线路总长6797.5公里，可研批复投资额累计45289.3亿元[①]。2020年我国城轨交通建设投资6286亿元，同比增长5.5%。假设未来一段时间，城轨交通建设投资增速稳定在6%左右。

---

① 中国城市轨道交通协会，《城市轨道交通2020年度统计和分析报告》，(2021-04-10) https://www.camet.org.cn/tjxx/7647。

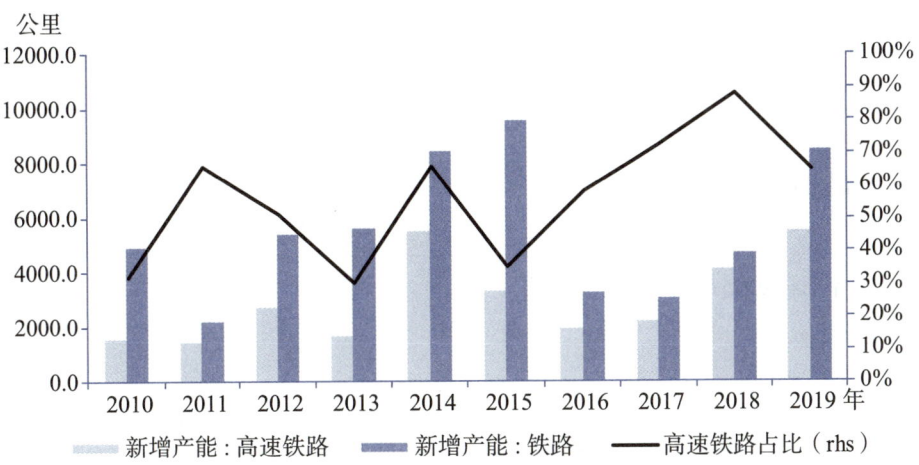

图3-31 新增高铁产能占新增铁路比重保持高位

资料来源：WIND，兴业研究。

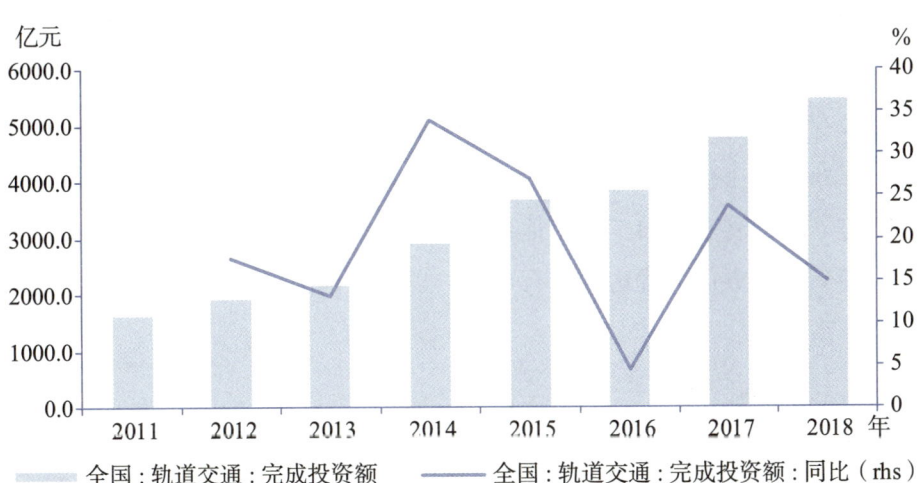

图3-32 历年全国轨道交通投资完成额变化情况

资料来源：WIND，兴业研究。

表 3-20　2020—2025 年高铁、城轨投资规模测算

投资额	2019	2020	2021E	2022E	2023E	2024E	2025E
高速铁路	5,474	5,748	6,035	6,337	6,654	6,986	7,336
城市轨道交通	5,959	6,286	6,663	7,063	7,487	7,936	8,412
合计	11,433	12,034	12,698	13,400	14,140	14,922	15,748

资料来源：WIND，兴业研究。

第三节　工业用地更新政策体系纵览

我国当前大力推进以国内大循环为主体、国内国际双循环相互促进的新发展格局，要求要素效率进一步提升。在"以新型城镇化带动投资和消费需求，推动城市群、都市圈一体化发展体制机制创新"的背景下，城市大量低效存量工业用地的盘活无疑会成为重要内容。事实上，自2014年以来，我国城市更新工作就在持续加快推进，各地工业用地更新的政策体系亦逐步成型。本节将就当前工业用地更新的政策内容进行梳理，并就现有工业用地更新几个方向的优劣势进行对比，以更好地理解我国当前工业用地的管理体系。

一、工业用地现状

改革开放以来，各地政府低价供应了大量工业用地以吸引资本、产业进驻，从国有建设用地的供应结构来看，工业用地供应数量多年来持续高于其他建设用地。

中国工业用地占城镇建设用地比例偏高。自2002年以来，中国城市工业用地占建设用地的比重均高于19%，像深圳、上海、广州等城市，这一比例均超过26%。而日本这一比例仅约为5%。

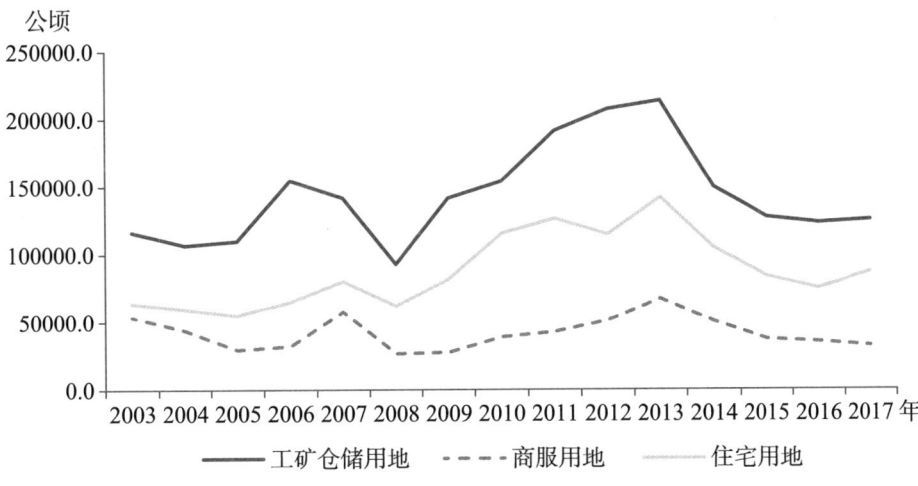

图3-33 国有建设用地供应结构变化情况

资料来源：WIND，兴业研究。

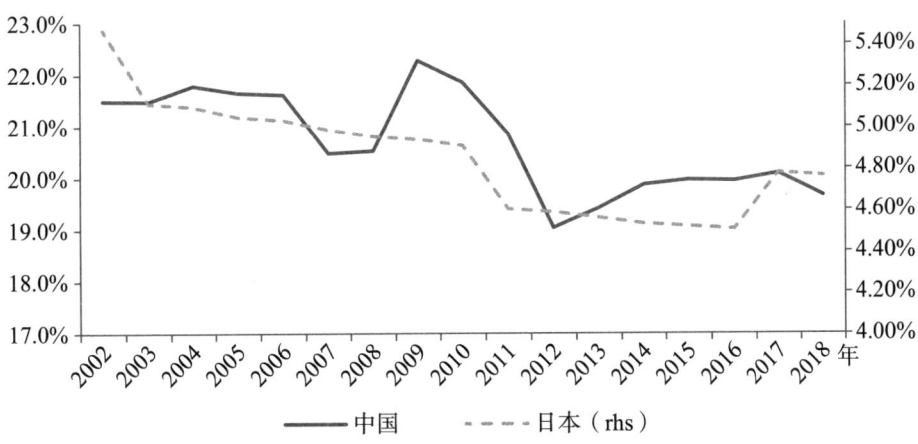

图3-34 中日工业用地占城镇建设用地比例

资料来源：CEIC，《中国城市建设统计年鉴》，兴业研究。

同时，工业用地效率有着巨大的提升空间。从自然资源部公布的国家级工业开发区数据看，尽管全国国家级工业开发区的容积率逐渐提升，但是2017年容积率仍仅为0.92，未能突破1.0。而单位面积收入增速自2010年之后更是明显回落，2017年数据仅约为1.13%。

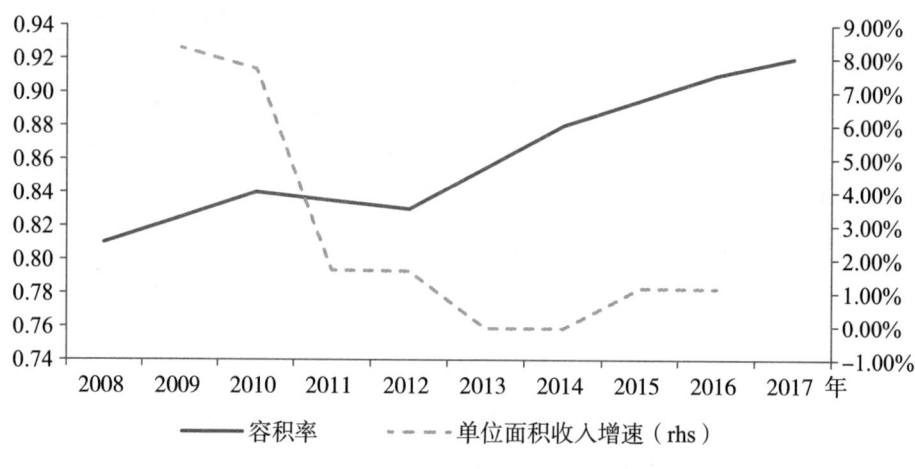

图3-35 国家级工业开发区集约节约情况

注：部分年份并未发布该项报告，取插值法进行计算。
资料来源：自然资源部，兴业研究。

与工业用地利用粗放并存的，是我国日益提高的建设用地供应压力。当前新增建设用地指标供应趋紧，上海、深圳等城市甚至提出减量化供应。存量工业用地挖潜的重要性日益凸显。

2014年3月，国土资源部（现自然资源部）发布《节约集约利用土地规定》，就土地利用效率提升提出具体要求，"盘活存量"成为其中的重要内容。2014年4月发布的《国家新型城镇化规划（2014—2020年）》则明确提出了"管住总量、严控增量、盘活存量"的土地管理原则，要求"盘活利用现有城镇存量建设用地，建立存量建设用地退出激励机制，推进老城区、旧厂房、城中村的改造和保护性开发，发挥政府土地储备对盘活城镇低效用地的作用"。文件进一步明确了存量建设用地更新的重要性，并提出具体要求。

表3-21 城市更新相关政策

文件	发布年份	相关内容
《节约集约利用土地规定》	2014.03	加大城镇建设使用存量用地的比例，促进城镇用地效率的提高
《国家新型城镇化规划（2014—2020）》	2014.04	按照管住总量、严控增量、盘活存量的原则提高城镇建设使用存量用地比例

续表

文　件	发布年份	相关内容
《国土资源"十三五"规划纲要》	2016.04	实行建设用地总量控制和减量化管理，提高存量建设用地供地比重
《关于深入推进城镇低效用地再开发的指导意见（试行）》	2016.11	鼓励土地权利人自主改造开发，鼓励社会资本积极进入，规范推进城镇低效用地再开发
《产业用地政策实施工作指引（2019年版）》	2019.04	各地要依据国土空间规划积极引导产业项目合理选址，尽量利用未利用地及存量建设用地等
《关于构建更加完善的要素市场化配置体制机制的意见》	2020.03	鼓励盘活存量建设用地。充分运用市场机制盘活存量土地和低效用地
《2020年新型城镇化建设和城乡融合发展重点任务》	2020.04	推动建设用地资源向中心城市和重点城市群倾斜。鼓励盘活低效存量建设用地，控制人均城市建设用地面积

资料来源：中国政府网，兴业研究。

此后，各地政府根据自身实际，纷纷出台相应的文件政策推进城市更新。其中，低效工业用地的盘活更新成为城市更新的重要内容。2018年11月，自然资源部发布的《关于城镇低效用地再开发工作推进情况的通报》内容显示，截至2017年底，已完成项目中最为集中的广东、江苏、浙江三省，工矿用地改造面积占全部地类改造面积的比例均超过50%。

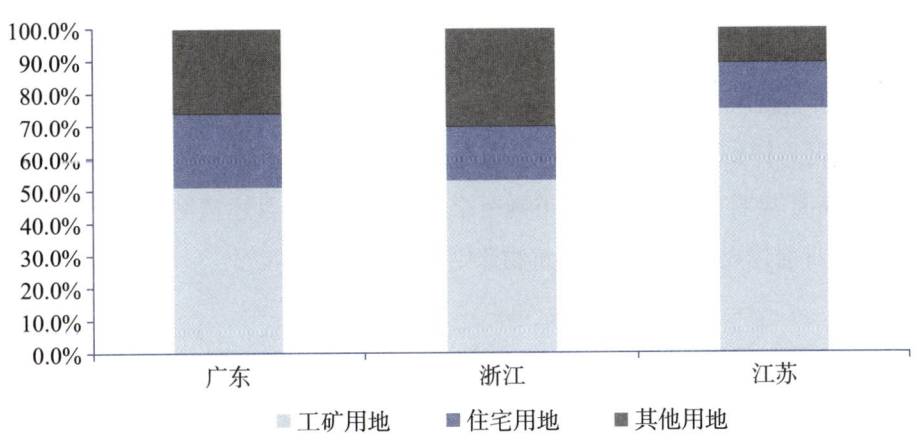

图3-36　三省改造地类占比情况（截至2017年底）

资料来源：自然资源部，兴业研究。

二、工业用地更新政策内容

由于不同地区的土地规划、产业布局、人口结构均存在一定的差异，因此各地出台的城市更新政策也存在一定差异。但整体来看，随着国家新增建设用地指标不断收紧，存量建设用地更新工作的重要性在不断加强。

（一）工业用地更新范围

城镇建设用地更新范围需要综合考虑土地权属、城市规划、使用效率、历史价值等多项因素。各地政府根据城市总体规划、近期建设规划以及当前城市建设用地的情况制定城市更新专项规划，明确需要进行更新的地块。

1.存量建设用地

整体来看，存量建设用地开发范围主要包括：
- 国家产业政策规定的禁止类、淘汰类产业用地；
- 不符合安全生产和环保要求的用地；
- "退二进三"产业用地，即将第二产业从市区退出，发展商业、服务业等第三产业的用地；
- 布局散乱、设施落后，规划确定改造的老工业区等。

城市更新工作推进较为深入的城市，如广州、深圳等则对城市更新范围进行了更为详细的规定。广州旧厂房改造要求建设用地土地使用权应该于2007年6月30日前取得。深圳市则要求拆除重建类项目建筑物应该于2009年12月31日前建成，旧工业区建筑物原则上应建成15年以上。

2.零星未出让用地

存量建设用地更新改造的同时，往往会涉及周边的边角地、夹心地、插花地等零星建设用地。地方政府亦就这一内容进行相应规定：
- 因城市更新规划需要的零星用地可纳入改造范围；

- 零星用地采用协议出让方式由原土地权利人自行开发；
- 限制零星用地的规模，避免新增建设用地滥用；
- 要求项目配建比例、自持物业比例等，保证项目稳定性。

对于这些零星地块，一方面，这些零星地块大多不具备独立开发条件，联合改造更有利于布局优化，将其纳入更新改造区域中有着一定必要性。另一方面，零星地块属于未出让用地，其出让会涉及新增建设用地的指标。因此，地方政府往往既支持，又加以一定约束。

表3-22 部分城市关于零星未出让用地的规定

城市	条件	要求
深圳	因城市更新规划需要纳入	总面积不超过3000平方米 不超过更新区域用地面积10%
广州	因城市更新规划需要纳入	进行土地归宗或联合改造
上海	纳入整体转型区域	按照整体转型方案开发
	规划为非住宅类经营性用地 未纳入旧城改造 具备独立开发条件	由权利主体独立或结合开发 提供≥10%建设用地用于公益用地或无偿 提供≥15%经营性物业产权 转型商业、办公用地，需自持60%物业
南京	统一规划、整体改造开发 给予新增用地计划指标专项保障	—
天津	城市更新成片改造开发需要	总面积不超过3亩 不超过更新区域用地面积10%

资料来源：各地政府官网，兴业研究。

综合来看，工业用地更新范围的划定要求符合城市产业导向，切实提高建设用地的使用效率，提升城市整体规划水平，避免不必要的大拆大建。

（二）工业用地更新主体

政策层面，多鼓励原国有土地使用权人进行改造开发。2016年发布的《关于深入推进城镇低效用地再开发（试行）》明确提出，除确需由政府收回使用权的土地外,符合规划的前提下,原国有土地使用权人可通过自主、联营、入股、转让等多种方式对其使用的国有建设用地进行改造开发。

从当前的规定来看,工业用地更新实施主体主要包括以下几个类型:

- 单个土地权属人进行自主开发;
- 多个土地权属人由收购、作价入股等方式推出单一改造主体参与开发;
- 引入市场主体参与项目收购、联合开发;
- 政府为主体进行收储、改造、开发。

对于工业用地更新而言,文件多要求单一主体参与开发。单个权属人即为单个主体,而多个主体组成的联合体则需要经内部协调一致后,成立单一项目公司参与城市更新单元改造,避免管理体系混乱。

同时,由于不同项目的利益机制不同,在更新主体的选择和安排上也会存在一定的差异。如,上海市要求区域整体转型更新的项目,土地权利人需要由政府部门主导或引导,而不得单独开发。广州市则允许工业用地更新项目与新项目组合招商,确定更新主体。下文将结合工业用地更新方向进行梳理。

(三)工业用地更新方式

根据深圳市城市更新管理办法的分类,城市更新的内容主要可以分为综合整治、功能改变和拆除重建三种类型。

表3-23 城市更新类型及其内涵

更新方式	内容	适用范围
综合整治类	改善消防、基础设施和公共服务设施,改善沿街立面、环境整治和既有建筑节能改造等内容	—
功能改变类	改变部分或者全部建筑物使用功能,但保留建筑物的原主体结构	● 工改工项目 ● 创意园、文创基地项目
拆除重建类	彻底拆除更新地块上的建筑物,重新确立土地用途及使用年限并进行建设	● 改扩建无法适应新产业需求 ● 土地用途调整,控制标准变化

资料来源:《深圳市城市更新管理办法》(2016年修改版),兴业研究。

其中，工业用地更新方式主要涉及功能改变和拆除重建两类，即常说的改扩建和拆建。一般来说，改扩建主要适用于工业企业加建厂房或者将厂区调整翻新后用于创意产业园、文创基地项目。改扩建涉及原有建筑容积率、建筑密度等的变化，部分城市对改扩建进行了限制。

而拆建则主要是由于现有建筑物无法满足新规划的用房需求而进行的拆除重建。一般来说，拆建主要是需要经过城市更新规划确定，部分城市对拆建项目的项目面积规模、无偿移交公益用地比例等有一定的要求，追求拆建的公益性和效率性。

表3-24　部分城市工业用地更新方式要求

城　市	改扩建	拆　建
深圳	扩建范围内新批准容积率不超过原容积率2倍 加建应不影响原有结构安全、消防安全	建筑物2009年底前建成，建成超15年 拆除范围内用地面积≥10000平方米 补公用地≥3000平方米，≥15%用地面积
		建成未满15年的建筑物用地面积≤6000平方米且≤1/3拆除范围用地面积亦可拆建
		补公用地≥6500平方米，≥40%用地面积
珠海	增加总建面≤原合法建面的30% 建筑密度≤50%	已供建设用地用地面积≥10000平方米 补公用地≥3000平方米，≥15%用地面积
	加建附属设施： 增加总建面≤合法建面的10%，≤1000平方米 总占地面积≤原合法基底面积10%，≤200平方米	已供建设用地用地面积＜10000平方米，但用于创新型产业项目 海岛城市更新或其他公共利益需要
佛山	改扩建符合规划时，不加收土地出让金	拆除重建范围内15%用地用于公益性项目 若改为经营性开发项目则： 公益性项目用地比例≥25%，绿地率≥30%
	改建工程总造价达2000万元，按一定比例奖励	拆建用地面积20亩以上，最高扶持1000万元
广州	不改变用地性质：不增收土地出让金	—

续表

城 市	改扩建	拆 建
	改变用地性质：补缴土地出让金 公用设施建面免收 M_0 配套设施按基准地价 50% 计	
上海	需符合规划，并加收土地出让金 区政府可视产业、项目情况，按比例收取	区域整体转型改造，土地权利人不得自行改造

资料来源：地方政府官网，兴业研究。

三、工业用地更新方向对比

对于工业用地的更新方向，就更新后土地性质是否发生改变而言，可以分为两个大类：一类是"工改工"项目，即工业用地改扩建或拆建后仍作为工业用地或创新型产业用地使用，即工改 M_0、工改 M_1 项目；[①]另一类则是工业用地更新之后，土地用途发生变化的项目，主要包括"工改商""工改居"这几个方面，我们可以将其称为"工改3.0"项目（3.0主要指更新后地上的产业形态）。由于不同的更新方向有着不同的社会、经济意义，因此各地在政策安排上普遍存在差异。

1."工改工"项目

对于地方政府而言，工业产业的升级壮大可以为城市带来持续收入，为更多人才提供更多的就业机会，保证城市竞争力的持续提升。许多地方政府纷纷划定工业用地红线，保护工业用地，对于工改工项目的支持力度亦相对较大。

（1）工改 M_1

对于工改 M_1 项目，由于其更新前后均为工业用房，土地价值主要是依靠

[①] 根据《城市用地分类与规划建设标准》，M_1 用地指对居住和公共设施等环境基本无干扰和污染的工业用地。

加盖建筑物提升容积率而来，符合工业用地容积率提升的政策初衷，因此其管理整体较为宽松。

- 工改M_1项目更支持原土地权利主体自行开发模式；
- 工业用地改扩建符合规划且不改变土地性质的一般都不增收土地出让金；
- 厂房分割转让限制相对较小，如佛山明确鼓励工改工项目建设商品厂房、分割发售；
- 部分城市为工改项目提供财政补助，东莞为达到一定规模的工改工项目，最高扶持规模可达1000万元。

工改M_1项目的工业属性较为强烈，在当前工业用地全生命周期管理模式下，更新主体的进入，多基于产业扩张、发展的实际需求，多能够切实地促进产业发展，实现工业用地使用效率的提升。

（2）工改M_0

M_0用地又称为创新型产业用地，即"融合研发、创意、设计、中试、无污染生产等新型产业功能以及相关配套服务的用地"。我们在2020年8月6日发布的《创新型产业用地M_0全景透视》中，对当前各地的创新型产业用地政策进行了较为全面的梳理。

M_0用地是为了满足新产业、新业态产学研融合，用房需求多元的特点而设立。M_0用地容积率要求较高，且允许建立一定比例的办公、宿舍用房。工改M_0项目普遍允许协议出让方式，出让年限有些按最高出让年限计，有些按原建设用地剩余出让年限计算，出让价格一般介于工业用地和商服用地之间。

表3-25　部分城市工改M_0用地出让规则

城市	出让方式	出让价格	出让年限
广州	符合规定，可协议出让	$P=(C \times 20\% \times S) \times (N/50)$	最高出让年限50年，允许各区限定弹性年期出让
东莞	符合规定，可协议出让收储项目除外	$P2=(P1-G) \times 50\%$	50年

续表

城 市	出让方式	出让价格	出让年限
中山	符合规定,可协议出让	P=C×20%（不低于工业用地基准价）	50年
惠州	符合规定,可协议出让收储项目除外	P2=(P1−G)×40%	50年
珠海	符合规定,可协议出让	P2=P1−G	原建设用地剩余出让年限
成都	—	P2=N×[M/50+30%×C/40×(1+X)]−G	原建设用地剩余出让年限
青岛	符合规定,可协议出让收储项目除外	P=C×20%×S×自持比例修正系数−G	原建设用地剩余出让年限
济南	符合规定,可协议出让	P2=市场评估价−G	—

注：P：出让价格或应补缴的土地出让金；C：商业用地市场评估价楼面价格；M：工业用地市场评估价楼面价格；S：计容建筑用地面积；X：分割转让比例；N：出让年限；R：容积率；G：原土地剩余使用年限对应的土地出让价。

资料来源：各地政府官网，兴业研究。

大量工改M_0项目实际上成了工改商、工改居项目，开发者获得了大量的土地增值收益。目前，随着工改M_0制度的逐渐完善，工改M_0项目形成了易进难出的局面，对于项目的运营能力要求明显提升：

- M_0用地的产业用房、配套用房的自持比例较高，拉长项目回报周期；
- 通过限制最小分割单元、设置园区验收门槛、限制二次转让等，以保证园区产业特性稳定；
- M_0用地的投入产出要求亦高于一般工业用地水平；
- 强化M_0用地履约监管，未能达标的项目方将面临不得参与土拍、停止分割转让、无偿收回土地使用权等高昂违约成本。

表3-26 部分城市 M_0 用地建设用房要求

城 市	自持要求		产业用房转让限制	配套用房转让限制
	产业用房	配套用房		
深圳	≥50%总建筑面积		受让人需为企业法人 一级工业区块内受让人应为相关企业，且有3年以上合法纳税记录	工业配套宿舍受让人需持有宗地内工业楼宇不动产权证书
广州	≥50%	100%	首次转让之日起5年内不得再次转让 受让主体为企业，且符合规定要求	不得进行分割登记、转让或抵押
东莞	≥51%	100%	二次转让，原主体或政府享优先收购权，二次转让需缴交一定比例增值收益	不得进行分割转让
中山	自持比例≥51% 自持时间≥15年	≥51%	用地面积大于2公顷 转让之日起2年内不得再次转让 原开发主体或政府享二次转让优先回购权	按转让产业用房建筑面积占比成比例转让
惠州	≥40%	100%	首次转让之日起5年内不得再次转让 其间注销可转让给进驻企业、原主体或政府	不得进行分割转让
珠海	≥50%	≥15%总建筑面积	受让主体只能为产业链合作伙伴，并注明在不动产权证书中 二次转让，原主体或政府享优先收购权，并需缴交一定比例增值收益	
杭州	≥50%总建筑面积		创新型产业用地原则上不得分割登记、分割转让 确需转让需经审批备案，受让对象应为指导目录要求的企业	
台州	≥50%	100%	已通过达产竣工验收并取得出让土地使用权 保持新型产业用地性质不变	不得进行分割转让
成都	100%	100%	须由土地使用权人全部持有，不得分割转让，不得以股权转让或变更等方式变相实施分割转让	

续表

城 市	自持要求		产业用房转让限制	配套用房转让限制
	产业用房	配套用房		
青岛	≥50%总建筑面积（配套用房不得分割出让）		受让人须为企业法人，且须具备准入资格，初次转让满5年方可再次转让	不得分割登记、转让和抵押
济南	≥50%总建筑面积（配套用房不得分割出让）		受让人须为企业法人，且须具备准入资格，初次转让满5年方可再次转让 产权为共有产权，不单独分割使用权	配建的生产、生活服务设施不得转让、抵押
郑州	自持比例≥40% 自持时间≥10年	0%	项目管理协议中明确可以分割转让	配套用房可分栋、分层、分套进行转让，需经管委会同意批准
福州	100%	100%	创新型产业用地不得分割转让	
贵阳	≥20%	100%	连片或相邻面积大于50亩 已通过达产竣工验收并取得出让土地使用权	不得进行分割转让

注：产业用房比例：可出让产业用房面积/产业用房总计容建筑面积；配套用房比例：可出让配套用房面积/配套用房总计容建筑面积。

资料来源：各地创新型产业用地管理规范，兴业研究。

2. 工改3.0项目

工改3.0项目包含的内容则更为丰富，其中主要是"工改商"和"工改居"这两个大类。由于我国工业用地出让价格常年低于商服用地和住宅用地，因此，工业用地更新成为商服用地、住宅用地意味着有较大的土地价值增值空间，需要在原土地权利人、新开发主体和政府之间进行分配。因此，这一类工改项目在管理机制安排上相对更为复杂。

（1）工改居

从政策规定来看，工改居的限制更多，管理也更为严格。具体体现在两个方面。

一方面，工改居多要求政府收储后公开出让来推进项目。当前，广州、南京、天津、珠海等城市均只允许以政府收储的方式推进工业用地改经营性住宅项目。上海甚至提出除建设租赁住房外，原则上不允许将工业用地直接更新为住宅用地。

另一方面，部分城市对于政府收储的补贴标准进行了规定。对于一定容积率以下的建筑物，按一定比例的市场出让价款补偿，超出部分则不予补偿。

表3-27 各地政府工改居制度要求

城 市	收 储	自行开发
广州	容积率＜2.0部分，按出让价40%补偿 容积率＞2.0部分，不予补偿	×
珠海	配建公共租赁住房 或缴交货币异地集中建设	×
佛山	容积率＜2.5部分，按出让价50%补偿 容积率＞2.5部分，按出让价5%补偿	容积率＜2.5部分，按出让价50%计收；容积率＞2.5部分，按出让价95%计收
上海	原则上不允许改为住宅用地，建设租赁住房除外	
天津	经营性房地产由政府收储	×
南京	经营性房地产由政府收储	×

资料来源：各地政府官网，兴业研究。

（2）工改商

相较于工改居，地方政府在开发主体上对于工改商的管理有所放松。工改商项目除政府收储外基本上均允许原土地权利人自行开发，但是仍然进行了一定的制度设计对其进行调节。

首先，部分城市明确了重点区域优先由政府收储改造。例如，广州市规定位于旧城区、重点功能区的核心发展区、重点生态敏感地区以及"珠江黄金岸线"等重要珠江景观控制区范围内，位于地铁、城际铁路站点周边800米范围内等重点区域需要由政府进行收储。东莞市政府也进行了类似的规定。

其次,除政府收储补偿与工改居类似外,自行开发项目补缴土地出让金,珠海、佛山等城市亦在一定范围内,给予优惠,超出之后严格计收,防止工业用地项目的过度商品化。

此外,部分城市对商业、办公物业自持提出要求。上海要求的自持比例较高,既是为了稳定现有商业物业市场,同时也拉长项目回报周期,抑制投机。珠海则是通过自持、非自持补缴出让金的价格差异,鼓励企业自持商业物业。其意图与上海一样。

表3-28 各地政府工改商制度要求

城市	政府收储	政策内容	自行开发	政策内容
广州	城市重点区域TOD站点周边800m内 其他纳入储备区域	容积率＜2.5部分,按出让价40%赔偿 容积率＞2.5部分,不予补偿	收储区域内,面积＞3公顷	≤50%用地面积可自行改造,补缴出让金
			收储区域内,面积≤3公顷,30%建面可无偿移交	自留部分补缴出让金
珠海	-	-	自持部分	容积率＞1.0部分,按市场价40%计收
			非自持部分	容积率＞1.0部分,按市场价90%计收
			配建住宅	配建住宅:按市场价100%计收
			需保证15%公益性用地比例 若项目所在地绿化标准未达标,需保证25%公益性用地比例,30%绿地率	
佛山	-	容积率＜3.0部分,按出让价60%赔偿 容积率＞3.0部分,按出让价30%赔偿	-	容积率＜3.0部分,按市场价40%计收 容积率＞3.0部分,按市场价70%计收

续表

城 市	政府收储	政策内容	自行开发	政策内容
东莞	TOD周边综合开发区域 工业用地保护红线内经营性用途区域	-	-	（商服用途区片市场评估价×容积率修正系数×容积率-工业用途区片市场评估价×剩余使用年期修正系数）×工改商服折扣系数
上海	一般地区，持有比例商业物业80%，办公物业≥40%，持有年限≥10年 商业楼宇供应量较大地区，持有比例商业物业100%，办公物业≥60%，持有年限≥10年 可售部分需以层为单位销售			
南京	-	-	允许配建≤30%的酒店式公寓 可全部自持租赁，可按幢或层分割转让	

资料来源：各地政府官网，兴业研究。

四、小结

多年发展过程中，我国存量工业用地规模持续上升，但土地使用效率有待提升。与此同时，我国城市多年无序扩张，导致新增建设用地指标日益紧张。当前政策推进工业用地二次开发力度在不断增强。

目前地方工业用地更新政策主要针对工业用地更新范围以及不同工改项目下更新主体、更新方式、地价计算等进行了规定。整体来看，工业用地更新强调提高土地使用效率、促进产业结构升级，但同时注重工改带来的土地增值收益的分配。

对于工改工项目而言，在更新主体上鼓励原权属人自主开发；更新方式上，对于符合规划的改扩建往往不加收土地出让金；部分城市甚至出台政策放松工业厂房分割转让限制、实施财政奖励鼓励工改工更新等。

其中，对于工改M_0项目，由于其容积率要求高，允许配建配套用房等特点，存在巨大的土地增值空间。因此，当前从建设用房自持比例要求、转让分割限制、准入退出评估监管等方面提出了更高要求。

对于工改3.0项目，主要包括工改居、工改商两类，其管理政策亦相对复杂。但是整体来看，更新主体方面，对于增值空间较大的项目，多要求政府以政府收储+公开出让的方式运作；更新方式上，对于改扩建后变更土地性质的，往往要求补缴土地出让金，但是对于鼓励类的产业、业态目前多规定5年的政府过渡期；地价方面，无论是收储补偿还是自行开发补缴土地出让金，均采取按容积率分段计价方式，调节项目的收益分配。同时，工改商、工改居项目往往附带一定比例的自持物业、配建一定比例公益设施等要求。

整体来看，工改工项目的土地增值空间相对较小，但是产业导向最强，限制相对宽松，推进难度较小；工改M_0项目由于政策持续收紧，当前盈利难度大、运营要求高；工改3.0项目允许改变土地用途，收益确定性相对较强，但是项目资源相对有限。

第四节 老旧小区改造的蛋糕有多大？

2019年12月12日，中央经济工作会议召开，会议公报中提到，"要加大城市困难群众住房保障工作，加强城市更新和存量住房改造提升，做好城镇老旧小区改造。"2020年7月20日，国务院办公厅又发布了《关于全面推进城镇老旧小区改造工作的指导意见》，进一步明确了老旧小区改造的推进思路。"十四五"规划纲要中更是将"老旧小区改造"纳入"十四五"的工作中。那么究竟什么是老旧小区改造？老旧小区改造与棚户区改造有何不同？又会对固定资产投资产生怎样的影响？本节将对此展开分析。

一、老旧小区改造的内涵

1.老旧小区改造的政策背景

2019年4月15日，住建部会同国家发改委、财政部联合印发了《关于做好2019年老旧小区改造工作的通知》，明确指出老旧小区是指"建成于2000年以前，公共设施落后影响居民基本生活，居民改造意愿强烈的小区"。河北省在《河北省老旧小区改造三年行动计划（2018—2020年）》中对老旧小区改造的定义进一步细化，并与棚改进行区分，《计划》提出老旧小区是指2000年（含）前建成的环境条件差、配套设施不全或破损严重、无障碍建设缺失、管理服务机制不健全，且未纳入棚户区改造计划的住宅小区以及住宅楼。

表3-29　中央历年对老旧小区改造的相关部署

时间	会议/文件	内容要点
2015/12/23	中央城市工作会议	加快棚户区和危房改造，有序推进老旧住宅小区综合整治
2016/02/21	《中共中央、国务院关于进一步加强城市规划建设管理工作的若干意见》	有序推进老旧住宅小区综合整治、危房和非成套住房改造 加快配套基础设施建设
2017/12/01	老旧小区改造试点工作座谈会	在广州、韶关、柳州等15个城市开展老旧小区改造试点
2018/03/22	2018年政府工作报告	1.有序推进"城中村"、老旧小区改造，完善配套设施 2.鼓励有条件的加装电梯。
2019/03/22	2019年政府工作报告	1.城镇老旧小区量大面广，要大力进行改造提升，更新水电路气等配套设施 2.支持加装电梯和无障碍环境建设 3.健全便民市场、便利店、步行街、停车场等生活服务设施。
2019/04/15	印发《关于做好2019年老旧小区改造工作的通知》	1.摸排全国城镇老旧小区基本情况 2.因地制宜提出当地改造内容和标准 3.部署各地合理确定2019年改造计划 4.推动地方创新改造方式和资金筹措机制
2019/06/19	国务院常务会议	1.抓紧明确改造标准和对象范围，今年开展试点探索 2.加强政府引导，发挥社区主体作用，动员群众参与。重点改造建设小区水电气路及光纤等配套设施，有条件的可加装电梯，配建停车设施。促进住户户内改造并带动消费。 3.创新投融资机制。

续表

时间	会议/文件	内容要点
2019/07/01	国务院政策例行吹风会	厘清老旧小区改造的范畴、要点重点，并部署工作
2019/12/18	中央经济工作会议	加强城市更新和存量住房改造提升，做好城镇老旧小区改造
2019/12/23	全国住房和城乡建设工作会议	总结推广试点经验，进一步完善支持政策，做好城镇老旧小区改造工作。

资料来源：各地政府网站，兴业研究。

在2015年末的中央城市工作会议上，中央提出有序推进老旧住宅小区综合整治工作。2017年全国15个城市开展老旧小区改造试点工作，各地纷纷出台相应的政策文件，老旧小区改造有所提速。大多数老旧小区年久失修，缺乏及时的管理维护，已经严重影响到社区居民的居住体验以及城市整体形象。老旧小区改造切实关乎百姓民生，在群众中呼声很高。

目前，许多地方均已出台多项地方性文件，对老旧小区改造进行规划。从出台文件的城市来看，当前老旧小区改造逐渐由试点城市向其他城市扩散。但是重点一、二线城市，由于老旧小区改造涉及多方利益，推进速度较慢。

表3-30 部分地区积极出台政策推进老旧小区改造

时间	省市	文件
2019/09/23	濮阳市	《濮阳市2019年老旧小区改造提升试点实施方案》
2019/08/28	杭州市	《杭州市老旧小区综合改造提升工作实施方案》
2019/07/12	重庆市	《重庆市主城区老旧小区改造提升实施方案》
2019/06/26	吉林市	《吉林市2019年老旧小区改造工作方案》
2019/03/23	鞍山市	《关于城区老旧小区综合整治改造三年行动方案》
2019/02/07	湖南省	《城市老旧小区提质改造三年行动方案（2018/2020）》
2018/08/24	宁波市	《关于推进老旧住宅小区改造工作的实施意见》
2018/04/18	沈阳市	《沈阳市2018年老旧小区改造提质试点工作方案》
2018/04/17	柳州市	《柳州市老旧小区改造试点工作实施方案》
2018/03/19	张家口市	《张家口市老旧小区三年改造工作实施方案》

续表

时间	省市	文件
2018/03/04	北京市	《老旧小区综合整治工作方案（2018—2020年）》
2018/02/28	上海市	《上海市住宅小区建设"美丽家园"三年行动计划（2018—2020）》
2016/05/12	厦门市	《厦门市老旧小区改造提升工作意见》

资料来源：各地政府网站，兴业研究。

2.老旧小区改造具体内容

老旧小区改造因各地各小区情况不同而有所差异。在2019年7月召开的吹风会上，住建部具体介绍了老旧小区的改造内容。主要分为三方面内容。

第一，保基本的配套设施：包括水、电、气、路等市政基础设施的维修完善；垃圾分类设施的配套；北方地区供暖设施修缮；（自愿原则）加装电梯。

第二，提升类的基础设施：有条件的地方可配建停车场、活动室、物业用房等。

第三，完善公共服务类的内容：完善社区的养老、抚幼、文化室、医疗、助餐、家政、快递、便民、便利店等设施，完善基本公共服务和基本公共环境。

当前各地出台的文件中对老旧小区改造项目也主要基于以上分类进行了更加清晰细致的划分。总体来看，改造坚持"先民生，再提高"原则，根据小区条件、预算规模、居民意愿等因素，循序渐进地推进三个层次的社区改造。

表3-31　广州市老旧小区改造内容分类

板块	分类		要素及设施
基础板块	小区建筑	楼栋设施	楼栋门、对讲系统、楼栋三线、消防设施、供水设施、用电设施、楼道照明、防雷设施化粪池、雨水管、空调排水管、信报箱、一户一表、管道燃气、防盗网和雨篷整治
		建筑修缮	楼道修缮、屋面防水、外墙治理、建筑户外构造构件、出入口适老设施、外墙整饰

续表

板块	分类		要素及设施
	小区设施	服务设施	环卫设施、康体设施、文化设施、老人服务设施、公共晾晒设施
	小区市政	小区道路	小区道路、步行系统及人行设施、无障碍设施、拆违及通道清理
		市政设施	三线整治、安防设施、消防设施、市政照明、排水整治、供水管网、供电设施
	小区环境	公共环境	围墙清理维修、信息标识、街区绿化、物理环境治理
提升板块	小区建筑	房屋建筑提升	加装电梯、空调机位整治、屋顶整饰、立体绿化、节能改造
	公共空间	小区公共空间	开敞活动空间、街巷活动空间、口袋公园、小区入口、公共座椅、景观小品
	设施提升	公共设施提升	雨污分流、停车设施、非机动车设施、信息宣传栏、公共管理设施、快递设施、智慧管理

资料来源：《广州市老旧小区微改造设计导则》，兴业研究。

3. 老旧小区改造资金来源

资金方面，目前老旧小区改造以财政资金为主导，各地均积极探索多渠道资金来源，以保证老旧小区改造的质量和可持续性。从各地出台的相关文件以及现有小区改造的案例来看，当前旧改资金主要包括以下几个方面的来源。

第一，财政资金是主要资金来源。主要用于公共性基础设施及环境整治，以及优质改造项目的奖补。

第二，专营单位资金。主要负责供水、供电、供暖、供气等专营单位项目的改造，通过直接投资并获取收益的方式参与改造。

第三，居民自筹。主要负责屋面、楼道、单元门禁等建筑物本体改造项目，部分项目如加装电梯，居民可通过住房公积金、住宅专项维修资金等方式出资。

第四，产权单位出资。依项目需求而确定资金用途，适用于公房小区。

第五，社会资本。可参与小区整体改造，或仅提供充电设施、快递服务、育儿养老服务部分公共服务，具体看社会资本与小区的合作方式。

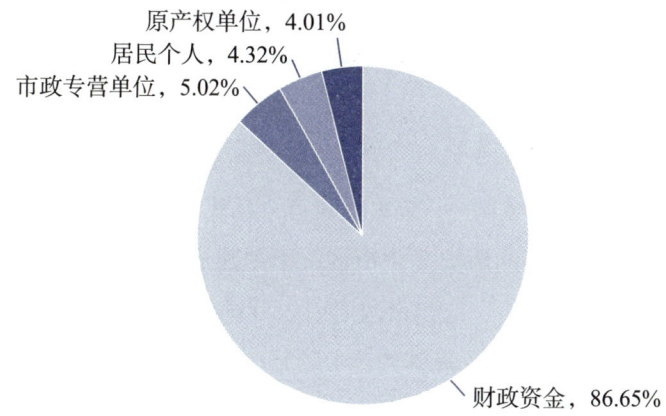

图3-37　河北省2018—2020年老旧小区改造计划资金来源

资料来源：《河北省老旧小区改造三年行动计划（2018—2020年）》，兴业研究。

从上文不难看出，老旧小区改造与棚户区改造截然不同：第一，从对象上看，棚户区改造的对象是"指国有土地上集中连片简易结构房屋较多、建筑密度较大、基础设施简陋、房屋建成年限较长、使用功能不全、安全隐患突出的居住区域"，[①]老旧小区则更多面临着公共设施不足的问题，而非建筑结构安全性问题；第二，从改造内容上看，棚户区改造涉及新增住房建设，而老旧小区改造仅涉及存量住房的更新；第三，从对固定资产投资的影响来看，棚户区改造更多地影响房地产投资，而老旧小区改造更多地影响公共设施、水电等行业投资，这也使得老旧小区改造利润空间较小、融资难度较大；第四，从对房地产销售的影响来看，棚户区改造会带来新增购房需求，老旧小区改造则不会。

二、老旧小区改造融资模式创新

从各地披露的信息来看，政府资金仍然是老旧小区改造的绝对主力，根

---

① 资料来源：2010年4月住建部《关于做好城市和国有工矿棚户区改造规划编制工作的通知》。

据各地差异，政府资金占比在70%—90%之间。老旧小区改造利润空间小、资金回收时间长，社会资本缺乏参与积极性，制约了老旧小区改造的快速推进。因此，当前各地探索通过运营模式创新、无息按揭贷款等方式解决改造的资金难题。

1. 广州"永庆坊"项目——历史老街商业化改造

永庆坊是广州著名的历史文化街区，但因建成年代久远，小区出现许多危旧房亟待改造。2015年，广州市政府引入万科参与"永庆坊"微改造项目。一期项目共8000平方米，总投资约为1亿元。建成后，万科将获得永庆坊15年的经营权，成本回收周期预计为12年半。

为了最大限度保留永庆坊的历史建筑，万科针对每一栋楼的条件特点，选择拆除、更新、保留等。项目完工后，万科引入教育、文创、办公、民宿等多种业态，让"永庆坊"成为网红社区，一年到访人数达300万人次。

2020年1月7日，正大集团与高和资本宣布联合成立100亿元专项城市更新产业基金，用于投资一线、重点二线及其他战略城市的街区更新、商业中心或大型商业综合体等。这意味着万科的老旧小区改造模式正逐渐出圈，产业资本在加速进入重点街区进行开发。

2. 北京"劲松模式"——全流程参与改造运营

大部分社区并不具备永庆坊的文化资源，无法进行大规模的商业化改造。北京的"劲松模式"或许是更好的选择。朝阳劲松北社区建成超40年，居住环境十分落后。2018年7月小区引入了愿景集团作为运营方，目前共投资3000万元。项目坚持微利、可持续运营，预计十年后实现投资回报平衡。

改造内容涉及公共空间、智能化、服务业态、社区文化四个方面共30余项。愿景集团预计未来的收入主要包括以下几个方面。

- 小区闲置资源盘活收入：200平方米废弃车棚改造后出租给便民商店，引入一些企业连锁店入驻；
- 后续拟征收物业费、停车管理费，扩充企业收入来源；

- 拟逐渐落地养老、托幼、健康等社区服务带动收入增长。

"劲松模式"在改造社区的同时，积极盘活社区资源，拓展社区经济。随着收入稳定，运营方也可以持续地进行社区维护，保证社区改造成果可持续。

3.上海"宝山模式"——无息按揭推进电梯加装

除了产业资本外，社区居民也是老旧小区改造的重要力量。当前，社区居民的资金参与重点集中在电梯加装领域。既有住宅加装一台电梯的市场价格在50万—70万元，政府补贴在20万元左右，剩余的30万—50万元需要楼内居民一同出资。阶梯式收费下，楼层越高的住户出资金额越高。一次性大额支出的资金压力，严重影响居民参与积极性。

为此，上海宝山区推出"无息按揭付款"的模式。电梯的设计建设、维修、配件、电费均由电梯公司垫资，电梯公司可通过居民无息按揭还款和电梯广告运营收回成本。北京航材院小区采用的"阶梯定价，按月收费"的方式，和南京建邺区采用"按年租赁"的模式都有异曲同工之妙。

三、老旧小区改造规模测算

2019年5月18日，第十一届全国既有建筑改造大会召开，会上住建部标准定额司巡视员倪江波介绍，我国2000年前老旧居住小区近16万个，涉及居民超过4200万户，建筑面积约为40亿平方米。我们基于这几个关键数据进行各分项的投资规模测算，预计老旧小区改造可以创造的投资规模将达到3.85万亿元。

2019年3月，国务院参事仇保兴撰文披露称，据初步估算，我国城镇需综合改造的老旧小区投资总额可达4万亿元，如改造期为五年，每年可新增投资约8000亿元以上。以2018年末63.56万亿元的固定资产投资规模计算，其有望拉动固定资产投资1.25%。在匡算过程中，我们对现实进行简化，许多配套投资项目的开支未能计入其中。若将其考虑在内，则大体上与仇保兴参事的测算结果相当，证明我们的测算结果相对可靠。

表3-32 全国老旧小区改造投资规模测算结果

项目	金额（单位：亿元）
社区基础性改造	12000
加装电梯	16800
电梯维护	2940
加建停车位	6230
住房内设施改善	545
合计值	38515

资料来源：兴业研究。

1. 老旧小区基础性改造规模

基础性改造是对老旧小区的基础性功能进行修复完善，主要涉及管线处理、外墙涂层、楼内设施更新等。从部分省市公布的老旧小区基础性改造数据来看，各地每平方米改造价格不一，主要和各地财政状况、物价成本有关。以安徽省为例，安徽省平均改造价格为139元/平方米，而省会合肥的改造价格为639元/平方米，远超出省内其他地区。若不考虑重点城市，则对于大部分地区而言，200元/平方米相对较为合理。考虑到重点城市改造成本较高，则预计整体改造价格将明显上行，物价成本上涨预计将推高造价。综合来看，我们假定全国每平方米改造价格为300元/平方米，那么40亿平方米的改造面积，预计带动基础性老旧小区改造的投资规模为1.2万亿左右。

表3-33 部分省市老旧小区改造数据

省市	时间（年）	小区数 个	建筑面积 万平方米	居民数 户	投资规模 万元	单位改造价格 元/平方米
合肥	2019	47	119	14839	76000	639
舟山市	2019	51	76	11360	23600	311
呼和浩特	2019	32	82	10986	19280	236

续表

省　市	时间（年）	小区数	建筑面积	居民数	投资规模	单位改造价格
		个	万平方米	户	万元	元/平方米
洛阳市	2019	-	231	27988	48000	208
苏州市吴江区*	2017—2019	241	589	52421	120900	205
宿州市	2019	80	168	15308	33600	200
昆明市	2019	-	130	-	19282	149
安徽省	2019	523	1871	204066	259272	139
营口市	2019	31	184	23514	24900	135
保定市	2019	-	317	33000	38900	123
淄博市*	2018	90	491	55190	59000	120
河北省	2018—2020	5739	11500	1413100	1296000	113
许昌市	2019	434	423	41710	47000	111
宣城市	2019	42	69	6219	5504	79
新乡市	2019	178	197	22571	6952	35

注：加*的省市数据为实际数据，其他数据为各省市计划改造数据。
资料来源：各地政府官网，兴业研究。

2.老旧小区加装电梯规模

老旧小区中老年住户规模较大，加装电梯的需求较强，整体投资空间巨大。但是，不同楼层住户对加装电梯的需求不同，加装电梯一次性支出较大使得该项改造推进十分缓慢。为此，各地政府纷纷出台相应政策取消加装电梯的规定限制，具体内容包括以下几方面。

第一，放宽加装电梯同意的业主比例。2019年12月25日，上海市发布《关于进一步做好本市既有多层住宅加装电梯的若干意见》，将同意业主比例由原来的90%降至双2/3。[1] 避免原先的一票否决制。

---

[1] 本幢或本单元房屋专有部分占建筑物总面积2/3以上且占总人数2/3以上的业主。

第二，加大财政补贴力度，降低居民出资负担。一、二线城市的补贴力度要明显高于三、四线城市。

第三，简化新增电梯的审批事项，建立优先窗口。

第四，明确新增电梯不涉及产权面积变更等其他事项。

表3-34 各地对于既有住宅增设电梯的最新规定

城 市	增设条件	财政补贴（万元）
北京	双2/3同意	30万元 因安装改移线路，补贴最高不超过40万元
上海	由90%放宽至双2/3同意	28
柳州	双2/3同意	15—23
厦门	100%书面同意 或经2/3同意后公示，无居民明确提出异议	22
济南	双2/3同意 拟占用业主专有部分需经其同意	16—22
苏州	双2/3同意 拟占用业主专有部分需经其同意	20
广州	双2/3同意	15
宜昌	双2/3同意	10
漳州	双2/3同意	10
长沙	双2/3同意 拟占用业主专有部分需经其同意	10
汕头	双2/3同意	8

资料来源：各地政府官网，兴业研究。

根据土流网的测算数据，一台8层楼左右的电梯加装费用在65万元左右，后续每年运维费用在7000元/年/台左右。从各地新闻报道来看，老旧小区加装电梯的安装费用视小区楼层层数不同而有所差异，普遍报价在50万—70万元，我们取中间值60万元/台。以每台电梯使用时间15年计，预计每台将产生10.5万元的后续运维费用。

老旧小区改造涉及4200万户，假设每栋楼6层，每层2户，则预计需要新装350万台电梯。尽管加装电梯的限制减少，但是当前仍面临着较大的推进阻力，我们假设最终的安装比例为80%，则预计需要加装电梯280万部。预计加装电梯可带来一次性安装的投资规模对应为1.68万亿元，运维费用则约为2940亿元。

表3-35 老旧小区单台电梯加装费用测算

一次性安装	价格（万元）	日常运维费用	价格（元/年/台）
设计费用	1	维保费	3600
设备费用	14	年检费	1000
土建工程	46	电费	2400
其他	4		

资料来源：土流网，兴业研究。

3.老旧小区新建停车场规模

老旧小区改造的另一个重点工程即为新建停车场。当前居民收入水平逐渐提升，汽车购置需求持续提升。但是停车难成为阻碍汽车消费、影响居民生活的重要因素。2019年的中央经济工作会议上，同样明确提出加快城市停车场建设。

2019年以来，河南、浙江、福建等十多个省市提出的老旧小区改造方案明确把增加停车位作为重点。杭州提出，将全面整理既有边角地、零星地和碎片地，为小区内道路微循环、停车位等提供空间；福州、南京、长沙等地明确提出鼓励社会力量参与老旧小区停车设施建设。当前建设方法包括以下方面。

第一，小区绿地、边角料等重新规划，成本较低，但受限于空间不足，增量有限。

第二，建立地下停车场，改造难度较大，成本较高。

第三，建设立体停车场，在原先地面停车场上加盖多层停车。据长沙市岳麓区住建部信息，加建立体停车场单个车位造价5万—20万不等。

第四，建设机械式停车位，从市场报价看，机械式停车位单个报价在1.5万—2.5万元。

我国当前老旧小区改造涉及4200万户，以户均3人计，涉及人口数近1.2亿。公安部数据，2018年，我国人均汽车保有量为173辆/千人，则预计老旧小区改造的人群拥有车辆规模为2076万辆。假设当前有30%的车辆需解决车位问题，预计需要新增623万个车位。综合考虑4种停车场建设方式，我们假设单个车位造价为10万元，则新建停车场预计将带来新增投资6230亿元。

4.老旧小区住房设施改善规模

新加坡由政府提供低价"组屋"保障居民需求，同时政府出台住房改善计划（Home Improvement Program），在房屋建成30年、70年两个节点，对房屋进行大规模翻新。根据房屋类型，居民出资5%—12.5%不等，最高出资额为1575新元，其余费用由政府补贴。这一行为保证了组屋功能配置的与时俱进，房屋常住常新。

但是，我国住房规模远远大于新加坡，不可能由政府负担全部老旧小区房屋的内部修缮。从政策取向看，当前我国的老旧小区改造也基本集中在小区内部、住户外部的改造。不过宜昌市政府提供了新思路，其为老旧小区内部的七类困难老年人提供适老化改造试点。改造项目包括安装扶手、燃气报警、改善照明等近22个，每户补助资金在5000元以内。

假设未来住户内部改造向低保户放开，则有90%的低保对象可以得到该项福利。根据中商产业研究院数据，2018年，全国城市低保对象共计605.58万户，预计有545万户受益。考虑到一、二线城市投资规模较大，在其拉动下，全国预计户均改造资金可能为1万元左右，则该项改造费用的投资规模可达到545亿元。

四、结语

2019年12月12日召开的中央经济工作会议，对于城镇老旧小区改造工作进行相应部署，体现了政府对于老旧小区改造工作的重视。自2017年老旧小区改造开展15城试点后，老旧小区改造有望再次加速。当前老旧小区改造的内容主要可以分为基础类和提升类。各地根据资金规模、小区条件、居民意愿进行改造。资金来源方面，主要以财政资金为主，小区原产权单位和市政专营单位提供一定支持，居民部分出资，社会资本参与度有限。

我们对老旧小区改造投资规模进行分项测算后发现，老旧小区改造能带动的投资规模在3.85万亿元左右，其中基础性改造1.2万亿元，加装电梯1.68万亿元，电梯养护费用2940亿元，加建停车位6230亿元，住房内部设施改善545亿元。若考虑其他配套投资，则整体规模与仇保兴参事讲话中提到的4万元亿投资规模接近。

总体来看，老旧小区改造可带动的投资规模较大，但是项目的利润空间小，融资难度高，急需探索能够撬动更多社会资本的改造模式。广州"永庆坊"项目、北京"劲松模式"、上海"宝山模式"都为改造资金筹集提供新思路。相信随着未来老旧小区改造全面铺开，更多改造模式会不断涌现，改造效果也会持续提升。

第五节 政策性租赁房：可选择性作为的新领域

2020年5月9日，广州、杭州、苏州等6个城市与中国建设银行签订了《发展政策性租赁住房战略合作协议》。协议约定未来三年内，建设银行将为6个城市提供不少于1900亿元的贷款，建设筹集约80万套（间）政策性租赁住房。

政策性租赁住房定义是什么，与公租房的区别在哪里？政策性租赁住房筹建所需的土地、资金如何保障？项目收益能否覆盖前期支出呢？本节将就上述问题展开探讨。

表3-36　6个城市签订政策性租赁住房协议

城　市	融资支持（亿元）	租赁住房数量（万套）	租赁住房来源
杭州	500	15	整合蓝领公寓、人才专项租赁住房
广州	400	15	• 城中村住房改造 • 闲置存量房改造 • 企事业单位闲置土地开发 • 集体土地新建
郑州	300	15	以购买存量房租赁权方式为主
济南	300	15	• 产业园区配套建设 • 利用城中村村民生活保障房项目 • "竞自持政策性租赁住房面积"土地出让方式 • 盘活存量市场租赁住房
福州	200	10	鼓励房企、租赁企业、村集体、企事业单位参与建设、运营
苏州	200	10	利用存量土地、集体土地、非住宅房屋改建等方式
合计	1900	80	—

资料来源：兴业研究。

一、政策性租赁住房初现

在2019年12月23日召开的住房和城乡建设工作会议上，住建部首次提出"着力培育和发展租赁住房……重点发展政策性租赁住房"。住建部官网报道指出："政策性租赁住房是在政府政策引导下，由市场主体投资建设，坚持谁投资、谁所有，是一种市场行为和市场产品。"[①]

[①] 张忠山：《中国建设银行支持发展政策性租赁住房签约仪式在京举行》，住建部官网（2020-05-11），http：//www.mohurd.gov.cn/jsbfld/202005/t20200511_245335.html。

1.政策性租赁住房定位

2019年以来,住建部提出"以解决新市民住房问题为出发点,加快建立以公租房、政策性租赁住房和共有产权住房为主体的住房保障体系"。同时,完善住房保障体系的政策导向亦发生了一定的调整:促进住房保障对象从以户籍家庭为主转向覆盖城镇常住人口;住房保障方式从以政府投入为主转向政府政策支持、吸引社会力量投入为主。这一系列政策调整的落脚点在于"重点发展政策性租赁住房"。

对政策性租赁住房的理解主要包括几个方面。

第一,政策性租赁住房是住房保障体系的一部分,具备保障性。由于政策性租赁住房主要面向当地城镇无房常住人口,以蓝领、新就业大学生为主,因此其保障性体现为"小户型、低租金"。租金方面要求低于市场水平,存在政府价格管理。

第二,政策性租赁住房需兼顾市场性。政策性租赁住房面向的人群较公租房更广,要加快建设步伐需要借助市场力量。因此,政策性租赁住房强调政府政策支持下,由市场主体投资建设、运营。

第三,兼顾保障性与市场性需要政策支持。住房租赁市场利润率本就较低,加之政策性租赁住房非市场化定价,市场主体的积极性受制。因此,政府通过政策支持,破除政策性租赁住房建设瓶颈,提高市场主体的积极性。

本次建行和6个城市合作所披露的信息充分体现了政策性租赁住房的特点:

- 面向人群:重点面向城镇非户籍常住人口和新落户就业大学生;
- 选址要求:强调交通便利、配套成熟,重点布局地铁沿线、产业园区;
- 户型面积:以小户型为主,大部分房屋小于30平方米;
- 房屋租金:政府目标定价将低于市场房源租金3—5成,地方政府可以规定一定年限(10—15年)后可转为市场租赁住房[1]。

政策性租赁住房充分考虑了目标租客的需求,在房屋面积、生活便利性

---

[1] 许倩:《破解"新市民"住房难题与人才逃离现象 3年80万套政策性租赁住房启动》,中房网(2020-05-11),http://www.fangchan.com/news/6/2020-05-11/6665403747608629949.html。

以及租金方面进行较为合理的平衡，有效地提升了租赁住房的吸引力。从杭州市住建厅发布的信息看，蓝领公寓租金将约为市场租金的70%，人才公寓租金将约为市场租金的60%。①这样的安排更有利于政策目标的实现。

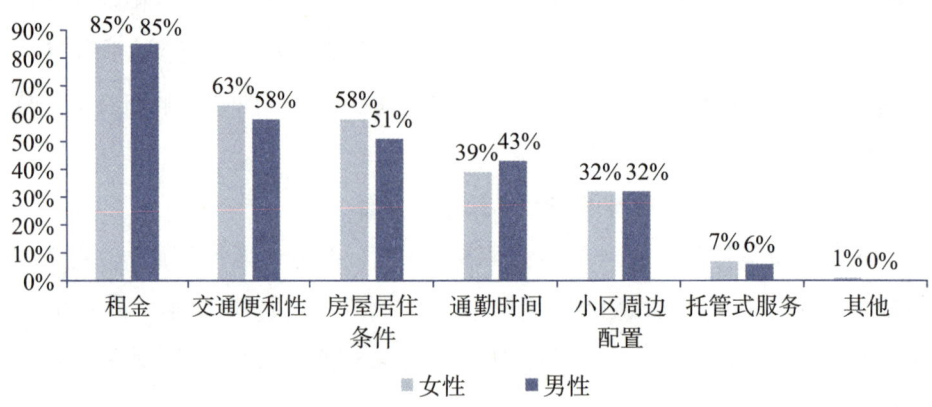

图3-38 租房青年房屋选择影响因素

资料来源：贝壳公寓，兴业研究。

2.政策性租赁住房政策

住建部于2019年末首次提出政策性租赁住房的概念，这是过往政策发展演变的延续。住建部2015年1月发布的《关于加快培育和发展住房租赁市场的指导意见》已经明确提出："积极引导经营住房租赁的机构，从事中小户型、中低价位的住房租赁经营服务。"2016年5月发布的《关于加快培育和发展住房租赁市场的若干意见》则指出："在城镇稳定就业的外来务工人员、新就业大学生和青年医生、青年教师等专业技术人员，凡符合当地城镇居民公租房准入条件的，应纳入公租房保障范围。"

事实上，随着我国住房保障体系的不断完善，政策对于外来务工人员、新就业大学生等群体的住房保障关注度不断提升。早期希望通过公租房体系提供保障，但该部分人群与公租房群体差异仍存在。因此，随着前期政策探

---

① 朱宇心：《杭州市签订发展政策性租赁住房战略合作协议 助推住房租赁市场发展》，杭州市人民政府网，（2020-05-14）http://www.zj.gov.cn/art/2020/5/14/art_1553153_42968486.html。

索的经验积累，到2019年12月正式提出了"政策性租赁住房"的概念，以填补原有住房保障体系的空白。

表3-37 租赁住房相关政策情况

日　期	文件/事件	相关内容
2015/01/06	《关于加快培育和发展住房租赁市场的指导意见》	积极引导经营住房租赁的机构，从事中小户型、中低价位的住房租赁经营服务
2015/12/18	中央经济工作会议	要明确深化住房制度改革方向，以满足新市民住房需求为主要出发点，以建立购租并举的住房制度为主要方向，把公租房扩大到非户籍人口
2016/05/17	《关于加快培育和发展住房租赁市场的若干意见》	推进公租房货币化……在城镇稳定就业的外来务工人员、新就业大学生和青年医生、青年教师等专业技术人员，凡符合当地城镇居民公租房准入条件的，应纳入公租房保障范围
2017/05/19	《住房租赁和销售管理条例（征求意见稿）》	直辖市、市、县人民政府应当建立住房租金发布制度，定期公布分区域的市场租金水平等信息
2017/07/18	《关于在人口净流入的大中城市加快发展住房租赁市场的通知》	探索采取购买服务模式，将公租房、人才公寓等政府或国有企业的房源，委托给住房租赁企业运营管理
2017/10/18	党的十九大报告	加快建立多主体供给、多渠道保障、租购并举的住房制度，让全体人民住有所居
2017/12/18	中央经济工作会议	加快建立多主体供应、多渠道保障、租购并举的住房制度。要发展住房租赁市场特别是长期租赁，保护租赁利益相关方合法权益，支持专业化、机构化住房租赁企业发展
2018/04/24	《关于推进住房租赁资产证券化相关工作的通知》	重点支持住房租赁企业发行以其持有不动产物业作为底层资产的权益类资产证券化产品，积极推动多类型具有债权性质的资产证券化产品，试点发行房地产投资信托基金（REITs）
2019/07/19	2019年中央财政支持住房租赁市场发展试点入围城市名单公示	中央财政将在3年试点期内拨款402亿元，对16个示范城市给予奖补资金支持
2019/12/23	全国住房和城乡建设工作会议	重点发展政策性租赁住房，探索政策性租赁住房的规范标准和运行机制

资料来源：WIND，兴业研究。

表3-38 主要试点城市出台文件中对于租房建设补贴的规定

城市	时间	建设 补贴标准（元/平方米）	建设 具体要求	改建 补贴标准（元/平方米）	改建 具体要求	盘活 补贴标准（元/平方米）	盘活 具体要求
武汉	2020-05-13	年度投资额25%	国有、集体用地建租赁房	不超成本25%最高1500	商改租、工改租	3.39元/平方米·年	租赁期长于6个月
		综合投资额持有年限后25%	自持商品房转租赁房				
		235	配建租赁房	235		235	住宅装修后出租
郑州	2020-03-26	500	国有用地建租赁住房	300		300	回租或作价入股
		400	集体用地建租赁住房	300		500	回购
重庆	2020-03-06	不超成本30%最高1000	运营期不少于10年	不超成本30%最高1000	闲置毛坯房改造 运营期不少于3年	20元/平方米·年	—
					其他改建项目 运营期不少于6年		
		对新建或改建（不含闲置毛坯房装修）租赁住房项目评审为重点项目的，可另按不超过成本的5%给予补助，最高不得超过150元/平方米					
		贷款利息和担保费用按30%补贴，不超过贷款余额的2%					

续表

城市	时间	建设 补贴标准(元/平方米)	建设 具体要求	改建 补贴标准(元/平方米)	改建 具体要求	盘活 补贴标准(元/平方米)	盘活 具体要求
广州	2020-03-05	750	建设普通租赁房	500	商改租、工改租建设普通租赁房	300	城中村改造项目建筑面积不少于2000平方米
广州	2020-03-05	800	建设集体宿舍型租赁房	550	商改租、工改租建设集体宿舍型租赁房	350	其他闲置住房改造建筑面积不少于2000平方米
济南	2020-01-03	1000	根据建设进度分批发放	600	以整栋改建为主改建规模需高于50套	180	累计新增面积不低于3000平方米且总面积不低于3000平方米持续运营期不低于3年

资料来源：政府官网，兴业研究。

当前推进政策性租赁住房尚未有专门的文件出台，仍在原有的推进租赁住房市场发展的框架下进行。当前，租赁住房市场发展的支持政策主要包括以下内容。

第一，税收优惠。当前对依法登记备案的住房租赁企业、机构和个人，给予税收优惠政策支持。2019年5月，财政部、国税局专门出台公租房建设和运营的7项有关税收优惠政策。后续政策性租赁住房或有望享受同样的优惠。

第二，提供金融支持。支持住房租赁企业多渠道、多方式融资，积极推动发展REITs；鼓励银行业金融机构为其提供长期贷款和金融解决方案。

第三，完善供地方式。包括试点集体建设用地建租赁房、盘活城区存量土地、增加租赁用地出让等，降低租赁用地成本，增加租赁用地供给。

第四，财政资金补贴。2019年7月，财政部宣布将在3年内提供402亿元资金奖补租赁住房发展。试点城市纷纷出台奖补细则，补贴内容包括房源筹集、企业培育、平台建设、课题研究，其中房源筹集运营是重点补贴对象。由于政策性租赁住房同样需要筹集运营房源，因此相关项目亦同样能享受财政补贴。

二、政策性租赁住房来源

当前我国正大力推动租赁住房市场发展，而筹集吸收更多房源进入租赁市场便是重要内容。从既往政策文件的内容来看，筹集吸收房源的方式可以分为盘活存量住宅和新建租赁住房两类。

盘活存量住宅包括城中村、回迁房整体开发改造、企业自持物业出租（商改租、工改租）等。新建租赁住房包括农村集体建设用地建租赁住宅、国有租赁住房用地出让、产业园区配套建设、竞自持租赁住宅面积等方式。

从此次签订协议的相关报道来看，6个城市的政府部门亦将通过上述渠道推进后续大量政策性租赁住房的筹集。这些方法在政府近年来推进"租售并举"的过程中均得到广泛使用。我们将结合过往经验对几种方法分别展开分析。需要注意的是，由于彼时尚未有"政策性租赁住房"的概念，原有项目普遍较为市场化，保障性相对较弱，或与后续"政策性租赁住房"项目存在一定的差别。

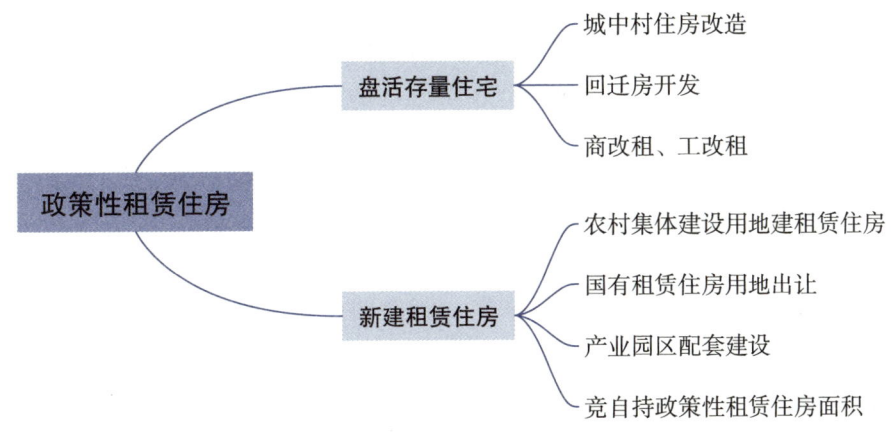

图3-39 政策性租赁住房来源

资料来源：兴业研究。

（一）盘活存量住宅：闲置住宅集中管理

政策性租赁住房需要综合考虑租金价格、交通便利程度、周边配套等多重因素，以保证租客用低租金获得好体验。而城中村、回迁房、闲置厂房、商住楼等存量资源往往能够在二者之间实现更好的平衡。因此，盘活存量住宅是提升政策性租赁住房规模的重要内容。

1.城中村、回迁房整体开发改造

城中村、回迁房为许多城市的租房市场提供了大量房源，但是这些房源长期由散户、二房东出租，机构化比例较低，出租管理较为混乱，居住体验亦相对较差。部分城市积极推动专业的租赁住房运营企业入驻城中村、回迁房社区，对社区外部环境、内部房源进行集中改造和管理，以期实现租赁住房品质提高和城中村改造的双重目标。具体合作模式上分为整体租赁和分散式租赁两种。

（1）整体租赁——杭州瓜山模式

2018年，杭州市对瓜山城中村进行整治改造之后，引入了第三方长租公寓品牌朗诗寓进行整体租赁和后续运营。瓜山城中村成为业内最大的租赁型社区。朗诗寓为瓜山村村民提供了两种收入方案：

- 整治后整体返租给朗诗寓，由朗诗寓统一对外出租并支付村民租金，合同期限为15年；
- 整治后不返租，村民搬回原有房屋，但日后需服从统一管理。

瓜山社区提供以一居室为主的房证，正式完工后预计公寓房源将达到9000余套。从租赁平台的报价来看，当前朗诗寓已投入运营的公寓租金为1800—2800元不等。假设公寓平均租金为2300元，出租率维持在85%左右。那么，待全部投入运营之后，其年租金收入预计将达到2.5亿元。原先瓜山城中村农居点有539户居民，简单假设所有户型的比例相同，前三年户均租金在35万元/年，瓜山项目租金成本约为1.89亿元（参见表3-39）。如果仅考虑租金成本，不考虑改造成本，瓜山项目年利润空间近6000万元。

表3-39　瓜山城中村改造项目整体返租方案

项　目	内　容
租金成本	前三年租金：小户26.4万元/年，中户38万元/年，大户41.57万元/年
	之后每三年租金在前三年基础上提升5%—10%
支付方式	预付方式，一年一付
房屋产权	仍归村民所有

资料来源：《钱江晚报》，兴业研究。

（2）分散式租赁——万科玉田模式

2017年，深圳市玉田村亦引入了万科作为第三方运营管理单位，统一托管城中村物业，在改造升级后统一对外经营。这一模式也被称为"玉田模式"。

玉田模式下，运营商仅获得社区部分楼栋的使用权。与瓜山模式相比，玉田模式无法进行整体改造和管理，改造成本、管理成本均较高。从披露信息看，万科和租户签订的合同为10年期，租金标准为每月75—85元/平方米，而前期改造成本约为3000元/平方米，平摊下来约为每月25元/平方米①。而从泊寓app信息看，当前出租收入约为每月107元/平方米。如果考虑空置率和运营成本，那么租金收入是无法覆盖成本的。

不过，相关业主透露，政府针对玉田村的改造升级给予管理公司资金补贴标准约为2900元/平方米。②2017年10月17日，深圳市政府出台了《关于加快培育和发展住房租赁市场的实施意见》，明确提出："对于各原农村集体经济组织及继受单位投资'城中村'消防治安、环境卫生及水电燃气管网改造的，区级财政给予适当补贴。"考虑政府补贴因素之后，万科玉田项目的毛利润率接近20%，项目收益率改善明显。万科的签约房源年限较长，在租金成本锁定下预计利润情况亦有望逐步改善。

（3）小结

利用城中村、回迁房发展租赁住宅，可以实现多方共赢：对于政府，可以通过发展租赁住房项目，提供租赁住房的同时，实现对城中村社区的整治提升；对于企业，社区房源多，且政府多为社区改造提供资金补贴，提高项目收益空间；对于租客，社区租金价格低，且周围交通配套相对完善，居住满意度高。

但与此同时，这一模式亦存在一定的挑战：第一，城中村、回迁房前期改造难度大、成本高，对经营能力要求高；第二，城中村、回迁房多已进入租赁市场，集中收房后再改造出租或推升当地租金价格；第三，城中村、回迁房的产权主体较多，运营商前期沟通成本高，需警惕房东违约风险。

---

① 《时代周报》，《破题城中村治理 深圳玉田村改造实践》，新浪新闻（2018-05-29），http：//news.sina.com.cn/c/2018-05-29/doc-ihcffhsu6340186.shtml。
② 《时代周报》，《深圳启动城中村租赁试点 万科入局"玉田模式"探路》，今日中国（2017-10-31），http：//www.chinatodayclub.com/news/shishi/36906.html。

相较之下，城中村、回迁房整体租赁的模式可行性更强。整体租赁模式下，社区、政府均会参与协调沟通，推进阻力较小。整体租赁亦有助于整体改造以及后续管理，可以有效降低成本。

2.商业用房改租赁住宅

早在2016年6月3日，国务院办公厅印发的《关于加快培育和发展住房租赁市场的若干意见》便明确提出："允许将商业用房等按规定改建为租赁住房，允许将现有住房按照国家和地方的住宅设计规范改造后出租。"

当前，多个省市已发布文件明确允许闲置商业用房经改造后转为租赁住房，盘活存量土地的同时，保证租赁住房市场的稳定。从各个省市的具体内容来看，存在以下几个方面的共性：

- 普遍要求土地用途、土地使用年限、容积率不变；
- 改建项目整体确权、整体转让，不得分拆确权、分拆转让、分拆抵押、分割出售；
- 项目通过验收后水电气价格按照居民标准执行。

部分城市针对商改租出台了更为具体的方案，则在上述规定的基础上进一步做出规定，比如，沈阳、深圳均提出改建规模不低于50套；广州市则提出应按照改造建筑面积的6%集中设置配套的公共服务设施用房；沈阳市要求租赁期限不少于10年，深圳市则要求不少于5年等。

尽管政策推动商改租的力度在增强，但是商改租实际执行中仍裹足难前，主要是因为项目周期长且收益较低。商改租前期改造成本较大，后续资金回笼速度较慢，收益率难以覆盖资金成本。对于资金压力本就较大的持有者而言，其改造成租赁住房的动力则更为不足。

3.存量住宅运营收益性

事实上，在盘活存量住宅方面，最早入市布局的是长租公寓企业。长租公寓的经营数据可以为政策性租赁住房中存量住宅运营的收益情况提供参考。

分析赴美上市的贝壳公寓的财报数据，仅就单套房源单月租金收入、出租率以及月租金成本来看，仍有一定的利润空间。但是随着贝壳规模快速扩张，其逐渐向二、三线城市进军，这些地区房租价格相对便宜，租房需求相对较少，议价能力弱于一线、新一线城市，导致其单套房源月租金收入、月租金成本、出租率均出现下降，其利润空间反而出现下滑。

根据贝壳公寓2019年IPO路演数据，其单套房源平均改造成本约为10404元，如果以一般签约时长5年计，单月成本约为173元，则租金价差已经无法覆盖后续的改造费用。

表3-40　贝壳公寓2017—2019年主要经营数据

项　　目	单　　位	2017年	2018年	2019年
出租房源单月租金	元/月	2439	2352	2130
出租率		85.80%	76.90%	76.70%
全部房源月租金成本	元/月	1718	1637	1546
单套房源单月毛利润	元/月	375	172	88
单套房源改造成本	元/月	173*		
单套房源毛利润		202	-1	-85

注：加*数据为根据披露数据计算。
资料来源：贝壳公寓2019年报，兴业研究。

近年来，市场化的长租公寓经营风险加大，本质上还是受到自身模式限制。长租公寓的装修改造成本高于普通二房东，需要借助规模效应降低成本。初期，通过融资迅速吸收社会房源。随着规模铺开，其资金压力增大，开始利用租金贷等变相向租客融资，经营风险增大；并且随着规模增大，其逐渐向地段较差、人流较少的地区吸收房源，反而侵蚀了其利润空间。房源数量过大带来的资金需求快速上升，管理成本亦快速上涨，反而带来更大的经营压力。一旦面临冲击，便有失控的风险。

表3-41 贝壳公寓2017—2019年主要经营数据

项目		单位	2017年	2018年	2019年
营业收入合计		万元	65678	267503	712909
营业成本合计		万元	71926	311053	852050
其中：	租金成本	万元	51170	217176	639998
	折旧费用	万元	9898	37323	113823
	预开业支出	万元	6212	27040	22396
	其他支出	万元	4646	29514	75833
	销售费用	万元	6212	27040	103819
	管理费用	万元	8099	47103	52748
	研发费用	万元	4996	20385	19373
营业利润		万元	−25554	−138077	−315080
签约房源数量		套	52181	236420	438309
单套房源当年平均亏损		元/套	−490	−584	−719

资料来源：贝壳公寓2019年报，兴业研究。

贝壳等长租公寓经营遇到的挑战，并不代表相同模式下的政策性租赁住房项目也一定行不通。一方面，政府普遍对租赁住房改造项目予以补贴。从前文整理的政府补贴信息来看，当前试点城市给予城中村改造的补贴接近300元/平方米，如果以单间30平方米计，单套房源的改造补贴为9000元，能够覆盖长租公寓改造成本的90%，能有效减少运营商的经营压力。另一方面，政府性租赁住房项目普遍要求接入政府的住房管理系统，管理更为规范。政府在引入运营商时，也更倾向于如万科之类资源丰富、资金实力较强的企业，其在战略规划、成本把控上亦更稳健。

因此，从长租公寓的经验来看，在选择政策性租赁住房项目时，需要注意几点。第一，选择房源时应选择流动人口规模较大、租房市场空间较大的城市、地区、地段、园区，对于地段相对较差的房源，选择应谨慎；第二，租赁住房项目在发展时，要充分规划好现金流，避免过快发展而导致资金链过分承压；第三，政府支持和财政奖补可以有效增厚项目的收益空间，减轻运营商的运营成本，但在项目之前要做好匡算，避免简单看到政府补贴或支持而不算细账就盲目跟上。

（二）新建租赁住房：供土地，保租赁

1.农村集体用地转租赁用地

2017年8月，国土资源部和住建部联合发布《利用集体建设用地建设租赁住房试点方案》（国土资发〔2017〕100号），开展集体建设用地建设租赁住房试点工作，并选取北京、上海、沈阳、南京、杭州、合肥、厦门、郑州、武汉、广州、佛山、肇庆、成都作为第一批试点城市。当前，试点城市均已出台相应的试点方案，不同城市的方案略有差异。

表3-42 各地利用集体建设用地建设租赁住房试点方案总结

项 目	具体规定
土地来源	• 以存量集体建设用地为主，原则上不得占用耕地 • 部分地区（如厦门）允许采取增减挂钩的方式
土地用途	• 5个城市做出规定，明确表明为住宅用地 • 土地使用期限规定为70年
实施主体	• 村集体自行开发运营 • 国企或民间资本入股、联营 • 协议出让方式由竞得者投资开发 （部分城市仅适用部分方法）
产权规定	• 按项目整体核发，不予分割办理不动产权登记 • 普遍要求不得改变土地用途、不得出售 • 部分城市要求不得出让、转让、转租、抵押
运营方式	• 集体经济组织自行运营管理 • 由合资公司运营管理 • 交由专业运营机构管理 • 由政府委托单位运营

续表

项　目	具体规定
资产归属	• 集体土地所有权仍归集体所有 • 以集体经济组织为申报主体：房屋所有权、土地使用权归集体所有 • 以合作企业、联合体为申报主体：房屋所有权、使用权归合作企业联合体所有
政策支持	• 鼓励商业银行以项目用地使用权、租金等应收账款作为抵质押担保 • 第三方主体提供保证担保，提供信贷支持 • 将试点工作经费纳入政府年度财政预算，发放专项补助资金 • 加强与国家开发银行等政策性银行合作，安排贷款额度 • 贷款付息能力不足时，地方财政部分安排财政资金补助 • 地方政府提供税收优惠支持

注：该表仅为各城市方案总结，部分城市仅提出部分规定，并非所有城市的共同要求。
资料来源：兴业研究。

在资金筹措方面，不同城市也给出了不同的融资方式建议。具体内容包括以下几个方面：

- 利用集体经济组织自有资金；
- 以建设用地预期收益申请债券、抵押贷款、不动产证券化产品融资；
- 吸引村镇之间、民间资本、国有企业等主体参股投资；
- 与政策性银行合作，安排一定贷款额度。

集体建设用地建租赁房真正实现了多方共赢的局面：对于村民，建成后的土地所有权仍归集体所有，集体经济组织成员可获得稳定租金收入，实现集体土地价值集体共享；对于投资方，集体建设用地建租赁房不需要通过土地出让手续，有效降低前期投资成本，为低房租提供空间；对于租客而言，便宜的租金、优质的居住环境让租客可以安心工作，免去租房的烦恼。当前，这一方法存在多种模式。不同模式涉及主体不同，其后续收益权属亦有所不同。

（1）村集体自行建设运营

这一模式下，土地所有权、土地使用权以及建筑物所有权均归集体经济组织所有。模式清晰，权属简单。早在2010年，上海市闵行区七宝镇联明村进行"集体建设用地建租赁房"的试点工作，采取的就是这一模式。2010年，联明村投资8000多万元在集体用地上建设了"联明雅苑小区"，含公租房400多套。这些房屋均为村集体所有，后续的租金收入也由集体成员共享。根据村委主任透露，2017年小区年租金收入就已接近1200万元左右，租金回报率约为15%，[①]集体经济组织成员可以获得稳定的土地收入。

（2）引入外部机构参与运营

部分集体经济组织自行建设完成后，引入外部专业机构参与合作运营。以北京成寿寺项目为例，成寿寺集体土地建设租赁住房项目即由南苑乡成寿寺村集体经济组织所属金城源投资管理公司开发建设，与北京万科合作成立合资公司负责合作运营，纳入万科"泊寓"平台管理运营。合资公司通过支付对价获得该项目50年的经营权，后续村集体还可获得项目分红。

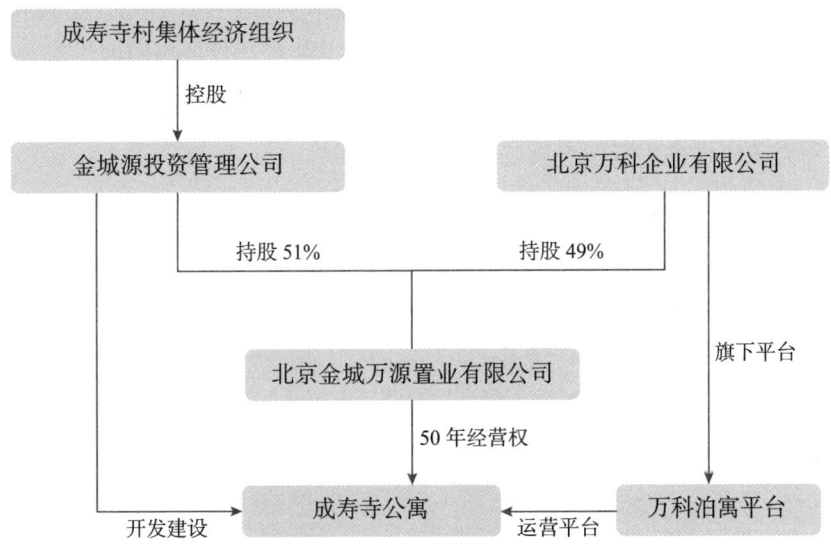

图3-40 北京成寿寺租赁住房项目模式

资料来源：WIND，兴业研究。

[①] 吴若凡：《上海集体土地建租赁房试点：投8000万8年回本 年回报率约15%》，每日经济新闻（2017-09-07），https://m.nbd.com.cn/articles/2017-09-07/1146051.html。

成寿寺社区项目建筑面积约为4.6万平方米，预计可提供965套房源，社区有500平方米公共空间，4000平方米商业配套。社区距离14号线方庄站步行距离仅0.8km，周边有十几条公交线路，十分适合城市白领租住。房间面积21—44平方米不等，月租金从3800元到7600元不等，单位面积租金价格超过170元/平方米每月。这契合长租公寓促品质、提单价、增利润的运营策略。

但是这一市场化的定价无法满足"政策性租赁住房"的保障性需求。其所强调的价格优惠，多指相同品质下价格相对较低，但事实上价格仍高于周边水平。未来与之模式相同的政策性租赁住房项目，运营商将面临更大的定价压力。

2.国有租赁住房用地出让

2018年5月，住建部发布《关于进一步做好房地产市场调控工作有关问题的通知》，明确提出"要大幅增加租赁住房、共有产权住房用地供应，确保公租房用地供应"。自2017年以来，租赁用地的土地成交面积逐年上升，显示出地方政府推进租赁住房供应的决心。

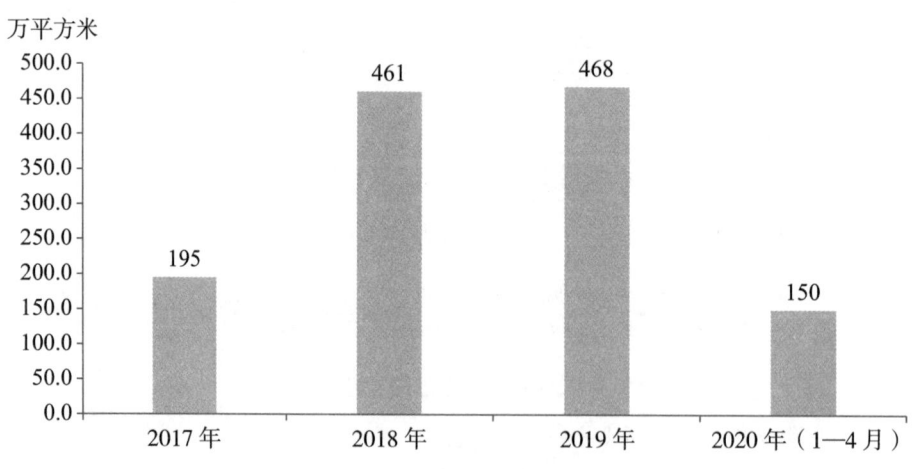

图3-41　历年租赁用地成交面积

资料来源：克而瑞，兴业研究。

从当前租赁用地出让的整体情况来看，主要呈现出以下几个方面的特征。

首先,当前租赁用地供应集中在租赁需求强劲的城市。其中,上海、杭州、南京、成都、广州、深圳等城市的租赁用地成交规划面积占整体比例达89.8%。

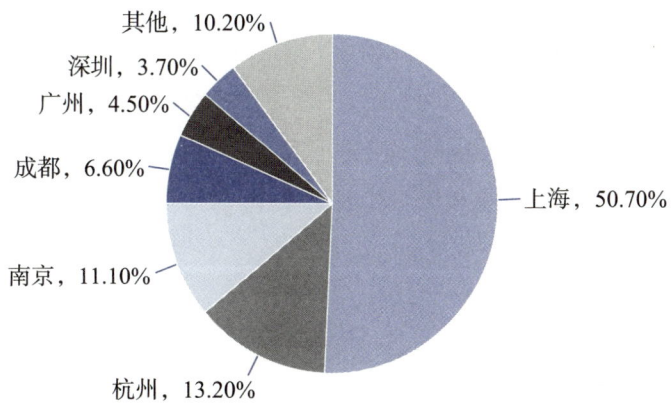

图3-42 2017—2020年4月各城市租赁用地成交规划面积占整体供应比例
资料来源:克而瑞,兴业研究。

其次,当前租赁用地区域分布仍主要集中在远郊、近郊地区,中心区比例相对有限。这可能是由于城市发展之后中心区土地稀缺且地价较高,开发成本也较高,不利于降低住房租金。

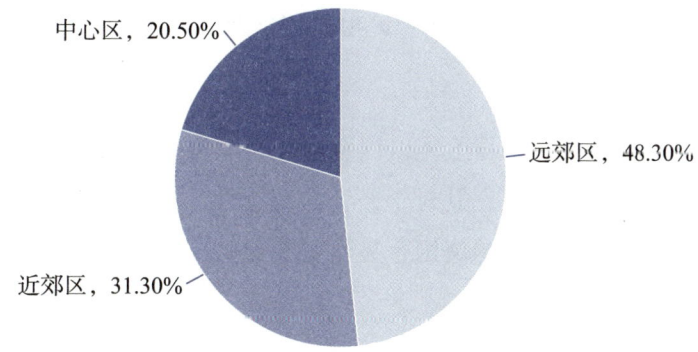

图3-43 2017—2020年4月出让租赁用地以郊区为主
资料来源:克而瑞,兴业研究。

再者，租赁用地的出让价格普遍低于住宅用地。中国房地产市场一直面临着租售比比较低的问题，租赁房建设运营的风险较大，地产商对于自持租赁物业的意愿有限。可能只有通过低价出让租赁用地、提升项目的收益性，才能保证项目长期可持续运转。我们梳理了纳入试点城市2017年以来的租赁用地出让情况。从披露的成交数据来看，基本上所有租赁用地都是底价成交，溢价率为0。从租赁用地成交的楼面价来看，大部分城市的租赁用地平均楼面价约为整体住宅用地平均楼面价的25%，厦门更是仅为6%。地方政府在出让租赁用地时的让利让这一模式可行性大幅提升。

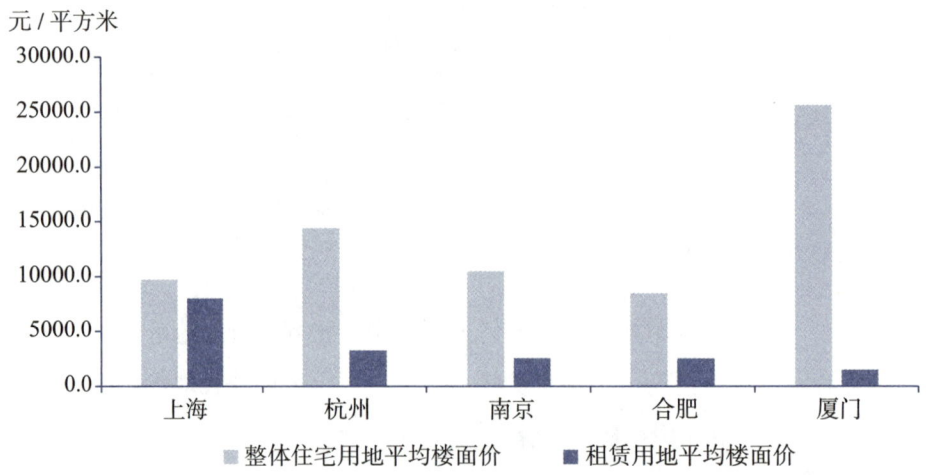

图3-44　2017—2020年4月租赁用地主要出让城市的楼面价普遍较低

资料来源：wind，兴业研究。

最后，租赁用地的参与主体以国企为主。地方政府低价出让租赁用地的社会意义大于经济意义，其对于经营的持续性、稳定性要求更高。而资产规模大、资金实力强的国资国企显然更具优势，在政策配合度上亦相对更高。

3.配套建设政策性租赁住房

为了抑制房价过快上涨，推进"租售并举"，2017年全国许多大城市开始试行"竞自持租赁住房"的土地竞拍规则。"竞自持租赁住房"是指当地价达到最高限价时，转为竞拍自持租赁住房的比例。且各城市普遍规定自持租赁住房只租不售。通过竞拍规则调整抑制土地价格过快上涨，同时推动房地产企业进入租赁市场。

在竞自持租赁住房比例前，部分地区亦试行过竞配建公租房比例。不同的是，竞配建公租房在建成之后需移交由政府进行管理，产权归政府所有。而竞自持租赁住房的产权则仍旧归开发商所有，由开发商负责运营管理。不过当前，竞自持租赁住房多为市场化运营，地方政府并未对其价格进行限制。若改为竞自持政策性租赁住房，其租金价格或将受到调控。

同时，目前产业园区在前期规划中也更注重产业园区职工宿舍、人才公寓等租赁住房的配套建设。产业园区用工需求较大，但是又普遍远离市区，通勤时间较长。配建租赁住房的需求较强，也更利于企业留住人才。

（三）模式对比小结

整体来看，盘活存量住宅模式较新建模式更轻，更注重房屋居住品质的提升；其中，城中村、回迁房改造多为市场化房源的改造提升，商业物业转租赁住宅则可以带来增量住房。新建租赁住宅前期需要投入的资金成本较高，对于开发商的规模、运营能力要求较高。目前，政府通过低价让渡土地以降低前期成本，吸引开发商进场。开发主体目前主要集中在地方国企、央企。

对比之下，城中村整体改造受益政府改造资金支持，以及相对稳定的房源，项目收益率表现相对较好。农村集体用地建租赁住房、租赁用地出让则降低了租赁住房的土地成本而令租金回报率显著改善。竞自持租赁住房模式下，地产公司可以通过适当让渡住房销售利润来实现租赁住房项目的可持续性。这几种项目均有实现项目的公益性和收益性平衡的可能，但是由于模式普遍较重，回收周期较长，对于政策支持力度、建设运营主体的经营能力要求也更高。

表3-43 政策性租赁住房不同模式对比

模式	特点	问题
城中村、回迁房改造	• 房屋多位于市区，交通便利、配套齐全 • 改造提升房屋居住品质，提高标准化程度	• 改造成本较高、依赖政府补贴 • 租期长、固定租金制约业主签约积极性 • 部分居民缺乏契约精神，房源稳定性较差
商业用房改租赁住房	• 商业配套完善、交通便利 • 增加租赁住房供给 • 减轻商业用房库存压力	• 改造成本高、投资回收期长 • 开发商面临资金成本压力，积极性不足 • 改造要求、实施标准仍缺乏统一规定
农村集体用地转租赁用地	• 撬动存量建设用地，农民享受土地价值 • 前期投资成本低、项目盈利压力小 • 房源稳定，便于长期运营	• 普遍规定不可抵押、不可转让 • 融资渠道受限，退出渠道不畅 • 房屋没有产权，部分地区无法办理居住证
租赁用地出让	• 增加租赁住房供应 • 政府低价出让土地，提升项目吸引力 • 租赁房源长期稳定	• 土地多位于郊区 • 较低的租金回报率仍然制约项目收益 • 较长的投资回收周期增加开发商资金压力
竞自持租赁住房	• 抑制高房价，推动开发商进驻租赁市场 • 周边商业配套、居住环境较好 • 租赁住房房源长期稳定	• 增加地产商的资金压力 • 租赁住房供应数量相对较少 • 租金价格水平相对较高

资料来源：兴业研究。

三、政策性租赁住房融资支持

近年来，租赁住房市场在政策推动下快速发展，融资需求也在不断提升。政策文件中多次提到，鼓励金融机构按照依法合规、风险可控、商业可持续的原则，向住房租赁企业提供金融支持。当前，金融机构为租赁住房市场提供的融资支持主要有以下几种方式。

第一，为项目企业直接提供授信支持，发放授信贷款。由于租赁住房项目利润率相对较低，且回收周期较长，因此，银行多在地方政府的牵头带动下，与龙头企业展开合作以降低风险。建设银行在2017年下发的《中国建设银行公司住房租赁贷款管理办法（试行）》文件中，亦提出可将公司住房租赁贷款的贷款期限设定为最长25年以匹配贷款偿还周期。

第二，推进资产支持类融资工具发行，增强融资能力，提供退出渠道。目前包括ABS、ABN、CMBS、类REITs等融资工具。2018年4月，证监会和住建部联合发布《关于推进住房租赁资产证券化相关工作的通知》，鼓励重点支持区域的住房租赁企业积极开展资产证券化融资，推进租赁住房项目。

表3-44 资产支持类融资工具特点

产品名称	底层资金	还款来源
ABS/ABN	通常为租金收入或租赁分期的收益权	仅能将未来数年物业产生的现金流折现，通常不包含物业产权或抵押权
CMBS	需为商业性质的物业	标的物业的经营收入等额偿还优先级证券本金及预期收益，或主要偿还证券预期收益；通过续发或回购等其他方式偿还证券本金
类REITs	直接或通过私募地产基金间接持有的物业产权	标的物业的经营收入能够偿还优先级预期收益；标的物业（抑或是项目公司股权或私募基金份额）市场化处置、或有回购或公开发行REITs能够偿还本金

资料来源：兴业研究。

第三，参股或合资成立租赁住房企业，提供资金和运营支持。2017年11月，建行与深圳市人才安居集团合资的安居建信租赁服务有限公司正式揭牌，双方各占50%的股份，将原本预售、在售的社会房源转为长期租赁住房，供给人才安居集团作为人才住房。2018年8月，中再资本参与投资了"中再资本—协鑫长租公寓项目"，房源全部由项目公司长期自持并租赁，是险资长租公寓项目落地的首单。采取这一模式的金融机构，因其自身对于租赁住房市场同样存在产业布局需求，因此合作程度更为深入。

除了上述模式之外，许多长租公寓企业也通过PE、VC融资以及IPO等方式获得股权投资。整体来看，当前金融机构对于租赁住房项目的融资支持更多是集中在头部房地产开发商以及市场占有率较大的租赁住房运营商。这些企业多为重资产模式，资金需求较大，其经营能力较强，在获取融资时更能得到金融机构的信任。还款来源方面，主要是来源于物业未来的租金收入。本次建行与6个城市签订协议预计未来将提供1900亿元贷款，其还款来源也主要将为物业未来的租金收入。

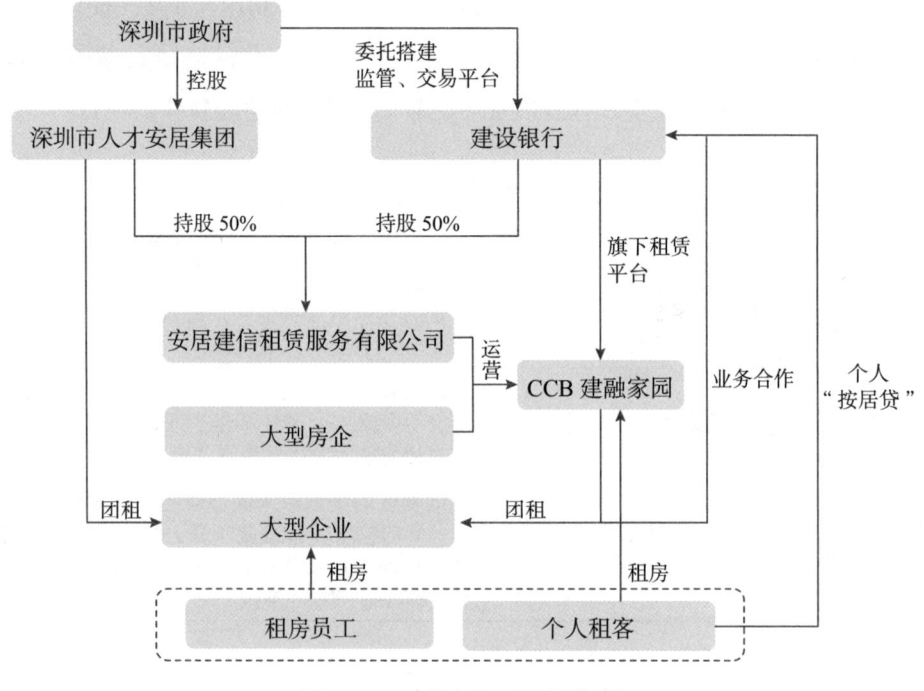

图3-45　建设银行"深圳模式"

资料来源：兴业研究。

当前，长租公寓领域已经有一批中小规模企业出局，长租公寓高投资、低回报、稳定收益的特性意味着马太效应未来或持续显现。尤其是政策性租赁住房，政府对于保障性、稳定性的要求让地方政府在选择市场主体时，对于国资国企青睐有加。

四、试点城市租房市场空间测算

当前我国流动人口数量逐渐趋于稳定，各地政府"抢人大战"的背后是人口逐渐进入存量时代。而流动人口是城市租房需求的主要来源，因此人口净流入的城市无疑存在着更大的租房市场空间，而支撑流动性人口背后的是产业集聚。因此，选择介入政策性租赁房应该着重选择五大城市群的产业聚集城市、产业园区等，而非全面铺开。

2017年7月，住建部会同发改委等八个部门联合印发了《关于在人口净流入的大中城市加快发展住房租赁市场的通知》，选取广州、深圳、南京、杭州、厦门、武汉、成都、沈阳、合肥、郑州、佛山、肇庆12个城市首批开展住房租赁试点。这些城市均为人口净流入的重要城市。此后，北京、上海、重庆、长沙、长春、济南、福州亦相继入围试点城市名单中。此外，苏州作为江苏省的重点试点城市，亦参与了此次与建设银行的合作。

试点城市多为人口净流入城市，租赁住房市场需求旺盛，在多年实践中形成了较为丰富的经验。而且这些城市集中分布在五大城市群，具有较强的代表性。因长春常住人口数据缺失，我们选取其余19个重点城市，测算其未来租房市场规模。

表3-45 18个城市先后纳入住房租赁市场试点名单

时间	文件/名单	入围城市
2017/7/18	《关于在人口净流入的大中城市加快发展住房租赁市场的通知》	广州、深圳、南京、杭州、厦门、武汉、成都、沈阳、合肥、郑州、佛山、肇庆
2017/8/28	《利用集体建设用地建设租赁住房试点方案》	广州、深圳、南京、杭州、厦门、武汉、成都、沈阳、合肥、郑州、佛山、肇庆、**北京、上海**
2019/7/18	2019年中央财政支持住房租赁市场发展试点入围城市名单	北京、上海、南京、杭州、合肥、厦门、郑州、武汉、广州、深圳、成都、**重庆、长沙、长春、济南、福州**

注：标粗城市为新纳入试点城市。
资料来源：兴业研究。

1.测算思路

我们测算城市租赁住房市场规模的思路如下所示：

- 租房市场规模＝人口总数 × 租赁住房人口占比 × 月平均租金 × 12；
- 月平均租金＝月每平方米租金价格 × 人均租房面积。

具体的数据预测方法如下所示。

（1）城市常住人口总数：国家对于超大型城市以外地区的人口限制在逐渐放开，预计重点城市常住人口仍将保持增长；同时，结合近年来各城市常住人口变化趋势进行预测。

（2）租赁住房人口占比：选取2010年人口普查数据计算租赁人口占常住人口比例。因为该项数据为省级层面的数据，我们借助4个直辖市租赁人口占比数据、城市房价租金比以及现行租金水平对各城市租赁人口占比进行估计。

（3）月每平方米租金价格：2017年以来地方政府大力推动租赁住房供给增加，预计2020年起租赁住房的供给将逐渐增加；但另一方面常住人口的增长会推动需求增长。我们根据2014年以来各城市租金平均增速，结合各城市未来常住人口变化等因素预测2020—2025年租金增速。

（4）人均租房面积：根据前瞻研究院的数据，2017年全国租赁住房面积和租赁人口分别为64.12亿平方米和1.98亿人，计算得人均租赁面积约为32.38平方米/人，其预估到2023年，人均租房面积将提升至33.8平方米/人。[①]2018年9月20日，贝壳租房联合网易发布《租房大数据》报告，数据显示，2017年北京、上海、深圳、广州、成都等地的人均租房面积分别为17.47、17.41、17.72、24.27和27.62平方米。[②]重点城市的单位租金价格较高，人均租房面积明显低于全国平均水平。我们主要根据各城市租金价格以及后续涨幅估计人均租房面积变化。

2.测算结果

基于上述测算思路，我们的测算结果如下表所示。从下表中我们可以看出，未来随着人口进一步向这些大城市集中，这些城市的租赁住房市场规模仍

[①] CBNData：《2018年轻人租房大数据报告》，199it 网（2018-10-15），http：//www.199it.com/archives/782335.html。

[②] CLY：《贝壳租房发布一线城市租房大数据》，快科技（2018-09-20），https：//news.mydrivers.com/1/595/595717.htm。

将继续扩大。2018年19城的租赁住房市场规模为9001亿元，到2025年预计将达到16351亿元。其中，北上广深作为超一线城市，租赁住房的市场前景明显强于其他城市。杭州、南京、成都、重庆、武汉等新一线城市实力不断增强，对人口吸引力不断提升，其住房市场规模紧随其后。而合肥、沈阳、肇庆等城市住房市场规模预测值相对靠后。进一步提升仍需吸纳更多人口进驻。

表3-46 各城市至2025年租赁住房市场规模预测

租赁住房市场规模（亿元）	2018	2019	2020	2021E	2022E	2023E	2024E	2025E
上海	1,272	1,292	1,440	1,583	1,743	1,901	2,057	2,210
北京	1,324	1,357	1,492	1,625	1,758	1,892	2,037	2,180
深圳	768	849	1,170	1,286	1,415	1,528	1,657	1,781
广州	724	768	983	1,041	1,106	1,167	1,238	1,305
重庆	808	845	951	1,002	1,048	1,090	1,139	1,184
成都	512	551	777	830	889	946	1,008	1,069
杭州	433	478	619	665	717	767	821	874
南京	366	380	463	511	563	615	672	729
武汉	393	402	488	522	559	596	637	678
苏州	333	360	474	506	542	576	615	652
郑州	299	309	417	449	482	514	550	585
佛山	295	307	377	401	424	445	470	492
合肥	226	242	318	342	368	393	423	451
沈阳	237	249	303	329	357	385	415	445
福州	253	262	294	313	333	354	376	397
长沙	252	267	302	319	338	356	377	397
厦门	191	207	264	285	308	330	355	379
济南	205	259	289	304	320	335	353	370
肇庆	110	117	123	132	141	152	162	174
合计值	9,001	9,501	11,542	12,444	13,411	14,342	15,362	16,351

资料来源：WIND，兴业研究。

五、政策性租赁住房：总结

在2019年12月23日召开的住建部工作会议上，住建部首次提出了"政策性租赁住房"的概念。就其定位而言，政策性租赁住房是以城镇非户籍常住人口和新落户就业大学生为目标人群，是对公租房、共有产权住房保障之外的补充。其要求"小户型、低租金"以兼顾保障性与市场性，对租金存在价格管理，强调政策支持下的市场主体投资建设运营。

政策性租赁住房政策是我国此前租赁住房政策的总结与延续，当前仍在原有租赁住房市场发展框架下推进，政策性租赁住房支持政策主要包括税收优惠、金融支持、供地支持以及财政资金补贴。

从房源来看，政策性租赁住房的来源大体可以分为盘活存量住宅和新建租赁住房两类。其中，城中村整体改造、农村集体用地建租赁住房、国有租赁用地出让以及竞自持租赁住房模式，这几种模式均有实现项目的公益性和收益性平衡的可能，但是由于模式普遍较重，回收周期较长，对于政策支持力度、建设运营主体的经营能力要求也更高。

从融资支持来看，当前金融机构为租赁住房市场提供的融资支持包括为项目企业直接提供授信、参股、合资成立租赁住房企业、股权融资、推进资产支持类融资工具发行等。头部房地产开发商以及市场占有率较大的租赁住房运营商因其综合实力获得融资支持较多。未来政策性租赁住房发展下，对项目的稳定性、保障性要求较高，国资国企将更具有融资优势。

从租房市场空间来看，我们选取19个试点城市测算其2020—2025年的租赁市场规模。研究结果发现，北上广深作为超一线城市，租赁住房的市场前景明显强于其他城市；而杭州、南京、成都、重庆、武汉等新一线城市随着人口吸引力不断提升，其住房市场规模亦有较大增长空间。

整体来看，新建租赁住房以及盘活存量住宅中的城中村整体均有空间实现项目的公益性和收益性的平衡，关键在于政策支持力度、建设运营单位的经营实力。在评估项目收益时，亦可以重点观察以下几个方面。

第一，所在城市为人口持续流入城市。流入人口多的城市，其租房需求越旺盛，市场空间也越大；这样项目的租金成长、出租效率均更有保证。从测算结果看，京沪广深一线城市租房市场空间明显优于其他城市，杭州、南京、成都、重庆、武汉亦有较为出色的表现，可重点关注。

第二，项目周边配套交通、生活便利。这点主要是针对郊区项目，其位置相对较远，交通、配套均会影响租房意愿，相较而言，地铁沿线的租赁住房项目相对更有竞争力。

第三，项目建设运营主体的经营实力。租赁住房项目前期资金投入较大，对运营的稳健性要求较高。综合实力较强的市场主体资源更丰富、经验更足，在获取政策支持、信贷支持时也具有更大优势，表现更为稳健。

第四，政府在土地出让、房屋改造、租金补贴等方面的政策支持力度。对于许多项目而言，得到政策支持可以大大提高项目的盈利空间，减轻项目推进阻碍。从政府动作来看，上海、广州、杭州等城市推进租赁住房项目的动作较多，可以持续关注。

（特别提醒：若欲了解测算过程中的关键数据，请参阅附录 表3-47，3-48，3-49。）

附录：测算过程中的相关数据

表3-47 各城市至2025年常住人口规模预测

常住人口（万人）	2018	2019	2020	2021E	2022E	2023E	2024E	2025E
重庆	3,102	3,124	3,205	3,234	3,263	3,292	3,321	3,350
上海	2,424	2,428	2,487	2,514	2,540	2,567	2,593	2,620
成都	1,633	1,658	2,094	2,145	2,196	2,248	2,299	2,350
北京	2,154	2,154	2,189	2,211	2,234	2,256	2,278	2,300
广州	1,490	1,531	1,868	1,914	1,961	2,007	2,054	2,100
深圳	1,303	1,344	1,756	1,821	1,886	1,950	2,015	2,080

续表

常住人口（万人）	2018	2019	2020	2021E	2022E	2023E	2024E	2025E
苏州	1,072	1,075	1,275	1,320	1,365	1,410	1,455	1,500
郑州	1,014	1,035	1,260	1,296	1,332	1,368	1,404	1,440
武汉	1,108	1,121	1,233	1,266	1,300	1,333	1,367	1,400
杭州	981	1,036	1,194	1,231	1,268	1,305	1,343	1,380
南京	844	850	932	965	999	1,033	1,066	1,100
佛山	791	816	950	976	1,002	1,028	1,054	1,080
合肥	809	819	937	954	970	987	1,003	1,020
济南	746	891	920	932	944	956	968	980
沈阳	832	832	907	920	932	945	957	970
长沙	815	839	866	877	888	899	909	920
福州	774	780	829	843	857	872	886	900
厦门	411	429	516	533	550	567	583	600
肇庆	415	419	411	419	427	435	442	450

资料来源：WIND，兴业研究。

表3-48　各城市至2025年单位面积租金价格预测

单位面积租金（元/平方米/月）	2018	2019	2020	2021E	2022E	2023E	2024E	2025E
北京	90.21	93.42	99.50	105.47	110.74	116.28	121.51	126.98
上海	73.03	77.59	82.09	87.02	92.24	97.31	102.37	107.49
深圳	76.21	80.53	83.67	87.18	90.84	94.39	98.07	101.70
杭州	52.40	53.76	56.18	58.70	61.35	64.11	66.67	69.34
广州	50.34	51.98	53.28	54.61	55.98	57.38	58.81	60.28
南京	43.49	44.02	46.22	48.76	51.30	53.86	56.29	58.82

续表

单位面积租金（元/平方米/月）	2018	2019	2020	2021E	2022E	2023E	2024E	2025E
厦门	42.72	44.60	46.16	47.78	49.45	51.18	52.82	54.51
福州	35.23	35.83	36.97	38.16	39.38	40.64	41.81	43.03
成都	31.35	32.49	33.53	34.60	35.71	36.85	37.92	39.02
武汉	32.69	32.38	33.35	34.35	35.38	36.44	37.53	38.66
苏州	29.23	31.29	31.92	32.56	33.21	33.87	34.55	35.24
沈阳	24.19	25.08	26.38	27.96	29.50	31.12	32.68	34.31
合肥	25.92	26.70	27.82	29.08	30.39	31.66	32.99	34.31
郑州	28.64	27.84	28.81	29.82	30.77	31.76	32.71	33.69
长沙	27.44	27.89	28.72	29.58	30.47	31.38	32.33	33.30
济南	27.36	28.58	29.30	30.03	30.78	31.55	32.34	33.15
重庆	28.18	1900	29.19	30.07	30.67	31.28	31.91	32.55
佛山	27.71	27.46	28.28	29.13	29.71	30.31	30.92	31.53
肇庆	26.53	26.33	26.85	27.39	27.94	28.50	29.07	29.65

注：肇庆市单位面积租金数据缺失，用全国数据代替。
资料来源：WIND，兴业研究。

表3-49 各城市至2025年人均租赁面积预测

租赁面积	2018	2019	2020	2021E	2022E	2023E	2024E	2025E
北京	17.45	17.36	17.53	17.71	17.88	18.06	18.24	18.42
深圳	17.14	17.49	17.84	18.19	18.56	18.74	18.93	19.12
上海	18.08	17.35	17.70	18.05	18.41	18.78	18.97	19.16
杭州	24.15	24.36	24.81	24.93	25.06	25.18	25.31	25.44
广州	24.76	24.88	25.66	25.79	25.92	26.05	26.18	26.31
南京	26.77	27.23	27.74	27.88	28.02	28.16	28.30	28.44

续表

租赁面积	2018	2019	2020	2021E	2022E	2023E	2024E	2025E
厦门	27.00	27.06	27.76	27.90	28.04	28.18	28.32	28.46
福州	29.20	29.64	30.46	30.61	30.77	30.92	31.07	31.23
成都	30.34	30.62	31.47	31.63	31.79	31.95	32.11	32.27
武汉	29.95	30.65	31.53	31.68	31.84	32.00	32.16	32.32
苏州	30.97	30.97	31.95	32.11	32.27	32.43	32.59	32.75
济南	31.52	31.77	32.72	32.88	33.05	33.21	33.38	33.54
重庆	31.27	31.84	32.75	32.91	33.08	33.24	33.41	33.58
郑州	31.14	31.99	32.86	33.03	33.19	33.36	33.52	33.69
长沙	31.49	31.97	32.89	33.05	33.22	33.38	33.55	33.72
佛山	31.41	32.10	33.02	33.18	33.35	33.51	33.68	33.85
合肥	31.94	32.32	33.15	33.32	33.48	33.65	33.82	33.99
肇庆	31.76	32.43	33.44	33.60	33.77	33.94	34.11	34.28
沈阳	32.45	32.80	33.58	33.74	33.91	34.08	34.25	34.42

资料来源：WIND，兴业研究。

第六节 "十四五"二十万亿元交通投资的大棋局

交通基础设施的完善有效推动要素流动，促进地方经济水平提升。得益于我国多年来大规模的基建投资，我国交通网络已逐渐成形。那么，当前我国交通基础设施处于何种水平呢？如此大规模的交通基础设施，使用效率如何？未来存在着多大的投资空间呢？本节将就上述问题展开讨论。

一、我国交通运输概况

作为基建大国,我国当前的交通基础设施无论是存量还是增量均已居世界前列。我国交通基础设施的持续快速发展,给经济带来了巨大动力,极大地改变了人们的生产生活方式。

从运输总量来看,货运周转量、客运周转量整体呈上升趋势。但近年来随着我国经济增速放缓,运输总量增速有所减弱,部分年份呈负增长。

从运输结构上看,在货运方面,水运占比在50%左右波动,是我国货运主力;公路运输紧随其后,占比为33%左右;铁路货运占比则由2013年的13.3%小幅升至2019年的15.1%左右。

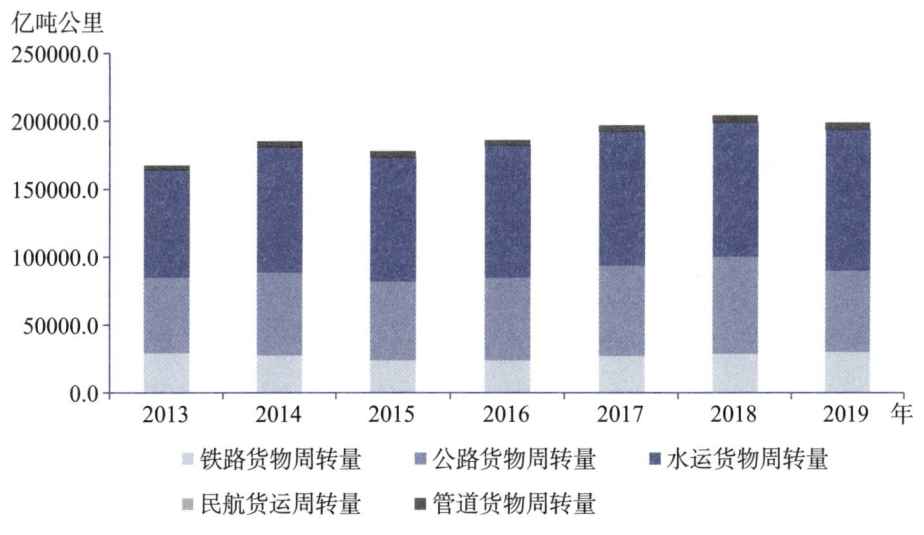

图3-46 我国货运周转量组成结构及变化情况

注:由于2013年进行了公路、水运统计口径的调整,使得2013年及之后年份的数据与历史数据不可比,为此,我们对运输数据取2013年及以后数据,下同。其中,民航货运周转量占比不足0.2%,图中面积较小。

资料来源:WIND,兴业研究。

在客运方面,铁路、民航占比快速提升,其中民航占比由2013年的20.5%升至2019年的33.1%,并且至2019年增速仍高于其他运输方式。铁路占比增速稳健，2019年占比41.6%，较之2013年提升3.2个百分点。公路运输则出现快速下行，由2013年的40.2%降至2019年的25.1%。

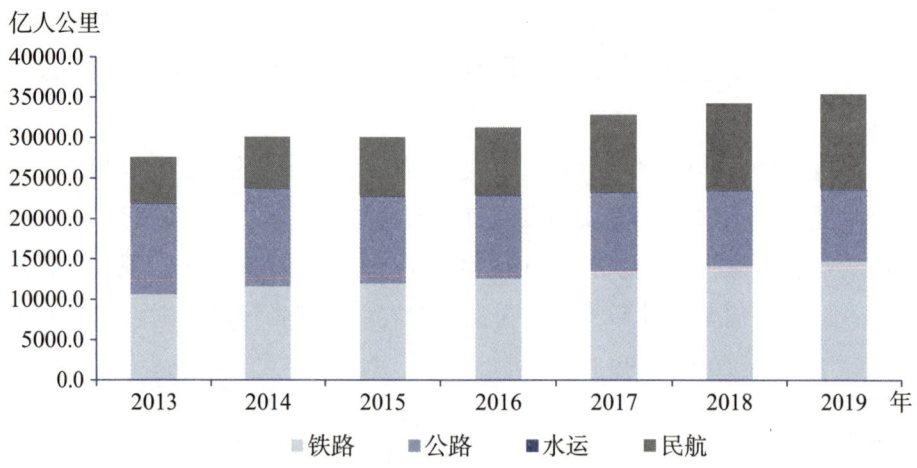

图3-47　我国客运周转量组成结构及其变化情况

注：由于水运的客运周转量占比不足0.5%，在图中未能清晰显示。
资料来源：WIND，兴业研究。

当前我国运输需求存在增速下行的压力，而且不同的运输方式在运输中的重要性不断变化，但是各项交通设施建设仍在稳步推进。那么到底当前我国各项交通基础设施存量如何？

二、铁路网络

根据国铁集团公布的《中国国家铁路集团有限公司2020年统计公报》，到2020年末，我国铁路总里程达14.6万公里。在2000—2020年间，我国铁路里程年均增速3.7%，而同期美国（-0.2%）、日本（-2.4%）、法国（-0.7%）、英国（-0.3%）铁路总里程反而出现了不同程度的下降。

1.铁路网发展情况

当前，我国铁路总里程规模仅次于美国（20.3万公里），但由于起步相对较晚，采用的铁路技术更加先进成熟，从而拥有全球最长的高铁线路。截至2020年底，我国高铁总里程达到3.8万公里，是第二名西班牙（4147.7公里）的9倍，其中高铁占铁路总里程比重为28.7%。

尽管总量较高，但是当前我国铁路网的密度相较于发达国家仍然存在着较大差距。2018年底，我国铁路密度仅为1.4km/百平方公里，而同期德国、英国、日本这一数据分别为11.3km/百平方公里、6.7km/百平方公里和5.3km/百平方公里。面积同样广阔的美国，这一数据也达到了2.2km/百平方公里。

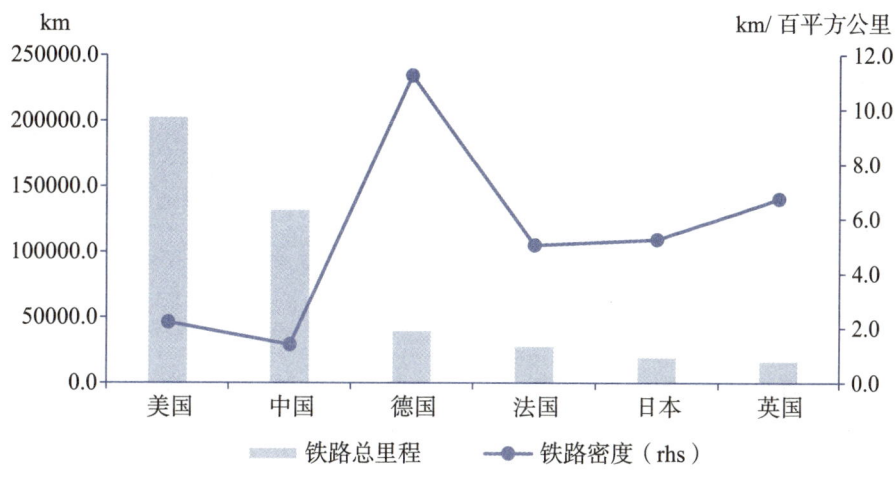

图3-48　2018年底各国铁路总里程及铁路密度情况

资料来源：WIND，兴业研究。

从我国铁路的省域分布看，天津、北京、上海的铁路密度最高，分别为11.6km/百平方公里、10.0km/百平方公里、8.3km/百平方公里和7.4km/百平方公里。紧随其后的是辽宁、山东、河北等环渤海省份。而西藏、青海、新疆、云南、四川等西南、西北省份则由于地理地形等因素，铁路密度偏低。

2. 铁路网运输效率

从铁路货运强度的表现来看，虽然我国当前货运结构中铁路占比偏低，但我国铁路货运强度[①]高于绝大部分发达经济体。2018年底，我国铁路货运强度为2189.2吨公里/公里，而同期货运高度依赖铁路的美国其货运强度仅为1246.8吨公里/公里。

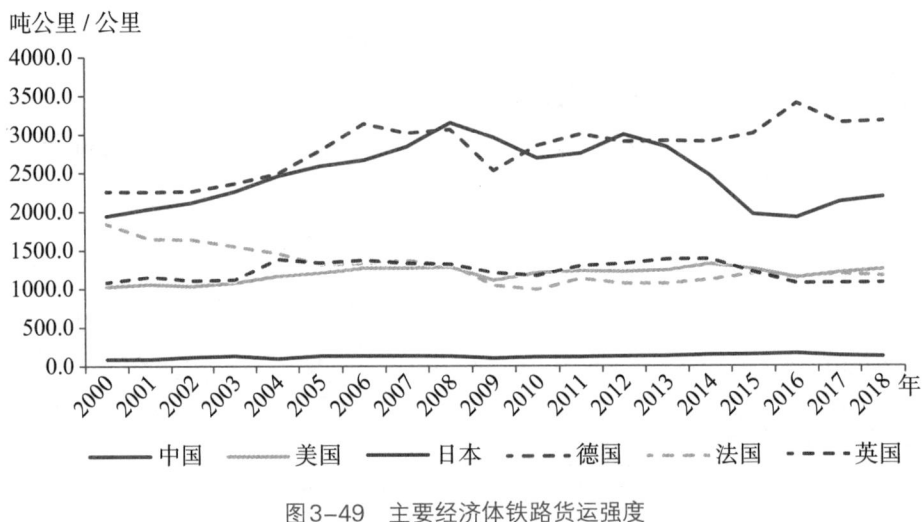

图3-49 主要经济体铁路货运强度

资料来源：WIND，兴业研究。

从各地铁路的货运强度来看，欠发达地区对铁路运输依赖程度明显高于发达地区。当前，京津冀地区铁路货运强度最高，西北地区、中部地区次之，南方地区铁路货运强度普遍偏低。北方地区运输结构上，矿石燃料的运输需求高于南方，且北方水网密度偏低，铁路运输更为经济。

客运方面，我国铁路客运强度2018年为10.8百万人公里/公里。当前虽低于日本，但显著高于欧美经济体。铁路客运周转量在高基数基础上，实现了2013—2018年年均6.0%的增速，同期表现相对靠前的日本、英国仅为1.4%和2.5%。

---

① 铁（公）路货运强度＝铁（公）路货运周转量/铁（公）路总里程，其单位为吨公里/公里；客运强度则将货运周转量替换为旅客周转量，单位为人公里/公里，下同。

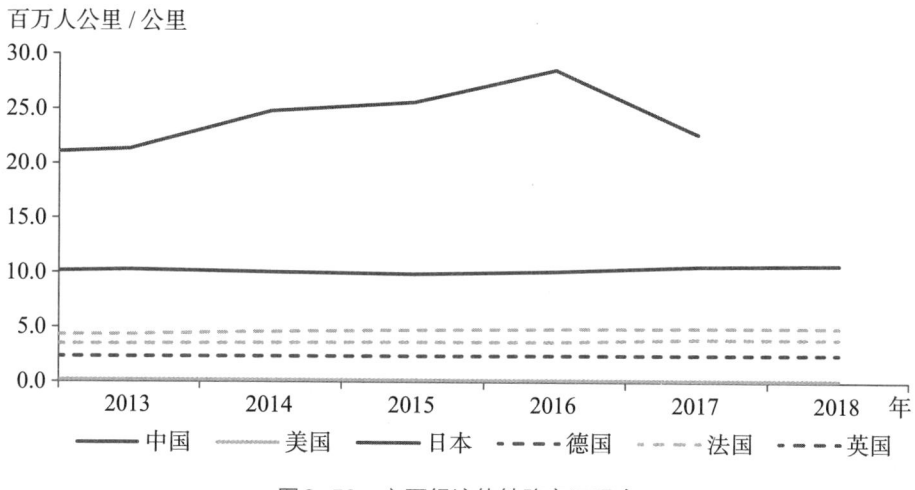

图3-50 主要经济体铁路客运强度

资料来源：WIND，兴业研究。

从各省市的表现来看，东部地区无论是在铁路密度还是在客运强度上均明显高于其他地区。江浙沪的铁路客运强度最高，并且均高于日本的客运强度。而即使是客运强度相对偏弱的西北、西南地区，其客运强度亦普遍接近甚至略高于欧洲国家。

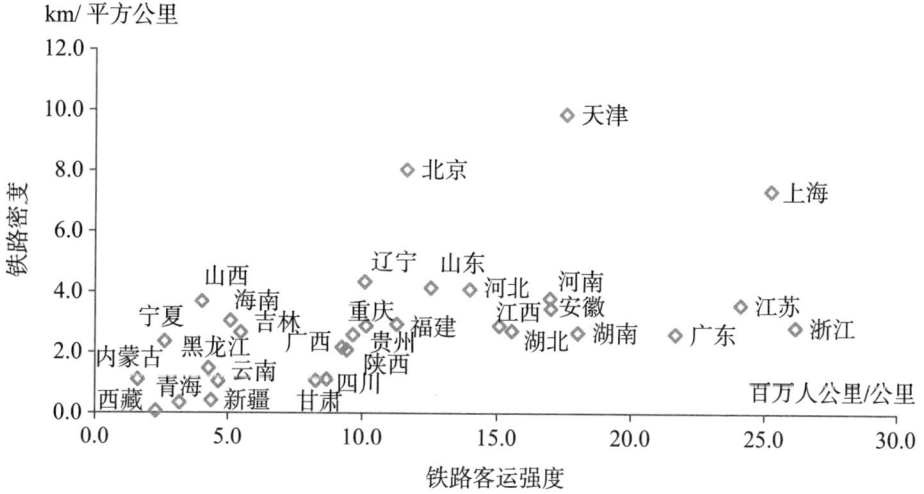

图3-51 各省市铁路密度与客运强度情况

资料来源：WIND，兴业研究。

3. 铁路建设投资空间

当前,在货运需求方面,总体仍然较强,尤其是欠发达地区,对铁路货运的需求要高于发达地区;在客运需求方面,发达地区则由于经济往来更为频繁,客运强度要更高。总体来看,铁路运输对于我国经济发展带动作用明显,运输强度仍然高于发达国家,投资需求仍存在。

"十四五"期间,我国将围绕"八纵八横"高铁骨架,继续加密全国铁路网络。在城市群建设导向下,城际铁路和市域(郊)铁路的里程数亦有望持续提升。与此同时,还需要控制好债务风险。2021年3月29日,发改委、交通运输部等联合发布的《关于进一步做好铁路规划建设工作意见的通知》(国办函〔2021〕27号)进一步提高铁路建设标准:

- 高铁主通道线路:规划贯通省会及特大城市、双向客流密度2500万人次/年以上、中长途客流比重70%以上,按时速350km标准;
- 路网功能突出高铁线路:规划建设串联规模较大的地级以上城市、近期双向客流密度2000万人次/年以上,可预留时速350公里条件;
- 高铁区域连接线:规划建设近期双向客流密度1500万人次/年以上,原则上按时速200km标准;
- 城际铁路线路:原则上采用时速200公里及以下标准;
- 中西部路网空白区域新铁路:采用客货共线标准。

因此,"十四五"期间铁路建设将在坚持公共产品的属性上,加强对经济效益的关注,避免加剧地方债务压力。

国铁集团董事长陆东福在接受采访时谈道:"到2025年,全国铁路营业里程将达到17万公里左右,其中高铁(含城际铁路)5万公里左右。"[①]《"十四五"规划纲要》则提出,"十四五"期间要新增城际铁路和市域(郊)铁路运营里程3000公里。到2020年底,我国铁路营业里程达14.6万

[①] 新华社:《奋力开启铁路高质量发展新征程——访全国人大代表、国铁集团董事长陆东福》(2021-03-06),中国政府网,http://www.gov.cn/xinwen/2021-03/06/content_5590951.htm。

公里，其中高铁营业里程为3.8万公里。这也就意味着到2025年，我国将新增2.4万公里铁路，其中1.2万公里为高速铁路［含3000公里城际铁路、市域（郊）铁路］。

根据2020年我国各部门批复的铁路工程项目信息来看，当前我国高速铁路、普快铁路、城际铁路、市郊铁路的平均造价大致约为2.0亿元/km、1.4亿元/km、6.0亿元/km、3.0亿元/km。由于城际铁路和市郊铁路缺乏明细数据，且两者造价差异较大，考虑到城际铁路的占比更高，已开工项目更多，对于新增的3000km中，假设城际铁路和市郊铁路占比大致为70%和30%。那么预计"十四五"期间，我国铁路的总投资规模约为5万亿元。

表3-50　2020年我国部分铁路批复项目情况

铁路类型	建设路段		项目造价 亿元	项目里程 km	单公里造价 亿元/km	运行速度 km/h
高速铁路	宁波至舟山铁路		270	77	3.5	250
	沪苏铁路		380	164	2.3	350
	渝万高铁		528	252	2.1	350
	潍坊至烟台铁路		484	237	2.0	350
	重庆至昆明铁路		1416	699	2.0	350
	西安至十堰铁路		477	257	1.9	350
	崇左至凭祥铁路		149	81	1.8	250
	杭州至温州铁路	杭州至义乌段	95	59	1.6	350
	金华至建德铁路	建德段	44	31	1.4	250
	集宁经大同至原平	集宁至大同段	339	270	1.3	250
普快铁路	揭阳至惠来铁路		133	89	1.5	160
	柳州至梧州铁路		332	238	1.4	160

续表

铁路类型	建设路段		项目造价 亿元	项目里程 km	单公里造价 亿元/km	运行速度 km/h
	兰州至合作铁路		234	188	1.2	200
城际铁路	巢湖至马鞍山铁路	江南段	166	14	11.9	350
	深圳至大亚湾	深圳机场至坪山段	435	70	6.2	-
	福州至长乐机场		384	62	6.2	140
	南沙至珠海		486	79	6.2	-
	深惠城际	前海保税区至惠城南段	781	133	5.9	-
	广清城际	广州北至广州段	137	26	5.3	-
市郊铁路	南宁市机场线		85	23	3.7	120
	南宁市武鸣线		165	53	3.1	120
	兰州中川机场交通枢纽环线铁路		37	14	2.7	120
	重庆市璧山至铜梁线		86	37	2.3	140

资料来源：基建通，兴业研究。

三、城市轨道交通

随着我国区域战略深入推进，城市群、都市圈的发展步伐在持续加快，对于城市轨道交通的需求亦在持续提升。国家标准《城市轨道交通技术规范》（GB50490-2009），明确了城市轨道交通包括地铁、轻轨、单轨、现代有轨电车以及市域快轨等分类。

1.轨道交通系统发展

根据中国城市轨道交通协会发布的数据，截至2020年末，我国已有45座城市建立起轨道交通体系，总里程约为7978.2公里，共有38座城市建设地铁，总里程约为6302.8公里。2012年以来，我国轨道交通运营里程的年均复合增速达20.7%，发展速度惊人。当前，我国城市轨道交通、地铁运营里程在全世界范围内均为领先。

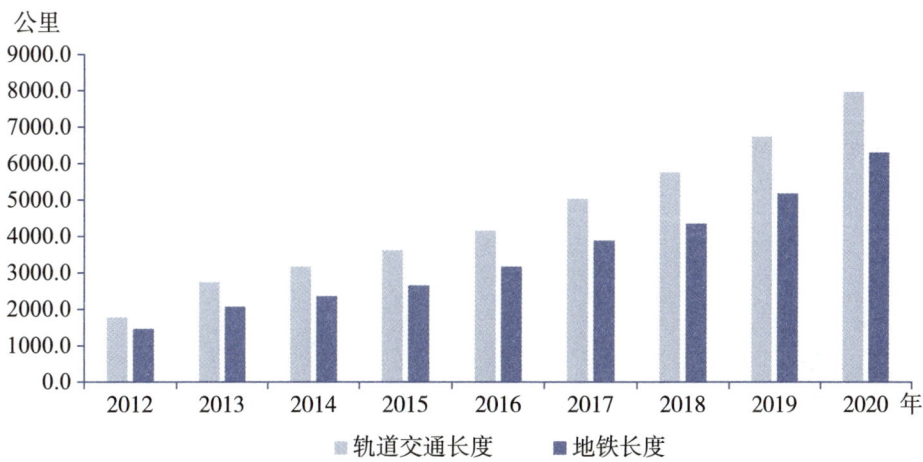

图3-52　我国轨道交通运营里程变化情况

资料来源：中国城市轨道交通协会，兴业研究。

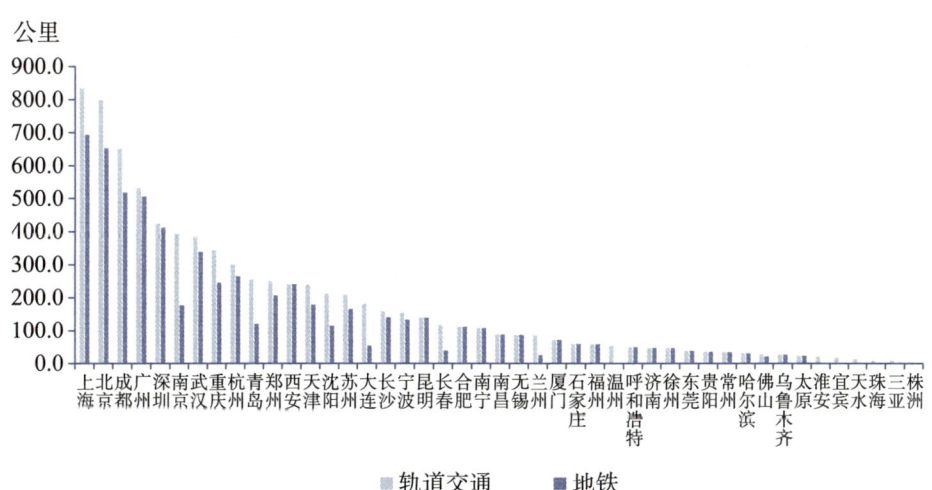

图3-53　截至2020年末我国各城市轨道交通运营情况

资料来源：中国城市轨道交通协会，兴业研究。

2.轨道交通系统运行效率

中国城市轨道交通的快速发展,尤其是地铁里程的大幅度扩张,极大地缓解了大城市的公共交通通勤压力。数据显示,2019年中国共有5座城市的轨道交通系统年客流量进入全球前十。此外,开通轨道交通的40座城市中,有19座城市年客流量超过2亿人次。

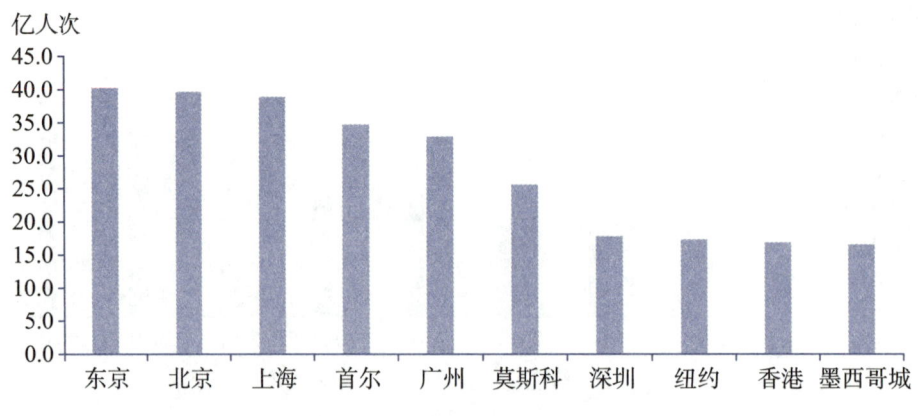

图3-54　2019年全球轨道交通系统客流量排名前十城市

资料来源:中国轨道交通协会,维基百科,兴业研究。

得益于我国轨道交通总里程的快速增长,我国地铁系统的负荷压力相对较小。2019年全球轨道交通负荷强度最高的前十大城市中,我国仅有香港入围,名列第六。

当前,部分城市轨道交通系统存在着一定的超前建设、过度建设现象。2018年6月,国务院发布的《关于进一步加强城市轨道交通规划建设管理的意见》(国办发〔2018〕52号),明确要求拟建设地铁、轻轨线路初期客运强度分别不低于每日每公里0.7万人次、0.4万人次。但是从2019年底前已开通轨道交通的40座城市运营数据看,开通地铁的36座城市中有15座客运强度未能达到每日每公里0.7万人次的最低要求。在4座未开通地铁的城市中,其轨道交通客运强度均低于每日每公里0.2万人次。

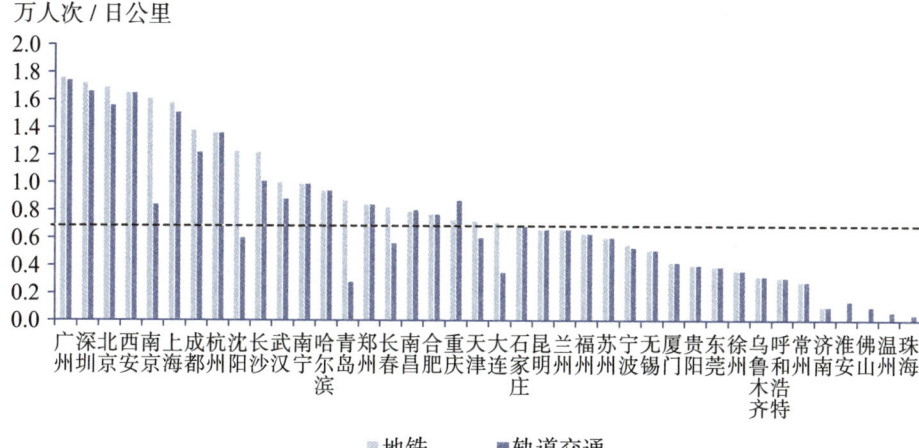

图3-55 2019年开通轨道交通城市的客运强度

资料来源：WIND，兴业研究。

中国城市轨道交通协会披露的数据显示，2019年，我国轨道交通系统平均运营收支比为72.7%，仅有杭州、深圳、北京、青岛4城的运营收支比超过100%。即使是广州、西安、南京、上海等客运强度超过1.5万人次/(d.km)$^{-1}$[①]仍然处于运营亏损，遑论其他客运强度偏低的城市。

3.轨道交通系统投资空间

当前城市轨道交通系统的审批正在趋严。轨道交通网络的建设有着重要的积极意义：缓解了城市公共交通的客运压力，改善居民的生活水平；轨道交通规划带动周边商业、产业发展。但轨道交通的建造成本、运营成本均较高，盈利难度较大，对于人口规模偏低、经济欠发达地区，尤其是政府债务负担较重的城市，轨道交通系统建设很有可能会成为较重的经济负担。

2018年6月，国务院发布的《关于进一步加强城市轨道交通规划建设管理的意见》，进一步提高了城市地铁、轻轨的建设要求。同时，在多份文件中明确强调，严禁以新建市域（郊）铁路、城际铁路的名义兴建地铁、轻轨。

① 地铁客运强度单位"万人次/(d.km)$^{-1}$"指每天每公里客运万人次。

表3-51 城市轨道交通建设申报要求

类型	一般公共财政预算收入	地区GDP	常住人口	初期客运强度	单向高峰客流规模
	亿元	亿元	万人	万人次/(d.km)$^{-1}$	万人次
地铁	≥300	≥3000	≥300	≥0.7	≥3
轻轨	≥100	≥1500	≥150	≥0.4	≥1

- 举债融资不符合法律法规或未落实偿债资金来源的城市轨道交通项目,不得审批(核准)
- 列入地方政府债务风险预警范围的城市,暂缓审批(核准)其新项目
- 城市轨道交通企业负债率过高的应采取有效措施降低债务,暂停开工建设新项目

资料来源:国务院,兴业研究。

根据我国"十四五"规划纲要,到2025年,我国预计新增城市轨道交通运营里程3000公里,年增量为600公里左右。相较于我国2017—2020年期间956公里的年均增量有所放缓。从已经通过的国家发改委批复项目的投资情况看,不同城市单公里轨道交通造价有所区别。整体来看,大部分城市轨道交通的每公里造价集中在6.5亿—7.5亿元。如果按照3000公里新增里程计算,则未来五年,我国轨道交通投资额预计为1.95万亿—2.25万亿元。

表3-52 部分已批复轨道交通建设项目的投资情况

项目名称	总里程	预期投资规模	单位里程投资额
	km	亿元	亿元/km
上海三期	103.3	1498.1	14.5
宁波三期	106.5	875.9	8.2
成都四期	176.7	1318.3	7.5
武汉四期	198.4	1469.2	7.4
济南二期	159.6	1154.4	7.2
郑州三期	159.6	1138.9	7.1
徐州二期	79.3	535.9	6.8
佛山二期	115.8	772.2	6.7
重庆三期	70.5	455.7	6.5
西安三期	150.1	968.7	6.5

资料来源:中国轨道交通协会,兴业研究。

四、公路系统

与铁路系统情况类似，我国公路系统同样呈现出总量高、密度低、高速公路占比高的特性。

1.公路网络发展水平

2019年底，我国公路总里程达到501.3万公里，仅次于美国的671.3万公里。当前我国公路密度为53.4km/百平方公里，而法国、英国、德国的公路密度则分别达到201.6km/百平方公里、174.7km/百平方公里、183.9km/百平方公里。同为国土面积大国的美国，其公路密度虽不如欧洲国家，但是也达到73.4km/百平方公里的水平。

不过，我国公路系统的高速公路占比较高，2019年底我国高速公路里程达15.0万公里，占比为2.98%，无论是总量还是占比均普遍高于其他发达国家。同时，我国高速公路密度虽然低于德日法，但是已经和英国持平、超越美国。

表3-53 主要发达国家公路系统情况

指　标	单　位	中　国	美　国	日　本	德　国	法　国	英　国
公路里程	万公里	501.3	671.3	35.2	64.3	110.4	42.3
公路密度	km/100km²	53.4	73.4	96.4	183.9	201.6	174.7
高速公路里程	万公里	15.0	10.7	0.9	1.3	1.2	0.4
高速公路占比	%	2.98%	1.60%	2.50%	2.04%	1.06%	0.91%
高速公路密度	km/100km²	1.6	1.2	2.4	3.8	2.1	1.6

资料来源：WIND，兴业研究。

尽管总体密度偏低，但是若分省份来看，当前我国已有15个省市公路密度超过100km/百平方公里。其中，上海、重庆、山东、江苏等地公路密度居首，分别为206.7km/百平方公里、192.1km/百平方公里、172.3km/百平方公里和158.7km/百平方公里。河南、安徽、湖北等中部省份紧随其后。西藏、新疆、青海、内蒙古、甘肃等西北省份公路密度相对靠后。

在高速公路方面，长三角、京津冀、珠三角省份的高速公路排名居首。其中上海、天津、北京成为前三名，高速公路密度分别为13.2km/百平方公里、10.5km/百平方公里、6.6km/百平方公里。高速公路前期投入大、养护成本高，对于项目的经济效益要求更高。因此，高速公路密度靠前的省份普遍经济水平更高。

2.公路系统运行效率

2013—2018年，我国公路总里程平均增速达到2.2%，而公路货物周转量平均增速则达到5.0%，我国公路运输的货运强度由2013年的128.0万吨公里/公里升至了147.0万吨公里/公里。与主要发达经济体相比，我国公路货运强度较高，虽然低于德国，但高于日本、美国、英国、法国等国，公路使用效率较高。

但是客运方面，由于铁路、航空运输方式的快速崛起，公路旅客周转量持续负增长，2013年至2018年的年均增速为-3.8%。

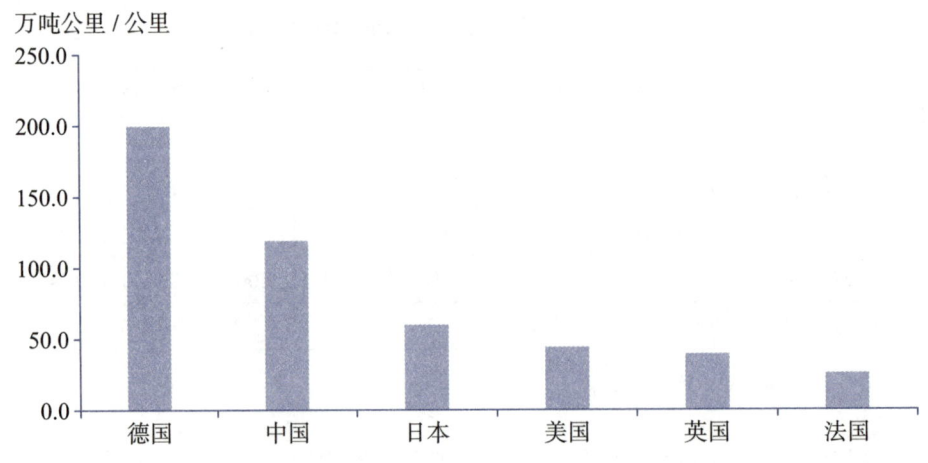

图3-56 2018年主要经济体公路货运强度情况

资料来源：WIND，兴业研究。

在货运方面，环渤海、长三角、珠三角等地的公路货运强度靠前，环渤海地区公路货运压力最高。从货运强度提升角度来看，河北、天津、浙江、广西、江西等省（市）的公路货运强度均得到大幅度提升，对公路依赖加强。

在客运方面，公路客运需求下降，除贵州、青海、甘肃外其他省份公路客运强度均出现负增长。发达省份公路客运强度较高，但是从边际来看，北部、中部省份的客运强度下降幅度更缓，由于这些地区铁路网络密度偏疏，对公路运输需求仍强，公转铁的转换相对更慢。

表3-54 全国公路分布及使用效率情况

省 市	公路里程 万公里		公路密度 公里/百平方公里		货运强度 万吨公里/公里		客运强度 万人公里/公里	
	2013年	2018年	2013年	2018年	2013年	2018年	2013年	2018年
北京	2	2	127	131	72	75	63	45
天津	2	2	131	135	200	249	56	47
河北	17	19	92	102	377	442	17	12
山西	14	14	87	90	92	133	14	11
内蒙古	17	20	14	17	112	147	10	6
辽宁	11	12	74	82	252	256	33	24
吉林	9	11	50	55	117	113	18	15
黑龙江	16	17	35	36	61	49	13	9
上海	1	1	199	207	279	228	94	81
江苏	16	16	156	159	115	160	54	45
浙江	12	12	115	121	115	163	51	33
安徽	17	21	124	149	377	261	42	18
福建	10	11	83	91	83	118	33	19
江西	15	16	89	95	186	232	20	16
山东	25	28	158	172	217	249	21	18
河南	25	27	147	158	180	219	29	26
湖北	23	28	119	145	90	107	18	16
湖南	24	24	112	114	99	130	31	20

续表

省 市	公路里程 万公里		公路密度 公里/百平方公里		货运强度 万吨公里/公里		客运强度 万人公里/公里	
	2013年	2018年	2013年	2018年	2013年	2018年	2013年	2018年
广东	20	22	113	121	148	179	59	51
广西	11	13	46	52	167	214	37	28
海南	2	4	73	103	30	24	34	21
重庆	12	16	150	192	57	73	27	17
四川	30	33	62	68	42	55	20	14
贵州	17	20	96	109	35	58	22	24
云南	22	25	57	65	41	59	14	11
西藏	7	10	6	8	12	12	4	3
陕西	17	18	79	84	102	130	20	16
甘肃	13	14	31	33	61	78	16	16
青海	7	8	10	11	29	34	6	6
宁夏	3	4	43	54	178	112	20	13
新疆	17	19	10	11	55	78	19	7
全国（不含港澳台）	436	485	45	50	128	147	26	19

注：按公路密度排序。
资料来源：WIND，兴业研究。

3.公路系统建设投资空间

尽管近年来高铁、民航发展势头正盛，但是公路系统在我国运输领域仍发挥着举足轻重的作用。其中，经济更为发达的区域，对公路货运需求更强，但是公路密度的加深亦有助于改善欠发达地区贸易条件，提高贸易强度，需要在投入和回报上谋求平衡。在客运方面，公转铁趋势较强，但是欠发达地区对公路依赖性更强，转换更慢。

在过去的"十三五"期间，公路建设投资是我国交通固定资产投资的绝对主力。根据交通运输部发布的统计数据，2019年我国全年完成交通固定资产投资3.25万亿元，其中公路建设投资就达到2.19万亿元，占比67.4%。

从投资趋势上来看，我国公路投资增速呈现阶段性波动的特征，2014年、2017年、2020年投资规模增速均大幅反弹，而其他年份则相对偏低。这或与公路建设投资的逆周期属性相关。但是总体上看，随着我国公路投资基数的上升、经济增速的放缓、政府去杠杆压力上升，当前公路投资增速的中枢整体呈下行趋势。

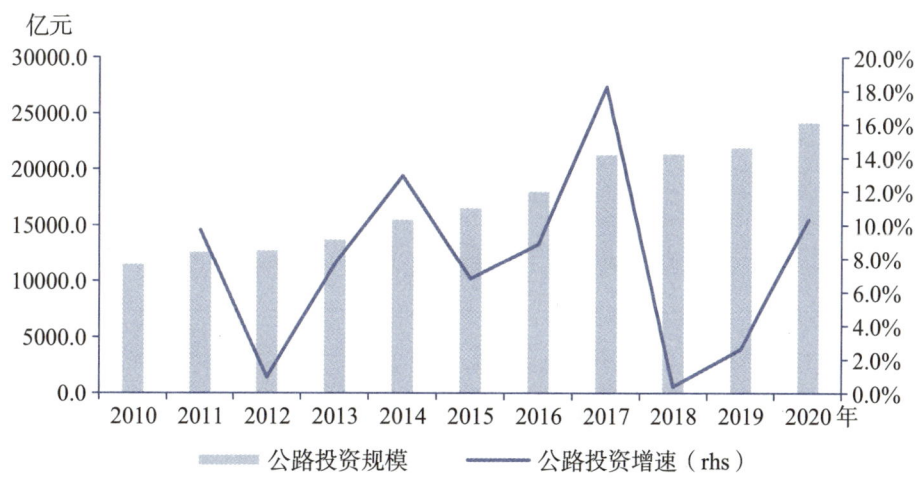

图3-57　我国公路建设投资规模变化情况

资料来源：历年交通运输部统计公报，兴业研究。

而从部分省市已经披露的"十四五"期间公路建设投资计划来看，投资增速放缓的趋势或将继续。2025年，部分省市披露了到2025年高速公路通车里程目标，合计值预计为11.0万公里，较2020年通车里程将增加2.5万公里。"十三五"期间这些省份高速公路通车里程则为2.4万公里，通车里程的年平均增速预计由6.7%降至5.3%。假设其他省份通车里程的年平均增速与上述14个省份保持一致，保守估计按5.0%计算，2020年我国高速公路总通车里程为15.5万公里，则到2025年我国预计高速公路总通车里程将达到19.8万公里，增加4.3万公里。从过往项目数据看，每公里高速公路的造价在1.8亿元左右，则"十四五"期间高速公路建设投资或在7.7万亿元左右。

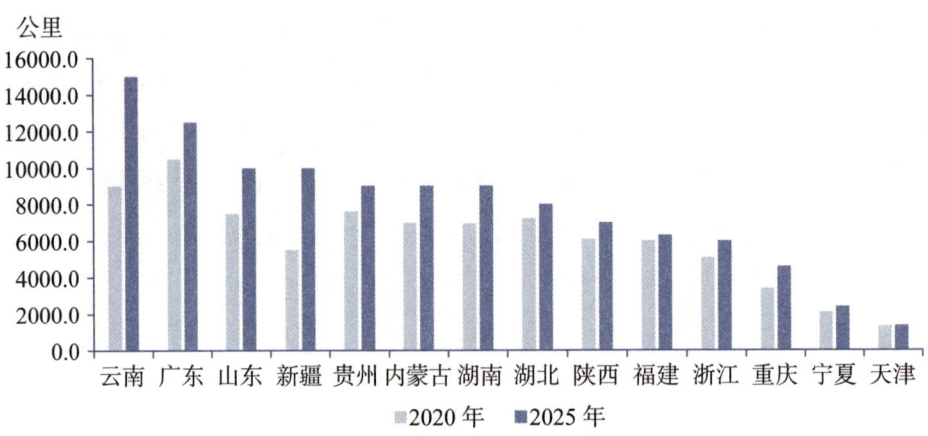

图 3-58 我国公路建设投资规模变化情况

资料来源：各省市"十四五"规划纲要，交通运输厅，国民经济发展公报，兴业研究。

表 3-55 部分高速公路项目批复文件相关信息

省 份	建设路段		项目造价 亿元	项目里程 km	单公里造价 亿元/km
湖北	十巫高速	郧西至鲍峡段	75	34	2.2
湖南	G5515张南高速	桑植至龙山段	116	61	1.9
云南	泸西至丘北至广南至富宁高速公路		490	268	1.8
江苏	连云港至宿迁	沭阳至宿豫段	88	49	1.8
山东	临淄至临沂		338	192	1.8
贵州	六枝至安龙		243	153	1.6
安徽	合肥至周口	寿县至颍上段	149	95	1.6

资料来源：各省市《"十四五"规划纲要》，交通运输厅，国民经济发展公报，兴业研究。

同时，我们可以根据"十三五"期间公路总里程、高速公路总里程的变化情况、公路建设总投资规模以及高速公路单位里程造价，可以计算得出其他公路的平均造价约为1100万元/公里。

从近年来其他公路里程的增速表现看，其中枢大致在1.8%~2.0%。考虑到当前国道、省道、县道的建设加强，而"十四五"期间高速公路投资预计将略高于"十三五"期间。因此，我们取2.0%的年均增速计算，预计"十四五"

期间将新增其他公路51.5万公里。

按照每公里1100万元造价计算,则我国"十四五"期间其他公路投资预计达5.7万亿元,加上高速公路的7.7万亿元投资,公路建设总投资规模预计将达13.4万亿元,年均增速在4.7%左右。

五、机场航空运输

尽管我国民用航空市场起步较晚,但是当前随着我国经济快速发展,民航需求的高速增长,民用航空市场已有了长足进步。

1. 民航机场发展情况

截至2019年末,我国颁证的民用航空通航机场已由2003年的126个提升至238个,年复合增速达到4.1%。当前,我国民航机场数量与欧美间的差距已大幅缩小。

美国NPIAS(National Plan of Integrated Airport Systems)发布的报告显示,截至2018年末,美国共有机场总数1.96万个,发达的通用航空使得美国存在大量的小型通航机场。而商用机场数量实际上仅为519个,其中有396个机场为主要机场(年客运量超过1万人),这396个机场的客运量占比达到99.9%。欧盟发布的数据显示,2018年底欧盟28国(含英国)的主要民航机场数量(年客运量超过1.5万人)为330个。

欧美航空管制相对宽松、航空运输发展时间更长,居民的用户黏性更强,存在着大量的私人机场、小型机场以及通航机场。在主要民航机场数量方面,上述数据显示,中国与欧美间的差距似乎并不太大,但考虑到中国人均年飞行次数远低于发达国家,且中国人口基数巨大,未来航空出行需求增长预计较快,机场建设预计仍将稳步推进。

2. 民航机场使用效率

由于我国航空货运比例不足1%,当前航空产业主要服务居民出行需求,主要门户机场持续处于满负荷状态。从2019年数据看，旅客吞吐量超过2000万人次的机场共有24座，其中有19座机场的负荷率超过90%，有13座机场负荷率超过100%。当前，多座机场的改扩建工程正在加速推进。

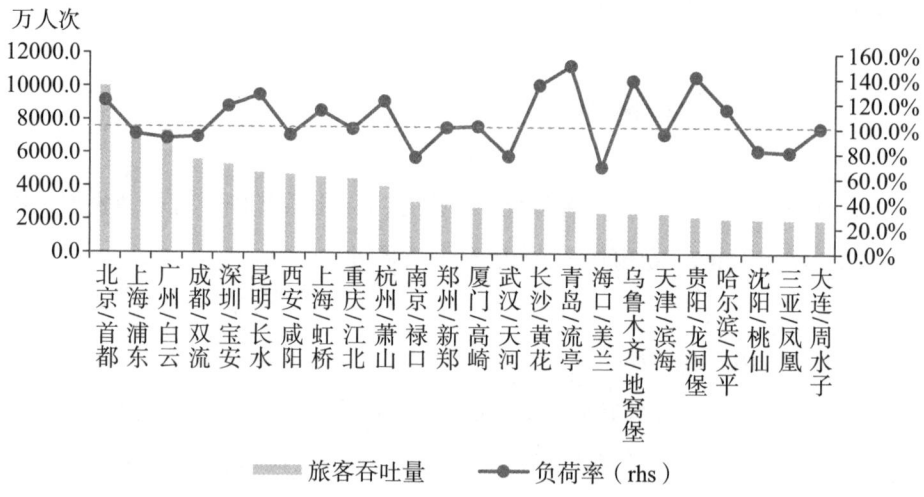

图3-59　2019年主要机场旅客吞吐量及机场负荷率

注：负荷率=旅客吞吐量/机场设计旅客吞吐量。
资料来源：WIND，机场官网，兴业研究。

从区域需求来看，我国中部地区民航客运增速较快，西北、西南地区亦体现出较强韧性。中西部民航需求较强与交通距离较长、铁路公路网络偏疏、经济发展带动运输需求均有关。民航业的发展加强了东部地区与中西部的联系。

展望未来，航空客运仍有十分充足的发展空间。截至2019年，我国年人均飞行次数仅为0.47次，较2008年0.14次提升了0.33次。同时期，欧美发达国家在高基数的基础上年人均飞行次数提升了0.5—0.7次。即使是高铁网络相对发达、国土面积相对有限的日本，其人均飞行次数亦达到1.03次。如果中国年人均飞行次数达到1.0次，那么航空客运量就有望翻番。而在未来，随着主要城市群的崛起、双循环模式的推进，区域联通的需求仍将进一步释放。

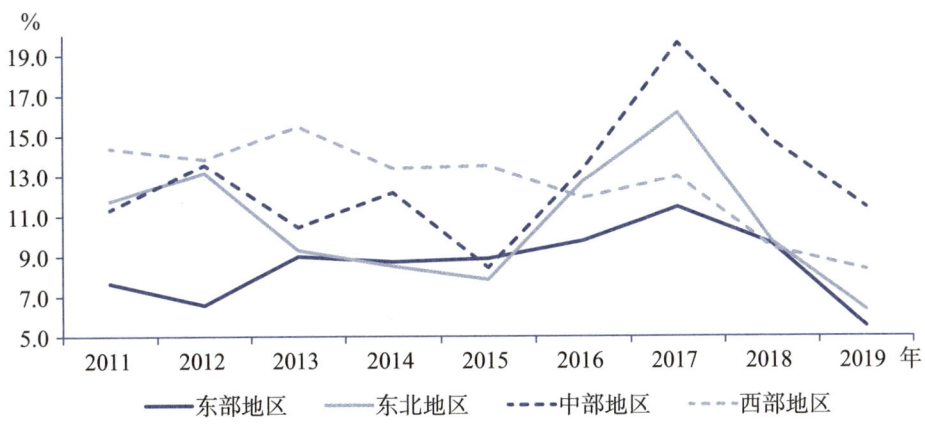

图3-60 不同区域民航旅客吞吐量同比增速

资料来源：WIND，机场官网，兴业研究。

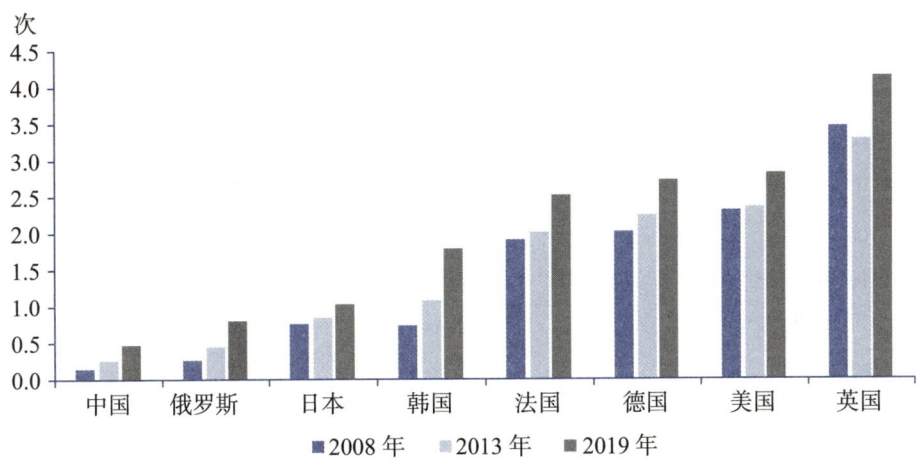

图3-61 主要国家年人均飞行次数

资料来源：WIND，兴业研究。

3.民航机场投资空间

随着我国居民的民航交通需求持续上升，大量枢纽型机场处于接近或者已经处于满负荷运载状况。同时，近年来民航价格竞争力的提升加上其远距离通勤优势，偏远地区的民航需求增长更快。

面对持续上升的民航客运需求，"十四五"期间我国机场建设仍将持续推进。根据"十四五"规划纲要,我国十四五期间一方面将持续推进广州、深圳、昆明等一大批枢纽机场的改扩建工程,同时还将新增民用运输机场30个以上。

从我们整理的机场改扩建重点项目的相关数据来看,预计"十四五"期间,重点机场改扩建项目投资总额预计将超过4000亿元,重点枢纽机场可容纳的年旅客吞吐量有望翻番,将极大提升重点机场的民航需求保障能力。

表3-56 "十四五"期间重点机场改扩建项目情况

机场	投资规模（亿元）	设计年旅客吞吐量		2019年旅客吞吐量（万人次）
		改造后（万人次）	改造前（万人次）	
广州/白云	544	12000	8000	7338
深圳/宝安	123	8000	4500	5293
昆明/长水	864	12000	3800	4808
西安/咸阳	477	8300	5000	4722
重庆/江北	216	8000	4500	4479
杭州/萧山	270	9000	3300	4011
长沙/黄花	430	6000	3100	2691
乌鲁木齐/地窝堡	421	4800	1730	2396
哈尔滨/太平	91	3800	1800	2078
南宁/吴圩	65	4800	1600	1576
兰州/中川	336	3800	1000	1530
福州/长乐	215	3600	2500	1476
合肥/新桥	117	3000	1100	1228
合计	4169	87100	41930	43626

资料来源:发改委官网,中国民航管理局,兴业研究。

除改扩建项目外,我国"十四五"期间还将新增30个机场,包括四个城市的新建机场和其他支线机场。其中,三亚、厦门、大连、呼和浩特是新建机场。这些项目当前仍在审批阶段,四个大型机场的投资规模在2400亿元左右，且施工年限预计普遍在5年左右。保守假设这些大型机场新建项目在2022年前后开工，则"十四五"期间施工进度在50%左右，由此预计其投资规模在1200亿元。而其他26个新增机场主要以支线机场为主，其设计的年旅客吞吐量较低，投资规模亦相对较小。假设平均单个机场投资规模在15亿元左右，则预计总投资规模在390亿元左右。

综合来看，"十四五"期间机场建设的总投资规模或将超过5590亿元。

表3-57 "十四五"期间重点新建机场项目情况

机　　场	投资规模（亿元）	设计年旅客吞吐量（万人次）
三亚/红塘湾	1500	5600
厦门/翔安	392	4500
大连/金州湾	263	3100
呼和浩特/盛乐	231	2800
黔北	22	55
瑞金	17	55
阿拉尔	9	30
朔州	9	55
嘉兴	9	400

资料来源：发改委官网，中国民航管理局，兴业研究。

六、水路系统

我国拥有着丰富的水路系统，世界排名靠前的内河航道系统。作为世界第一大贸易国，对于远洋运输的需求同样较为强劲。

1. 水运系统发展情况

（1）港口建设

我国海岸线、内河航道均排名全球前十，发展水运有着先天优势。依赖着丰富的水道资源，我国在港口建设方面亦取得长足进步。截至2019年，我国拥有万吨级以上泊位2520个,沿海港口和内河港口分别拥有2076和444个,年均增速保持在5.4%左右。

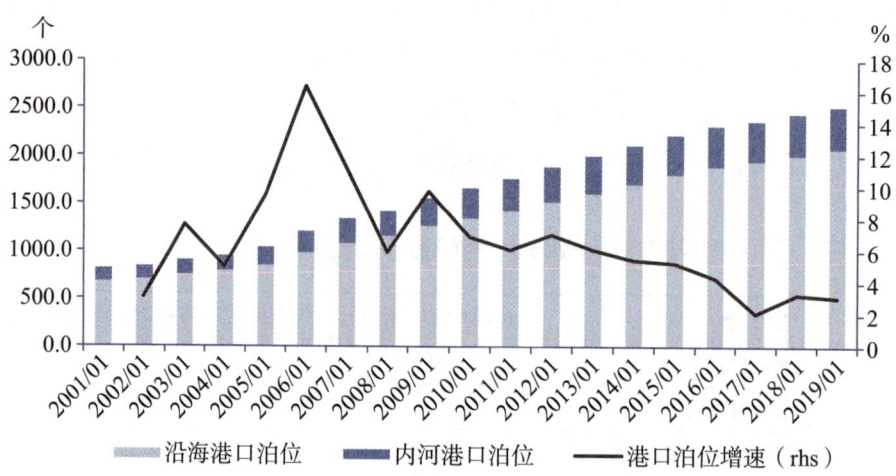

图3-62　我国万吨级及以上港口泊位数量变化情况

资料来源：世界银行，European Commission，兴业研究。

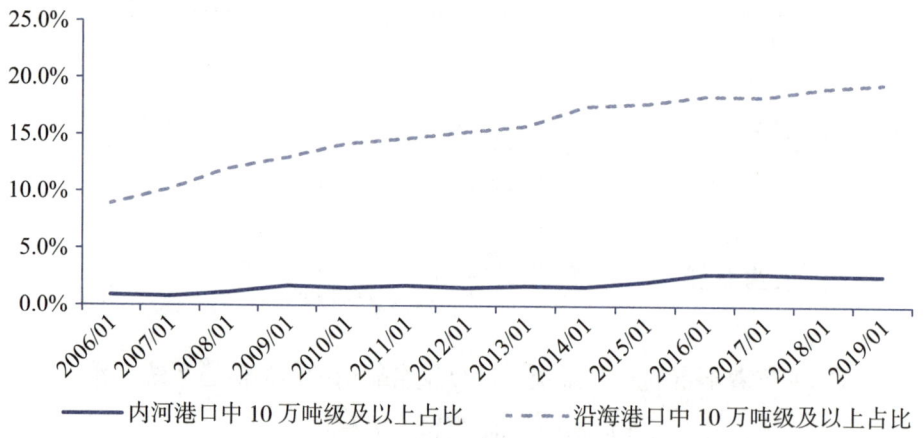

图3-63　我国内河和沿海港口中10万吨级及以上港口泊位占比变化情况

资料来源：世界银行，European Commission，兴业研究。

从结构上看，我国沿海港口发展更快、更为成熟。沿海港口万吨级以上基数更大，增速仍稍快于内河港口。同时，在泊位量级上，10万吨级及以上的港口泊位占比提升亦远高于内河港口。一方面，我国沿海水运、远洋水运需求更强；另一方面，我国内河航道中高等级航道占比偏低。

（2）内河航道

内河航道与国家的自然条件密切相关，国家河网的长度、密度、流量等因素决定了不同国家内河可通航里程以及航道等级。内河航道的里程及等级亦受河流水电开发等其他经济活动影响。

与铁路、公路运输不同，我国内河航道呈现出内河航道绝对里程长，但是高等级航道数量偏低的特点。2018年末我国内河航道通航里程约为12.7万公里，其中，三级及以上高等级航道[①]约为1.35万公里，占比约为10.6%。而欧盟千吨级及以上的航道里程达2.43万公里，占比接近60%，美国则约为2.5万公里，占比约为61%。

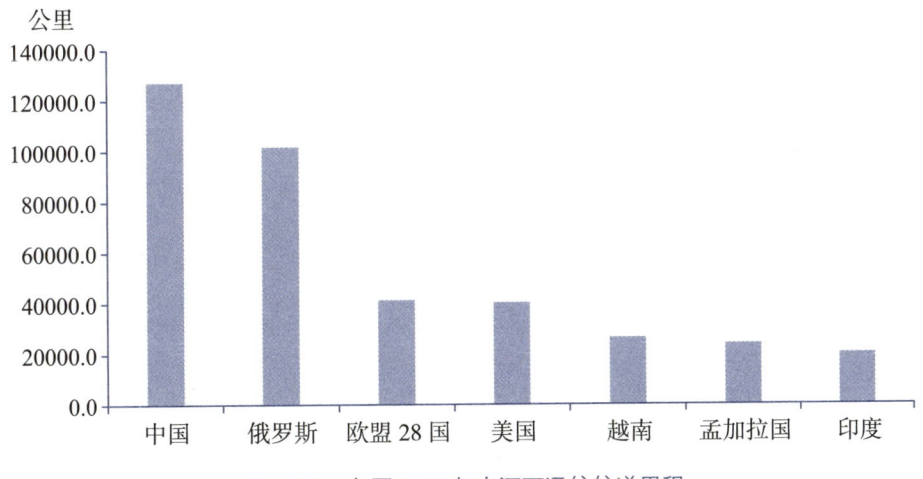

图3-64　各国2018年内河可通航航道里程

资料来源：世界银行，European Commission，兴业研究。

内河航运兼具经济性、环保性。美国陆军工程兵团（USACE，2009）的报告显示，15条驳船组合而成的运输单位，可一次性运载2.25万吨货物，相当于225辆货车或者870辆货运卡车的运载量。美国环境保护协会（EPA，2018）研究显示，驳船每吨公里的二氧化碳排放量仅为公路运输的8%、氮氧化物仅为4%、颗粒物仅为25%。

---

① 根据《内河通航标准》，三级以上高等级航道为通航船舶运载能力在1000吨级以上航道。

2. 水运系统运行效率

与航空运输相反，我国水路运输主要用于货运。2019年，水路货物周转量占整体比重达到52.1%，而旅客周转量占比则仅为0.23%。如前文所述，水路运输单次运量大、成本低，在货物运输领域优势明显。中国作为世界第一大贸易国，对水路运输，尤其是海运依赖程度更高，发展也更快。

我国贸易体量的持续扩张带动港口吞吐量快速增长。在高基数的基础下，我国2008—2019年间港口集装箱吞吐量年均增速仍达到7.6%，远超韩国的4.9%。2019年，我国港口集装箱吞吐量达到2.4亿个标准箱，是美国的4.4倍，韩国的8.4倍。

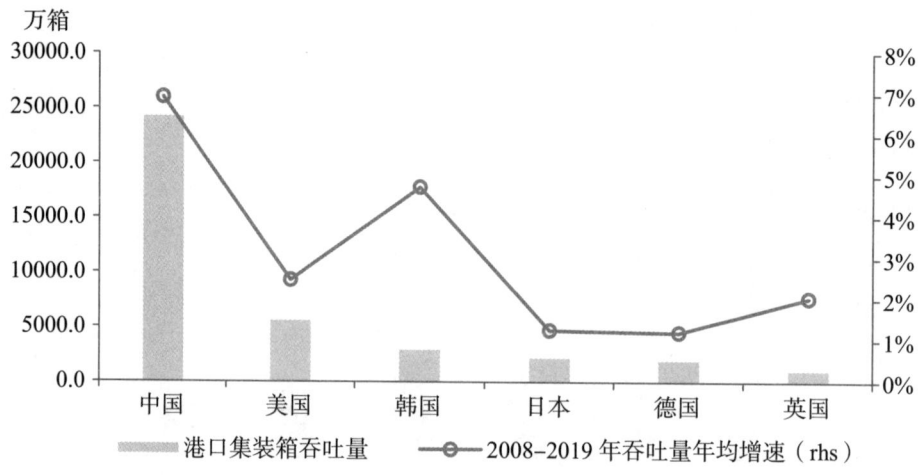

图3-65 主要经济体港口集装箱吞吐量变化情况

注：图中港口集装箱吞吐量为2019年数据。
资料来源：WIND，兴业研究。

《劳氏日报》发布的2019年全球货物吞吐量前100港口名单中，中国有23个港口上榜，第二名美国仅为9个。[①]前10名中，更是有7个港口来自中国。中国主要港口在全世界均有着较强的竞争力，港口亦长期处于高强度运转状态。

---

① 《劳氏日报》，《Lloyd's list One Hundred Ports 2020》（查于2021/4/2），https://lloydslist.maritimeintelligence.informa.com/one-hundred-container-ports-2020/port-data#rankings。

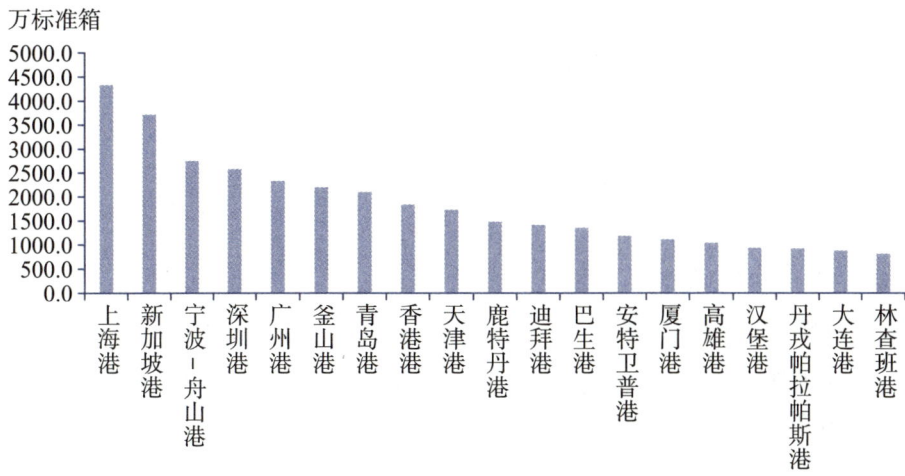

图3-66 2019年吞吐量排名世界top20港口

资料来源：《劳氏日报》，兴业研究。

在运输结构上，我国内河货运和沿海货运的水路运输周转量占比均持续提升，远洋运输占比则出现明显下降。2009年，内河、沿海、远洋运输的水路货运周转量占比分别为8.1%、23.3%和68.8%，这一数据到2019年变成15.7%、32.3%和52.0%。

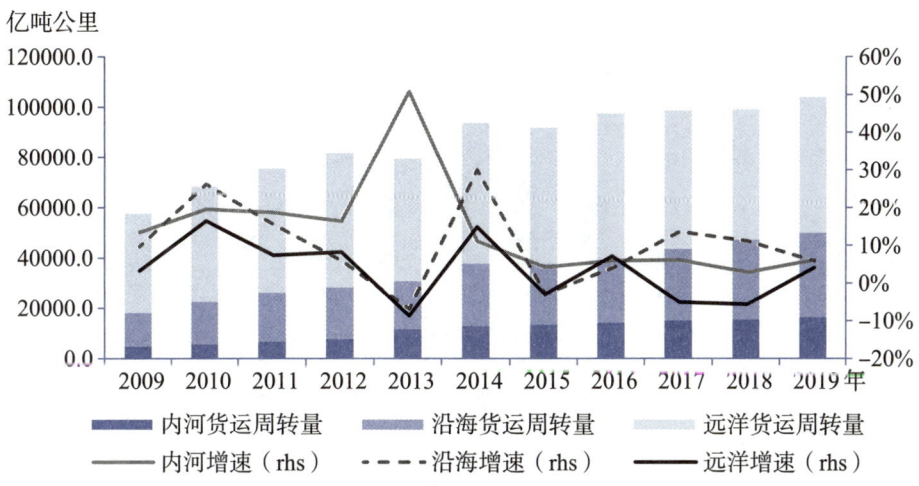

图3-67 我国历年水路运输货运周转量情况

资料来源：交通运输部，兴业研究。

从货运量上看，三种货运方式的货运量均稳步提升，但是内河和沿海货运2009—2019年的年复合增速均为9.5%左右，而远洋货运为4.8%。在运输距离方面，2019年内河货运的单位货运运输距离较2009年增长41.2%，沿海货运基本稳定，而远洋货运则下降了14.5%。

3.水运系统建设投资空间

尽管我国水运货运量仍处于稳步上行的状态，但是我国近年来的水运固定资产投资规模在2013年达到高点后便开始稳步下行。在投资结构上，沿海建设投资自2011年后稳步下降，内河建设投资则持续增长。

水运投资的变化或主要受两个方面因素影响：一方面，早期沿海建设大规模投资对沿海、远洋货运需求存在强支撑，加之近年来国际贸易形势有所恶化，外贸需求存在不稳定性，沿海建设投资下降；另一方面，近年来内河运输占比上行，国家加大对内河港口的投资建设、内河航道的疏浚升级，带动内河运输改善。

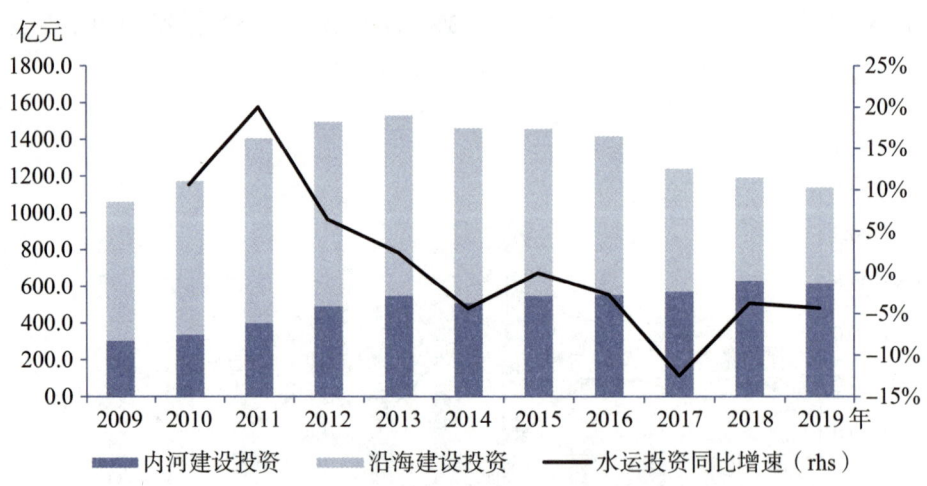

图3-68　我国历年水运投资结构及变化趋势

资料来源：WIND，兴业研究。

从投资项目新增产能来看，我国新（扩）建港口码头的数量、年吞吐量在2012年前后达到高位，此后均出现趋势性下行。"十四五"期间，考虑到我国港口吞吐量或仍保持稳定增长，前期超前建设的港口码头产能随着投资的持续收缩，供需有望进一步趋于稳定，预计新（扩）建港口码头产能亦将逐步趋于稳定。在内河航道方面，我国自2010年以来，高等级航道年增长500公里，但是2019年新增里程回落至358公里。在双循环的带动下，"十四五"期间内河航道整治力度或有所加强，向年增长500公里的中枢回归。

综上，"十四五"期间水路运输年投资额预计稳定在1200亿元左右，则"十四五"期间预计水路运输投资的总额有望达到6000亿元。

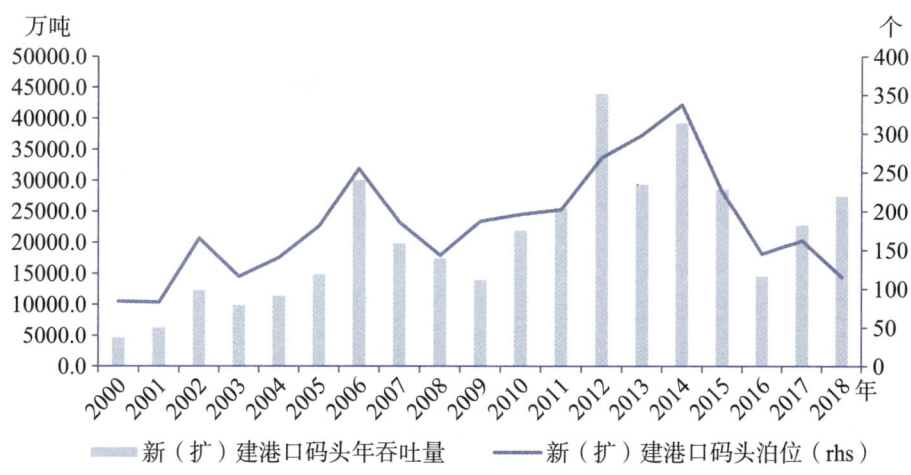

图3-69 我国历年新（扩）建港口码头情况

资料来源：WIND，兴业研究。

七、小结

从运输总量上看，随着我国经济增速放缓，运输总量增速有所减弱。从运输结构上看，我国货运以水运为主，公路次之，铁路为辅，未来趋势是更多公路转铁路；在客运中，铁路、民航对公路客运替代迅速。但总体来看，当前我国交通基础设施的运输强度仍然远高于发达国家，交通基建投资仍然存在继续增长空间。"十四五"期间，预计我国交通基建投资规模或达到21.6万亿元。

表3-58 我国"十四五"时期交通基建预期投资规模

项目		发展状况	"十四五"发展增量	预期投资规模（单位：万亿元）
铁路	高铁（含城际）	总里程 38000	12000	3.3
	普快铁路	总里程 108000	12000	1.7
	合计	总里程 146000	24000	5.0
轨道交通		总里程 7978	3000	2.1
公路	高速	总里程 155000	43000	7.7
	其他公路	总里程 355000	515000	5.7
	合计	总里程 510000	558000	13.4
机场建设	机场	数量 247	改扩建一批枢纽机场新增30个机场	0.6
水路投资		—	—	0.6
合计值				21.6

资料来源：历年交通运输行业发展统计公报，兴业研究。

在铁路方面，我国密度偏低但质量较高，发达地区密度已经达到发达国家水平。在运输强度上，我国无论是货运还是客运，铁路运输强度均远大于发达国家；我国欠发达地区对铁路货运依赖更强，而发达地区对铁路客运需求更强。"十四五"期间，我国铁路总投资规模预计为5万亿元左右。

在城市轨道交通方面，我国总里程远超其他国家，轨道交通系统的客流量亦超过许多国家。但是得益于较长的里程数，客运强度压力相对较小，部分城市存在客运强度不足问题。当前轨道交通建设审批趋严，预计"十四五"期间总投资规模在1.95万亿—2.25万亿元。

公路方面，同样存在总量高、密度低、高速公路占比高的特点。公路货运强度稳步提升，其中发达地区的货运强度更高，欠发达地区提升较快；客运方面，欠发达地区对公路客运需求黏性较强，公转铁较慢。"十四五"期间，预计公路总投资规模在13.4万亿元左右。

在机场航空运输方面，我国当前民航机场数量已经接近欧美发达国家水平。民航需求增长较快，部分枢纽机场长期超负荷运行，机场投资需求较强。民航以客运为主，中西部地区客运量增长较快，需求较强。"十四五"期间，预计机场总投资规模在5590亿元左右。

在水路系统方面，我国港口万吨级及以上泊位数量稳步增长，沿海港口泊位数增长快于内河港口，泊位等级亦高于内河。当前，我国内河运输、沿海运输量稳步提升，远洋海运有所下行。"十四五"期间，预计水路总投资规模在6000亿元左右。

第七节 "碳中和"目标下绿色投资前景广阔

一、"碳中和"目标引领中国进入"减碳新时代"

应对气候变化是全球可持续发展最为重要的领域，2015年，在巴黎举行的第21届联合国气候变化大会上，全球195个缔约方国家通过了具有历史意义的全球气候变化新协议《巴黎协定》，提出到2100年将全球平均气温升幅与前工业化时期相比控制在2℃以内，并努力把温度升幅限定在1.5℃以内的目标，为此，《巴黎协定》呼吁："全球温室气体排放尽快达峰，到本世纪下半叶实现全球净零排放。""净零排放"就是"碳中和"，在《巴黎协定》下，"碳中和"已成为全球缔约方的一个核心目标。据不完全统计，截至2020年，包括我国，全球有120多个国家和欧盟正在努力实现到2050年前后温室气体净排放为零的目标，随着气候变化问题日益严峻，"碳中和"已成为全球热点话题。

2020年9月22日，国家主席习近平在第七十五届联合国大会一般性辩论讲话中宣布："中国将提高国家自主贡献力度，采取更加有力的政策和措施，二氧化碳排放力争于2030年前达到峰值，努力争取2060年前实现碳中和。"

这是我国首次明确提出碳中和目标，同时也提高了2015年承诺的在2030年前后实现碳达峰的目标。随后，习主席多次在国际重要场合重申我国的碳达峰和碳中和目标（见表3-59）。

表3-59 习近平总书记在国际场合上关于"碳中和"目标的讲话

时间	场合	"碳中和"相关内容
2020年9月22日	习近平在第七十五届联合国大会一般性辩论上的讲话	这场疫情启示我们，人类需要一场自我革命，加快形成绿色发展方式和生活方式，建设生态文明和美丽地球。人类不能再忽视大自然一次又一次的警告，沿着只讲索取不讲投入、只讲发展不讲保护、只讲利用不讲修复的老路走下去。应对气候变化《巴黎协定》代表了全球绿色低碳转型的大方向，是保护地球家园需要采取的最低限度行动，各国必须迈出决定性步伐。中国将提高国家自主贡献力度，采取更加有力的政策和措施，二氧化碳排放力争于2030年前达到峰值，努力争取2060年前实现碳中和。各国要树立创新、协调、绿色、开放、共享的新发展理念，抓住新一轮科技革命和产业变革的历史性机遇，推动疫情后世界经济"绿色复苏"，汇聚起可持续发展的强大合力
2020年9月30日	习近平在联合国生物多样性峰会上的讲话	中国积极参与全球环境治理。中国切实履行气候变化、生物多样性等环境相关条约义务，已提前完成2020年应对气候变化和设立自然保护区相关目标。作为世界上最大发展中国家，我们也愿承担与中国发展水平相称的国际责任，为全球环境治理贡献力量。中国将秉持人类命运共同体理念，继续作出艰苦卓绝努力，提高国家自主贡献力度，采取更加有力的政策和措施，二氧化碳排放力争于2030年前达到峰值，努力争取2060年前实现碳中和，为实现应对气候变化《巴黎协定》确定的目标作出更大努力和贡献
2020年11月12日	习近平在第三届巴黎和平论坛的致辞	绿色经济是人类发展的潮流，也是促进复苏的关键。中欧都坚持绿色发展理念，致力于落实应对气候变化《巴黎协定》。不久前，我提出中国将提高国家自主贡献力度，力争2030年前二氧化碳排放达到峰值，2060年前实现碳中和，中方将为此制定实施规划。我们愿同欧方、法方以明年分别举办生物多样性、气候变化、自然保护国际会议为契机，深化相关合作

续表

时间	场合	"碳中和"相关内容
2020年11月17日	习近平在金砖国家领导人第十二次会晤上的讲话	我们要坚持绿色低碳，促进人与自然和谐共生。全球变暖不会因疫情停下脚步，应对气候变化一刻也不能松懈。我们要落实好应对气候变化《巴黎协定》，恪守共同但有区别的责任原则，为发展中国家特别是小岛屿国家提供更多帮助。中国愿承担与自身发展水平相称的国际责任，继续为应对气候变化付出艰苦努力。我不久前在联合国宣布，中国将提高国家自主贡献力度，采取更有力的政策和举措，二氧化碳排放力争于2030年前达到峰值，努力争取2060年前实现碳中和。我们将说到做到！
2020年11月22日	习近平在二十国集团领导人利雅得峰会"守护地球"主题边会上的致辞	二十国集团要继续发挥引领作用，在《联合国气候变化框架公约》指导下，推动应对气候变化《巴黎协定》全面有效实施。不久前，我宣布中国将提高国家自主贡献力度，力争二氧化碳排放2030年前达到峰值，2060年前实现碳中和。中国言出必行，将坚定不移加以落实
2020年12月12日	习近平在气候雄心峰会上的讲话	中国为达成应对气候变化《巴黎协定》作出重要贡献，也是落实《巴黎协定》的积极践行者。今年9月，我宣布中国将提高国家自主贡献力度，采取更加有力的政策和措施，力争2030年前二氧化碳排放达到峰值，努力争取2060年前实现碳中和。在此，我愿进一步宣布：到2030年，中国单位国内生产总值二氧化碳排放将比2005年下降65%以上，非化石能源占一次能源消费比重将达到25%左右，森林蓄积量将比2005年增加60亿立方米，风电、太阳能发电总装机容量将达到12亿千瓦以上。中国历来重信守诺，将以新发展理念为引领，在推动高质量发展中促进经济社会发展全面绿色转型，脚踏实地落实上述目标，为全球应对气候变化作出更大贡献
2021年1月25日	习近平在世界经济论坛"达沃斯议程"对话会上的特别致辞	中国将继续促进可持续发展。中国将全面落实联合国2030年可持续发展议程。中国将加强生态文明建设，加快调整优化产业结构、能源结构，倡导绿色低碳的生产生活方式。我已经宣布，中国力争于2030年前二氧化碳排放达到峰值、2060年前实现碳中和。实现这个目标，中国需要付出极其艰巨的努力。我们认为，只要是对全人类有益的事情，中国就应该义不容辞地做，并且做好。中国正在制定行动方案并已开始采取具体措施，确保实现既定目标。中国这么做，是在用实际行动践行多边主义，为保护我们的共同家园、实现人类可持续发展作出贡献

续表

时间	场合	"碳中和"相关内容
2021年4月22日	习近平总书记在"领导人气候峰会"上的讲话	去年，我正式宣布中国将力争2030年前实现碳达峰、2060年前实现碳中和。这是中国基于推动构建人类命运共同体的责任担当和实现可持续发展的内在要求作出的重大战略决策。中国承诺实现从碳达峰到碳中和的时间，远远短于发达国家所用时间，需要中方付出艰苦努力。中国将碳达峰、碳中和纳入生态文明建设整体布局，正在制定碳达峰行动计划，广泛深入开展碳达峰行动，支持有条件的地方和重点行业、重点企业率先达峰。中国将严控煤电项目，"十四五"时期严控煤炭消费增长、"十五五"时期逐步减少。此外，中国已决定接受《〈蒙特利尔议定书〉基加利修正案》，加强非二氧化碳温室气体管控，还将启动全国碳市场上线交易

资料来源：兴业研究根据公开资料整理。

在"碳中和"目标下，我国绿色发展进入新阶段。随着我国"碳达峰、碳中和"目标的提出，面对巨大的减排压力，绿色低碳发展与应对气候变化的重要性显著提升。习近平总书记在2021年4月30日主持召开的中共中央政治局第二十九次集体学习时指出："党的十八大以来……生态文明建设从认识到实践都发生了历史性、转折性、全局性的变化"，"'十四五'时期，我国生态文明建设进入了以降碳为重点战略方向、推动减污降碳协同增效、促进经济社会发展全面绿色转型、实现生态环境质量改善由量变到质变的关键时期。"

在此背景下，国家各部委纷纷将部署落实"碳达峰、碳中和"目标作为其下一阶段的重点工作之一。比如，生态环境部在2021年1月21日召开的2021年全国生态环境保护工作会议上强调要"加快推动绿色低碳发展"，同时确定了2021年的八项重点任务："一是系统谋划'十四五'生态环境保护；二是编制实施2030年前碳排放达峰行动方案；三是继续开展污染防治行动；四是持续加强生态保护和修复；五是确保核与辐射安全；六是依法推进生态环境保护督察执法；七是有效防范化解生态环境风险；八是做好基础支撑保障工作"。在这八项任务中，碳达峰工作被放在了仅次于"系统谋划'十四五'生态环境保护"之后的位置，也是单项任务中的首要位置。人民银行在2021年1月4日召开的2021年中国人民银行工作会议上确定了2021年度的十项重点工作，其中第三项为"落实碳达峰碳中和重大决策部署，完善绿色金融政策框架和激励机制，要求做好政策设计和规划，引导金融资源向绿色发展领域倾斜，增强金融体系管理气候变化相关风险的能力，推动建设碳排放交易市场为排碳合理定价。逐步健全绿色金融标准体系，明确金融机构监管和信息披露要求，建立政策激励约束体系，完善绿色金融产品和市场体系，持续推进绿色金融国际合作"。这是人民银行首次将绿色金融单列为重点工作内容。

表3-60　2021年各部委关于落实"碳达峰、碳中和"目标的工作部署

部　门	会　议	落实"碳达峰、碳中和"目标的相关部署
生态环境部	2021年全国生态环境保护工作会议（2021年1月21日）	会议确定2021年八项重点任务："一是系统谋划'十四五'生态环境保护；二是编制实施2030年前碳排放达峰行动方案；三是继续开展污染防治行动；四是持续加强生态保护和修复；五是确保核与辐射安全；六是依法推进生态环境保护督察执法；七是有效防范化解生态环境风险；八是做好基础支撑保障工作。"
国家能源局	2021年全国能源工作会议（2020年12月22日）	"着眼保障能源安全和应对气候变化两大目标任务"，"要着力提高能源供给水平，加快风电光伏发展，稳步推进水电核电建设，大力提升新能源消纳和储存能力，深入推进煤炭清洁高效开发利用，进一步优化完善电网建设"。
工信部	2021年全国工业和信息化工作会议（2020年12月28—29日）	"围绕碳达峰、碳中和目标节点，实施工业低碳行动和绿色制造工程，坚决压缩粗钢产量，确保粗钢产量同比下降。加快发展先进制造业，提高新能源汽车产业集中度。"

续表

部　门	会　议	落实"碳达峰、碳中和"目标的相关部署
国家发改委	2021年全国发展和改革工作会议（2020年12月18—19日）	"加强生态文明建设，构建可持续的绿色发展体系。持续深化国家生态文明试验区建设，加强大江大河和重要湖泊湿地生态保护治理，部署开展碳达峰、碳中和相关工作，完善能源消费双控制度，持续推进塑料污染全链条治理。"
人民银行	2021年中国人民银行工作会议（2021年1月4日）	会议确定了2021年的十项重点工作，其中第三项为："落实碳达峰碳中和重大决策部署，完善绿色金融政策框架和激励机制，要求做好政策设计和规划，引导金融资源向绿色发展领域倾斜，增强金融体系管理气候变化相关风险的能力，推动建设碳排放交易市场为排碳合理定价。逐步健全绿色金融标准体系，明确金融机构监管和信息披露要求，建立政策激励约束体系，完善绿色金融产品和市场体系，持续推进绿色金融国际合作。"
银保监会	2021年中国银保监会工作会议（2021年1月26日）	"要为构建新发展格局提供有力支持。……积极发展绿色信贷、绿色保险、绿色信托。……"
国资委	中央企业负责人会议（2020年12月24—25日）	会议要求中央企业做好2021年工作，要扎实抓好八个方面的重点任务，其中第八项为"主动服务和支撑国家重大战略，……，带头履行社会责任，促进生产方式绿色转型，积极参与"碳达峰""碳中和"行动，发挥带头示范作用。"

资料来源：作者根据公开资料整理。

二、"碳中和"目标下我国的减排路径与投资需求

1. 我国的碳排放现状

人为活动产生碳排放的最主要来源是对煤炭、石油和天然气等化石能源的使用。据世界资源研究所（World Resources Institute，WRI）开发的Climate Watch（2021年）数据平台发布的数据，2018年全球温室气体总量

近500亿吨（二氧化碳当量，下同），其中能源使用产生的碳排放是温室气体的最大来源，约占温室气体总量的74.5%，在能源使用产生的排放中，电力和热力部门、交通运输部门和制造部门用能产生的排放量最大，分别占到了能源排放的41.9%、22.2%和16.5%。除了能源使用产生的排放以外，农业活动产生的温室气体排放量排在第二，在总排放中占比为11.6%，再来是工业过程、废弃物处理、土地利用变化和林业的排放，占比分别为5.8%、3.2%和2.8%。

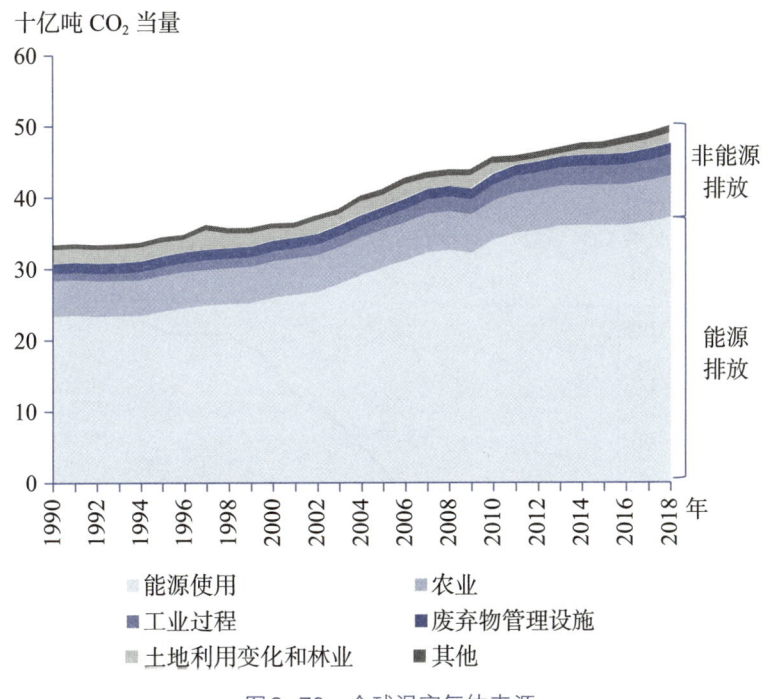

图3-70 全球温室气体来源

资料来源：WRI，兴业研究。

我国是全球最大的能源消费国，也是当前温室气体排放量最大的国家。根据世界资源研究所（WRI）发布的数据，2018年全球能源使用产生的温室气体排放总量约为355.6亿吨，其中，中国的能源排放约为103.2亿吨，占全球排放的29%。排在第二的为美国，排放量约为52.7亿吨，占全球排放的15%。

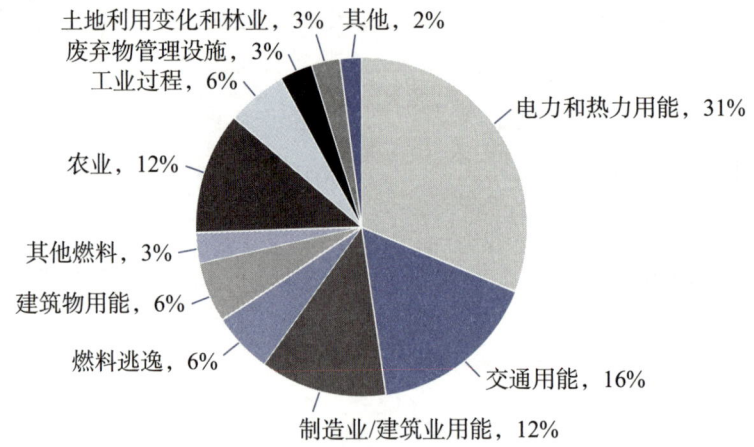

图3-71　2018年全球各部门温室气体排放来源

资料来源：WRI，兴业研究。

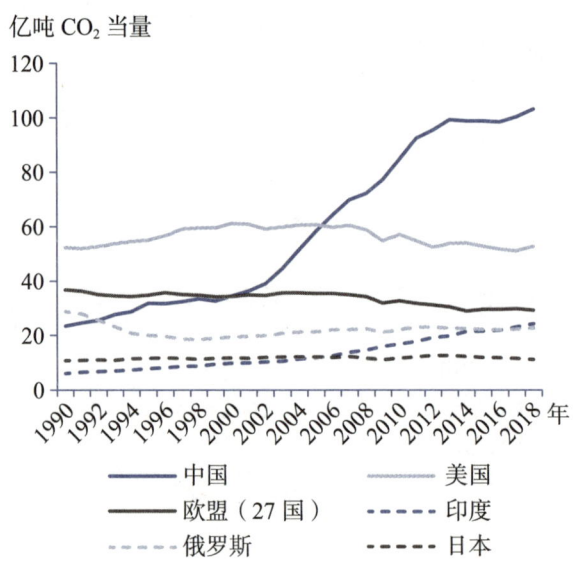

图3-72　主要地区能源排放

注：包括所有温室气体。
资料来源：WRI，兴业研究。

从我国的温室气体排放结构来看，根据WRI发布的数据，2018年，我国各类活动产生的温室气体排放总量约为123.5亿吨，如果考虑到土地利用变化与林业碳汇的负排放，总的净排放量约为117.1亿吨。在总的温室气体排放中，能源使用产生的温室气体排放量占比达到了82.6%，其次是工业过程排放和农业活动排放，占比分别为9.3%和5.4%。在能源使用排放中，如果进一步按能源使用部门划分，那么电力和热力部门能源使用产生的温室气体排放量最大，占到了总排放的42%，其次是制造业和建筑业用能排放，占总排放的21%。

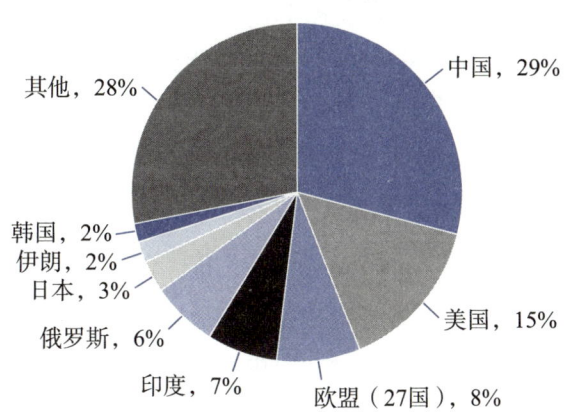

图3-73　2018年主要地区能源排放占比

注：包括所有温室气体。
资料来源：WRI，兴业研究。

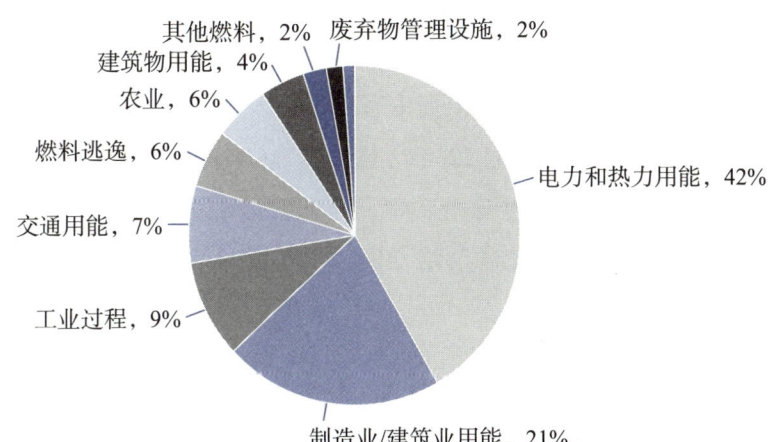

图3-74　2018年中国各部门温室气体排放占比

注：包括所有温室气体。
资料来源：WRI，兴业研究。

2. "30·60" 目标下我国的能源消费与碳排放路径预测

我国提出了2030年前实现碳达峰、2060年前实现碳中和的目标，但目前仍未明确达峰时的排放总量水平，但提出了单位国内生产总值二氧化碳排放（碳强度）的约束目标，即到2030年中国单位国内生产总值二氧化碳排放比2005年下降65%以上。此外，对于能源消费总量与结构，我国也设立了明确的目标。因此，我们可以根据我国碳强度约束目标以及对我国未来经济增长的预测，结合我国化石能源消费总量约束目标，大致测算出我国未来的碳排放路径。

在历史碳排放数据方面（2020年及之前），我们选取世界资源研究所（WRI）发布的数据为基础。目前全球有多个数据库公布了中国的历史碳排放数据，除了WRI外还包括全球碳项目（GCP）（Friedlingstein et al. 2020）、英国石油公司（BP，2020）、中国碳核算数据库（CEADs，2021）等。与其他数据相比，WRI提供的排放数据包括了所有活动产生的排放以及所有温室气体的排放，分类较全，而其他数据库提供的数据大部分仅包括能源二氧化碳排放。对比几家数据库可以发现，近些年的能源二氧化碳排放数据差距较小，这主要是由于能源相关统计数据较为完备并且能源碳排放的测算方法较为成熟，而其他领域的排放数据则较难获取与估测，此外早期数据统计则差距较大。综上，我们以WRI发布的我国2018年的能源二氧化碳排放数据（95.3亿吨）为基础对未来的排放路径进行预测，结合2018年我国GDP数据可以测算出2018年碳强度为1.04吨/万元，根据生态环境部公布的2018年碳强度较2005年下降45.8%，[1]可以推测出我国2005年碳强度为1.91吨/万元（2018年不变价，下同）。2019年和2020年，生态环境部发布的数据显示，我国碳强度较2005年分别下降了48.1%[2]和48.4%。[3]结合2019年和2020年GDP数据（2018年不

---

[1] 资料来源：生态环境部：2018年中国碳排放强度比2005年下降45.8%，央广网，2019-11-27 https：//baijiahao.baidu.com/s?id=1651333508066794765&wfr=spider&for=pc（查于2021-3-30）。

[2] 资料来源：生态环境部：2019年底我国碳强度较2005年下降近50%，中国产业经济信息网，2020-10-30，http：//www.tanpaifang.com/tanguwen/2020/1030/74995.html（查于2021-3-30）。

[3] 资料来源：第五届气候行动部长级会议召开，生态环境部官网，2021-03-24，http：//www.mee.gov.cn/xxgk2018/xxgk/xxgk15/202103/t20210324_825771.html（查于2021-3-30）。

变价），可推算出2019年和2020年我国碳排放量分别约为96.7亿吨和98.4亿吨，碳强度分别为0.992吨/元和0.987吨/元。

能源碳排放主要来自煤炭、石油、天然气等化石能源的使用，而不同的化石能源具有不同的碳排放系数。因此，我们对未来能源碳排放量的测算方法为，以历史排放数据和化石能源消费总量与结构为基础，通过对未来能源总量与结构的预测，结合联合国政府间气候变化专门委员会（IPCC，2006）[①]国家温室气体清单指南中发布的各类能源碳排放系数，来测算未来我国能源碳排放路径。

根据以上方法，我们首先需要对我国未来的能源消费总量与结构进行预测，在我国"十四五"规划纲要、发改委和能源局2017年发布的《能源生产和消费革命战略（2016—2030）》（以下简称为《2030能源战略》）和习近平主席在2020年12月12日在气候雄心峰会上的讲话中，都对我国未来能源消费总量和结构方面给出了约束目标。此外，未来的碳排放路径还需要满足我国碳强度约束目标。相关约束目标见表3-61。

表3-61 我国化石能源消费、碳强度相关目标

指　标	2025年	2030年	2050年
能源消费总量		60亿吨标准煤	总量基本稳定
单位GDP能耗	比2020年下降13.5%*		
天然气占比		15%	
非化石能源占比		25%**	超过一半
单位GDP二氧化碳排放	比2020年下降18%*	比2005年下降65%以上**	

注：*来自"十四五"规划纲要；**来自习近平在气候雄心峰会上的讲话；其他来自《能源生产和消费革命战略（2016—2030）》。

资料来源：兴业研究整理。

[①] IPCC于2019年对2006年发布的国家温室气体清单指南进行了补充修订，能源碳排放因子部分未更新，仍与2006年保持一致。

由于未来目标涉及单位GDP能耗和单位GDP碳排放，我们需要对我国未来GDP增速进行预测。2020年11月3日习近平总书记关于《中共中央关于制定国民经济和社会发展第十四个五年规划和二〇三五年远景目标的建议》的说明中提到："……在征求意见过程中，一些地方和部门建议，明确提出'十四五'经济增长速度目标，明确提出到2035年实现经济总量或人均收入翻一番目标。文件起草组经过认真研究和测算，认为从经济发展能力和条件看，我国经济有希望、有潜力保持长期平稳发展，到'十四五'末达到现行的高收入国家标准、到2035年实现经济总量或人均收入翻一番，是完全有可能的……"。[①]据此我们假设，到2035年我国GDP实现比2020年翻一番。2021年，市场主流机构预测我国GDP增速在8%左右，[②]2022年假设GDP增速回到2019年6%的水平，2023—2035年假设我国GDP增速匀速下降。

2020年，我国能源消费总量为49.8万吨标准煤，其中化石能源消费总量约为41.9万吨标准煤，[③]占比约84.1%，非化石能源消费占比约为15.9%。"十四五"规划纲要提出，2020—2025年单位GDP能耗下降13.5%。结合前述GDP增速预测结果，可以估算出，到2025年我国能源消费总量约为58.0万吨标准煤。根据发改委和能源局2017年发布的《能源生产和消费革命战略（2016—2030）》目标："2021—2030年，……能源消费总量控制在60亿吨标准煤以内……展望2050年，能源消费总量基本稳定……"我们假设2030年我国能源消费总量为60亿吨标准煤，并且能源消费总量增速从2030年到2050年匀速下降至0，则2050年我国能源消费总量约为64万吨标准煤，并达到峰值。在2050—2060年间，我们假设总量增速下降速度不变，则到2060年，我国能

[①] 资料来源：习近平：《关于〈中共中央关于制定国民经济和社会发展第十四个五年规划和二〇三五年远景目标的建议〉的说明》，新华社，2020-11-3，http://www.xinhuanet.com/politics/2020-11/03/c_1126693341.htm（查于2021-3-30）。

[②] 2021年1月26日，IMF发布《世界经济展望》预测2021年GDP增速8.1%；2020年12月27日，韩国央行公布《海外经济焦点》预测中国2021年GDP增长8%；2021年3月10日，瑞银预测中国2021年GDP增速8.2%。

[③] 数据来源：国家统计局。

源消费总量约为62.8万吨标准煤。

在一次能源消费结构方面,根据发改委和能源局2017年发布的《能源生产和消费革命战略(2016—2030)》提出:"2021—2030年,可再生能源、天然气和核能利用持续增长,高碳化石能源利用大幅减少。……非化石能源占能源消费总量比重达到20%左右,天然气占比达到15%左右,新增能源需求主要依靠清洁能源满足。……展望2050年……非化石能源占比超过一半"。习近平主席在气候雄心峰会上的讲话中,进一步将我国2030年非化石能源消费占比从20%提升了5个百分点至25%。我们假设到2050年我国非化石能源占比目标提升10个百分点至60%,并假设该占比在2020—2030年和2030—2060年间匀速上升,则到2060年,我国非化石能源消费占比将达到77.5%左右。

根据我国能源消费总量与结构的变化,以及IPCC国家温室气体清单指南中发布的各类能源碳排放系数,可以估测出我国能源碳排放将在2025年左右达到峰值,峰值为106.2亿吨,碳强度较2020年下降19.8%,满足"十四五"碳强度下降18%的约束目标;到2030年,能源二氧化碳排放将下降为101.4亿吨,碳强度较2005年下降68%,满足习近平主席在气候雄心峰会上提出的下降65%以上的约束目标。进一步地,根据WRI历史排放数据,我国能源二氧化碳排放占所有活动二氧化碳排放的比例在92.5%左右,而二氧化碳排放占所有温室气体排放的比例则在83%左右,假设在2030年前该比例基本不变,则据此可以估算出我国在2025年所有活动二氧化碳排放峰值约为114.9亿吨,所有温室气体排放峰值约为138.4亿吨。如果进一步考虑负排放,根据清华大学气候变化与可持续发展研究院(2020)的预测,在1.5℃温升目标下,我国林业增汇(LULUCF)在2030年预计为-9.1亿吨,碳捕集与封存(CCS)技术带来的负排放约为-0.3亿吨。据此,我们可以估算出我国2030年温室气体总净排放约为122.6亿吨,如果到2060年我国实现碳中和,那么就意味着在30年间,我国净排放要从122.6亿吨下降至0。

表3-62 2030年碳达峰排放路径预测（单位：亿吨）

指 标	2018年	2020年	2025年峰值	2030年
能源二氧化碳排放	95.3	98.4	106.2	101.4
工业过程等其他二氧化碳排放	7.8	8.0	8.6	8.2
其他非二氧化碳温室气体排放	20.5	21.8	23.5	22.4
总排放	123.6	128.2	138.4	132.0
负排放	−6.5	−7.0	−8.0	−9.4
净排放	117.1	121.2	130.4	122.6

注：2018年为WRI发布的数据，2020—2030年为预测值。
资料来源：WRI，兴业研究。

根据2030年后我国能源消费总量和结构的预测，到2060年，我国能源消费总量将达到62.8万吨标准煤，其中非化石能源占比达到77.5%，则化石能源消费仍有14.1万吨标准煤，能源碳排放量（不考虑碳捕集与封存CCS）约为23.7亿吨，较峰值下降了约78%。工业过程碳排放方面，水泥行业生产过程排放是我国工业过程碳排放的主要来源之一。根据麦肯锡（华强森等，2021）的测算，在1.5℃温升情景下，到2050年中国水泥行业[①]碳排放须比2020年减少70%以上。据此，我们假设2060年实现碳中和时我国工业过程碳排放比2020年下降70%。在其他非二氧化碳温室气体排放方面，清华大学气候变化与可持续发展研究院（2020）预测在1.5℃温升目标下其他温室气体排放将比2020年下降48%。我们据此假设，2060年实现碳中和时我国其他非二氧化碳温室气体排放也比2020年下降48%。基于上述一系列假定，预计到2060年，我国所有温室气体排放总量（不考虑负排放）仍有约37.4亿吨。在负排放方面，根据清华大学气候变化与可持续发展研究院（2020）的预测，在1.5℃温升目标下，我国林业增汇（LULUCF）在2050年实现净零排放时

[①] 水泥行业碳排放主要源于熟料生产过程，排放占比达到55%—70%。

预计为–7.8亿吨,我们假设2060年实现碳中和时LULUCF增汇也为–7.8亿吨,则仍有29.6亿吨温室气体排放量需要碳捕集、利用与封存等负排放技术进行中和。

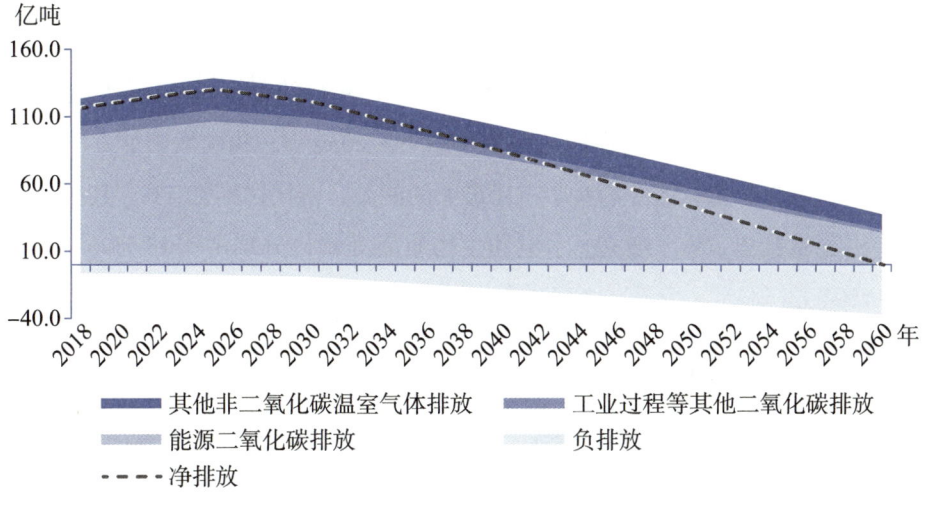

图3-75 2018—2060年温室气体排放路径

注:2018年为WRI发布的数据,2019—2060年为预测值。
资料来源:WRI,兴业研究。

3. "碳中和"目标下的低碳能源投资需求

从前文可知,在我国碳排放结构中,能源排放占比超过80%,而能源的使用也是绝大多数经济活动的基础,因此能源系统的脱碳,即非化石能源的发展是实现我国碳中和目标的关键。本部分将基于上文中对我国未来能源消费总量与结构的预测结果,测算在2060年"碳中和"目标下我国未来40年的非化石能源投资需求。

(1)我国2021—2060年非化石能源消费总量与结构

2020年,我国能源消费总量为49.8万吨标准煤,①其中非化石能源消费占比约为15.9%。根据上一节中的预测结果,到2050年,我国能源消费总量约

---
① 数据来源:国家统计局。

为64万吨标准煤并达到峰值；到2060年，我国能源消费总量约为62.8万吨标准煤，非化石能源消费占比达到77.5%。

在非化石能源消费结构中，根据英国石油公司（BP，2020a）发布的最新《BP世界能源统计年鉴》，2019年，在我国的非化石能源消费中，核电占比14.8%，水电、风电、太阳能发电和生物质能等其他可再生能源的占比分别为53.8%、17.2%、9.5%和4.8%。BP（2020b）发布的最新《BP世界能源展望》中的预测结果，认为在净零排放情景下，2050年，我国太阳能发电将大幅增长并成为非化石能源消费中占比最大的能源，占比达到32.1%，其次为风电，占比达到27.7%，核电、水电和生物质能等其他分别占比15.5%、15.1%和9.5%。

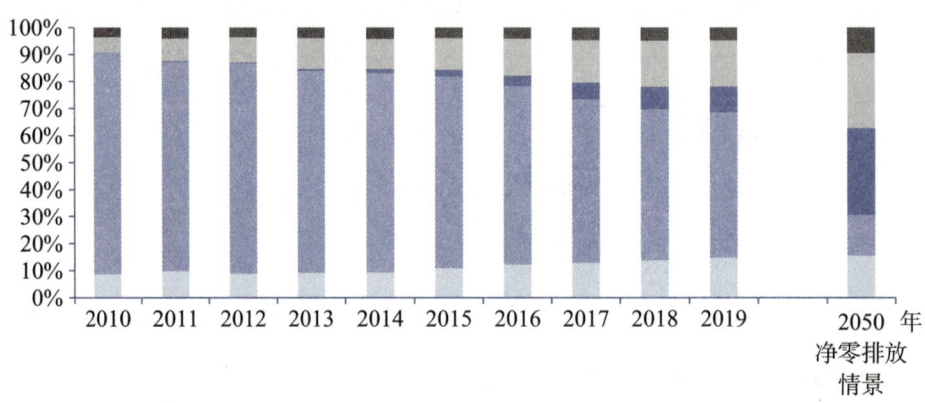

图3-76　BP2050净零排放情景下非化石能源消费结构

资料来源：BP，兴业研究。

尽管BP的预测是在2050年实现净零排放的情景下，而我国提出的碳中和目标时间是2060年，但我们假设在净零排放（碳中和）状态下我国的非化石能源消费结构与BP的预测一致，结合对我国能源消费总量的预测，到2060年，我国一次能源消费结构中，煤炭、石油、天然气、核电、水电、太阳能发电、风电、生物质能等其他可再生能源消费占比分别为3.4%、1.1%、18%、12.0%、11.7%、24.9%、21.5%和7.4%。

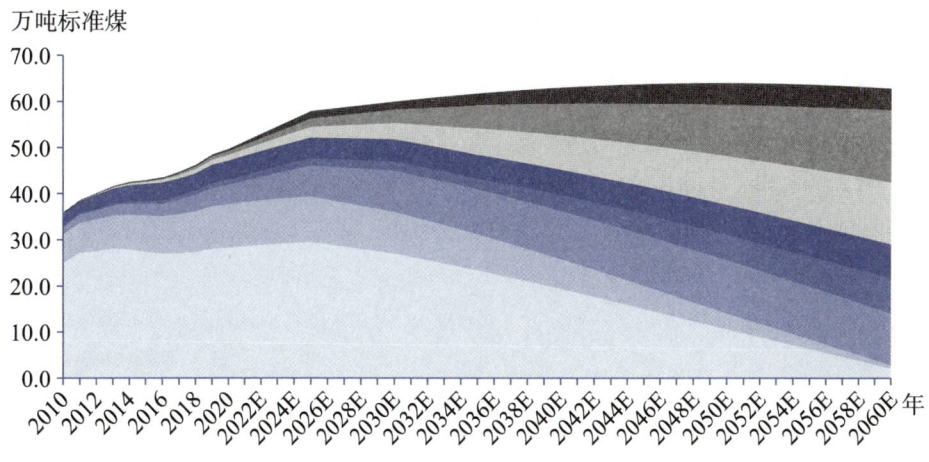

图3-77 我国能源消费总量与结构预测

资料来源：国家统计局，BP，兴业研究预测。

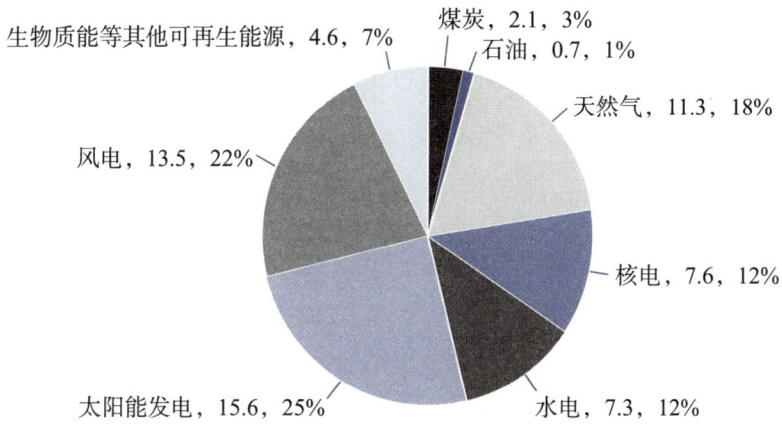

图3-78 2060年我国一次能源消费结构预测（单位：万吨标准煤）

资料来源：兴业研究预测。

（2）我国2021—2060年非化石能源投资需求

根据国际可再生能源署（IRENA，2021）发布的数据，2020年，我国水电、风电、太阳能发电、生物质能发电装机量分别为3.7亿千瓦、2.8亿千瓦、2.5亿千瓦和0.19亿千瓦。根据国家统计局发布的数据，2019年核电装机量为0.49亿千瓦。假设2020—2060年每年装机容量增速与能源消费增速一致,那么到2060年,我国核电、水电、风电、太阳能发电和生物质能发电装机容量将分别增长至3.4亿千瓦、6.7亿千瓦、26.1亿千瓦、48.3亿千瓦和2.0亿千瓦,分别较2020年增长5.4倍、0.8倍、8.3倍、18倍和9.5倍。

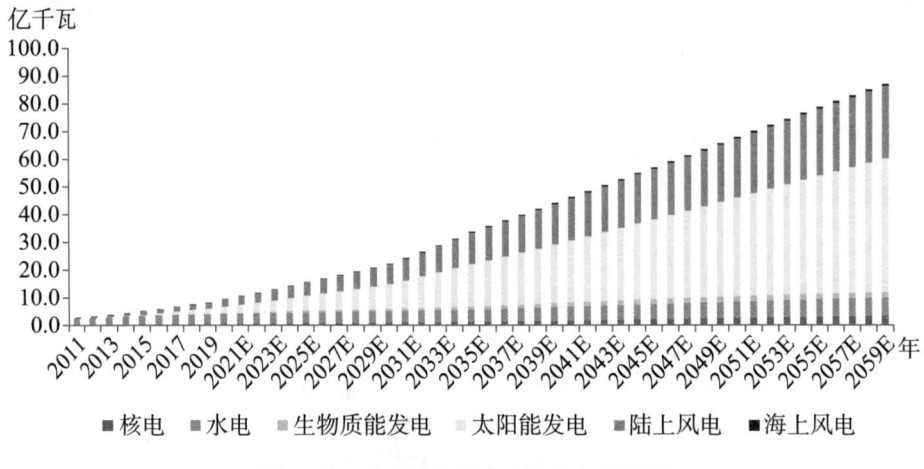

图3-79 非化石能源发电装机容量预测

资料来源:IRENA,国家统计局,兴业研究预测。

在装机成本方面,根据IRENA(2020)发布的数据,近年来,全球平均风电、光伏发电装机成本在逐步下降,2010—2019年,光伏发电、陆上风电和海上风电装机成本分别下降了78.8%、26.2%、18.3%。我们假设光伏发电、陆上风电和海上风电装机成本在2019—2030年分别继续下降35%、25%和15%,在2030—2050年分别继续下降10%,之后基本维持不变。水电和生物质能发电装机成本近年来水平波动,因此我们以近年来的平均成本作为后续装机成本的估测值。核电方面,根据经合组织核能署和国际能源署(NEA & IEA,2015)联合发布的核能技术路线图,2015年中国核电平均隔夜投资成本为3500美元/千瓦,而根据历史数据来看,部分新型国家核能投资成本呈现L形曲线,因此我们假设核能装机成本保持在该水平不变。

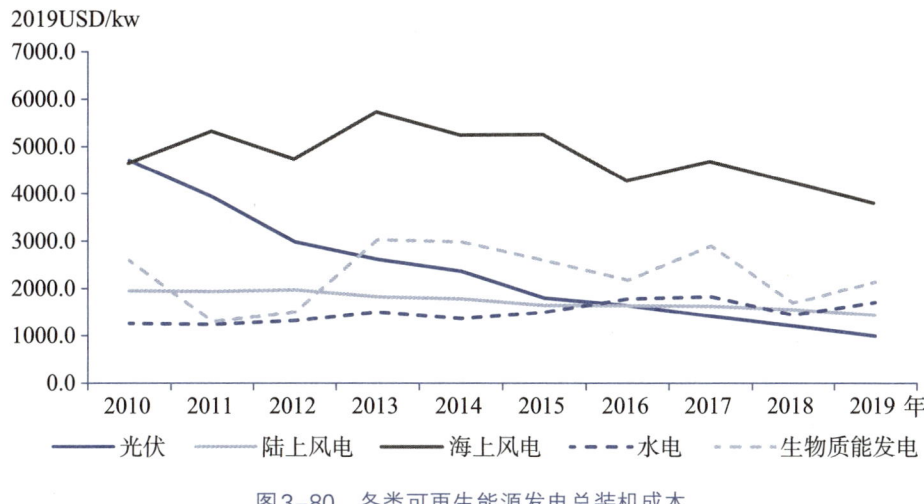

图3-80　各类可再生能源发电总装机成本

资料来源：IRENA，兴业研究。

结合2021—2060年每年新增装机量与单位装机成本，我们测算出这40年间我国累计非化石能源发电装机投资需求将达到53.5万亿元。其中，光伏新增装机投资需求20.5万亿元，风电新增装机投资需求19.1万亿元，核电新增装机投资需求7.4万亿元，水电新增装机投资需求3.5万亿元，生物质能发电新增装机投资需求3.1万亿元。

表3-63　2060年我国非化石能源发电装机量与投资需求

能源类型	装机量（亿千瓦）		累计投资需求（万亿元）
	2020	2060E	2021—2060
核电	0.5	3.4	7.4
水电	3.7	6.7	3.5
风电	2.8	26.9	19.1
光伏	2.5	48.3	20.5
生物质能发电	0.2	2.0	3.1
合计	9.7	87.3	53.6

资料来源：兴业研究。

综上，在我国2060碳中和目标下，未来40年间，我们预计仅非化石能源装机投资需求就将达到53.6万亿元。而事实上，这也只是能源系统低碳转型投资的一部分，随着未来能源系统全面转向光伏、风电等可再生能源，还将催生大量的电网、储能、充电等基础设施投资需求，全球能源互联网发展合作组织主席刘振亚（2021）预计在碳中和目标下，我国2020—2060年能源电力系统累计投资约122万亿元，占GDP比重不到1.2%，其中清洁能源、能源传输、能效提升投资分别占47%、32%、12%。中金公司（2020）预计在碳中和目标下，2060年储能新增装机投资将累计达到7万亿元。光大证券（2021）估计碳中和目标下，我国储能设施投资规模约24万亿元。

除了能源系统低碳转型外，要实现2060年前碳中和的目标，工业、交通、建筑等领域也都将面临深度的低碳转型，综合来看我国碳中和下的总投资需求将更大。大部分研究预测我国在碳中和目标下未来30—40年间的投资需求在100万亿元人民币左右。比如，高盛（Goldman Sachs，2021）发布的研究报告显示，到2060年，中国为实现碳中和目标，将在清洁技术基础设施领域投资16万亿美元，这将创造约4000万个新增的就业机会，并推动经济增长。中国投资协会和落基山研究所（2020）的测算结果显示，在碳中和目标下，中国2020—2050年将有70万亿人民币左右的基础设施投资被直接或间接地撬动。波士顿咨询公司（BCG，2020）的分析结果显示，中国要在2060年之前实现碳中和目标，需要在2050年前实现75%—85%的温室气体减排，为此，中国2020年至2050年累计需要90万亿—100万亿元人民币投资，约占这30年间累计GDP总额的2%。中金公司（2021）自下而上估算出我国为实现"碳中和"目标，未来40年的总投资需求约为139万亿元人民币，绿色投资年化需求相当于每年约2%的GDP。清华大学气候变化与可持续发展研究院（2020）开展的"中国长期低碳发展战略与转型路径研究"项目估算了我国在四种低碳转型政策情景下的投资需求，其中，在《巴黎协定》2℃和1.5℃两种温升情景下，我国2020—2050年的总投资需求分别为127.24万亿元人民币和174.38万亿元人民币，主要包括能源供应、工业、建筑和交通四大领域的投资需求。

此外，还有部分研究预测我国碳中和目标带来的投资需求将高达500万亿元人民币；瑞银（UBS，2021）预计在碳中和目标下，我国在2020—2060年期间的年度投资规模将超过2万亿美元，这大约相当于未来40年间累计投资规模超过520万亿元人民币。中国金融学会绿金委主任、北京绿色金融与可持续发展研究院院长马骏（2021）牵头的一项重庆绿色投资研究结果显示，重庆要实现碳中和，估计未来30年内有13万亿元的绿色投资需求，如果将该结果映射到全国，全国碳中和所需投资将接近500万亿元，由此，马骏估计我国未来30年的绿色投资需求将在100万亿—500万亿之间。

第四章　推进高水平对外开放

外需既是经济增长的重要动力源,也是"三驾马车"中波动最大的一项。因此,我们既需要推进高水平的对外开放,以开放促改革促发展,也需要提高产业链、供应链的稳定性和竞争力,以应对外需的波动。本章将从内外需的关系出发,描绘高水平对外开放的发展远景,并寻找稳定产业链时需关注的薄弱环节。

第一节 构建内外需新型互促关系

从经济学内涵看,需求通常可理解为拉动经济增长的"三驾马车",即消费、投资和净出口。在大众流行的认识中,消费和投资为内需,即"内循环";净出口为外需,即"外循环",因而,"需求侧管理"似乎就是扩大内需。的确,扩大内需是形成我国经济新格局的"战略基点",但拉动外需从而实现高水平对外开放对我国做好需求侧管理同样非常重要。

首先,新发展格局强调"以国内大循环为主体",这意味着增长对净出口的依赖度下降。改革开放以来,货物和服务贸易净出口对经济增长的拉动大致可分为三个阶段:1978—2000年高度依赖期,改革开放后我国实行出口导向型发展战略,此时净出口对GDP增长拉动年均值达0.4个百分点;2001—2008年巩固期,2001年我国正式加入WTO,依托于国内丰富廉价劳动力要素成为"世界工厂",此时净出口对GDP增长拉动年均值为0.3个百分点;2009年至今下降期,2008年金融危机后,我国发展战略逐步转向扩内需,此时净出口对GDP增长拉动年均值为–0.4个百分点。

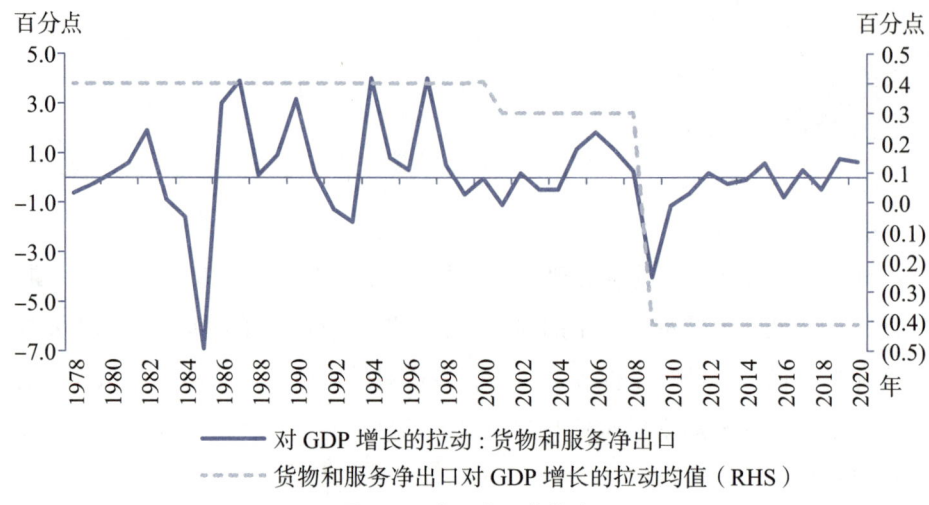

图 4-1 中国出口依赖度

资料来源：WIND，兴业研究。

其次，外需发展为扩大内需奠定了收入基础。在新发展格局下，消费是扩大内需的关键。同时，消费增长依赖于居民收入增长。外需在提高居民收入总水平的同时，也改善了居民收入结构。具体而言，一方面，居民收入为消费增长之源，外需的就业效应为居民工资性收入增长奠定了基础。数据显示，2020年1—8月外贸带动就业人数达1.8亿，①占2019年我国就业总人数的19.4%；另一方面，居民收入分配不均是影响我国内需扩大的因素之一，而出口型企业是吸纳中低技术水平就业的主力，有助于平衡居民收入结构。江小涓（2008）的研究显示，在沿海出口依赖度高的城市中，在制造业就业的农民工工资高于内地三分之一以上，除此之外，外资企业农民工收入水平明显高于同类型内资企业。

再次，外需促进了国内的技术进步。在开放型经济体中，一国技术进步的路径主要包括自主创新、获得技术扩散和进行技术引进。改革开放以来，我国通过进口与利用外资（FDI）有的获得了技术扩散，有的引进了技术，并逐步形成了技术后发优势。对全球不同经济体发展的经验研究发现，因受益

---

① 资料来源：中国经济网，2020 年 10 月 16 日，"从三个新高看中国经济韧性和活力"，http://views.ce.cn/view/ent/202010/16/t20201016_35895157.shtml，查于 2021 年 2 月 9 日。

于国际组织及经济体间的信息交流,开放型经济体在创新方面更易获得成功(Standing et al.,2018)。如果采用国际通用指标,以外贸依存度(一国进出口总值与GDP比值)衡量开放程度,以世界知识产权组织(WIPO)全球创新指数(GII)代表创新能力,则线性回归结果显示:在5%的显著性水平下,一国开放程度对其创新能力具有显著性正向影响。

最后,扩大内需有助于提升我国出口竞争优势。市场上一种常见的误解是扩大内需意味着外需的萎缩。这种观点忽视了超大国内市场对外需的反哺效应。根据克鲁格曼(1980)提出的垄断竞争贸易理论,在存在规模经济效应的前提下,内需大的经济体通常更易获得出口优势。扩大内需有助于我国超大规模市场形成,为本国产业规模经济效应奠定市场基础,继而获得出口相对竞争优势。同时,随着外资对我国直接投资由"成本导向"转为"市场导向",超大市场规模有望成为吸引外资的关键因子。数据显示,2020年,在全球直接投资大幅下滑的背景下,我国实际利用外资的金额逆势上行6.2%。

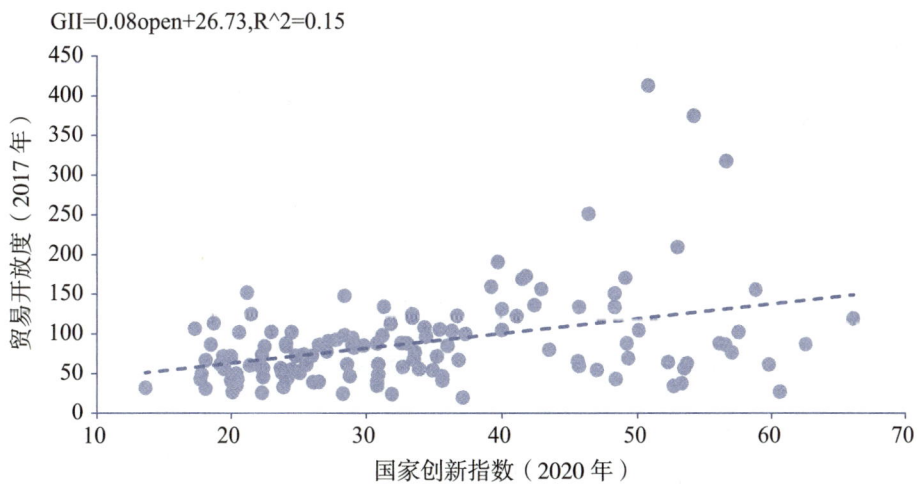

图4-2 贸易开放度与创新指数

注:GII为国家创新指数,open为贸易开放度,为规避开放与创新之间的内生性,本文选取贸易开放度的滞后项作为解释变量,国家创新指数为被解释变量。

资料来源:Our World In Data,WIPO,兴业研究。

第二节 加快制度型开放步伐

在内外需相互促进的格局下,"扩大内需"与"扩大开放"相得益彰。2020年以来,我国开放进程加快,推出了《海南自由贸易港建设总体方案》,并将《海南自由贸易港法》提上立法议程,同时签署了区域全面经济伙伴关系协定(RCEP)、《中欧全面投资协定》,在货物贸易、服务贸易、投资、金融业开放、数字贸易等方面均有所突破。其中,《海南自由贸易港法》以全国人大立法形式,将开放制度法制化,开创了自由贸易试验区立法"先河",表明我国正在由商品和要素流动型开放向规则等制度型开放转变。

一、货物贸易:关税减让

在逆全球化和新冠肺炎疫情多重困难下,2020年我国货物贸易进出口总值达32.2万亿元,同比超预期增长1.9%,货物贸易第一大国地位得以巩固。2020年疫情暴发以来,我国出台了一揽子稳外贸政策,其中扩大开放为政策着力点之一。

WTI公布的数据显示,随着我国开放步伐加快,我国零关税产品占比不断提高,由1992年的1.2%上升至2018年的25.8%;但是与美国相比,我国零关税占比仍有30.9%的上升空间。

2020年,我国在海南推行"零关税"清单管理制度。2020年6月,国务院印发的《海南自由贸易港建设总体方案》明确,海南将对进口商品建立"一负三正"的"零关税"清单管理制度。"一负"为企业进口自用的生产设备"零关税"负面清单;"三正"分别为营运用交通工具"零关税"正面清单、企业生产自用或"两头在外"模式生产加工所消耗原辅料"零关税"正面清单、岛内居民消费进境商品"零关税"正面清单。2020年11月11日,财政部、海关总署、税务总局印发的《关于海南自由贸易港原辅料"零关税"政策的通知》,明确"一负三正"的"零关税"清单管理制度自2020年12月1日正式执行。

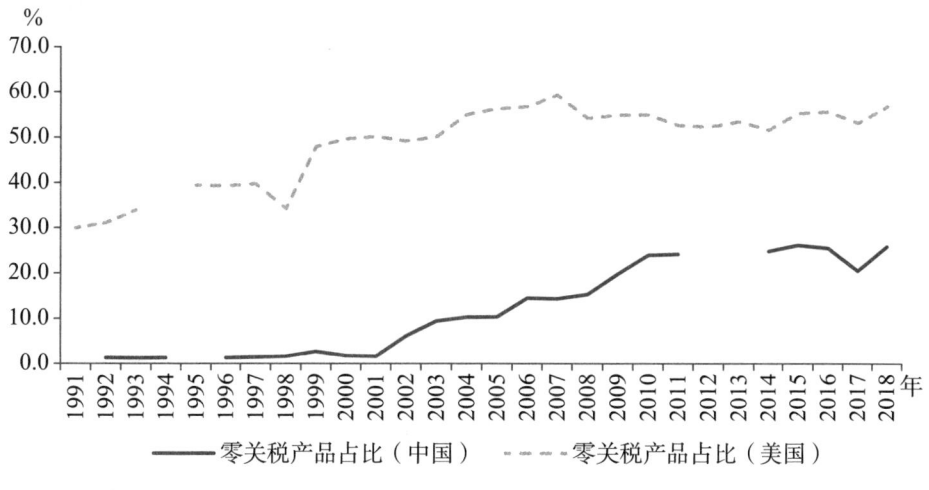

图4-3 中国与美国零关税产品占比

资料来源:WITS,兴业研究。

同时,2020年我国与东盟十国、澳大利亚、新西兰、日本、韩国共同签署RCEP协定,承诺在未来二十年内实现90.4%的产品零关税。继RCEP协定正式签署后,2020年11月20日,习近平主席表示,中国"将积极考虑加入"《跨太平洋伙伴全面进步协定》(Comprehensive and Progressive Agreement for Trans-Pacific Partnership,以下简称CPTPP)。根据CPTPP相关规定,成员国将在协议生效后立即实现70%的产品零关税,同时在十年后实现95%的产品零关税。这意味着,一旦加入CPTPP,我国将做出较RCEP协定更高水平的进口关税减让承诺。

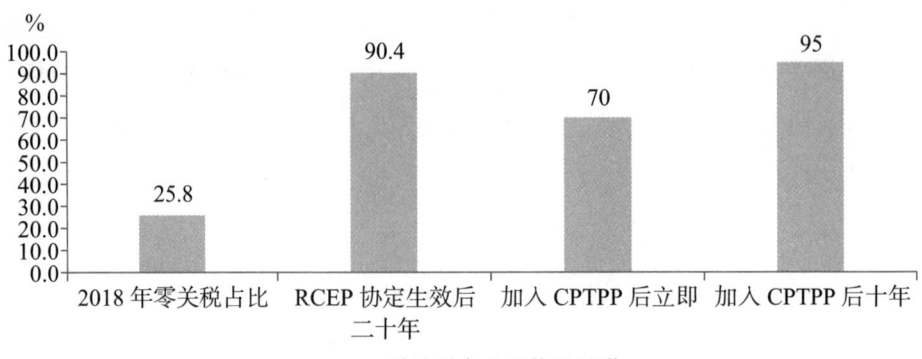

图4-4 中国零关税占比现状与承诺

资料来源：WITS，RCEP，CPTPP，兴业研究。

二、服务贸易：负面清单制

服务贸易是指一国的法人或自然人在其境内或进入他国境内为外国的法人或自然人提供服务的贸易行为。根据WTO，服务贸易提供方式可分为跨境交付、境外消费、商业存在、自然人流动四种。其中，跨境交付（Cross-border Supply）是指从一缔约方境内向任何其他缔约方境内提供服务，在这种形式下，服务提供者不需要离开国境，多借助于现代化的远程通信技术来实现服务的转移；境外消费（Consumption Abroad）是指在一缔约方境内向任何其他缔约方消费者提供服务，在这种形势下，服务消费者必须进入服务提供者所在的国家或地区才能实现服务的买卖，如出国旅游、留学等；商业存在（Cercial Presence）是指一缔约方在其他任何缔约方境内通过设立商业实体而为当地消费者提供服务，这种方式既可以在一缔约方领土并购一个法人实体，也可以是创建一个分支机构或代表处，一般会涉及市场准入和直接投资问题，通常金融、保险、零售等行业的服务贸易较多采用这种形式；自然人流动（Movement of Personnel）是指一缔约方的自然人在任何其他缔约方境内提供服务，此种方式主要是通过服务提供者过境移动到消费者境内提供服务而实现的，例如，艺术家出国演出、专家出国提供咨询服务等。随着全球货物贸易增长进入瓶颈期，服务贸易已成为国际贸易的主要驱动力。数据显示，服务贸易占全球GDP比重已由1975年的6.0%上升至2018的13.3%，而同期货物贸易占全球GDP比重则由1975年的27.3%上升至2018年的46.1%；特别是2008年全球金融危机之后，虽然危机重创了全球货物贸易，但服务贸易占全球GDP的比重却逆流而上。

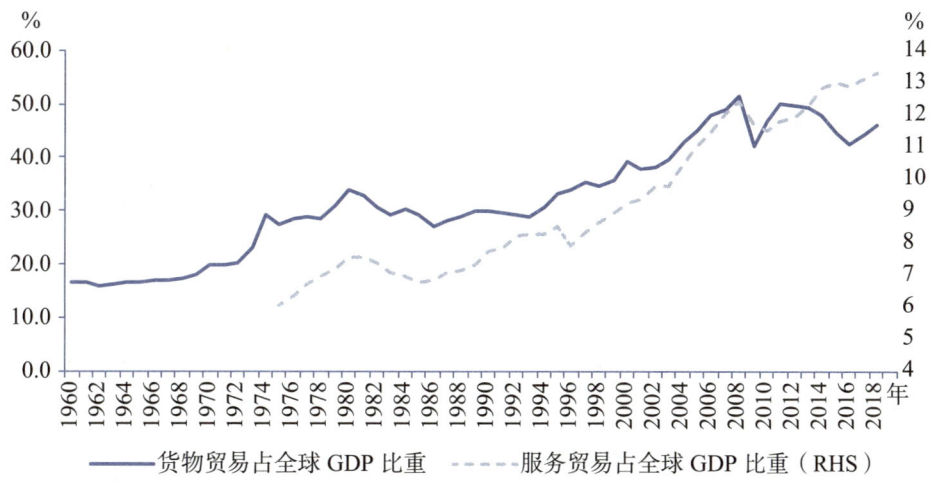

图4-5　货物贸易占全球GDP比重和服务贸易占全球GDP比重

资料来源：WORLD BANK，兴业研究。

全球贸易"服务化"已是大势所趋，加快服务贸易开放也是我国"十四五"规划的重点发展目标。2020年，我国服务贸易开放成果集中在区域试点和加入全球高水平自贸协定两方面。

一方面，从区域试点看，北京市和上海市是我国服务贸易开放区域的"领头雁"，2020年9月国务院和2020年11月上海市人民政府分别发布《深化北京市新一轮服务业扩大开放综合试点建设国家服务业扩大开放综合示范区工作方案》和《上海市全面深化服务贸易创新发展试点实施方案》，对比京沪服务贸易开放内容，二者侧重点有所差异。

如在服务业开放方面，上海市侧重于开放航权；与境外合作开发跨境商业医疗保险产品；允许支持外国专利机构设立常驻代表、争取允许外国机构独立举办冠名"中国""中华""国家"等涉外经济技术展、允许联营律师事务所聘用港澳和内地律师等。而北京则重点开放医疗服务、会计律师服务、评级服务等专业服务领域，支持试行跨境服务贸易负面清单等。

表4-1 上海市和北京市服务贸易开放对比

	《上海市全面深化服务贸易创新发展试点实施方案》	《深化北京市新一轮服务业扩大开放综合试点建设国家服务业扩大开放综合示范区工作方案》
定位	推动服务贸易高水平开放，推进产业贸易深度融合，加快提升"上海服务"品牌国际竞争力，促进上海加快形成国内大循环中心节点和国内国际双循环战略链接的发展新格局	聚焦重点优势产业和重点示范园区，努力探索服务业开放发展的新业态、新模式、新路径，逐步形成与国际先进规则相衔接的制度创新和要素供给体系
服务业开放	共建"一带一路"航权开放；与境外合作开发跨境商业医疗保险产品；支持外国专利代理机构设立常驻代表；争取允许外国机构独立举办冠名"中国""中华""国家"等涉外经济技术展；允许联营律师事务所聘用港澳和内地律师	【专业服务领域】医疗服务（支持国家中医药服务出口），会计律师服务（试点会计师事务所在自贸区设立分所），资格证书互认；评级服务（支持境外评级机构设立子公司，并在银行间债券市场、交易所债券市场开展信用评级业务）；商事仲裁（允许境外知名仲裁机构/争议解决机构在京特定区域设立业务机构）支持试行跨境服贸负面清单，放宽跨境交付、境外消费、自然人移动等市场准入

资料来源：《上海市全面深化服务贸易创新发展试点实施方案》，《深化北京市新一轮服务业扩大开放综合试点建设国家服务业扩大开放综合示范区工作方案》，兴业研究。

另一方面，从区域自贸协定看，2020年我国已加入和有意愿加入的全球自贸协定分别为RCEP和CPTPP，二者均对服务贸易准入做出了更高标准要求。其中，RCEP协定根据各国经济发展程度做出差异化规定，如日本、韩国、澳大利亚、新加坡、文莱、马来西亚、印度尼西亚等人均收入水平较高的经济体采取负面清单制，而其他经济体如中国、越南等采取正面清单，但协定生效后6年内需转为负面清单。我国在RCEP协定中承诺服务贸易开放新增22个部门,并提高金融、法律、建筑、海运等37个部门的承诺水平。CPTPP协定采取负面清单制,并要取消歧视待遇,同时要求优先开放电信、金融、交通等领域。

表4-2 RCEP与CPTPP关于服务贸易规定

领　域	RCEP	CPTPP
市场准入—服务贸易	负面清单和正面清单混合(日本、韩国、澳大利亚、新加坡、文莱、马来西亚、印度尼西亚采取负面清单,其他采取正面清单,但生效后6年内转为负面清单);中国服务贸易开放新增22个部门,并提高金融、法律、建筑、海运等37个部门的承诺水平	采用负面清单制:取消歧视待遇;优先开放电信、金融、交通等领域

资料来源:RCEP,CPTPP,兴业研究。

三、金融业:开放提速

2020年我国金融业开放进一步提速,具体表现在以下三个方面。

第一,取消外资持股限制。截至2020年,证券公司、人身险、期货公司外资持股限制已完全放开;同时,取消了外资金融机构入股信托公司的10亿美元总资产要求;允许外国银行在华分行申请证券投资基金托管业务资格,并将境外总行净资产等指标纳入考量等。

第二,取消QFII/RQFII投资额度限制,增加投资标的等。流入方向取消QFII/RQFII投资额度限制,合并QFII/RQFII和CIBM通道,拓展上述通道的多级托管模式;将QFII/RQFII投资标的拓展到新三板股票、私募基金、金融期货、商品期货、期权等,并允许参与债券回购、融资融券、证券出借等;流出方向"跨境理财通"即将落地,QDII/QDLP/QDIE额度扩容。

第三,中国国债纳入富时罗素指数。中国国债于2020年9月宣布纳入富时罗素指数,并于2021年10月起正式执行,此前3月中国国债按计划纳入摩根大通全球新兴市场国债指数(GBI-EM),富时罗素也按计划上调了A股纳入因子。

从区域金融开放看,上海和北京开放侧重点有所差异。上海市扩大QDII主体至境外在沪投资机构,同时将QDII投资范围扩展至ODI/证券/衍生产品;支持QFLP投资境内创新型科技企业股权;在临港新片区实行本外币一体化账户体系;推进经常项目贸易外汇收支便利化试点;扩展FT账户功能等。而北京市则侧重于推行本外币一体化试点;支持社会资本设立并主导人民币国际投贷基金;支持外资机构参与QDLP试点;支持外商独资企业申请成为私募基金管理人,符合条件的私募基金可申请转为公募;优先在京允许跨国公司设立外商独资财务公司,并获得结售汇资格,开展买方信贷等。

表4-3 北京市和上海市金融业开放对比

	《上海市全面深化服务贸易创新发展试点实施方案》	《深化北京市新一轮服务业扩大开放综合试点建设国家服务业扩大开放综合示范区工作方案》
金融开放	QDII主体扩大至境外机构在沪投资机构(证券/基金);扩大QDII投资范围至ODI/证券/衍生品;修订完善QFLP/QDLP管理办法,支持QFLP投资境内创新型科技企业股权;临港新片区:本外币一体化账户体系/资金池;加速推进经常项目贸易外汇收支便利化试点;扩展FT账户功能,探索外汇管理转型升级,优化跨境资金池管理;自贸区中小微高新技术企业500万美元自主外债;支持保险机构开展外汇寿险,依托FT账户创新跨境保险;支持外资银行交易国债期货,更广泛参与商品期货、标准仓单、标准仓单质押及场外衍生品等,	特定区域:本外币一体化试点;试点资金池:研究用一个人民币境外机构境内外汇账户处理境内证券投资;支持社会资本设立并主导人民币国际投贷基金;支持外资投资机构参与QDLP试点;深化QFLP,放开公开市场投资范围限制;进一步推动新三板改革,提升市场流动性;设立FDI境内上市服务平台并提供相关服务;探索实物资产跨境转让的场内外汇结算模式;支持外商独资企业申请成为私募基金管理人,符合条件的私募基金可申请转为公募;优先在京允许跨国公司设立外商独资财务公司,并获得结售汇资格,开展买方信贷等;支持更多外资银行获得证券投资基金托管资格;研究适时允许在京外资银行交易国债期货、境内黄金和白银期货,获得黄金进口许可和银行间债券市场主承销资格;支持合规外资法人银行申请参与公开市场交易;支持相关企业通过收购、参股从事第三方支付;

续表

获得银行间债券市场非金融企业债务融资工具主承销资格； 支持率先建立人民币跨境贸易融资和再融资体系； 支持设立人民币跨境贸易融资支持平台； 支持内资和外资机构申请设立银行卡清算机构	支持证券公司从事沪伦通中国存托凭证业务； 审慎有序进行金融综合经营试点； 推动北京大宗商品交易场所开展非标准仓单

资料来源：《上海市全面深化服务贸易创新发展试点实施方案》，《深化北京市新一轮服务业扩大开放综合试点建设国家服务业扩大开放综合示范区工作方案》，兴业研究。

四、外商直接投资：开放再下一城

2020年全球外商直接投资同比下降42%，降幅为1990年以来的最高值。得益于我国加速对外开放，在此期间，我国实际利用外商直接投资却逆势增长，取代美国成为全球第一大外商直接投资流入国。

在外商直接投资领域，外商直接投资准入门槛进一步降低。截至2020年，外商投资负面清单包含全国版、自贸区版和海南自由港版3个版本。全国版负面清单较2019年削减了33条，自贸区版相比全国版减少3条，海南自由港版在自贸区版基础上又进一步削减3条。

表4-4 外商直接投资准入负面清单（2020年）

	海南自由港（27条）	自贸区（30条）	全国（33条）
农林牧渔	—		玉米新品种选育和种子生产须由中方控股
	—		禁止投资中国管辖海域及内陆水域水产品捕捞
文娱	文艺表演团体须由中方控股		禁止投资文艺表演团体
采矿业	—		禁止投资稀土、放射性矿产、钨勘查、开采及选矿

续表

	海南自由港（27条）	自贸区（30条）	全国（33条）
制造业	—		出版物印刷须由中方控股
	—		禁止投资中药饮片的蒸、炒、炙、煅等炮制技术的应用及中成药保密处方产品的生产
	—		（2022年取消）除专用车、新能源汽车、商用车外，汽车整车制造的中方股比不低于50%，同一家外商可在国内建立两家及两家以下生产同类整车产品的合资企业
信息传输、软件和信息技术服务业	电信公司：放开在线数据处理与交易处理外资准入限制；允许实体注册、服务设施在海南的企业面向自由港全域及国际开展互联网数据中心、内容分发网络等业务		电信公司：限于中国入世承诺开放的电信业务，增值电信业务的外资股比不超过50%
租赁和商务服务业	社会调查中方股比不低于67%，法定代表人应具有中国国籍；市场调查可以独资		禁止投资社会调查；市场调查限于合资
	放开部分涉海南商事非诉讼法律事务的外资准入		禁止投资中国法律事务（提供有关中国法律环境影响的信息除外），不得成为国内律师事务所合伙人
教育	允许境外理工农医类高水平大学、职业院校、非学制类职业培训机构独立办学		学前、普通高中和高等教育机构限于中外合作办学，须由中方主导

资料来源：兴业研究。

同时，2020年我国签署了《中欧全面投资协定》（*EU-China Comprehensive Agreement om Investment*，CAI），在市场准入、改善公平竞争环境、可持续发展、执行的监督和争端解决等领域均有所突破。具体表现在以下几个方面。

第一，对标高标准协定，中欧全面投资协定采用了负面清单管理制度，这是我国首次在包含服务业和非服务业在内的所有行业以负面清单形式做出承诺。在市场准入方面，2020年6月23日，国家发展改革委员会和商务部联合发布的《外商投资准入特别管理措施》列明了不符合国民待遇原则的外商投资准入特别管理措施，是我国市场准入的最高标准。我们对比了《中欧全面投资协定》和《外商投资准入特别管理措施》后发现，我国在《中欧全面投资协定》中承诺的开放标准进一步抬升。

首先，在制造业方面，《外商投资准入特别管理措施》在出版印刷、中药生产及卫星电视广播地面接收设施和关键生产方面做了负面准入管理，同时在汽车制造业方面存在股比限制要求。而在《中欧全面投资协定》中，我国在制造业方面，除部分产能严重过剩行业外，做出了全面开放的承诺，尤其是在汽车行业方面，我国对欧盟同意移除并逐步取消合资企业的要求，且承诺对新能源汽车的市场准入。

表4–5 《中欧全面投资协定》与《外商投资准入特别管理措施》（制造业市场准入）

项 目		中欧全面投资协定CAI 核心内容	外商投资准入特别管理措施（负面清单）
市场准入	制造业	中国做出了全面的承诺，且仅有非常有限的例外条款（特别是在产能严重过剩的行业）	出版物印刷须由中方控股；禁止投资中药饮片的蒸、炒、炙、煅等炮制技术的应用及中成药保密处方产品的生产；卫星电视广播地面接收设施及关键生产
	汽车行业	中国已同意移除并逐步取消合资企业的要求；中国将承诺对新能源汽车的市场准入	除专用车、新能源汽车、商用车外，汽车整车制造的中方股比不低于50%，同一家外商可在国内建立两家及两家以下生产同类整车产品的合资企业。（2022年取消乘用车制造外资股比限制以及同一家外商可在国内建立两家及两家以下生产同类整车产品的合资企业的限制）

资料来源：《中欧全面投资协定》，《外商投资准入特别管理措施》，兴业研究。

其次，在服务业方面，我国在健康、通信、计算机服务、商业服务等方面做出开放承诺。

在健康领域，《外商投资准入特别管理措施》规定"医疗机构仅限于合资",而在《中欧全面投资协定》中,我国承诺对欧盟"取消对北京、上海、天津、广州和深圳等中国主要城市民营医院的合资要求"。

在通信/云服务领域,根据《外商投资准入特别管理措施》,我国仅"开放入世承诺开放的电信业务,且增值电信业务的外资股比不超过50%,基础电信业务必须由中方控股"。这意味着,云服务基本成了禁止外商直接投资的领域。而在《中欧全面投资协定》中,我国同意"取消对云服务的投资禁令"。

在计算机服务领域,《外商投资准入特别管理措施》规定"禁止投资互联网新闻信息服务、网络出版服务、网络视听节目服务、互联网文化经营(音乐除外)、互联网公众发布信息服务"等,而《中欧全面投资协定》承诺缩小这一限制。需要指出的是,《中欧全面投资协定》引入"技术中立"条款。技术中立是指不偏重任何技术手段原则,是目前各国及国际组织在电子商务立法中共同遵守的原则之一。[①] 这意味着,在计算机服务领域,任何技术都适用于同一监管框架,这或给欧盟投资者进入计算机服务领域带来切实准入机会。

在商业服务领域,《外商投资准入特别管理措施》规定"市场调查限于合资",而《中欧全面投资协定》则取消了市场调查的合资要求。

在建筑业领域,《中欧全面投资协定》承诺"取消目前在GATS(General Agreement on Trade in Services,服务贸易总协定)承诺中保留的项目限制"。与之相比,目前在WTO规定下,我国外商直接投资只能承揽全部由外国投资或赠款资助的建设项目、由国际金融机构资助并通过根据贷款条款进行的国际招标授予的建设项目、外资等于或大于50%的中外联合建设项目,或者外资少于50%但因技术困难不能由中国建筑企业独立实施的中外联合建设项目;由中国投资但中国建筑企业难以独立实施的建设项目,经省政府批准,可由中外建筑企业联合承揽。

在其他领域,如金融服务业、研发、环保、建筑等领域,我国也给予了欧盟最高开放标准。以金融服务业为例,2020年我国金融业外商投资准入负

[①] 资料来源:2021年1月1日,MBA智库百科,https://wiki.mbalib.com/wiki/,查于2021年1月6日。

面清单已正式清零；在《中欧全面投资协定》中，我国同意并承诺对欧盟投资者保持开放。

表4–6 《中欧全面投资协定》与《外商投资准入特别管理措施》（服务业市场准入）

项 目		中欧全面投资协定 CAI 核心内容	外商投资准入特别管理措施（负面清单）
市场准入	健康（民营医院）	中国将同意取消对北京、上海、天津、广州和深圳等中国主要城市民营医院的合资要求，以提供新的市场开放	医疗机构仅限于合资
	通信/云服务	中国已同意取消对云服务的投资禁令，该领域将对欧盟投资者开放，但其股本上限为50%	电信公司：限于中国入世承诺开放的电信业务，增值电信业务的外资股比不超过50%（电子商务、国内多方通信、存储转发类、呼叫中心除外），基础电信业务须由中方控股；禁止投资互联网新闻信息服务、网络出版服务、网络视听节目服务、互联网文化经营（音乐除外）、互联网公众发布信息服务（上述服务中，中国入世承诺中已开放的内容除外）
	计算机服务	中国已同意缩小计算机服务的市场准入限制，此外，中国将引入"技术中立"条款，该条款将确保对电信增值服务施加的股本上限不会应用于其他在线提供的服务，例如金融+C9:C16、物流、医疗等	禁止投资互联网新闻信息服务、网络出版服务、网络视听节目服务、互联网文化经营（音乐除外）、互联网公众发布信息服务（上述服务中，中国入世承诺中已开放的内容除外）
	有关航空运输服务	中国将开放电子订票系统、地勤以及销售和营销服务等关键领域，中国还取消了飞机租赁（不包括机组）的最低资本要求	民用机场的建设、经营须由中方相对控股。外方不得参与建设、运营机场塔台

续表

项　目	中欧全面投资协定CAI核心内容	外商投资准入特别管理措施（负面清单）
商业服务	中国将取消有关房地产服务、租赁服务、运输维修和保养、广告、市场调查、管理咨询和翻译服务等领域的合资要求	禁止投资中国法律事务（提供有关中国法律环境影响的信息除外），不得成为国内律师事务所合伙人；市场调查限于合资，其中广播电视收听、收视调查须由中方控股；禁止投资社会调查
国际海运	中国将允许对相关的陆上辅助活动进行投资，使欧盟企业可以不受限制地在货物装卸、集装箱库站、海事代理等领域投资，这将使欧盟企业能够组织全方位的多式联运，包括国际海运的国内分支	
金融服务业	中国已经开始逐步放开金融服务业的进程，同意并将承诺对欧盟投资者保持开放，在银行业、证券交易、保险（包括再保险）以及资产管理领域，中国对合资企业的要求和外资股本上限已被取消	清零
研发（生物资源）	中国已同意不采取新的限制措施，并将在未来可能发生的情况下，对欧盟解除现有的限制措施	
环保服务	中国将取消对污水、减噪、固体废物处理，废气净化、自然及景观保护、环境卫生和其他环境服务的合资要求	
建筑服务	中国将取消目前在GATS承诺中保留的项目限制	
雇员流动	允许欧盟企业经理和专家在中国工作，时间可达三年，不受劳动力市场测试或配额等限制允许欧盟投资者代表在进行前期投资考察时自由访问	

资料来源：《中欧全面投资协定》，《外商投资准入特别管理措施》，兴业研究。

第二，在改善公平竞争环境方面，《中欧全面投资协定》是首个全面规定国有企业行为、补贴全面透明及可持续发展等内容的协定。

表4-7 《中欧全面投资协定》核心内容

项　目	中欧全面投资协定CAI核心内容
国有企业（SOE）	规范国有企业的行为，包括要求国有企业依据商业考虑采取行动，在购买和销售产品或服务时不得歧视
补贴的透明度	通过对服务行业的补贴规定透明度义务，填补了世贸组织规则中的重要空白，要求中国进行磋商，以提供可能对欧盟投资利益产生负面影响的额外补贴信息
强制技术转让	《中欧全面投资协定》制定了非常明确的规则反对强制技术转让，这些规定包括禁止几类迫使转让技术的投资要求，例如要求向合资伙伴转让技术的要求以及禁止干涉技术许可方面的合同自由、这些规则还包括商业秘密保护，防止行政机关未经授权就披露其收集的商业秘密（例如在货物或服务审批过程中）
标准设定、审批、透明度	中国将为欧盟企业提供平等进入标准指定机构的机会，中国还将在审批方面提高透明度、可预见性和公平性；《中欧全面投资协定》将涵盖监管和行政措施的透明度规则，以提高法律确定性和可预见性，以及程序公平和获得司法审查的权利，包括在竞争案件中

资料来源：《中欧全面投资协定》，兴业研究。

就国有企业议题，《中欧全面投资协定》要求"规范国有企业的行为，包括要求国有企业依据商业考虑采取行动，在购买和销售产品或服务时不得歧视"。就补贴议题，《中欧全面投资协定》提出"通过对服务行业的补贴规定透明度义务，填补了世贸组织规则中的重要空白"。WTO《补贴与反补贴协议》中针对货物贸易设置了透明度义务，而服务行业的补贴规定透明度义务仍是空白。2020年6月17日，欧盟委员会发布《关于在外国补贴方面创造公平竞争环境的白皮书》（*WHITE PAPER on levelling the playing field as regards foreign subsidies*，下文称《白皮书》）并征求意见，《白皮书》提出针对非欧盟国家政府为进入欧盟市场提供的补贴，欧盟尚缺乏统一的监管制度。[1]为此，

---

[1] 资料来源：LEXOLOGY，2020年8月3日，https：//www.lexology.com/library/detail.aspx?g=d337b5b7-1472-4548-be92-2863016bbb8a，查于2021年1月7日。

针对非欧盟国家政府以现金流或其他形式支持本国企业进入欧盟市场进行收购活动的行为，《白皮书》要求加强审查。尽管《白皮书》尚未正式生效，但其指示着欧盟加强投资补贴调查审查的方向。《中欧全面投资协定》通过对服务行业补贴规定透明度义务，在填补监管制度空缺的同时，提高了我国国有企业进入欧盟市场的可预期性。

第三，就可持续发展而言，《中欧全面投资协定》首次构建了执行机制，以在高透明度和公民社会参与下解决分歧。

需要指出的是，《中欧全面投资协定》将劳工标准纳入协定范围内。在此前的自由贸易协定中，如《中国与智利自由贸易协定》第108条、《中国与新西兰自由贸易区协定》第177条、《中国与秘鲁自由贸易协定》第161条、《中国与冰岛自由贸易协定》第96条虽涉及劳工标准，但均为宣誓型条款。而《中欧全面投资协定》对标CPTPP，CPTPP劳工章节则基本沿用了国际劳工组织8项核心劳工公约。①这意味着，《中欧全面投资协定》劳工标准制定也是在为我国加入CPTPP奠定基础。

五、数字贸易：与全球并轨同行

伴随数字化技术发展与普及，全球正掀起数字贸易浪潮。2019年全球数字服务贸易规模高达31925.9亿美元，占全球服务比重52.0%，占全部贸易比重12.9%。与之不相匹配的是，全球尚未就数字贸易规则达成一致。为此，全球主要经济体纷纷根据本国需求制定数字贸易规则。作为全球贸易的主要参与者，我国也在积极参与全球数字贸易规则制定。

---

① 即1930年《强迫劳动公约》(第29号)、1948年《结社自由与保护组织权公约》(第87号)、1949年《组织权与集体谈判权公约》(第98号)、1951年《对男女工人同等价值的工作付予同等报酬公约》(第100号)、1957年《废除强迫劳动公约》(第105号)、1957年《废除强迫劳动公约》(第105号)、1958年《就业与职业歧视公约》(第111号)、1973年《最低就业年龄公约》(第138号)、1999年《禁止和立即行动消除最恶劣形势的童工劳动公约》(第182号)。

1. 什么是"数字贸易"（Digital Trade）？

从国际组织看，OECD（经合组织）、WTO（世贸组织）、UNCTAD（联合国贸易和发展会议）、G20（二十国集团）等均对数字贸易做出了定义。其中，OECD将数字贸易定义为"以数字或实物交付的数字化商品和服务贸易，涉及消费者、企业和政府"。OECD定义的数字贸易主要包括两方面：第一，以数字方式交付的商品和服务，如音乐、游戏等；第二，以数字中介为平台的实际交付的商品和服务贸易，如通过电商购买书籍、通过在线平台预订酒店等。WTO较少使用"数字贸易"概念而更多使用"电子商务"，即"通过电子方式生产、分销、营销、销售或交付货物和服务"。UNCTAD（联合国贸易和发展会议）（2015）将"电子商务"定义为"通过计算机网络进行的购买和销售行为"。在WTO和UNCTAD的定义中，"电子商务"包含以数字交付的实物商品及无形产品或服务等。同理，ESCAP（联合国亚洲及太平洋经济社会委员会）定义"数字贸易"为"使用数字技术促进业务发展，且不仅限于在线销售或购买"。

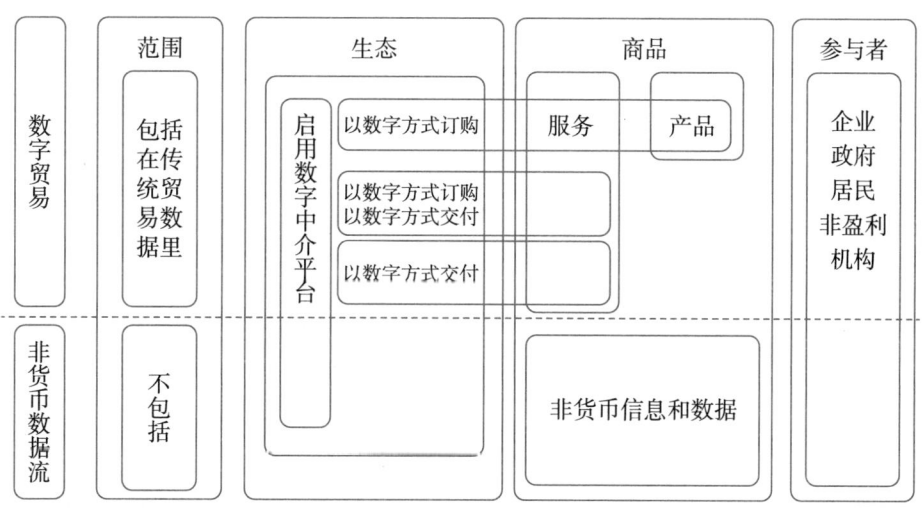

图 4-6　OECD关于数字贸易的定义

资料来源：OECD，兴业研究。

分国别看，2013年7月，美国国际贸易委员会（USITC）在《美国与全球经济中的数字贸易1》正式提出了"数字贸易"的定义，即"通过互联网传输产品和服务的国内商务和国际贸易活动"，包括数字化交付内容，如音乐、游戏；社交媒体，如社交网络网站、用户评价网站；搜索引擎；软件服务等其他数字化产品和服务。2014年8月，USITC在《美国与全球经济中的数字贸易2》中将数字贸易范围进一步扩容，将实体货物包括在内，即基于互联网技术的在线订购、生产和交付产品和服务。2017年，USITC在《全球数字贸易1：市场机遇与主要贸易限制》中进一步对数字贸易进行扩容：数字贸易是任意一家公司通过互联网进行产品和服务的交付，以及如智能手机和互联网传感器等相关产品的交付。同时，美国贸易代表办公室（USTR）在2017年发布的《数字贸易的主要障碍》中指出："数字贸易不仅包括个人消费品在互联网上的销售以及在线服务的提供，还包括实现全球价值链的数据链、实现智能制造的服务以及无数其他平台和应用。"

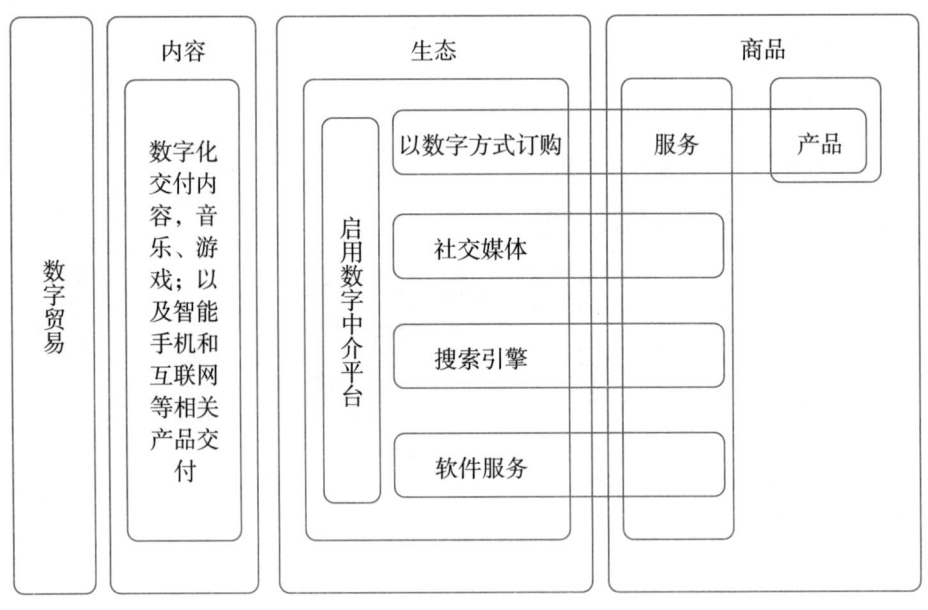

图4-7　USITC关于数字贸易的定义

资料来源：USITC，兴业研究。

从欧盟看，欧盟构建了"单一数字市场"（Digital Single Market），①旨在消除成员国之间的国家壁垒，即"个人和企业可以在公平竞争的条件下无缝访问和行使在线活动的区域，无论国籍和居住地"。具体而言，"单一数字市场"应包括三方面：商品、人员、服务和资本可以保证自由流通；居民、个人和商家能无缝衔接；所有的线上活动都是在公平竞争条件下进行（EU，2020）。

澳大利亚（2017）认为数字贸易"不仅涉及在线买卖商品和服务，还包括跨境信息和数据传输"。

从我国看，工业信息安全发展研究中心2020年10月28日发布的《2020年我国数字贸易发展报告》，将数字贸易定义为"以数字技术为内在驱动力，以信息通信网络为主要交付形式，以服务和数据为主要标的的跨境交易活动，不仅包括传统服务贸易的数字化转型，而且涵盖了数字技术催生的新模式新业态"。在我国定义中，数字贸易的内容以服务贸易为主，包括电信计算机和信息服务、专业和管理咨询服务、技术类商业服务、研究成果转让费及委托研发、加工服务、其他商业服务、维护和维修服务、知识产权使用费、金融服务、保险服务、个人文化和娱乐服务等。

随着数字贸易本身业态的不断发展，数字贸易的定义也在不断扩展。越来越多的机构和组织倾向于认定：数字贸易涵盖了商品和服务贸易中的以数字或实物方式交付的数字化交易，交易主体涵盖了消费者、企业、政府等。相对而言，发展中经济体对数字贸易的定义更为狭窄，尚未将实体货物纳入数字贸易的定义。

2. "数字贸易"（Digital Trade）的规则范式

面对日益扩张的数字贸易，全球各国在数字贸易领域提出自己规则主张的这一需求不断上升。2019年1月，76个WTO成员发起"电子商务诸边谈判"，以统一规则推动数字贸易的发展。截至2020年12月，共计有86个WTO成员

---

① 资料来源：EU，2020年10月29日，"Shaping the Digital Single Market"，https://ec.europa.eu/digital-single-market/en/shaping-digital-single-market，查于2021年3月12日。

参与"电子商务诸边谈判"。其中，美国和欧盟提出的数字贸易"美式范本"和"欧式范本"尤其引人关注。在此，我们就重点对比分析这两大范本。

数字贸易规则议题主要涉及数据流动与管理、数字贸易相关税收、知识产权保护、市场开放与公平竞争、数字治理与网络安全、配套制度、发展合作等内容。

第一，数据流动与管理主要涉及跨境数据流动、数据存储本地化、个人隐私保护和政府数据开放等内容。其中，就跨境数据自由流动，美国主张"允许消费者和企业跨境转移数据，不应对此施加任意或歧视性限制"，欧盟主张"成员应致力于确保跨境数据流，以促进数字经济中的贸易"。需要指出的是，美国主张的数据流动是"全球属性"的，而欧盟主张的数据流动则具有强烈的"主权属性"。美国主张数据不应被赋予政治属性，其流动不应受到国界或网域的限制；而欧盟则认为数据流动应尊重各个主权国家的网络自治权。①

针对数据存储本地化，美国和欧盟均主张禁止数据本地化。其中，美国主张"确保企业无须在每一个运营地设立或购买数字基础设施"；②欧盟则主张不得以"数据本地化"和"禁止数据在其他成员领土内存储或加工"为由限制数据的跨境自由流动。③需要指出的是，在欧盟内部，法国和德国均以个人隐私保护为由，支持数据存储本地化。

针对个人隐私保护，美国和欧盟均主张强化消费者保护，但二者对隐私保护严格程度并不完全一致。一方面，美国在《美加墨协议》中主张"确保应用于数字市场的可落实的消费者保护措施，包括隐私与未经同意的通讯"；欧盟则在《通用数据保护条例》（GDPR）中加强了个人控制数据的权利，强调个人隐私保护。另一方面，美国主张通过行业自律实现个人隐私保护，而欧盟则是通过不断完善隐私立法实现个人数据隐私保护。例如，企业在美国可以在没

---

① 资料来源：张坤，美欧数字贸易规则动向、分歧与合作前景，国际商贸，2020年8月。
② 资料来源：WTO, INF/ECOM/5, "Trade rules can ensure that companies are not required to build or employ unique, capital-intensive digital infrastructure in every jurisdiction they serve, allowing them to better serve their customers".
③ 资料来源：WTO, INF/ECOM/43, October 15, 2019。

有得到同意的情况下收集和使用个人信息数据，个人可拒绝并要求停止，也可进行事后追责；在欧盟，企业获取个人数据必须以用户同意为前置条件。

针对政府数据开放，美国和欧盟均主张推进政府数据开放。美国是政府数据开放的先行者，2019年1月21日，美国《开放政府数据法案》正式生效。该法案规定，所有政府部门都要开放"非敏感"政府数据，要求联邦机构以标准化、机器可读的形式开放数据。2019年4月4日，欧盟批准了《开放数据和公共部门信息再利用的指令》(PSI)，要求开放政府数据和受政府资助的科研数据。

第二，数字贸易相关税收征收与否，是美欧分歧核心所在。美国主张实施零关税，且不应收取其他类型的费用；但欧盟认为互联网企业因"收入来源地"和"税收缴纳地"错位规避了大量所得税，为此欧盟主张征收数字服务税。截至2020年10月，包括法国、西班牙、英国等在内的欧盟国家均已执行数字服务税。

表4-8 部分经济体关于数字服务税征收状态

国家/地区	税　率	数字服务税（状态）
奥地利	5%	执行（2020年1月生效）
巴西	1%—3%—5%	已提案
比利时	3%	提案
加拿大	3%	计划
捷克	5%	提案
法国	3%	执行（2020年12月生效）
匈牙利	7.5%，到2022年减至0	执行（2019年7月生效）
印度	2%	执行（2020年4月生效）
印度尼西亚	待定	通知
意大利	3%	执行（2020年1月生效）
肯尼亚	1.50%	计划
拉脱维亚	3%	计划
挪威	待定	计划

续表

国家/地区	税　率	数字服务税（状态）
波兰	1.50%	执行（2020年7月生效）
斯洛文尼亚	待定	通知
西班牙	3%	执行（2020年1月生效）
土耳其	7.50%	执行（2020年3月生效）
英国	2%	执行（2020年4月1日追溯适用）

资料来源：KPMG，兴业研究。

2019年，以法国为代表的欧盟国家征收数字服务税，引发了美国和法国之间的关税争端。具体而言，2019年7月，法国议会通过法案推出数字服务税，征税对象为全球数字业务年营业收入超过7.5亿欧元的跨国互联网企业，且在法国境内营业收入超过2500万欧元的企业。针对法国的行为，美国对法国数字服务税发起了"301"调查，并于2019年12月认定法国数字服务税对美国互联网企业具有"歧视性"，由此美国威胁对法国出口的葡萄酒、奶酪等加征最高达100%的报复性关税。2021年1月7日，美国贸易代表办公室宣布暂停原定于1月上旬对法国生效的报复性关税，美欧数字贸易摩擦暂告一段落。

总结来看，借助于其在数字技术的领先优势，美国倡导数据自由流动、禁止数据本地化、政府数据开放，同时反对加征数字服务税；而欧盟则强调在保护个人隐私的前提下促进数据自由流动，且主张加征数字服务税。

对比"美式范本"和"欧式范本"，我国数字贸易规则制定任重道远。2020年，我国数字贸易开放主要体现在参与全球数字贸易规则制定及区域数字贸易开放试点两方面。

在全球数字贸易规则制定过程中，2019年1月，我国签署了《关于电子商务的联合声明》，启动了电子商务议程诸边谈判。随后向世贸组织提交了《关于数字贸易的倡议》。同时，我国在各种多边贸易协议谈判过程中，也越来越多地将数字贸易纳入了考量范围。比如，在2020年签署的RCEP协定中，规定各国以开放的态度对待数字贸易发展，这或为后续区域内数字贸易奠定规则基础。需要指出的是，RCEP协定在数字贸易方面主张以国内法为主，如要求通过成员国国内法律法规实施线上消费者保护，提供救济途径，并鼓励各方主管部门之间在该领域开展合作；同时计算设施的位置遵从缔约方各自的措施。相比之下，按照目前的CPTPP规则，其禁止数据本地化，同时也不能禁止信息跨境转移；要求在其他成员进入市场时，不得要求转移源代码。

表4-9 RCEP与CPTPP关于电子商务的规定

领域	RCEP	CPTPP
电子商务	促进无纸化贸易，进一步提高电子形式贸易材料的认可程度，不因签名为电子方式而否认签名的法律效力，鼓励使用可交互操作的电子认证；通过成员国国内法律法规实施线上消费者保护，提供救济途径，并鼓励各方主管部门之间在该领域开展合作；计算设施设置的位置遵从缔约方各自的措施	不得要求数据本地化，也不能禁止信息跨境转移；确保消费者可自由接收与使用网络服务及应用，要求成员国保护线上消费者及对个人资料及隐私权进行保护，采取有效措施抑制垃圾邮件滥发，鼓励成员国合作，做好隐私保护、网络安全等；在其他成员进入市场时，不得要求转移源代码

注：在WTO定义中，电子商务等同于数字贸易。
资料来源：RCEP，CPTPP，兴业研究。

同时，我国也在积极构建区域数字贸易开放试点。2020年5月，上海虹桥商务区全球数字贸易港正式启动，旨在推动上海全球数字贸易。2020年9月，在北京市委、市政府统一部署下，市经济和信息化局、市商务局、市金融监管局分别牵头制定了《北京市促进数字经济创新发展行动纲要（2020—2022年）》《北京市关于打造数字贸易试验区的实施方案》《北京国际大数据交易所设立工作实施方案》，致力于将北京打造为全国数字经济发展示范区。同时，在数字贸易发展方面，上海侧重于支持发展大数据采集、存储、处理、分析、挖掘和交易等跨境服务，以及网络视听、在线社交、数字支付等在线新经济跨境服务；要求健全数字经济领域的知识产权服务、跨境支付结算、数据共享、建设数字贸易交易促进平台等。而北京则重点支持加快公共数据开放，引导社会机构开放自有数据，支持北京在特定区域开放央地数据合作；研究境内外数字贸易统计方法和模式；研究建立完善数字贸易知识产权相关制度等。

表4-10　北京市和上海市关于数字经济的对比

	《上海市全面深化服务贸易创新发展试点实施方案》	《深化北京市新一轮服务业扩大开放综合试点建设国家服务业扩大开放综合示范区工作方案》
数字经济&数字安全	【数字经济】支持发展大数据采集、存储、处理、分析、挖掘和交易等跨境服务，以及网络视听、在线社交、数字支付等在线新经济跨境服务；健全数字经济领域的知识产权服务、跨境支付结算、数据共享，建设数字贸易交易促进平台；推进开展数字人民币应用试点【金融科技】提升金融科技在跨境业务中的应用；支持金融机构利用大数据、区块链等技术，为服贸企业提供无担保信用融资、保单融资、应收账款质押融资、供应链融资等服务	【数字经济】加快公共数据开放，引导社会机构依法开放自有数据，支持北京在特定领域开展央地数据合作；研究境内外数字贸易统计方法和模式；研究建立完善数字贸易知识产权相关制度【互联网】向外资开放国内互联网虚拟专用网业务（外资股比不超过50%），吸引海外电信运营商通过设立合资公司，为在京外商投资企业提供国内互联网虚拟专用网业务。支持开展车联网和自动驾驶地图应用【金融科技】探索区块链技术在数字贸易治理中的应用
	探索跨境数据流动分类监管/跨境传输安全试点；在临港开展汽车产业、工业互联网、医疗研究等领域数据跨境流动安全评估试点；探索参与数字规则国际合作；试行允许外资金融机构因集团化管理，向境外报送涉境内控股金融机构有关数据	探索建立数据保护能力认证等数据安全管理机制；制定北京市公共数据管理办法，完善数据分类分级安全保护制度；在数据流通、数据安全监管等方面加快形成开放环境下有创新的监管体系

资料来源：《上海市全面深化服务贸易创新发展试点实施方案》，《深化北京市新一轮服务业扩大开放综合试点建设国家服务业扩大开放综合示范区工作方案》，兴业研究。

第三节 稳定产业链：来自中美贸易摩擦的经验

一、四维度观察中美贸易摩擦下的易伤行业

基于政府补助、自美收入、美元债务规模及进口关税税率等四个维度，本节重点考察了中美贸易摩擦下的"高危行业"。

1. 贸易摩擦视角之一：政府补助

政府补助[①]是中美贸易摩擦的焦点之一，2018年5月31日，美国、日本及欧盟三方共同发表《关于工业补贴、市场导向和技术转让的联合声明》，表明工业补贴已成为全球关注的重点，享有较多产业补贴的行业将成为贸易摩擦频发的"高地"。由此，我们可通过观察政府补助分布对受贸易摩擦影响较大的行业进行分析。

本节结合定性及定量分析方法，观察政府补助去向。在定性方面，政府补助发起主体是政府，我们可通过观察中央、地方下达的文件来分析补贴重点流向；在定量方面，我们根据A股上市公司披露的政府补助数据分析政府补助的行业分布。具体而言：

在定性方面，我们通过梳理31个省市"十三五"规划全文发现，各省市产业发展重点既有重合也有差异。其中，大多省市均重点发展新能源、新材料、装备制造业、生物医药、节能环保等新兴产业；同时，各省市亦发展特色产业，如江西根据当地特色重点改造升级石化、钢铁、有色等传统行业，如云南则围绕冶金、化工、建材、轻纺等地方特色产业改造升级。

---

① 政府补助是指企业从政府无偿取得货币性资产或非货币性资产，当前我国政府补助的主要形式有财政拨款、财政贴息、税收返还、无偿货币非货币性资产。

在定量方面，从上市公司的数据观察，采用申银万国行业分类，提取全部A股的政府补助数据，观察政府补助行业差异及特点。值得注意的是，2017年5月财政部下发《企业会计准则第16号——政府补助（修订）》，要求自2017年6月12日起在所有执行企业会计准则的企业范围施行。由此，为保证统计口径的一致性，我们重点观察2016年及其以前的数据。结果发现：

就总量数据而言，加总2016年所有A股上市公司（注：剔除数据不可得样本）政府补助收入发现，2016年A股上市公司中，汽车行业以获得179亿元的政府补助位居第一，随后依次为电子（145亿元）、公用事业（143亿元）、采掘业（138亿元）、交通运输（135亿元）、化工（125亿元）、机械设备（96亿元）、医药生物（71亿元）。以汽车行业为例，剔除数据不可得的4家上市公司，在剩下的174家公司中，仅有3家营业外收入政府补助为零。这表明，就汽车行业而言，政府补助"雨露均沾"；但从补助金额分布观察，不同企业获得政府补助差异较大，如仅江淮汽车一家便获得政府补助40亿元；而获得补助较少的后72家共获得政府补助3亿元，不足江淮汽车的十分之一。进一步观察企业属性，政府补助明显向国有企业倾斜，获得政府补助最多的前十名上市公司中，有九家为国有企业。

从营业外收入政府补助与净利润之比来看，交通运输、公用事业、汽车、化工、采掘业、电子等行业备受青睐，与2010年相比，除钢铁、采掘业、汽车、交通运输行业外，其他行业如家用电器、化工、机械设备等行业的政府补助占净利润比重下降。

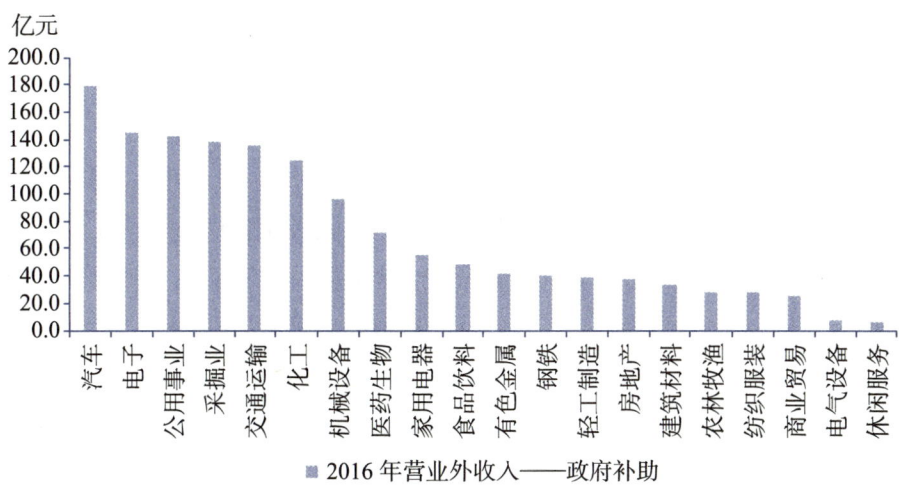

图4-8 A股上市公司2016年政府补助总值

资料来源：WIND，兴业研究。

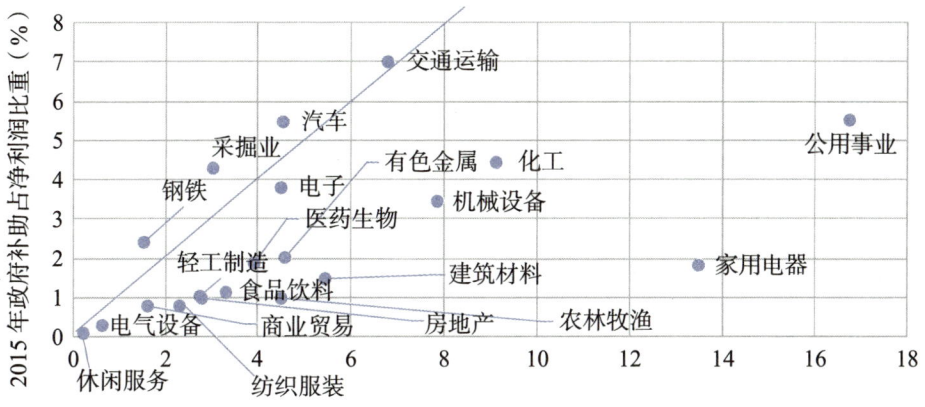

图4-9 各行业政府补助占净利润

资料来源：WIND，兴业研究。

综上，结合各省市《"十三五"规划》重点行业及上市公司数据可知，汽车行业尤其是新能源汽车，电子，化工，机械设备，医药生物，有色金属及钢铁等行业易因补贴争议成为中美贸易摩擦的受损者。

2. 贸易摩擦视角之二：美国收入占比

从对美出口视角看，在中美经贸关系紧张的背景下，对美国市场依赖度较高的行业或成为压力较大的"高危行业"。

以A股上市公司为样本，根据其收入来源分为美国及其他，计算美国收入占比。如图4-10所示，2016年美国收入占总收入比重最高的行业为电子，占比高达10.5%，随后依次为家用电器、纺织服装、商业贸易、计算机、交通运输、通信、化工等行业，这与我国对美国出口行业结构基本一致。值得注意的是，从全球产业价值链的视角观察，电子、计算机、通信等行业因生产环节全球分布，紧嵌于全球价值链中，美国对于这类行业加征关税或将推升位处于这一价值链的美国企业生产成本；同时，家用电器、纺织服装等消费品生产环节较少，美国对这类行业加征关税将主要推升其国内消费品价格。

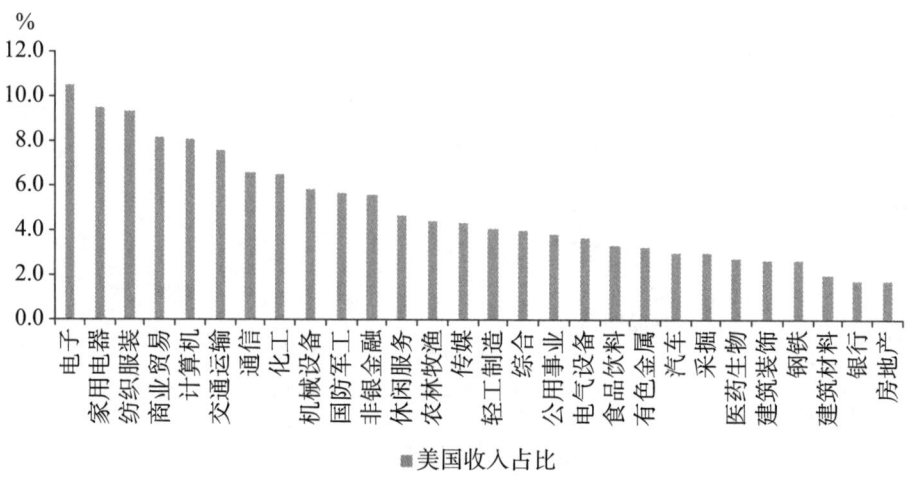

图4-10　各行业美国收入占比

资料来源：WIND，兴业研究。

如图4-11，进一步观察美国收入占其总收入比重超过20%的95家上市公司的行业分布，主要分布在电子（15个）、化工（9）、纺织服装（8）、机械设备（8）、医药生物（8）。这表明，这些行业对美业务收入的集中度较高，易成为中美贸易摩擦的受损者。

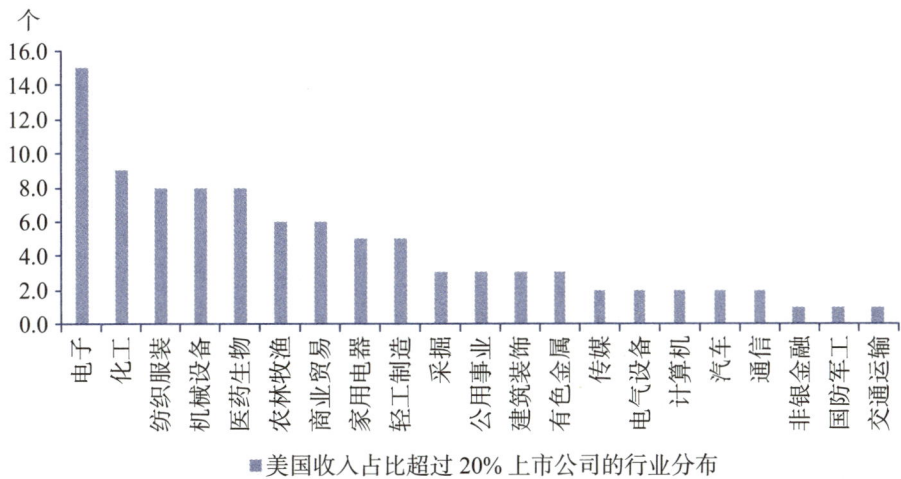

图4-11 美国收入与占总收入比重超过20%的上市公司行业分布

资料来源：WIND，兴业研究。

综上，A股上市公司美国收入占比数据显示，中国对美国业务收入依赖度较高的行业主要分布于电子、家用电器、纺织服装、商业贸易、计算机、交通运输等行业；同时，从对美收入占比依赖度超过20%的企业观察，主要为电子、化工、纺织服装、机械设备及医药生物等。

3.贸易摩擦视角之三：美元债务规模

2018年4月4日，美国公布对华301调查拟制裁清单，随后人民币兑美元进入快速贬值通道，由4月4日的6.29贬值至7月12日的6.67。中美贸易摩擦引发人民币走弱，对于外币负债规模较大的企业而言，若货币错配严重，人民币贬值将构成其风险来源之一。对此，我们基于A股上市公司年报计算其外币负债尤其是美元负债规模。

在计算美元负债规模之前，首先观察行业的整体负债率水平。根据申万行业划分标准，剔除银行和非银行金融，2017年末资产负债率水平最高的十个行业为房地产、建筑装饰、公用事业、家用电器、机械设备、钢铁、汽车、交通运输、有色金属及国防军工。

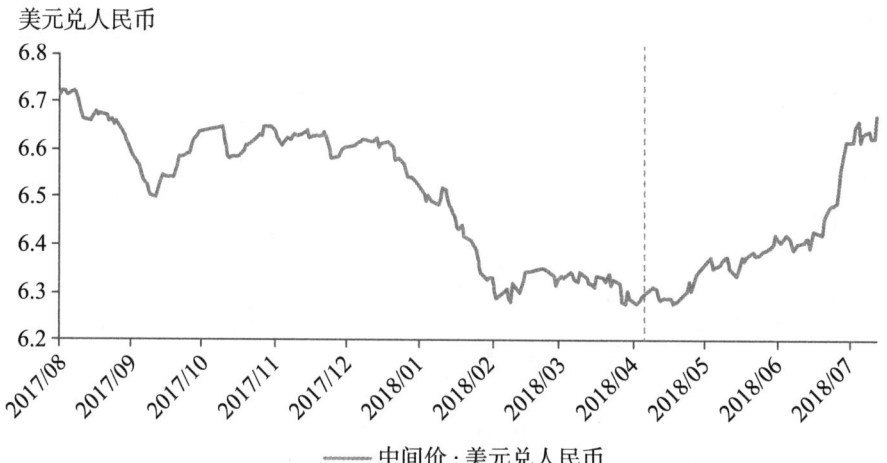

图4-12 美元兑人民币

资料来源：WIND，兴业研究。

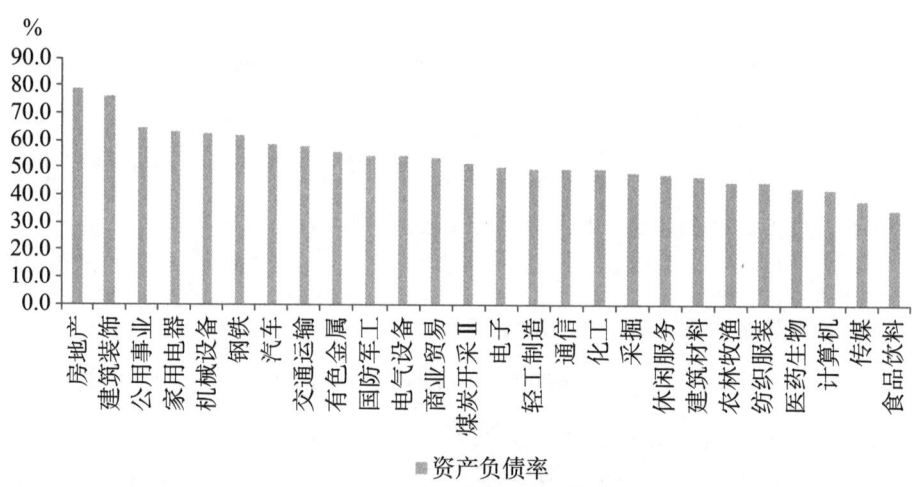

图4-13 各行业资产负债率水平

资料来源：WIND，兴业研究。

进一步计算美元负债规模，上市公司美元债务数据主要包括美元短期借款、美元长期借款及中资美元债等。基于上市公司申万行业分类将各类数据加总计算行业美元债务规模发现，房地产行业美元债务规模最高，折合人民币2549.2亿元，随后依次为有色金属、汽车、医药生物、农林牧渔、建筑装饰、计算机、通信等行业。

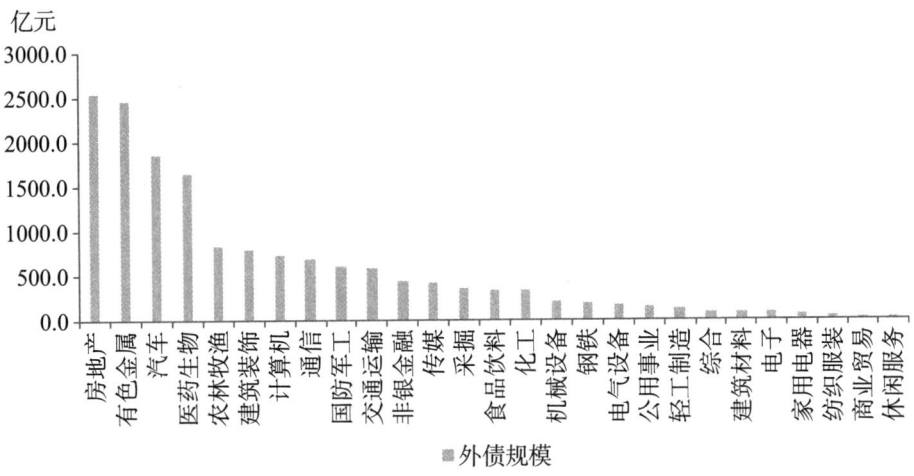

图4-14 分行业美元债务规模（折合人民币）

资料来源：WIND，兴业研究。

4. 贸易摩擦视角之四：进口关税

当前中美贸易摩擦的制裁措施仍集中在加征进口关税，关税成本最终将由国内生产商承担。不同行业的关税成本不同，其所能承受的关税水平抬升空间也有所差异。一般而言，加征关税对进口关税较高的行业冲击要高于关税水平较低的行业。同时，一旦贸易争端和解，进口关税大幅降低，此类企业所受冲击也最大。

为此，我们以商品进口金额占全部商品进口金额比重为权重，同时按照HS-ISIC对应表，将HS编码产品对应至ISIC行业内，计算出ISIC分类下的行业贸易加权进口关税水平。同时考虑到数据可得性，我国选取2014年HS6分位中国自全球进口关税水平计算。

从整体进口关税税率观察，WITS数据显示，2014—2016年期间，中国平均进口关税税率维持在7.7%—7.9%之间。

进一步从行业进口关税观察，测算结果显示高于我国平均进口关税税率的行业主要有机动车辆制造、光学仪器和摄影设备制造、初级塑料及合成橡胶制造、机动车辆及其发动机零配件制造、基本化学品制造及其他化学制品制造等。值得关注的是，2018年5月22日国务院关税税则委员会发布《关于降低整车及零部件进口关税的公告》，即自2018年7月1日起降低汽车整车及零部件进口关税。

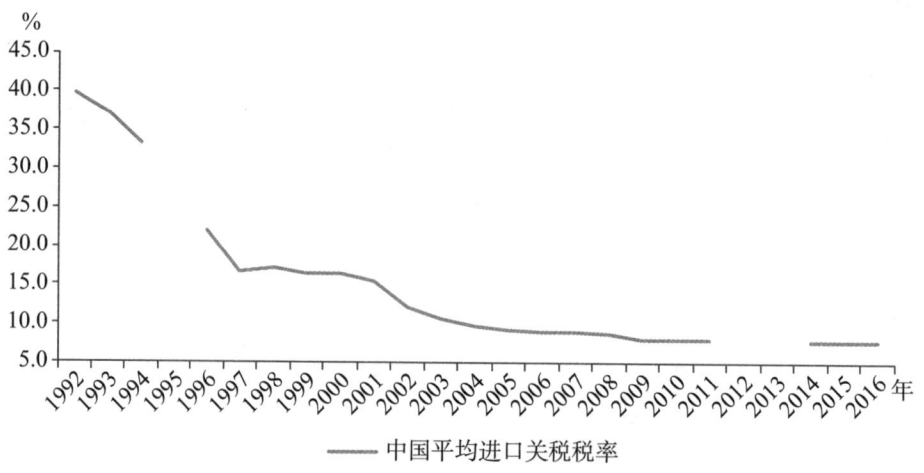

图4-15 中国平均进口关税税率

资料来源：WITS，兴业研究。

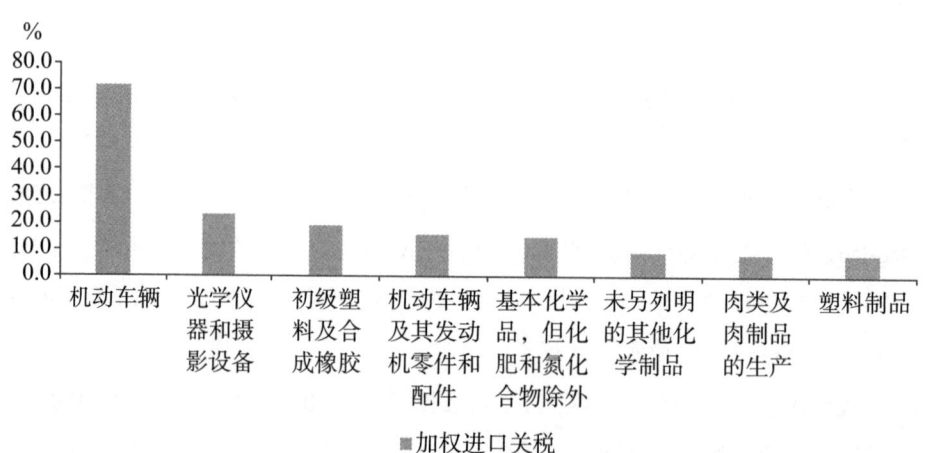

图4-16 平均进口关税高于整体平均进口关税的行业

资料来源：TRAINS，兴业研究。

5.小结

基于以上四个视角,本部分根据申万行业分类标准提取出受中美贸易摩擦影响较高的行业。汽车行业或因政府补助争议、美元债务规模及进口关税较高承受较大压力;电子行业则因对美国市场依赖过高及享受政府补助而遭受较大损失;计算机、通信、国防军工行业主要受制于对美国市场依赖及美元债务规模较大,受到中美贸易摩擦影响较大;化工及机械设备行业或因政府补助、对美国市场依赖及进口关税较高而受到中美贸易摩擦的冲击;交通运输或因政府补助、对美国市场依赖及美元债务规模相对较高而受到冲击;医药生物或因政府补助及美元债务规模而遭受损失;家用电器则因政府补助及对美国市场依赖而遭受损失。

表4-11 不同行业指标排序

	资产负债率	美元债务	自美国收入	政府补助	进口关税
房地产	1	1	26	14	
有色金属	9	2	19	11	1
汽车	7	3	20	1	
医药生物	23	4	22	8	
农林牧渔	21	5	12	16	
建筑装饰	2	6	23		
计算机	24	7	5		
通信	16	8	7		
国防军工	10	9	10		
交通运输	8	10	6	5	
传媒	25	11	13		
采掘	18	12	21		
食品饮料	26	13	18	10	4
化工	17	14	8	6	3
机械设备	5	15	9	7	2
钢铁	6	16	24	12	

续表

	资产负债率	美元债务	自美国收入	政府补助	进口关税
电气设备	11	17	17	19	
公用事业	3	18	16	3	
轻工制造	15	19	14	13	
综合		20	15		
建筑材料	20	21	25	15	
电子	14	22	1	2	
家用电器	4	23	2	9	
纺织服装	22	24	3	17	
商业贸易	12	25	4	18	
休闲服务	19	26	11	20	

注：图标中的数字按照各指标由高到低排序。

资料来源：兴业研究。

二、贸易摩擦改变了我国产业链什么

产业转移并非发生于朝夕之间，我们难以在短期内捕捉疫情对产业链转移的影响。以史为鉴，可以知兴替。始发于2018年的中美贸易冲突已持续两年之久，截至2021年8月1日，美国仍保留着对中国出口的3575亿美元商品高额关税，占中国对美出口总值的66.4%。中美贸易摩擦具有一定的外生性和突发性，因此，中美贸易摩擦对中国产业链的影响成为我们观察外生冲击对中国产业链影响的一场"自然实验"。

1.贸易摩擦对产业链的影响：市场份额视角

中美贸易摩擦正式爆发于2018年初，并于2019年12月达成第一阶段协议。其间，美国对中国关税威胁不断升级。具体从关税加征情况看：2018年7月6日，美国正式对中国出口的340亿美元商品加征25%的关税；2018年8月23日，美国对中国出口的160亿美元商品加征25%的关税；2018年9月24日，美国正式对中国出口的2000亿美元商品加征10%的关税，并于2019年6月将这一关税上调至25%；2019年9月1日，美国对中国出口的3000亿美元中部分（价值约为1120亿美元）加征15%的关税，这一关税水平于2020年1月下调至7.5%。加总计算，目前美国对中国出口的3620亿美元商品加征了25%及7.5%两档关税，整体加权关税维持在19.3%的水平。

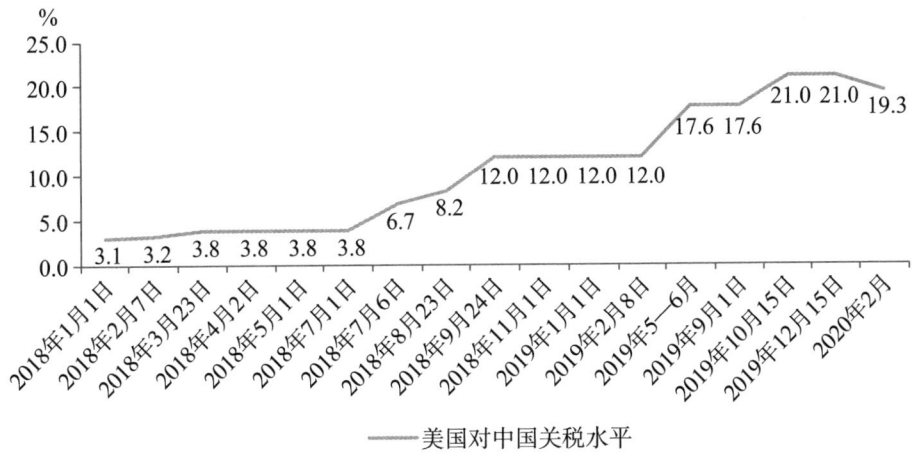

图4-17　美国对中国加权关税

资料来源：USITC，USTR，兴业研究。

在加征关税后，中国对美国出口占美国市场份额由加征关税前（2017年7月至2018年6月）的21.3%下降至加征关税后（2018年7月至2019年6月）的19.8%，整体市场份额下降了1.5个百分点。分批次看，美国共计对中国加征了四轮关税，其中前三批加征的关税均已持续一年以上，这给了我们足够长的时间来观察贸易摩擦对中国产业链的影响。具体而言，从被加征关税产品在美国的市场份额前后变化[①]做如下分析。

从第一批清单看，2018年7月6日美国对中国出口的价值340亿美元商品加征25%的关税。在加征关税前后一年，有约80%的产品在美国的市场份额

---

① 本文根据关税生效期，对比生效前一年及后一年市场份额变化，同时考虑到第四批产品清单征税期不足一年，不予观察。

显著下滑,其中有13%的商品市场份额下滑幅度在10个百分点以上。细分产品中,直流发电机下滑幅度更是达89%,金属加工工具、锅炉、电视设备调谐器、可容纳16人以上的电动汽车市场份额下滑幅度均在50%以上。同时,约有10%的商品如通用AC/DC电动机、助听器及工业炉等在加征关税后对美国出口市场份额不降反升,折射该类产品在美国市场具有较强的竞争优势。

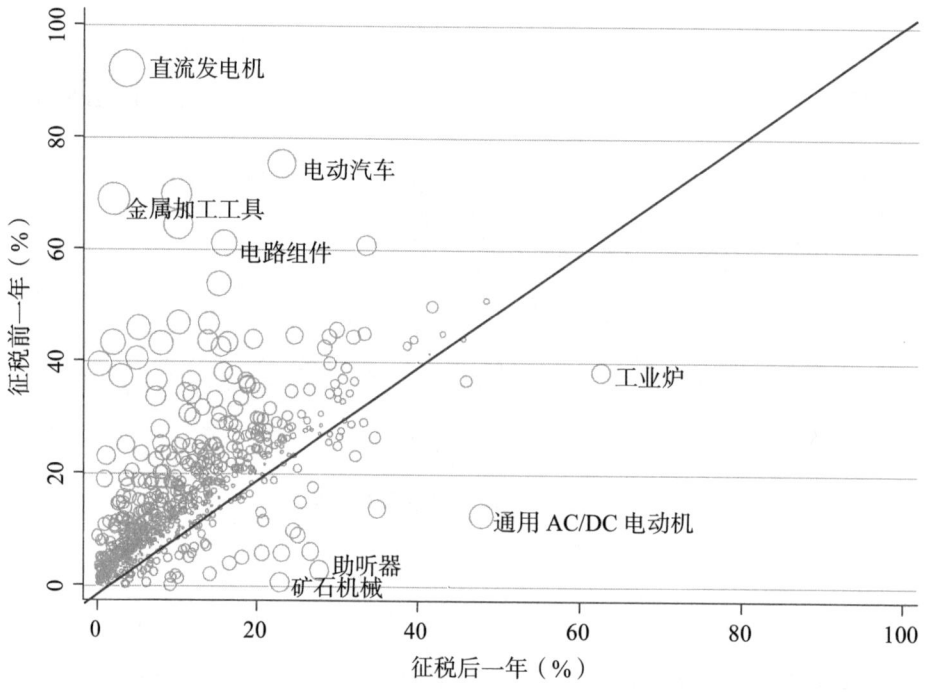

图4-18 第一批清单(340亿美元)在美国市场份额的变化

注:图中横坐标轴为关税生效后一年中国出口产品在美国市场份额,纵坐标轴为关税生效前一年中国出口产品在美国市场份额;图中气泡大小为份额变化幅度,变幅越大,气泡越大;当气泡在45度线上方,表明出口市场份额下降,当气泡在45度线下方,表明出口市场份额上升。

资料来源:USITC, USTR, 兴业研究。

具体从HS四分位编码[①]看,加工机床,船用桅杆式起重机,无线电话、电

[①] HS 采用六位数编码,把全部国际贸易商品分为 22 类、98 章。章以下再分为目和子目。商品编码第一、二位数码代表"章",第三、四位数码代表"目"(Heading)。

报、无线电广播接收设备，机械零件，农用机器，无线电话、电报、无线电广播、电视发送设备，水轮机、水轮及其调节器，电阻器，锅炉的辅助设备，电容器，工业或实验室用电炉及电烘箱在美国市场份额降幅份额在20%以上。

从第二批清单看，自2018年8月23日起美国对中国出口的160亿美元商品加征25%的关税。对比涉案产品在2017年8月至2018年7月期间及2018年8月至2019年7月期间对美出口情况，发现约有79%的商品在美国的市场份额出现下降，其中有20%的商品在关税加征后一年市场份额下降10个百分点以上。市场份额下降幅度较大的产品集中分布于非蜂窝状的非粘性板、用于加工纺织品的压延机及其零部件、聚乙烯塑料产品、绝缘电导体、机械器具及零件、电池电阻、汽车等运输工具零配件、摩托车和自行车等产品；少数产品如机械交换器、醋酸纤维素酯、非蜂窝状塑料的不粘板在美国的市场份额上升。

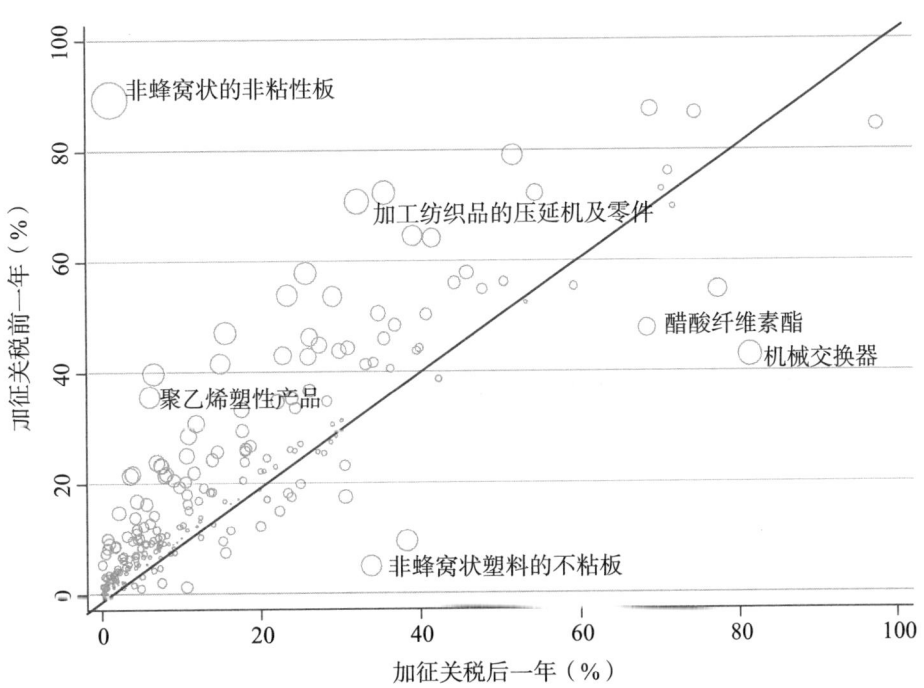

图4-19　第二批清单（160亿美元）在美国市场份额的变化

资料来源：USITC，USTR，兴业研究。

进一步从HS4分位编码产品看，对美国出口市场份额下降幅度在10%以上的产品主要有机器的零件、附件，光机或其他滚压机器及其滚筒，印刷机器，印刷用辅助机器，蓄电池，非绝缘的铝制绞股线、缆、编带及类似品，货运机动车辆，绝缘电线、电缆等，专用于机床的附件，铁道及电车道机车或车辆的零件，未加工的玻璃球、棒及管，电气设备及装置。

从第三批清单看，2018年9月24日美国正式对中国出口的2000亿美元商品加征10%的关税，随后这一关税于2019年6月被抬升至25%。对比涉案产品在加征关税前后对美国出口市场份额变化发现，约有62.4%的商品在美国市场份额下降。其中精梳棉纤维、机织毛圈织物、纱布、不梳理或精梳的棉花等劳动密集型产品市场份额下降幅度在70%以上，传真机零部件、影印设备等市场份额下降幅度在50%以上。需要注意的是，第三批征税清单有大约四成的产品如水果混合物、漂白梭织织物及不锈钢长网线等产品市场份额在美国市场份额不降反升，且上升幅度较大，第三批征税清单在美国市场份额下降并不明显。这可能主要是由于，第三批征税清单关税幅度较小且对美国出口黏性较强。

进一步从HS4分位编码产品看，在第三批征税清单中：已梳的棉花，沥青混合物，已梳的羊毛及动物细毛或粗毛，植物鞣料浸膏，鞣酸及其盐、醚、酯和其他衍生物，船用桅杆式起重机，炼豆油所得的油渣饼及其他固体残渣，动物粗毛或马毛的机织物，贵金属或包贵金属的废碎料，铸铁管及空心异型材，氯化氢（盐酸）、氯磺酸，已曝光未冲洗的摄影硬片、软片、纸、纸板及纺织物，泥煤，铅的氧化物、铅丹及铅橙等产品在征税后一年在美国市场份额降幅均在40%以上；而鲜或干的其他坚果，印刷机器、印刷用辅助机器，氢氧化钠（烧碱），银（包括镀金、镀铂的银），人造纤维短纤，已梳或经其他纺前加工，骨及角柱的粉末及废料，鲜或干的椰子、巴西果及腰果，硫酸，发烟硫酸，牛皮革及马皮革，机器的零件、附件，化学纤维废料，钻石，鲜或冷藏的豆类蔬菜，其他固体糖等产品在征税后一年在美国市场份额降幅则在30%以上。不难看出，第三批征税清单降幅较为明显的产品集中分布于以纺织原料及农产品为代表的劳动密集型产品。

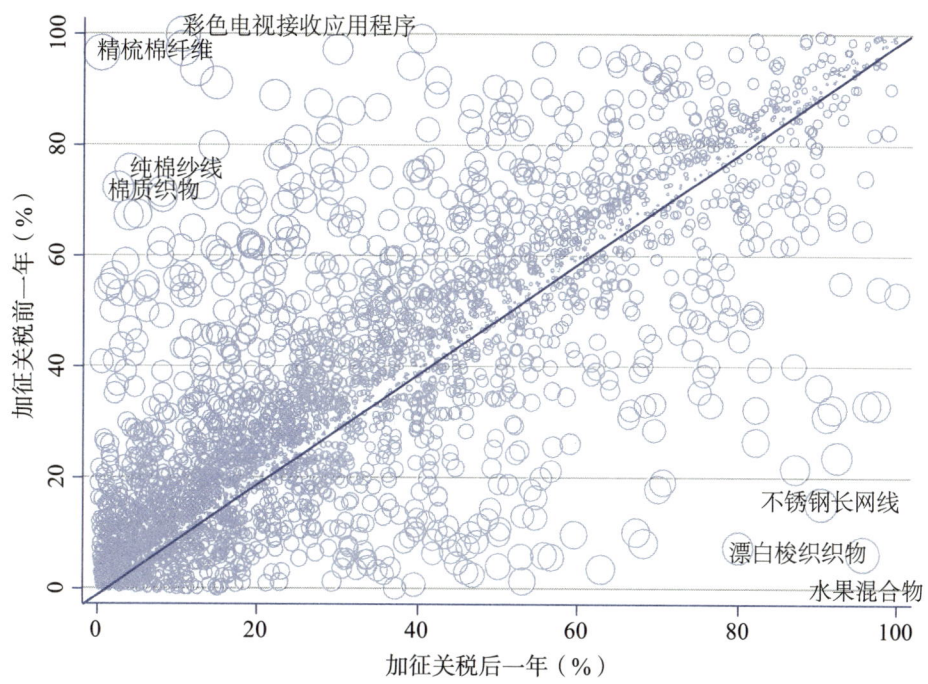

图4-20　第三批清单（2000亿美元）在美国市场份额的变化

注：图中横坐标轴为关税生效后一年中国出口在美国市场份额，纵坐标轴为关税生效前一年中国出口在美国市场份额；图中气泡大小为份额变化幅度，变幅越大，气泡越大；当气泡在45度线上方，折射出口市场份额下降。

资料来源：USITC，USTR，兴业研究。

在关税影响下，中国出口的产品在美国市场份额下降明显。然而，产业转出通常不仅意味着中国出口产品在美国市场份额下降，同时也意味着对其他经济体出口市场份额下降。据此，本书进一步计算美国对中国加征关税前后一年中国在其他经济体的市场份额。数据显示，自2018年7月美国对中国第一份关税清单正式生效以来，中国对韩国、日本、新加坡、泰国、越南、印度尼西亚等亚洲经济体出口市场份额下降，同时对欧盟、新西兰、澳大利亚等地出口市场份额上升。这或表明：一方面，贸易摩擦加速了中国低端劳动密集型产业向东南亚及南亚等地转移，部分出口市场份额被产业承接地取代；另一方面，由于美国对中国加征关税，中国出口由美国市场向与美国市场需求更为接近的欧盟市场转移，中国在欧盟地区出口市场份额上升。

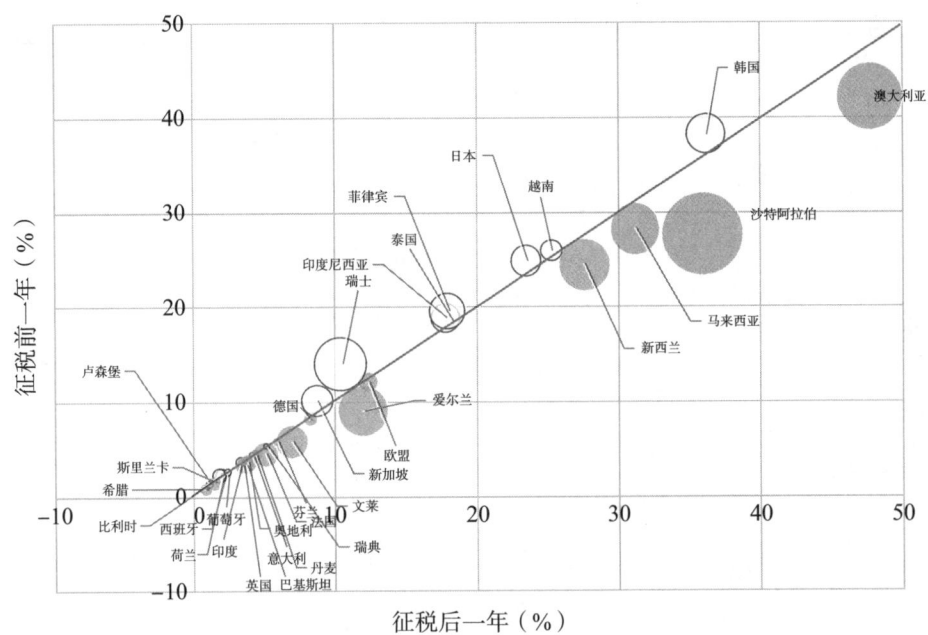

图4-21 中国对其他经济体出口市场份额

注：图中圆点大小为出口市场份额变化幅度，其中蓝色为上升份额，而白色为下降份额。
资料来源：CEIC，兴业研究。

2. 贸易摩擦对产业链的影响：典型行业分析

在美国对中国加征关税后，多数涉案产品在美国市场份额下降，且中国出口在亚洲主要经济体市场份额下降。那么，中国的产业转出了吗？

技术抑制及削减逆差是美国对中国发起贸易摩擦的动机之一，据此，本文分别选取高新技术产品代表新能源汽车、航空航天产品及劳动密集型产品代表纺织原料及制品为样本进行分析。

首先，从新能源汽车出口情况看，在美国加征关税后，中国新能源整车出口交货值快速下滑，累计增速由2018年1—12月的5.8%下降至2019年1—8月的-28.4%。

剔除价格因素观察，中国新能源汽车产量增速由2018年3月的136.4%下降至2019年11月的-44.8%。需要注意的是，新能源汽车产量下滑还与补贴提前退坡密不可分。2018年2月，财政部发布《关于调整完善新能源汽车推广应用补贴政策的通知》,规定从2018年2月12日起实施,2018年2月12日至2018年6月11日为过渡期。过渡期间上牌的新能源乘用车、新能源客车按照《财政部科技部工业和信息化部发展改革委关于调整新能源汽车推广应用财政补贴政策的通知》(财建〔2016〕958号)对应标准的0.7倍补贴,新能源货车和专用车按0.4倍补贴,燃料电池汽车补贴标准不变。

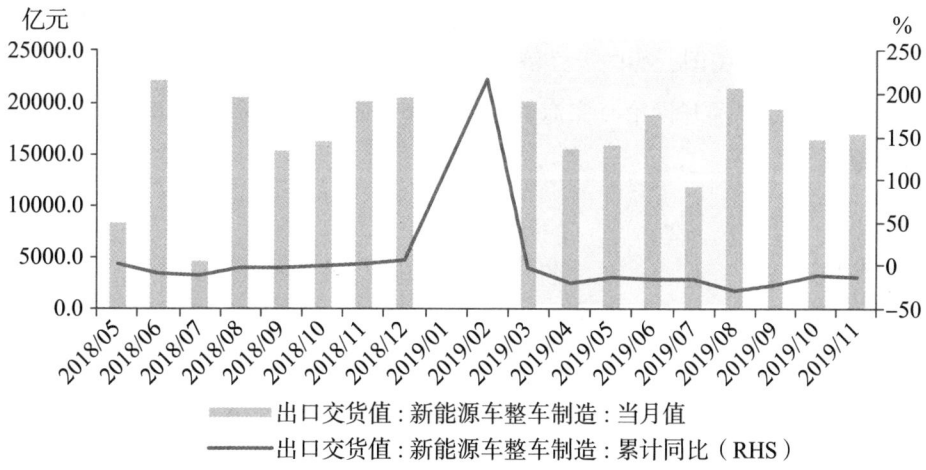

图4-22 中国新能源汽车整车出口交货值与累计同比

资料来源:WIND,兴业研究。

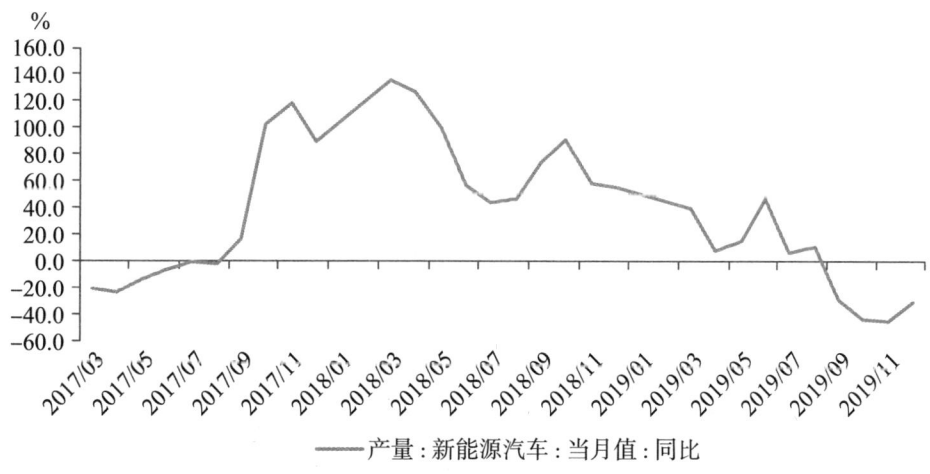

图4-23 中国新能源汽车整车产量同比

资料来源:WIND,兴业研究。

尽管美国对中国新能源汽车加征关税，但2018年10月17日，特斯拉宣布10亿元在上海临港拿下86.5万平方米的工业用地，正式启动了在中国造车计划。究其原因，这主要是由于中国为第一大新能源汽车需求国，两国之间关税的提高迫使美国国内产业也不得不到我国来设厂进行规避。2019年1—6月中国新能源乘用车销售56.29万辆，同期全球新能源乘用车合计销售98.42万辆，中国占比57.2%。从全球主要经济体新能源乘用车销量看，中国新能源汽车销量远高于美国、德国等经济体。同时，由于中国对美国汽车加征关税，特斯拉宣布在中国开设第一家海外工厂以规避不断升级的贸易争端导致的高关税壁垒。

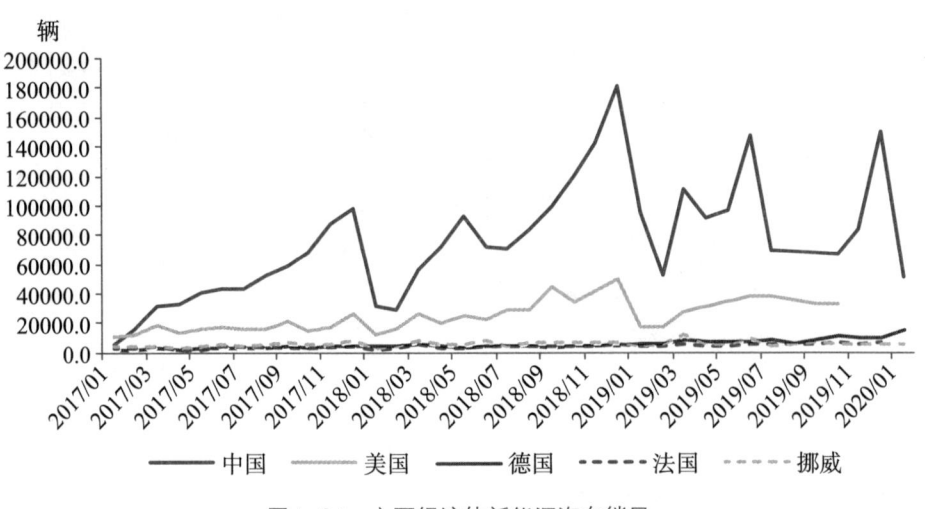

图4-24 主要经济体新能源汽车销量

资料来源：WIND，兴业研究。

综上，一方面，受产业补贴退坡叠加中美贸易摩擦影响，中国新能源汽车产量及出口同步下滑；另一方面，中国对美国汽车行业反制叠加中国市场需求，以特斯拉为代表的海外新能源汽车产业链进驻中国。

其次，从航空航天看，2018年6月美国对中国出口的航空航天零部件加征25%的关税，且该清单几乎覆盖了所有美国自中国进口的航空器、航天器及其零件。在加征关税后，中国出口在美国市场份额由3.0%下降至2.7%。那么，中国航空航天对其他经济体出口表现如何？

数据显示，中国航空航天及其零件出口增速整体波动较大，在加征关税之后，中国对美国及美国以外地区航空航天出口增速均呈负增长趋势，折射整体行业萎缩。

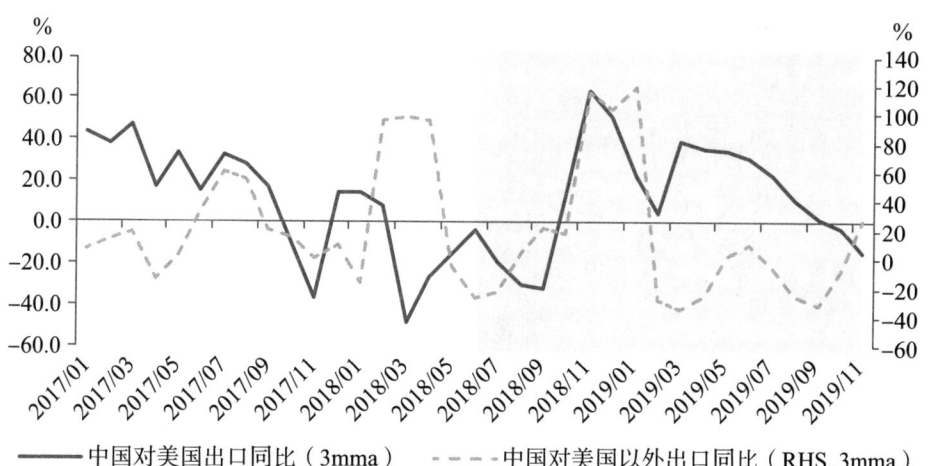

图4-25　中国航空航天及零部件（HS88）出口同比

资料来源：WIND，兴业研究。

进一步观察中国航空器、航天器及其零件出口依赖度，①中国对美国出口市场依赖度在加征关税后不降反升，由加征关税前的36.2%上升至加征关税后的46.1%，同时中国内地对中国香港地区、新加坡、加拿大等市场出口依赖度上升，而对俄罗斯、法国、德国及日本等地出口依赖度下降。

综合来看，在美国对中国航空航天产品加征关税后，中国对美国及美国以外地区出口均下降，或折射航空航天对外供应链的萎缩。与新能源汽车不同的是，尽管中国拥有广阔的民用航空市场，但中国商用飞机存在技术不足、海外市场竞争力有限、市场化水平较低等问题，目前仍难以与美国、欧洲等航空制造强国相抗衡。具体从全球私人飞机数量看，根据《财富报告》2017

---

① 出口依赖度：中国对该地区出口总值/中国出口总值。

年中国拥有277架，不足美国私人飞机数量的1.8%；与此同时，中国拥有超高净值人群（ultra-high-net-worth populations）26885人，接近于美国超高净值人群数量总和的34%。

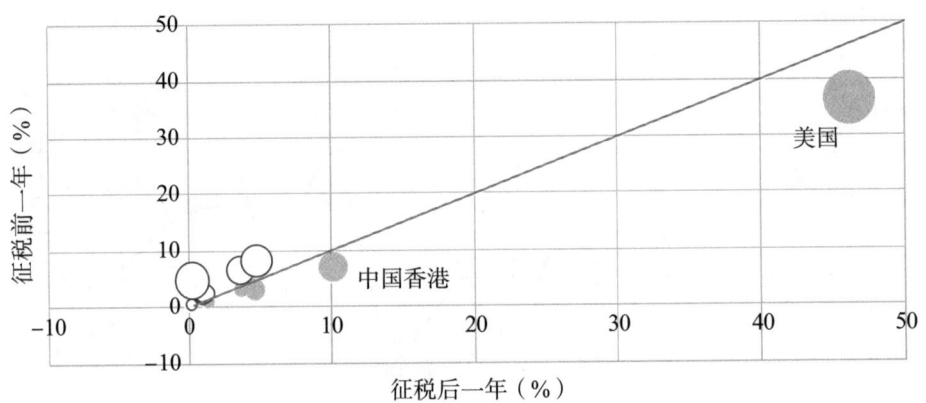

图4-26　中国航空航天（HS88）出口依赖度

注：图中圆点大小为出口依赖度上升及下降幅度，其中蓝色为上升份额，而白色为下降份额。
资料来源：WIND，兴业研究。

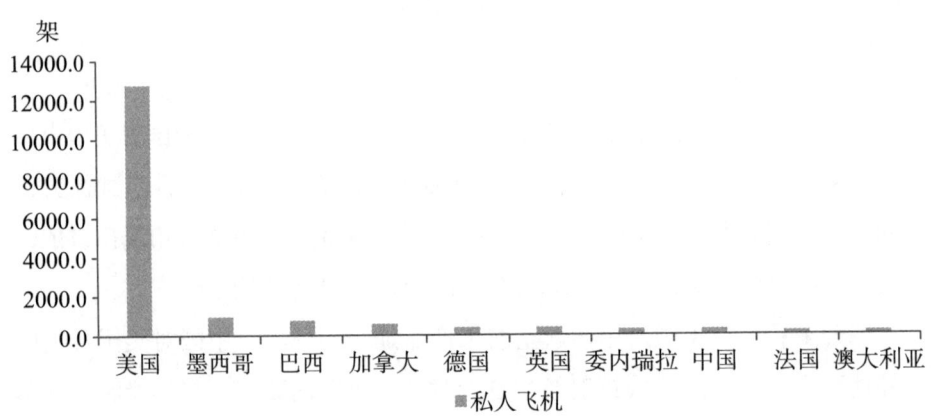

图4-27　2017年全球私人飞机保有量

资料来源：《财富报告》，兴业研究。

由此，如果未来我国加快航空航天领域的市场化改革，广阔的国内面积、庞大的人口规模，都决定了该行业在我国有着巨大潜力。由此，市场化可以成为应对贸易摩擦的最有效武器。

最后，从纺织原料及制品看，中国是世界上最大的纺织品出口国，2018年中国纺织服装出口额为2660亿美元，占总出口额10.7%。2018年9月24日美国对中国出口的纺织棉纱等加征10%的关税，关税生效后中国纺织原料及纺织制品在美国市场份额下降。与此同时，在美国市场之外，中国纺织原料及纺织制品业出口增速同步下降。这表明美国对中国加征关税同时影响了中国对其他地区出口，折射国内纺织产业转出到第三国生产或是既成事实。

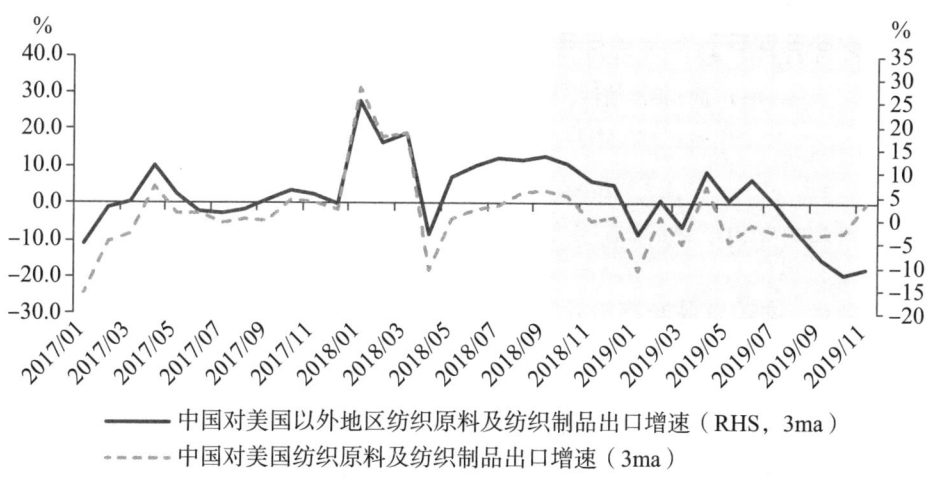

图4-28　中国纺织原料及纺织制品对美国及美国以外市场出口同比

注：图中阴影部分为加征关税后。
资料来源：WIND，兴业研究。

考虑到出口金额受到价格变动干扰，本文观察纺织原料及纺织制品产量，在美国加征关税后，中国棉混纺纱、棉纱、纱及棉布等产量加速下滑，棉纱的产量增速更是一度跌至-38.4%。需要指出的是，早在中美贸易摩擦爆发之前，中国纺织原料及制品产量便已下降。这或折射，早在中美贸易摩擦爆发之前，中国纺织原料及制品便已向外转出。中国纺织工业联合会发布的《中国与湄公河五国纺织服装产业贸易投资合作报告》（下称《报告》）显示，2016—2019年上半年，中国纺织企业对湄公河五国（柬埔寨、老挝、缅甸、泰国、越南）直接投资额累计达到13.3亿美元，占同期中国纺织企业对外直接投资总额的23.6%。其中，2018年投资额为5亿美元，比2016年增加64.3%。

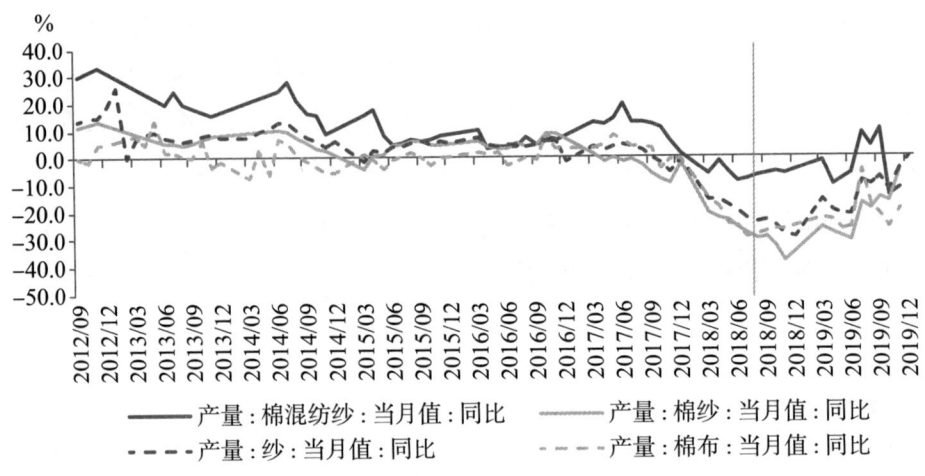

图4-29 纺织原料及制品产量

资料来源：WIND，兴业研究。

综上，中美贸易摩擦抬升了中国对美出口成本，进而导致绝大多数涉税产品在美国市场份额下降。同时，中国出口在亚洲主要经济体如日本、韩国、越南、泰国、菲律宾等市场份额下降。进一步分行业看，有以下几种情况。

第一，对于以纺织业为代表的劳动密集型行业而言，贸易摩擦加速了纺织业产业链向东南亚等生产成本洼地转移，中国纺织业原料及制品产量大幅下降，对外供应链整体萎缩。

第二，对于高新技术产业而言，贸易摩擦的影响取决于中国在该行业是否具有技术及市场优势。以新能源汽车为代表，中国市场份额占全球市场一半以上，同时中国新能源技术成熟，具有保留产业链的市场和技术基础，叠加中国对美国汽车及其零部件加征关税，产业链向中国转移。以航空航天制造业为代表，美国对中国加征关税不仅导致中国在美国市场份额下降，同时也拖累了对法国、德国、俄罗斯等地的供应，折射产业链供给下滑。

参考文献

第一章

习近平：《谈治国理政（第二卷）》，外文出版社，2017年11月第1版、2018年1月第1版。

习近平：《国家中长期经济社会发展战略若干重大问题》，《求是》杂志，2020年第21期。

《党的十九届五中全会〈建议〉学习辅导百问》，党建读物出版社、学习出版社，2020年11月第1版。

《朱镕基讲话实录（第三卷）》，人民出版社，2011年9月第1版。

刘鹤：《加快构建以国内大循环为主体、国内国际双循环相互促进的新发展格局》，《党的十九届五中全会〈建议〉学习辅导百问》，党建读物出版社、学习出版社，2020年11月第1版。

刘鹤：《两次全球大危机的比较研究》，中国经济出版社，2013年2月第1版。

第二章

安凡所：《双重不确定性下的流动劳动力储蓄行为——对"中国储蓄之谜"的另一种解读》，《产经评论》2014年第4期。

董克用、姚余栋等：《中国养老金融发展报告》，社会科学文献出版社2018年版。

彭维瀚：《德国养老金体系的改革与反思》，https://www.amac.org.cn/

businessservices_2025/pensionbusiness/yljyw_yljyj/yljyj_gjjy/201912/P020191231575449735196.pdf，2018年。

周微：《我国城镇化发展对居民消费的影响研究》，湖南大学硕士论文，2014年4月。

Ayyagari, M., T. Beck, and A. Demirgü?-Kunt, Small and medium enterprises across the globe: A new database, 2003.

Berger A.N. and Udell.G.F., A more complete conceptual framework for SME finance, Journal of Banking & Finance, 2011.

Credit Suisse, Mezzanine Finance. A Hybrid Instrument with a future, Economic Briefing No.42, 2006.

Cusmano, L and J. Thompson, Alternative Financing Instruments for SMEs and Entrepreneurs: The Case of Mezzanine Finance, 2013.

EBRI, ICI, 401（k）Plan Asset Allocation, Account Balances, and Loan Activity in 2015, 2015.

EC, Mezzanine Finance. Final Report, Fifth Round Table between Bankers and SMEs, 2007.

EOS Gallup Europe, SME Access to Finance, Flash Eurobarometer 174, October European Commission (Directorate-General "Enterprise and Industry"), 2005.

EY, Adapting and evolving: Global venture capital insights and trends 2014, 2014.

EY, Funding the Future: Access to finance for entrepreneurs in the G20, 2012.

ICI, 2020 Investment Company Fact Book, 2020.

IFC, MSME Finance Gap: Assessment of the shortfalls and opportunities in financing micro, small and medium enterprises in emerging markets , 2018.

IKB, Mezzanine Method of Financing. Round Table Talks, 2003.

OECD, High Growth Enterprises. What Governments can do to make a difference?, 2010.

OECD, New Approaches to SME and Entrepreneurship Financing: Broadening the Range of Instruments, 2015.

OECD, The SME Financing Gap: Volume I Theory and Evidence, 2006.

Peer, S., T. Goland and R. Schiff. Two Trillion and Counting: Assessing the Credit Gap for Micro, Small, and Medium-size Enterprises in the Developing World, 2010.

Temkin, K., B. Theodos, and K. Gentsch, The Debenture Small Business Investment Company Program: A Comparative Analusis of Investment Patterns with Private Venture Capital Equity, Washington, DC: The Urban Institute, 2008.

第三章

《中华人民共和国国民经济和社会发展第十四个五年规划和2035年远景目标纲要》,2021年3月。

安场保吉、猪木武德:《日本经济史(8):高速增长》,连湘译,三联书店1997年版,第1—327页。

浜野洁、井奥城彦等:《日本经济史:1600—2015》,彭曦、刘姝含等译,南京大学出版社2018年版,第1—360页。

波士顿咨询公司(BCG):《中国气候路径报告》,2020年10月。

查默斯·约翰逊:《通产省与日本奇迹》,唐吉洪、金毅等译,吉林出版集团,2010年,第1—360页。

陈淮:《日本产业政策研究》,中国人民大学出版社1991年版,第1—260页。

崔永植:《韩国产业政策及其发展研究》,延边大学硕士论文,2013年。

崔志鹰、朴昌根:《当代韩国经济》,同济大学出版社2010年版,第1—376页。

杜立辉、徐熙淼:《美、日、韩三国钢铁产业集中度的演变及启示》,《冶金经济与管理》2010年第1期。

光大证券:《碳中和专题报告:践行绿色发展,拥抱低碳革命》,2021年。

华强森、许浩、汪小帆、廖旭昌：《"中国加速迈向碳中和"水泥篇：水泥行业碳减排路径》，麦肯锡，2021年4月。

金明善：《战后日本的经济立法》，《法学研究》1981年第2期。

李珍英：《中韩两国汽车产业发展及对中韩FTA启示》，复旦大学硕士论文，2013年。

刘振亚：《实现碳达峰碳中和的根本途径》，《学习时报》，2021年3月。

马骏：《预计"碳中和"将在未来30年带来超百万亿元的绿色金融投资》，央广网，https://baijiahao.baidu.com/s?id=1696789675717189640&wfr=spider&for=pc，2021年4月12日。

朴昌根：《"1.5"计划：韩国经济开发战略的转折点》，《亚太论坛》1995年第6期。

朴昌根：《韩国产业政策》，上海人民出版社1998年版，第1—583页。

朴馥永、黄阳华：《以经济转型跨越"中等收入陷阱"——来自韩国的经验》，《经济社会体制比较》2013年第1期，第121—133页。

清华大学气候变化与可持续发展研究院：《〈中国长期低碳发展战略与转型路径研究〉综合报告》，《中国人口·资源与环境》2020年第30卷第11期，第1—25页。

宋丙洛：《韩国经济的崛起》，商务印书馆1994年版，第1—281页。

孙丽：《日本的"去工业化"和"再工业化"政策研究》，《日本学刊》2018年第6期。

孙毅：《日本钢铁产业国际竞争力研究》，吉林大学博士论文，2013年。

野口悠纪雄：《战后日本经济史》，张玲译，民主与建设出版社2018年版，第1—320页。

中国国家发展改革委和国家能源局：《能源生产和消费革命战略（2016—2030）》，2017年。

中国碳核算数据库（CEADs），https://www.ceads.net.cn/，2021年。

中国投资协会、落基山研究所：《零碳中国·绿色投资——以实现碳中和为目标的投资机遇》，2020年。

中金公司:《碳中和离我们还有多远:综述篇》,2020年。

中金公司:《碳中和之绿色金融:以引导促服务,化挑战为机遇》,2021年3月。

周松兰:《从前100位出口商品看中日韩出口结构竞争》,《国际贸易问题》2007年第1期,第65—70页。

周松兰:《中日韩制造业竞争力比较研究》,武汉大学出版社2007年版。

BP, BP Energy Outlook: 2020 edition [R], 2020b.

BP, BP Statistical Review of World Energy 2020: 69th edition [R], 2020a.

Climate Watch. Washington, D.C.: World Resources Institute. Available online at:? https://www.climatewatchdata.org/, 2021.

EPA (Environmental Protection Agency), SmartWay Shipping Partner Tool. [R] Technical Documentation, 2018.

Friedlingstein et al., 2020: The Global Carbon Budget 2020, Earth System Science Data. Available at: http://www.globalcarbonatlas.org/en/CO_2-emissions.

Goldman Sachs, China Net Zero: The clean tech revolution [R], 2021.

Intergovernmental Panel on Climate Change (IPCC), 2006 IPCC Guidelines for National Greenhouse Gas Inventories, 2006.

IRENA, Renewable Electricity Capacity and Generation Statistics Query tool, https://www.irena.org/Statistics/Download-Data, International Renewable Energy Agency, March 2021.

IRENA, Renewable Power Generation Costs in 2019 [R], International Renewable Energy Agency, Abu Dhabi, 2020.

NEA & IEA, Technology Roadmap: Nuclear Energy [R], Nuclear Energy Agency, International Energy Agency, 2015.

UBS, 10b tons to zero: how can China achieve its carbon neutral goal? [EB/OL], https://www.ubs.com/global/en/investment-bank/in-focus/2021/carbon-neutral-goal.html, 2021-1-13.

USACE (US Army Corps of Engineers), Inland Waterway Navigation Brochure: Value to the Nation[R] IWR publications office, 2009.

第四章

江小涓:《中国对外开放30年：增长、结构与体制变迁》，人民出版社2008年版。

Krugman, P.R.(1980), "Scale Economies, Product Differentiation, and the Pattern of Trade", American Economic Review, 70: 950–9.

Standing, C. & R. K. Mavi & Y. Suseno (2018), "& P. Jackson., (2018)", Systems Research and Behavioral Science, 35 (6): 619–631.

后 记

"无巧不成书!"

这句话用在本书身上,可能是再合适不过的了。2020年10月,中国金融四十人论坛(CF40)与人民日报出版社合作推出一本关于"双循环"的著作合集《双循环:中国经济新格局》,应CF40的邀请,我提交了文章《从"被地球转动"到"转动地球"》,并被收录。但故事并未到此结束,CF40和人民日报出版社的编辑老师通过这篇文章,感受到我和我的宏观研究团队在需求侧管理方面已有一定的研究积累,并进而热情邀请我们出版一本关于需求侧改革的专著。

我们既感到兴奋,亦觉压力不小。兴奋是因为我们的研究成果得到了认可;压力则不仅来自时间紧,更因为中央所提出的"需求侧改革"内涵丰富,我们并不确定准确而全面地理解了其含义。我记得朱镕基总理[《朱镕基讲话实录(第三卷)》,第444-445页]2000年在谈到对政策研究工作的几点要求时,提到的第一点就是"思想要新","最希望的是文稿中有新思想、新见解、新材料"。求准求全很难,但如果能够从市场研究人员的角度提供一些新观点、新材料,激起大家的批评和讨论,我们的基本愿望也就达到了。

虽然从收到邀请到结集成册时间短暂,但这并不意味着写作时间的匆忙。实际上,这本书集中了五年多来我们团队成员持续深入的研究探索。在此,我要感谢他们:郭于玮、蒋冬英、陈昊、张文达、钱立华、方琦、张梦、李苗献。这本书记录了我们"奇文共欣赏,疑义相与析"的难忘时光!

在此，我要感谢CF40，没有刘雅和廉薇的主动联络和耐心沟通，就没有一开始所谓的"巧"缘。我还要感谢人民日报出版社的蒋菊平、李安老师，没有她们的鼓励、鞭策和细致工作，就不会有现在这么完美地呈现在大家面前的"书"。

鲁政委

2021.8.9